高等院校"十三五"创新型规划教材

保险原理与应用

主　编　林瑞全

副主编　陈聪贤　张艳英　吴启新

　　　　张兴夏　吴　真　张　彬

　　　　沈华峰　付明达

国家行政学院出版社

图书在版编目（CIP）数据

保险原理与应用 / 林瑞全主编.－北京：国家行
政学院出版社, 2015.8 （2019.7 重印）
ISBN 978-7-5150-1561-3

Ⅰ．①保… Ⅱ．①林… Ⅲ．①保险学－高等学校－教
材 Ⅳ．①F840

中国版本图书馆 CIP 数据核字(2015)第 208479 号

书　　名	保险原理与应用	
作　　者	林瑞全	
责任编辑	杨逢仪	
出版发行	国家行政学院出版社	
	（北京海淀区长春桥路 6 号 100089）	
电　　话	（010）68920640　68929037	
编 辑 部	（010）68928761　68929009	
网　　址	http://cbs.nsa.gov.cn	
经　　销	新华书店	
印　　刷	北京长阳汇文印刷厂	
版　　次	2015 年 8 月第 1 版	
印　　次	2019 年 7 月第 3 次印刷	
开　　本	787mm×1092mm　1/16 开本	
印　　张	23	
字　　数	545 千字	
书　　号	ISBN 978-7-5150-1561-3	
定　　价	49.80 元	

Preface
前　言

　　保险是我国朝阳产业。党中央国务院十分重视保险业发展，在多份文件中提出要大力发展保险业，出台了一系列促进保险业改革发展的政策措施。2014 年 8 月 10 日，国务院（国发〔2014〕29 号）颁布的《关于加快发展现代保险服务业的若干意见》指出，要把现代保险服务业建设成为完善金融体系的支柱力量。

　　当前，保险人才短缺问题比较严重。随着保险业的发展，保险业急需大量人才，但是很多毕业生又不符合保险公司开具的条件，从而导致了供给与需求的不平衡。作为培养保险专业技术技能型人才主要阵地的高等院校任重道远。好的教材是培养保险专业技术技能型人才的重要载体，以此为出发点，我们特编写了《保险原理与应用》教材，可供财经类学生学习和保险工作者参考，也可以作为保险从业资格证书考试用书。

　　《保险原理与应用》为福建省教育厅"十三五"规划立项教材，全书共有十一个项目和五个附录。第一个项目为认识风险，阐述风险是保险的必要条件；第二个项目为保险发展简史，阐述以保险发展简史为鉴，推动保险事业的发展；第三个项目为保险概述，阐述保险的职能和作用；第四个项目为保险合同，阐述保险合同以约定来履行保险当事人的权利和义务；第五个项目为保险的基本原则，阐述保险当事人双方拟定保险的投保、承保和理赔等应遵循的原则；第六个项目为人身保险，阐述人身保险的重要性，人身保险有关规定和特征；第七个项目为财产保险，阐述财产保险的重要性，财产保险有关规定和特征；第八个项目为保险业务经营环节，阐述保险经营过程的把控，要求保险工作者会经营、懂经营、善经营；第九个项目为保险与相关法律，阐述保险经营应依法经营；第十个项目为保险市场，阐述保险的供求关系；第十一个项目为保险监督管理，阐述保险市场保险行为的监管。

　　《保险原理与应用》是财经类相关专业的一门专业基础课程。学好这门课程，对保险当事人认识保险、鉴别保险、甄选保险、设计保险和从事保险营销、保险核保核赔都有很大的帮助。课程内容紧跟保险时代的发展步伐，以 2014 年 8 月 31 日全国人大常务委员会修订的《中华人民共和国保险法》为编写精神，重视学生保险实践能力的培养。结合多年保险理论教学和保险实践经验，编者以讲故事形式来表达保险原理的应用，编写成本教材。本教材主要有以下四个特点和两个特色。

一、语言通俗易懂，举例贴近生活

　　从读者接受保险上考虑，本书打破了传统保险教材语言严谨的局限，尽可能做到语言通俗易懂，举例贴近生活，使读者对学习保险知识产生兴趣。每个项目的过渡导入既符合人们对问题的惯性思维，又符合保险原理的基本特点。

二、传统教材体系和最新教材体系相结合

本书在整体架构上，既保持保险原理的知识体系，又尽可能以保险工作能力为导向的理念，同时做到理论够用为度，突出实践能力。

三、内容排列有序，过渡顺理成章

本教材先以开门见山来认知保险，然后将需要了解、理解和掌握的保险内容分别显示，再在不同的学习单元和活动里安排学习、训练，自然有序；学习目标—正文—知识总结—综合实训，层层深入，逐步推进。

四、讲练结合，突出重点，突出趣味性和实用性

为了增强学生对保险重难点知识的掌握，每个项目正文内容后都附上案例和相关知识点；为了促进学生学习保险知识的兴趣，增强分析问题、解决问题的能力，正文后面附有大量的各种类型练习题目。

彰显保险特色之一，阐述保险事物的两面性。保险经营上有成功的案例，也有失败的教训；保险市场上有正面的案例，也有忽悠投保人参保的案例；保险承保上有正确的承保，也有错误的承保；保险理赔上有正常的理赔，也有泛赔、滥赔、骗赔、诈骗的现象。通过对本教材的学习，目的是使读者明辨保险事物的是非关系，进一步把握该不该投保，该不该承保，保险索赔与理赔上是否存在瑕疵。

彰显保险特色之二，把保险岗位知识、保险课程知识、保险考证知识融为一体。融合保险"岗、课、证"知识点为本书的最大特色。本书在内容编写中尽量做到理论结合实际，注重实用性和操作的灵活性。为了满足保险从业资格证书考试的需要，本书还把保险从业资格证书考试的知识点融合到教材中，配有考试题型和仿真题目，可供学生训练，以便理论与实际更好地结合，提高保险从业资格证书考试通过率。

本书由林瑞全担任主编，陈聪贤、张艳英、吴启新、张兴夏、吴真、张彬、沈华峰、付明达担任副主编，具体编写分工如下：张兴夏、吴真、张彬、沈华峰、付明达负责编写项目一，林瑞全负责编写项目二、项目四、项目五、项目六、项目七、项目八、项目九、附录一、附录二、附录三、附录四、附录五，陈聪贤负责编写项目三，张艳英负责编写项目十，吴启新负责编写项目十一，全书由林瑞全负责统稿工作。

在编写过程中，本书参考了许多专家和学者的专著和教材，并借鉴了其中的部分内容，在此谨向他们致以最崇敬的谢意。

由于时间和水平有限，书中难免有错误和不妥之处，敬请专家和读者批评指正。

编者

Contents

目　录

Project 1

项目一

认知风险

学习目标

⊙ 初步理解风险是来自于自然界和人类社会的一种物质现象，风险无处不在，无时不有，处处有风险，时时有风险；

⊙ 理解风险的本质、特征和构成要素；

⊙ 掌握风险管理的基本方法。

技能目标

⊙ 认知风险的两面性，风险可能带来好处，风险可能导致受损；

⊙ 认知风险与保险的关系；

⊙ 掌握风险的处理方法。

学习单元一　风险的基本知识

天有不测风云，人有旦夕祸福。无数的自然灾害和意外事故始终伴随在人类发展的历史进程中，这些自然灾害和意外事故给人类社会造成了巨大的损失。在与灾害斗争的漫长历程中，人们逐步认识到风险是客观存在的，即风险是无处不在、无时不有的。为了防范风险和减少风险所造成的损失，需要对风险进行有效管理，而保险是最有效的风险管理方式。

一、风险概述

（一）风险的概念

风险是人类生存过程中不可避免的现象。我们生活在一个充满风险的世界之中，无论是从空间上讲，还是从时间上讲，风险都是不以人们的意志为转移的，是始终存在的。它是发生不幸事件的可能性，是损失发生的不确定性。

根据国际红十字会发布的世界自然灾害报告，2004 年共发生自然灾害 719 起，是近十年来自然灾害较多的年份，经济损失在 1000 亿美元至 1450 亿美元之间。2004 年 1 月发生在印度洋的海啸吞噬了 22.5 万人的生命，2004 年全球因自然灾害丧生的人数接近 30 万，是 2003 年的 3 倍多、2002 年的 11 倍。根据这一报告，2004 年全球受灾总人数是 1.46 亿，其中最严重的灾难是洪水，孟加拉国、印度和中国共有 1.1 亿人因洪水受灾。

由于缺乏预警机制，很多人因事先未得到警报或不知如何应对而失去生命。无数的事实早已证明，准确及时的信息本身就能救人性命，但各国在收集和分享信息这一重要的资源方面做得还很不够。

（二）风险的两面性

风险可能带来好处，风险也可能导致受损。我国有一则"塞翁失马"的典故，典故的内容是这样的：长期居住在中国西北部的塞翁养了很多马，有一天，一匹雌性马失联了。左邻右舍为塞翁走失一匹良马感到可惜，而塞翁却不以为然。第二天，这匹雌性马还带回家一匹雄性马。因此，人们就得出"塞翁失马，焉知非福"的名言。

塞翁的雌马走失了，是一件坏事，是风险导致受损，塞翁可以参加保险，真的雌性没有回来，由保险公司负责赔偿；"塞翁失马"的典故是一件好事，是风险带来的好处，还多了一匹雄马。在这种情况下，塞翁即使参加了保险，也不能获得保险公司的赔偿。

风险具有两面性，人们在社会实践活动中，主要考虑的是风险可能导致损失这一方面的客观事实。如果导致了的损失，要么自己接受，要么参加保险。参加保险的目的是把风险转嫁给保险公司，损失由保险公司来承担，因此说保险是最有效的风险管理方式。

（三）风险的种类

人类首先要面对的是各种各样的自然灾害风险。根据性质的不同，我们可以把风险分为自然灾害和意外事故。

1. 自然灾害

众所周知，自然灾害是由于自然界变异引起破坏力量所造成的现象。自然灾害一般是指不以人的意志为转移的自然力量所引起的灾害，也可指人力不可抗拒的自然界破坏力量所造成的灾害。自然灾害一般有以下几种。

（1）恶劣气候。通常是指暴风雨、飓风和大浪等自然现象。恶劣天气破坏力巨大，如2005 年 8 月份发生在美国、墨西哥湾和巴哈马群岛的"卡特里娜"飓风，造成人员死亡和失踪 1 193 人，共造成经济损失 450 亿美元。2005 年 10 月发生在墨西哥、危地马拉、萨尔瓦多、洪都拉斯、尼加拉瓜和哥斯达黎加的"斯坦"飓风，共造成死亡和人员失踪 1 600 人。

（2）雷电。主要是指雷击闪电自然现象造成陆上建筑物受损，或由雷电直接引起火灾所造成的损失。

（3）地震。是指因地壳发生急剧的震动而引起地面断裂和变形的地质现象，是一种突发性的灾害。如 2008 年 5 月 12 日发生在我国汶川地区的地震、余震及山体滑坡，共造成 87 150 人死亡和失踪。

（4）火山爆发。直接或归因于火山爆发造成的海上船舶、陆地建筑物重大财产损失和人员伤亡。

（5）海啸。海啸是指由于地震或风暴而引起的海水巨大涨落的现象。海啸的破坏力很大，尤其是袭击某一拥挤港口或地区时，会使船舶互相碰撞，船只搁浅甚至沉没。2004 年 1 月发生在印度洋的海啸，造成了巨大的财产损失和人员伤亡。

（6）洪水。洪水是指偶然暴发的具有意外灾害性质的大水，一般指山洪暴发、江河泛滥、潮水上岸及倒灌或暴雨积水成灾，往往造成房屋倒塌、人畜伤亡。

（7）浮冰。浮冰是指由极地大陆冰川或山谷冰川末端因崩裂滑落海中而形成的冰山，它们大部分沉于水下，仅小部分露出水面，随海流向低纬度地区漂流，沿途不断融解破裂，对航海安全造成危害。例如，"泰坦尼克号"（Titanic）海难事件，就是由于船底撞在流动的冰山上，造成船毁人亡的人间悲剧。

2. 意外事故

虽然自然灾害对人类的威胁是巨大的，造成的灾难是毁灭性的，但是自然灾害发生的频率不是很高，人类更多的是遭受意外事故的打击。意外事故是指外来的、突然的、非意料中的事故给人们的财产造成损失，人员造成伤亡。

（1）火灾事故是指在时间上或空间上失去控制的燃烧所造成的灾害，比如房屋、仓库货物被烧毁，造成重大财产损失和人员伤亡。

（2）爆炸事故是指物体内部发生急剧的分解或燃烧，迸发出大量气体和热力，致使物体本身及周围其他物体遭受猛烈破坏的现象。物理性爆炸是指由于液体变为蒸汽或气体膨胀，压力急剧增加并大大超过容器所承受的极限压力而发生爆炸。化学性爆炸是指物体瞬间分解或燃烧时放出大量的热和气体，并以很大的压力向四周扩散的现象。

（3）交通事故是指人们出行时乘的交通工具发生碰撞、翻车、掉入水沟、滑下山坡造成乘客的伤亡和财产的损失；或行人在道路上行走或穿过公路时，突然被疾驶而来的汽车撞倒，造成人员伤亡或财产损失等。

（4）偷窃行为是指人们出差或出行时，不小心钱财被小偷偷窃；或出门上班时，小偷破门而入，家中财物被盗等。当然，还有其他许多意外被窃的情况。

可以说，一个人一生中到底有多少自然灾害或意外事故等风险发生在自己身上，谁也无法事先知道。但是有一点是确定的，那就是风险无处不在，每时每刻都在我们的周围。

（四）风险的特征及其影响

尽管风险是多种多样的，但只要我们通过一定数量样本的认真分析研究，就能发现风险具有自身的特征。

1. 风险存在的客观性

自然灾害和意外事故是不以人的意志为转移的，是独立于人的意识之外客观存在的现象。人们只能在一定的时间和空间内改变风险存在和发生的条件，降低风险发生的频率和损失程度，而不能彻底消除风险。

 案例 1-1

2008 年初中国南方罕见的冰冻灾害

2008 年 1 月，在欢庆"元旦"后，中国大陆遭受历史上罕见的冰雪严寒灾害，是继"非典"禽流感之后对中国人民造成危害最大的一次自然灾难，给人们生活、生产、春运和农业、林业等造成重大破坏和损失。特别是我国的南方地区，由于冰冻灾害造成的大面积断水、断电、交通瘫痪、飞机误航、列车停发、交通事故频繁发生等一系列风险，不仅给人们日常生活造成不便，更是影响了人民生命财产的安全。为此国家高层给予了高度重视，把抗冰救灾视为重中之重，力求减小人民的经济损失，尽早恢复人民的日常生活。

此次冰冻灾害有以下几个特点：第一，持续的时间较长，可以说是新中国成立以来或有气象记录以来最严重的严寒冰冻灾害。第二，覆盖面积很大，波及很广。第三，南方各省市气温甚低。第四，南方数省的严寒灾害以冰冻灾害为主，雪灾次之。第五，冰冻带来的破坏、损失巨大。第六，大冰灾恰逢春运，紧连着春节。

【评析】

首先，应急机制欠缺。冰灾并非突然降临，而是渐渐来袭，慢慢加重，历时数周，各级政府仍然显得很慌乱，措手不及。其次，资源储备亟待加强。冰冻灾害来袭后，煤、电频频告急，表明煤炭、电力储备严重不足。

2. 风险存在的普遍性

人们在经济生活中，会遇到自然灾害、意外事故的发生。从个人来说，人们面临生、老、病、死、意外事故的风险；从企业来讲，企业或公司同样面临各种自然灾害风险、意外事故风险、市场风险等。总之，风险存在于个人、家庭、企业、社会的方方面面。

 案例 1-2

台风常在我国东南沿海登陆

2006 年 8 月 10 日 17 时 25 分，第 8 号超强台风"桑美"在浙江省苍南县马站镇登陆，登陆时中心最低气压 920 百帕，近中心最大风速 60 米/秒，创下了多个中国第一，堪称中国的"台风之王"。持续日期：2006 年 8 月 5—11 日（以日本气象厅的数据为准）。最大强度：超强台风（中央气象局）。主要影响地区：浙江、福建、江西、台湾、冲绳。中心最低气压：915hPa（维持 5 个半小时，最近时距离浙江省海岸线 80 公里左右）。十分钟最大平均风速：195km/h（105kts）。一分钟最大平均风速：260km/h（140kts）。经济损失：194.42 亿元人民币。确认死亡人数：458。

> **【评析】**
>
> 　台风来临之前，党和政府重视台风灾害事故，要求各级政府做好预防布置工作，但是灾害事故威力太大，阻挡不了，因此，造成如此之大的损失。

3. 风险发生的偶然性

虽然风险是客观存在的，但就某一具体风险而言，其发生是偶然的，是一种随机现象。比如，人们出门在外，不知道是否会发生风险。某一个企业单位在生产过程中也不知道风险事故是否发生、何时发生、造成何种损失。

 案例 1-3

"5·12"四川省汶川地震损失情况

中新社成都 7 月 1 日电　四川省副省长黄小祥今天在此间与来访的美国代表团座谈时说，截至 6 月 28 日，2008 年 5 月 12 日汶川地震致四川省直接经济损失超过 1 万亿元人民币。黄小祥说，汶川大地震是新中国成立以来破坏性最强、涉及范围最广、救灾难度最大的一次地震。截至 8 月 21 日，四川省遇难人数达到 69226 人，失踪 17923 人，受伤 374643 人；倒塌房屋、严重损毁不能再居住和损毁房屋涉及近 450 万户，1000 余万人无家可归；重灾区面积达 10 万平方公里。这起历史罕见的地震灾害所造成的巨大破坏，举国震惊，举世关注。灾情主要包含以下五方面：一是人员伤亡惨重。截至 6 月 23 日，已确认因灾遇难 69181 人、受伤 374171 人、失踪 18498 人，其中四川省遇难 68669 人、受伤 360352 人、失踪 18498 人。失踪人员中相当数量可能已经遇难，估计这次遇难总人数将超过 8 万人。二是房屋大面积倒塌。倒塌房屋 778.91 万间，损坏房屋 2459 万间。川北县城、汶川映秀等一些城镇几乎夷为平地。三是基础设施严重损毁。震中地区周围的 16 条国道省道干线公路和宝成线等 6 条铁路受损中断，电力、通信、供水等系统大面积瘫痪。四是次生灾害多发。山体崩塌、滑坡、泥石流频发，阻塞江河形成较大堰塞湖 35 处，2473 座水库一度出现不同程度险情。五是正常生产生活秩序受到严重影响。6443 个规模以上工业企业一度停产，其中四川 5610 个。机关、学校、医院等严重受损。部分农田和农业设施被毁，因灾损失畜禽达 4462 万头（只）。

> **【评析】**
>
> 　地震灾害事故属于风险发生的偶然性，且破坏性相当严重，根据现有条件，人们预防能力相当有限。

4. 风险发生的可测性

个别风险事故的发生是偶然的，但如果我们对大量风险事故进行观察就会发现，风险也呈现出明显的规律性，运用统计方法去处理大量相互独立的偶发风险事故，其结果可以比较准确地反映出风险的规律性。根据以往大量的资料，利用概率论和数理统计方法可测算风险事故发生的概率及其损失程度。

 案例 1-4

2003 年我国"非典"病情预防措施

浙江省杭州市人民政府办公厅

杭政办函〔2003〕142 号

各区、县（市）人民政府，市政府各部门、各直属单位：

为加强我市防治传染性非典型肺炎（简称"非典"）期间宾馆、饭店等场所中央空调和交通工具空调的管理，减少和避免"非典"的传播，保障人民群众身体健康，维护生产、工作和生活的正常秩序，根据《杭州市人民政府关于进一步加强传染性非典型肺炎防治工作的决定》（杭政函〔2003〕51 号），结合建设部、卫生部、科技部关于建筑空调通风系统预防"非典"、确保安全使用的应急管理措施的要求，经市政府同意，现就我市宾馆、饭店等场所空调管理的有关事项通知如下。

一、在我国"非典"疫情未出现大的反复、我市未出现新的"非典"病例的情况下，各类宾馆、饭店、商场、影剧院、娱乐场所和机关、企事业单位在做好中央空调清洗、消毒工作和增加通风量的情况下，可使用中央空调。

二、公共空调车、出租车等交通工具在做好空调清洗、消毒工作和增加通风量的情况下，可使用空调。

三、正在诊治"非典"病人和疑似病人的医疗区域禁止使用中央空调；医疗机构的发热、呼吸专科门诊和相应的隔离病房等禁止使用中央空调。

四、一旦发生"非典"病例，收治、隔离、观察"非典"病人的所有场所，一律禁止使用中央空调。

五、宾馆、饭店等所有使用中央空调的场所应严格按照建设部、卫生部、科技部关于建筑空调通风系统预防"非典"、确保安全使用的应急管理措施的要求，认真做好中央空调运行时的"非典"防治工作。各有关主管部门应加强管理，加大监督执法力度。对于违反规定的，要予以严肃查处。

杭州市人民政府办公厅

二〇〇三年五月三十一日

【评析】

"非典"是指严重急性呼吸系统综合症（英语：SARS），于 2002 年在中国广东顺德首发并扩散至东南亚乃至全球，直至 2003 年中期疫情才被逐渐消灭的一次全球性传染病疫潮。

在此期间发生了一系列事件：引起社会恐慌，包括医务人员在内的多名患者死亡，世界各国对该病的处理，疾病的命名，病原微生物的发现及命名，联合国、世界卫生组织及媒体的关注等等。

（五）风险因素与风险事故

1. 风险因素

风险因素是指引起或增加风险事故发生的机会或扩大损失幅度的条件，是风险事故发生的潜在原因，是造成损失的内在或间接原因，也是促使某一特定损失发生或增加其发生的可能性或扩大其损失程度的原因。我们通常将风险因素分为两种类型。

（1）物质风险因素。物质风险因素是指物质本身足以引起或增加损失发生机会或损失幅度的客观原因和条件。如某些化学物质易燃易爆，又如牛奶变质和水果腐烂等，都是物质风险因素。

（2）道德风险因素。道德风险因素是指与人的品德修养有关的无形因素，即由于个人不诚实、恶意行为或人为地制造风险事故，以致形成损失结果或扩大损失程度的情况。

2. 风险事故

风险事故是指造成生命财产损失的偶发事件，是造成损失的直接或外在的原因，是损失的媒介物，即风险只有通过风险事故的发生，才能导致损失。例如，在浓雾天气条件下，航行中的船舶发生碰撞致损，浓雾天气是风险因素，碰撞是风险事故。

二、辨析风险

为了更清楚地认识风险，需要进一步了解风险的各种分类，这对于做好风险管理工作具有重要意义。

（一）按风险的性质分类

1. 纯粹风险

纯粹风险，是指风险所导致的结果只有两种，即损失或无损失，无任何获利的可能。如自然灾害或意外事故一旦发生，必然会对受其侵害的人身或者财产造成损失；又如人的生老病死等风险。

纯粹风险在一定的情况下具有一定的规律性，服从一定的概率分布，容易适用大数法则，属于保险公司承保的风险。

2. 投机风险

投机风险，是指风险导致的结果有三种，即损失、无损失和盈利。投机风险是既有损失可能性，也有获利可能性的风险。例如，人们购买基金以后，必然面临以下三种可能结果之一：基金价格下跌，持有人遭受损失；基金价格不变，持有人无损失但也不获利；基金价格上涨，持有人获利。又如，股票、新产品的研制与生产、商品价格的涨落及企业经营决策等所面临的风险都是投机风险。

（二）按风险产生的环境分类

1．静态风险

静态风险，是指因自然力的不规则变化和人们行为的错误所导致的风险。前者如地震、雹灾、暴风、洪水等；后者如人的盗窃、欺诈行为等。此种风险一般与社会经济和政治变动无关，在任何社会经济及政治条件下都是不可避免的。静态风险可能造成的后果主要是经济上的损失，而不会因此获得意外的收益。因而，静态风险一般为纯粹风险。

2．动态风险

动态风险，是指与社会变动有关的风险，主要是社会经济、政治及技术、组织机构发生变动而产生的风险。例如，人口的增加、资本的扩张、技术的进步、产业组织效率的提高、消费者选择的变化、政治经济体制改革等引起的风险。动态风险通常包含纯粹风险和投机风险。例如，经济萧条时期商品大量积压，此为投机风险；而商品积压使其遭受各种意外事故所致损失的机会变大，此为纯粹风险。

（三）按风险产生的原因分类

1．自然风险

自然风险，是指因自然力的不规则变化而产生某种现象，其所导致的危害经济活动、物质生产或生命安全的风险。例如，地震、火灾、水灾、风灾、雹灾、冻灾、旱灾、虫灾及各种瘟疫等。自然风险是保险人承保最多的风险。

2．社会风险

社会风险，是指由于个人或团体的行为，包括过失行为、不当行为及故意行为对社会生产及人们生活造成损失的可能性，如盗窃、抢劫、玩忽职守及故意破坏等行为。

3．政治风险

政治风险，又称国家风险，是指由于政治原因，如政局的变动、政权的更替、政府法令的颁布实施及种族、宗教、国家之间的冲突、叛乱、战争等引起的风险。如因输入国家发生战争、革命、内乱而中止货物进口，或因输入国家实施进口或外汇管制而对输入货物加以限制或禁止等，均属于政治风险。

4．经济风险

经济风险，是指在生产和销售等经营活动中由于受各种市场供求关系、经济贸易条件等因素变化的影响，或因经营者决策失误，对前景预测出现偏差等，导致经济上遭受损失的风险，如生产的增减、价格的涨落、经营的盈亏等方面。

5．技术风险

技术风险，是指伴随着科学技术的发展与生产方式的改变而产生的威胁人们生产和生活的风险。例如，核燃料的出现，伴随而来的是核辐射风险；汽车的出现，伴随而来的是车祸、空气污染、噪声污染等风险。

（四）按风险的损失范围分类

1．基本风险

基本风险，是指影响整个社会或社会主要部门，由非个人的或至少是个人无法阻止的因素所引起的风险。例如，经济制度的不确定性、失业、战争、通货膨胀、地震和洪水等都属于基本风险。

由于基本风险主要不在个人的控制之下，而且在大多数情况下它们并不是由某个特定个人的过错所造成的，因此，应当由社会而不是个人来应对，这就形成了社会保险存在的必要性。基本风险包括纯粹风险和投机风险。

2．特定风险

特定风险又称个别风险，是指由特定的人引起并且损失仅涉及个人的风险，它只与特定的个人、家庭或企业相关，不影响整个社会。如某企业遭遇特大火灾，就属于特定风险。特定风险通常为纯粹风险。

（五）按风险的标的或对象分类

1．财产风险

财产风险是指导致财产发生毁损、灭失和贬值而使财产的所有权人遭受损失的风险。例如，建筑物有遭受火灾、地震、爆炸、洪水等损失的风险；船舶有遭受沉没、碰撞、搁浅等损失的风险；机动车辆存在被盗或在行驶中发生碰撞的风险等，这些风险均属于财产风险。

财产风险所造成的损失既有直接的，也有间接的。例如，某人的汽车在碰撞事故中受损，修理费用就是直接的损失；而为修理汽车所花费的时间及可能的误工等，则属于间接损失。

2．人身风险

人身风险是指人们因早逝、疾病、衰老、意外伤害、残疾、生育、失业等原因而导致经济损失的风险。人的生、老、病、残、死虽是自然规律，但人何时生病、何时死亡及伤残、失业在何时发生谁都无法预知，一旦发生，将会给本人及其家属在生活中带来困难，造成经济上的损失。

3．责任风险

责任风险是指个人或团体因疏忽、过失或侵权、违约造成他人的财产损失或人身伤亡，根据法律规定或合同约定，应负经济赔偿责任的风险。任何个人都应依法对其给他人造成的损害负赔偿责任。例如，未按合同约定按时交货，要承担违约责任；医生误将病人的健康器官切除，给病人造成身体和精神上的伤害，要承担法律赔偿责任等。保险公司承保的责任风险一般仅限于民事责任风险。

4．信用风险

信用风险是指在经济交往中，义务人不守信用或者因破产、违约、犯罪等原因使其权利人遭受经济损失的风险，如因进口方拒收货物、拒付货款等给出口方造成损失的风险，在银行的抵押贷款中因借款人不能及时还贷而形成的信用风险等。

学习单元二　风险管理手段

风险是普遍存在的，它时刻影响着人们的生活、企业的生产和社会的稳定发展，因此，预防风险的发生，减少风险事故带来的损失，管理风险显得尤为重要。

真正具有现代意义的风险管理起源于 20 世纪 50 年代的美国。经过半个多世纪的实践和理论探索，风险管理已经被公认为管理领域内的一项重要职能，并在此基础上形成了一门新的管理学科，即风险管理学。现代风险管理的应用极为广泛，涉及的学科也相当多，因此，学者们站在不同的角度对风险管理含义的界定也不完全相同。国内学术界比较通用的概念认为，风险管理是指社会经济单位通过对风险的识别、估算和分析，选择最佳的风险管理技术，以最小的经济代价达到最大安全效果的经济管理手段。

一、风险管理的含义

风险管理是经济单位通过对风险的认识、衡量和分析，以最小的成本取得最大安全保障的管理方法。风险管理的含义包括以下具体内容：

（1）风险管理的对象是风险。

（2）风险管理的主体可以是任何组织或个人，包括个人、家庭、组织。

（3）风险管理的过程包括风险识别、风险衡量、风险评价、风险管理技术选择和风险管理效果评价等。

（4）风险管理的目标是以最小的成本获得最大的安全保障。

二、风险管理的程序

风险管理活动是一个由风险识别、风险衡量、风险评价、风险管理技术选择及风险管理效果评价等基本程序组成的活动。

（一）风险识别

风险识别，是指企业通过对风险的调查和分析，对风险的性质进行鉴定的过程。风险识别的内容包括两个方面：一是调查风险，即了解风险的客观存在；二是分析风险，即掌握产生风险的原因。

风险识别是风险管理过程的第一道程序和最基本的程序，也是全部风险管理活动中最艰难同时又最重要的工作。风险识别的方法主要有以下几种：

（1）流程图分析法。是指经济单位将所有生产经营环节，按照其内在的联系绘制出流程图，用以发现生产经营过程中可能存在的风险。企业的流程图有多种类型，如产品流程、服务流程、生产流程、财务会计流程、市场营销流程、分配流程等。流程图分析法是一种识别企业所面临的潜在风险的常用方法。

（2）财务报表分析法。是指根据经济单位的各种会计记录和财务报表（主要包括资产负债表、损益表等），从财务的角度进行分析，以便发现经济单位可能存在的风险。

（3）风险调查法。是指经济单位利用保险专业人员或者有关咨询机构、研究机构、学术团体及本企业内部风险管理人员，对经济单位可能遭受的风险进行详细的调查与分析，并编制风险调查表，据此识别可能存在的风险。

（4）事故树法。是指用图表来表示所有可能引起主要事件发生的次要事件，从而提示个别事件的组合可能会形成潜在风险状况。这种方法最早是由美国贝尔电话实验室于 20 世纪 60 年代从事空间项目时发明的，现在对这一方法的研究已经取得长足的进展，并被广泛应用于国民经济的各个部门。

（二）风险衡量

风险衡量是指在对过去资料进行分析的基础上运用概率论和数理统计的方法对损失频率和损失程度作出估计，以作为选择应对风险的方法的依据。

（三）风险评价

风险评价是指在风险识别和风险衡量的基础上，把损失频率、损失程度及其他因素综合起来考虑，分析该风险的影响，寻求风险对策，并分析该对策的影响，为风险决策创造条件的过程。

（四）风险管理技术选择

风险管理技术选择是指根据风险评价结果，为实现风险管理目标选择最佳风险管理技术，这是风险管理中最为重要的环节。

（五）风险管理效果评价

风险管理效果评价是指对风险管理技术的科学性、适用性和收益性情况的分析、检查、修正及评估。由于风险管理的过程是动态的，风险是在不断变化的，原有的处理风险的方法也许不再适用于现有的情况。同时，风险管理决策有时难免也会出现失误和偏差，因此，对风险管理的效果进行评价是一项极有意义的工作。

三、风险管理的方法

风险管理的方法即风险管理的技术，可分为控制型风险管理技术和财务型风险管理技术两大类。控制型风险管理技术注重降低风险损失的发生频率，减少或防止风险的发生或风险的损失程度；财务型风险管理技术则注重于事先做好吸纳风险成本的财务安排，用以应对风险发生后的经济补偿。

（一）控制型风险管理技术

控制型风险管理技术的实质是在风险分析的基础上，针对企业存在的风险因素，采取控制技术以消除风险事故发生的频率和减轻损失程度，重点在于改变引起自然灾害、意外事故和扩大损失的各种条件。主要表现为：在事故发生前，降低事故发生的频率；在事故发生时，抑制损失继续扩大，将损失减少到最低限度。

控制型风险管理技术主要包括以下几种。

（1）避免。是指放弃某项活动以达到回避从事该项活动可能导致的风险损失的目的。如人们惧怕飞机失事之风险，不乘坐飞机而改乘其他交通工具，就可以避免飞机失事之风险。

避免风险是最彻底、最简单的风险控制方法，即从根本上消除风险。但它也是一种消极的方法，在回避了风险的同时，也放弃了从事这项活动带来的好处或某种经济利益。况且，虽避免了某种风险，但同时也会面临新的风险，毕竟某些风险（如地震）是无法人为避免的。

（2）预防。是指事先有针对性地采取各种适当措施，以减少风险的发生，其目的在于通过减少或消除风险因素从而达到降低损失频率的目的，如修筑堤坝、巩固防洪设施、选择防火材料、加强安全教育等。

我国对于各种灾害风险向来以预防为主。但有了防灾设施并不等于可以完全防止灾害事故的发生。在生产和生活过程中，有很多动态因素和条件可能触发新的风险。

（3）抑制。是指风险发生时或发生后采取的各种防止损失的措施。例如，在建筑物上安装消防、自动喷淋系统可以减轻火灾损失的程度，防止损失扩大。损失抑制的一种特殊形态是割离，它是将风险单位割离成许多独立的小单位从而达到缩小损失程度的一种方法。

（二）财务型风险管理技术

由于受种种因素的制约，人们对风险的预测不可能绝对准确，而防范风险的各项措施都具有一定的局限性，所以某些风险事故的损失后果是不可避免的。财务型风险管理技术是以提供基金的方式，降低发生损失的成本，即通过事故发生前所作的财务安排来解除事故发生后给人们造成的经济困难和精神忧虑，为恢复企业生产、维持正常生活等提供财务支持。

财务型风险处理技术主要包括以下几种：

1. 自留风险

自留风险是指面临风险的经济单位自己承担全部风险成本的一种风险管理方法。通常在风险所致损失频率和损失程度较低、损失在短期内可以预测及最大损失不影响企业或单位财务稳定时采用自留风险的方法。自留风险的筹资方式有很多种，如信贷（借人资金）、现收现付、非基金制的准备金、专用基金及建立专业自保公司等。

自留风险有很多局限性，如个别经济单位的经济实力有限，难以保留一笔足够的资金来支付较大损失的补偿，或保留的资金缺乏效益等。因此，采取自留方法应注意考虑经济上的合算性和可行性。

2. 转移风险

转移风险是指一些单位或个人为避免承担风险损失，有意识地将损失或与损失有关的财务后果转嫁给另一些单位或个人去承担的一种风险管理方式。转移风险又分为财务型非保险转移风险和财务型保险转移风险两种方法。

（1）财务型非保险转移风险，是指单位或个人通过订立经济合同，将损失或与损失有关的财务后果转移给另一些单位或个人去承担；或人们利用合同的方式，将可能发生的、不确定事件的任何损失责任，从合同一方当事人转移给另一方当事人。例如，在出租时，可以通过租约将本来应由出租人负担的租物损坏的经济责任转移给承租人；又如，通过发行股票、债券，可以把企业经营的风险分散给众多的股东和投资者。

（2）财务型保险转移风险，是指单位或个人通过订立保险合同，将其面临的财产风险、人身风险和责任风险等转嫁给保险人的一种风险管理技术。

以上几种处理风险的主要方法，在实际工作中通常是配合使用的，即根据不同的风险，结合经济单位自身所处的环境和所具备的条件，进行全面考虑，作出选择决策，采取多种方法，综合应用，以期收到更好的防灾减损的效果，从而更好地实现风险管理的目标。

 案例 1-5

老翁与金子的故事

在很久以前，有一个富翁住在一座华丽的宅邸里，家中黄金万贯。他每天吃的是山珍海味，穿的是绫罗绸缎，可是他并不开心。富翁每天晚上都在做噩梦，总是担心他的财产被人偷去从此过上穷日子。有一天早晨醒来，他遇见了一位智者，于是他就把他的苦恼告诉了智者。智者听了之后沉思了片刻，然后说："不如这样吧，把你的金子给我一袋，我保证在你生病或遇到其他风险事故时，还给你五袋金子；等你老了的时候，每月还给你半袋金子"。富翁同意了，从此，他再也不做噩梦了。

> **【评析】**
>
> 这个故事有两点值得人们思考：首先富翁必须相信智者将来能兑现，才能放心地将金子给他；其次，等富翁老了的时候，智者哪来的金子支付给富翁？智者实际上还在用同样的方法向其他富翁收藏金子，日后，才有足够的金子支付给富翁。智者的这种方法是保险手段，以此消除了富翁对潜在风险的担忧。用保险手段解决富翁的后顾之忧是运用了风险管理的方法之一。

学习单元三　理解风险与保险的关系

讲风险就会联想到讲保险，世界上没有风险也就没有保险，风险是保险产生和发展的基础，风险与保险之间有着密切的关系。充分理解风险与保险两者之间的关系，才能体会到保险是金融产业的支柱。2015 年 3 月，国务院总理李克强签署第 660 号国务院令，公布《存款保险条例》（以下简称《条例》），《条例》自 2015 年 5 月 1 日起施行。这体现了保险是金融支柱的产业，实践也在证明保险在国民经济中发挥越来越重要的作用。

一、风险与保险两者关系的密切程度

风险与保险的关系主要体现在以下几方面。

（一）风险是保险产生和存在的前提

风险是客观存在的，时时处处威胁着人的生命和物质财富的安全，是不以人的意志为转移的。无风险则无保险，风险的发生会直接影响社会生产过程的持续进行和家庭的正常生活，由于风险的存在，从而产生了对损失进行补偿的需要。保险是一种被社会普遍接受的经济补偿方式，因此，风险是保险产生和存在的前提。

（二）风险的发展是保险发展的客观依据

社会进步、生产发展、现代科学技术的应用，给社会、企业和个人带来了更多的新风险。风险的增多对保险提出了新的要求，促使保险业不断设计新险种、开发新业务。从保险的现状和发展趋势看，作为高风险系统的核电、石油化学工业、航空事业的风险，都可以纳入保险的责任范围。

（三）保险是风险处理的传统有效的措施

人们面临的各种风险损害，一部分可以通过控制的方法消除或减少，但风险不可能全部消除。面对各种风险造成的损失，单靠自身力量解决，就需要提留与自身财产价值等量的后备基金，这样既造成资金浪费，又难以解决巨灾损失的补偿问题。转移就成为风险管理的重要手段，保险作为转移方法之一，长期以来被人们视为传统的处理风险手段。他们通过保险，把不能自行承担的集中风险转嫁给保险人，以小额的固定支出换取对巨额风险的经济保障，使保险成为处理风险的有效措施。

（四）保险经营效益要受风险管理技术的制约

保险经营效益的大小受多种因素的制约，风险管理技术作为非常重要的因素，对保险经营效益产生很大的影响。如，对风险的识别是否全面，对风险损失的频率和造成的损失的幅度估测是否准确，哪些风险可以接受承保，哪些风险不可以承保，保险的范围应有多大，程度应如何，保险的成本与效益的比较等，都制约着保险的经营效益。

（五）保险与风险管理还存在相辅相成、相得益彰的关系

一方面，保险人对风险管理有丰富经验和知识，经济单位与保险人合作，会使经济单位更好地了解风险，并通过对风险的系统分析，提出哪些需要保险及保什么险种等，从而促进了风险管理；另一方面，由于经济单位加强和完善了风险管理，就要求提供更好的保险业务，以满足自身的发展要求，这又促进了保险业的发展。

二、认知可保风险

不是所有风险都是可保风险，能保险的风险才是可保风险。

（一）可保风险的概念

可保风险是指可以用保险的方式来分散、减轻或转移的风险，亦即符合保险人承保条件、保险人愿意承保的风险。

（二）构成可保风险的条件

并不是所有的风险都能通过保险的方式转嫁给保险人承担。一般而言，构成可保风险必须具备以下条件：

1．风险必须是偶然的

保险人承保的风险必须是有发生的可能性的。风险的偶然性是指对每一个具体的保险标的来说，事先无法知道它是否会发生损失及损失的大小，即风险是否发生、何时发生、何地发生、发生以后是否导致损失及损失程度等都是不确定的。若已知某一具体标的肯定不可能遭受某种风险损失，则保险就没有必要；反之，若已知某一具体标的肯定遭受某种风险损失，则保险人就不会承保。如折旧、自然损耗等必然发生的现象，保险人一般不予承保。

2．风险必须是意外的

风险的意外性是指风险的发生是非故意的、非预期的、非计划的。人为策划的风险可以列入道德风险之列，其所导致的损失，保险人不承担赔偿责任。

 案例 1-6

已知风险来临　岂能保险

福建东南沿海海岸边围堤成塘养鱼养虾，海岸线边鱼塘到处可见。有一次大台风来临之际，养虾虾主当天背现金要求给虾塘投保，保险公司没有答应。看见虾塘虾主下跪求保险公司保险，保险公司哪敢承保呢？为什么？

【评析】

双方当事人明知大台风来临会把塘堤冲垮，导致决口，溜走养的虾，保险公司要赔偿的，这是意料之内的风险，不能保。双方都不知风险什么时候发生，也不知会不会发生，但终于发生了，这才是意外的风险，保险公司就承保这样的风险。

3．风险必须是同质的、大量的

风险的同质性是指风险单位在种类、品质、性能、价值等方面大体相近。这一条件是为了满足保险经营的数理基础——大数法则的要求。由于保险经营需要以大数法则作为保险人建立稳固的保险基金的数理基础，这就要求某一风险必须是大量标的均有遭受损失的可能性，而在大量标的中，只有少数标的实际受损，这样保险才能实现其先集中风险然后再分散风险的目的。如果只有少量标的有受损的可能性，则保险人无法建立起雄厚的保险基金，投保人或被保险人的风险就无法得到分散，保险也就失去了存在的意义。

例如，当人类最初发射人造卫星时，保险人因对其风险认识不清不予承保。而今，世界各国共发射了 3 000 多个不同类型的航天器，每年发射 100 多颗。在这种情况下，由于保险标的数量已经足够多，通过大数法则可以计算风险概率和损失程度，确定保险费率。

因此，对发射人造卫星的保险也开始在全球范围内广泛推行。

4. 风险应有发生重大损失的可能性

只有当风险的发生有可能导致重大或比较重大的损失时，人们才会有保险的需求。如果导致的损失只局限于轻微损失的范围，人们就没有必要通过保险来获取保障，因为这样做在经济上是很不合算的。

5. 风险所致的损失必须是可以用货币衡量的

人们参加保险，是为了在发生风险事故而遭受财产损失或人身伤亡时，能获得及时和充分的经济补偿。保险人实现经济补偿的前提是这种损失必须可以以货币为尺度进行衡量。而且保险活动中投保人或被保险人履行缴费义务和保险人履行经济补偿义务，也都是通过货币形式实现的。如果风险事故所造成的损失结果不能以货币或财务方法进行衡量，则保险补偿就会缺乏客观的标准和尺度，保险的基本职能也就无法实现。

以上 5 个可保风险条件是相互联系、相互制约的。确认可保风险时，必须 5 个条件综合考虑，全面评估，以免发生承保失误。

必须指出，在保险的发展史上，可保风险的范围并不是一成不变的。随着保险市场需求的不断扩大及保险技术的日益进步，可保风险的范围也会随之改变，很多原来不可保的风险在先进的保险技术条件下也可以成为可保风险。

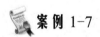 **案例 1-7**

县长重视乡村民房保险

浙江省有一个山区小县，主要以传统农业为主，村民们居住很分散，生产条件较差，生活水平在贫困线下。但县长很重视农村民房参保问题，要求县政府财政划拨一块资金作为民房保险的保险费补贴。家住农村山区的一户孤寡老人，有住房。房屋的保险费除了政府财政补贴外，自己还得交一些。对她来讲，自己应交的保险费也交不起，后来是邻居的亲人帮助她出了保险费，老人居住的窝终于上了保险。

古人云，天有不测风云。有一天，一场大火降临老人所在的村庄。山区的老旧民房都是木质结构的，木质属于易燃材料，因火势很大，整个村庄化为灰烬了。老人老泪纵横，伤心极了。这时，邻居亲人告诉她，她的房屋有保险，保险公司可以赔偿。老人房屋的保险金额为 10000 元，根据保险合同的规定，保险公司及时赔付 10000 元给老人重建住房。

【评析】

火灾就是风险，属于可保的风险，风险与保险的关系就是这样建立起来了。老人获得 10000 元的赔偿是因为房屋有保险。

三、认知不可保风险

除保险公司认定的能保的风险外，其他风险对保险公司来说就是不可保风险。比如战争、敌对行为、地震、传染疾病、保险标的物本身原因等的风险，一般定为不可保风险。

 案例 1-8

伊拉克战争导致的损失

伊拉克战争，又称美伊战争，是以英美军队为主的联合部队在 2003 年 3 月 20 日对伊拉克发动的军事行动，美国以伊拉克藏有大规模杀伤性武器并暗中支持恐怖分子为由，绕开联合国安理会，单方面对伊拉克实施军事打击。到 2010 年 8 月美国战斗部队撤出伊拉克为止，历时 7 年多，美方最终没有找到所谓的大规模杀伤性武器，反而找到萨达姆政权早已将其销毁的文件和人证。2011 年 12 月 18 日，美军全部撤出。

2008 年 2 月 22 日人民网报道说，阿拉伯国家联盟的一家信息机构公布的一份调查报道显示，伊拉克战争对世界经济造成的间接损失可能会达到 10000 亿美元。调查结果显示，伊拉克战后重建及包括石油工业在内的经济现代化将高达 1200 亿美元。这份文件预测，战争将导致世界证券市场紊乱、欧美之间发生贸易战、美元汇率下跌、投资积极性急剧下滑及世界恐怖主义泛滥等战争后果。该文件还认为，伊拉克重返国际石油市场将以其他石油输出国成员的利益为代价，其中主要是沙特、委内瑞拉及其他主要石油生产国，这些国家将被迫削减石油产量。

> 【评析】
>
> 这种战争行为造成极大损失，保险公司无法承担如此之大的损失。保险公司不敢保的战争损失，属于不可保的风险。但是，有的保险公司把战争风险作为附加险来保，这种情况下，战争风险又转化为可保风险。

 案例 1-9

埃博拉疫情将致数百亿美元损失

中新网 2014 年 10 月 17 日电 据新加坡《联合早报》17 日报道，西非埃博拉疫情造成的经济影响，可能同 2002 至 2003 年 SARS 疫情对经济造成的损失一样大。

德意志银行的纽约分析员扎尔内特在写给投资者的简报中说："由于担心受感染，大家就会减少旅行、到餐馆用餐、到酒吧喝酒及减少一切社交活动。"

SARS（非典）是通过空气传播的一种肺疾病。据布鲁金斯学会统计，当年 SARS 造成的全球经济损失达 400 亿美元。世界卫生组织数据显示，SARS 感染了约 8100 人，774 人死亡，包括中国和新加坡在内的 20 多个国家和地区受波及。当时美国发现了 29 个 SARS 病例，没有死亡病例。

埃博拉病毒会导致内脏出血。澳大利亚昆士兰大学病毒学家麦凯说，理论上来说埃博拉的传染性比较低，因为只有直接接触受感染者的体液如血液或呕吐物，才可能染病。他说："SARS和流感病毒在全球传染开来，但埃博拉不会这样。"

不过，埃博拉的致命性更高。根据世卫组织的数据，目前已有4500人染病身亡。这主要是因为病例集中在塞拉利昂、几内亚和利比里亚，这些西非国家的卫生系统和条件比较差，导致病毒得以大规模传播开来。

世界银行本月较早时发表的报告估计，到明年为止，西非国家将因埃博拉疫情而蒙受320亿美元经济损失，当中几内亚和利比里亚将陷入经济衰退。

该报告作者之一、世行高级经济学家埃文斯说："如果产生全球性冲击，将导致情况恶化。有迹象显示，部分非洲国家的旅游业已受到影响。视世界其他地区的疫情发展，接下来将有进一步冲击。"

尽管发达国家至今未受到太大冲击，但一些分析员认为，如果病毒扩散且引发恐慌，发达国家经济将受到影响。至今欧美有至少三个医护人员感染了病毒，令人不禁对防护措施是否能有效阻隔病毒产生怀疑。

巴克莱银行的伦敦分析员巴思在给投资者的简报中说："像埃博拉这种高致命性疾病，如果在全球供应链中的大规模或重要经济体内持续传播，所造成的冲击将比SARS还要严重。"

【评析】

埃博拉疾病是一种传染病，属于不可保的风险。但是有的保险险种把埃博拉疾病列为可保的风险。

可保风险和不可保风险是根据保险险种要求来确定的，由于险种不同，可保风险和不可保风险是可以互相转化的。

知识总结

由于风险客观地存在于生产、生活的各个方面，因此，必须充分认识风险、重视风险、预防风险、对风险进行管理，降低风险损失。除了加强风险管理外，还可以用保险手段来转移风险，获得保险补偿，减少投保人的损失，但社会损失总量是不变的，没有减少损失。

综合实训

实训目标

通过本项目的实训，充分理解风险与保险的密切关系，并且通过认识风险、重视风险，来加强风险管理。

实训内容

一、单项选择题

1. 疾病传染属于（　　）。

A. 物质风险因素　　　　　　　　B. 道德风险因素

C. 心理风险因素　　　　　　　　D. 社会风险因素

2. 风险是保险产生和存在的（　　）。

A. 前提　　　　B. 环境　　　　C. 可能　　　　D. 证明

3. 保险经营的费率计算是依据风险发生的概率，这说明保险公司的可保风险必须具有（　　）。

A. 不确定性　　　　　　　　　　B. 现实的可测性

C. 损失的大量性　　　　　　　　D. 损失的集中性

4. （　　）使风险的可能性转化为现实性。

A. 风险因素　　　B. 风险事故　　　C. 风险增加　　　D. 风险

5. 在依据产生风险的行为对风险所做的分类中，地震、洪水、海啸、经济衰退等属于（　　）。

A. 基本风险　　　B. 自然风险　　　C. 纯粹风险　　　D. 静态风险

二、是非判断题

1. 股市波动的风险属于纯粹风险。　　　　　　　　　　　　　　　　　（　　）

2. 某房主外出时忘记锁门，回家时发现小偷进屋，现金被偷，则造成损失事故发生的风险因素是外出时忘记锁门。　　　　　　　　　　　　　　　　　　（　　）

3. 保险可以从不同的角度进行定义，从经济角度看，保险属于财务安排。

　　　　　　　　　　　　　　　　　　　　　　　　　　　　　　　　（　　）

4. 可保风险必须是只有损失机会没有获利可能的风险，这说明保险人承保的风险是投机风险。　　　　　　　　　　　　　　　　　　　　　　　　　　　　（　　）

5. 在保险活动中，人们以不诚实或故意欺诈行为促使保险事故发生，以便从保险活动中获取额外利益的风险因素属于道德风险。　　　　　　　　　　　　　（　　）

三、重要名词解释

1. 风险因素

2. 道德风险

3. 风险事故

4. 纯粹风险

5. 投机风险

6. 静态风险

7. 人身风险

8. 财产风险

9. 责任风险

10. 信用风险

四、思考讨论题

1. 何为风险？应如何理解风险的概念？
2. 风险具有哪些特征？
3. 风险有哪些要素构成的？风险的因素又包括哪几种类型？
4. 什么是风险管理？对风险有哪些处理方式？
5. 试论风险与保险的关系。
6. 可保风险需要具备哪些条件？

五、案例分析题

有一家食品加工企业，有厂房、机器设备等固定资产，存货主要有面粉、大米等原材料和各种易燃辅助燃料。据了解，该企业已安全生产 30 年了。根据上述资料及所学的风险知识，回答以下三个问题。

(1) 该企业存在哪些风险？
(2) 该企业怎么样进行风险管理？
(3) 该企业有必要参加保险吗？阐述参加保险的依据。

Project 2

项目二

保险发展简史

学习目标

⊙ 本项目重点阐述保险产生的历史。通过本章的学习，要求理解保险在经济领域中发挥着保驾护航的作用，解除了人们的后顾之忧。

技能目标

⊙ 通过本项目学习的保险发展历史告诉人们，保险是经济损失可获得补偿的重要手段。

海上保险是一种最古老的保险，近代保险也首先是从海上保险发展而来的。在历史上，劳合社设计了第一张盗窃保险单，为第一辆汽车和第一架飞机出立保单，近年又是计算机犯罪、石油能源保险和卫星保险的先驱。劳合社承保的业务十分广泛，简直无所不保，但在海上保险和再保险方面起了最为重要的作用。

火灾保险是财产保险的前身。到了 19 世纪，欧美的火灾保险公司如雨后春笋般涌现，承保能力大为提高。而且，火灾保险从过去只保建筑物损失扩大到其他财产，承保的责任也从单一的火灾扩展到风暴、地震、暴动等。

人寿保险起源于欧洲中世纪的基尔特制度。英国数学家和天文学家埃德蒙·哈雷于 1693 年根据德国布雷斯劳市 1687—1691 年间的市民按年龄分类的死亡统计资料，编制了第一张生命表，为现代人寿保险奠定了数理基础。第二次世界大战以后，人寿保险的覆盖率进一步扩大，而且种类繁多。人寿保险业务与金融市场的投资紧密结合。人寿保险公司已成为仅次于商业银行的投资机构。

我国现代保险制度产生已有近 200 年的历史，是随英帝国主义的经济入侵而输入的，分为旧中国和新中国两个历史阶段。中国第一家民族保险企业是 1865 年的上海义和公司保险行。但是，大部分中国民族保险公司资本微薄，难以与外商公司竞争，要依靠外商保险公司分保。中华人民共和国的诞生揭开了中国保险史的新篇章。党的十一届三中全会以后，经过拨乱反正，经国务院批准，国内保险业务从 1980 年起开始恢复，这使我国保险事业获得新生。1998 年 11 月 8 日中国保险监督管理委员会正式成立，中国保险业从此有了独立的监管机构。改革开放以来，特别是 1986 年之后，随着保险市场供给主体不断增加和竞争的保险市场体系初步形成，保险业务获得迅速发展。

学习单元一　古代保险思想和原始形态保险

人类社会从一开始就遇到自然灾害和意外事故的侵扰，所以在古代社会里就萌生了对付灾害事故的保险思想和原始形态的保险方法，这在中外历史上均有记载。回顾历史有助于我们掌握保险产生和发展的规律，加深对现代保险制度的认识。

一、我国古代保险思想和救济后备制度

据国外一些保险书籍记载，远在公元前 3000 年，中国一些商人在扬子江的危险水域运输货物时就采用了一种分散风险的办法，即把每人的货分装在几条船上，以免货物装在一条船上有遭受全部损失的风险，这是水险起源的最早实例。这种分散风险的方法体现了现代保险和风险管理的一些基本原理。

在公元前 2500 年，我国的《礼记·礼运》中有这样一段话："大道之行也，天下为公；选贤与能，讲信修睦，故人不独亲其亲，不独子其子；使老有所终，壮有所用，幼有所长；矜（同鳏）寡、孤、独、废疾者皆有所养。"这一记载足以证明我国古代早有谋求经济生活之安定的强烈愿望，实为最古老的社会保险思想。

我国历代有着储粮备荒，以赈济灾民的传统制度，如春秋战国时代的"委积"制度、汉朝的"常平仓"制度、隋唐的"义仓"制度。这些都是实物形式的救济后备制度，由政府统筹，带有强制性质。此外，宋朝和明朝还出现了民间的"社仓"制度，它属于相互保险形式；在宋朝还有专门赡养老幼贫病不能自我生存的"广惠仓"，这可以说是原始形态的人身救济后备制度。

尽管我国保险思想和救济后备制度产生很早，但因中央集权的封建制度和重农抑商的传统观念，商品经济发展缓慢，缺乏经常性的海上贸易。所以，中国古代社会没有产生商业性的保险。

二、外国古代保险思想和原始形态保险

外国最早产生保险思想的并不是现代保险业发达的资本主义大国，而是处在东西方贸易要道上的文明古国，如古代的巴比伦、埃及和欧洲的希腊和罗马。据英国学者托兰纳利

论证，"保险思想起源于巴比伦，传至腓尼基（今黎巴嫩境内），再传入希腊"。在公元前2000多年的古代巴比伦的汉谟拉比法典中有这样一条规定：商人可以雇用一个销货员去外国港口销售货物，当这个销货员航行归来，商人可以收取一半的销货利润；如果销货员未归，或者回来时既无货也无利润，商人可以没收其财产，甚至可以把他的老婆孩子作为债务奴隶；但如果货物是被强盗劫夺，可以免除销货员的债务。据说这是海上保险的一种起源。这部法典中还有火灾保险的规定，巴比伦国王命僧侣、官员和村长向居民征税以筹集火灾救济基金。该法典又记载沙漠商人队根据合同规定要对运输货物负绝对责任，对没有把货物运到目的地的承运人处以没收财产、扣押亲属，甚至判处死刑，但在遇到强盗、原始人和半自治地区王子抢劫时，承运人可对货物被盗不承担责任。这可以说是运输保险的雏形，后来传到腓尼基和希腊，广泛用于海上贸易。

在古希腊，一些政治哲学或宗教组织由会员摊提形成一笔公共基全，专门用于意外情况下的救济补偿。在古罗马历史上曾出现丧葬互助会，还出现一种缴付会费的士兵团体，在士兵调职或退役时发给旅费，在死亡时发给继承人抚恤金。上述这些都是人身保险的原始形态。

到了中世纪，欧洲各国城市中陆续出现各种行会组织，这些行会具有互助性质，其共同出资救济的互助范围包括死亡、疾病、伤残、年老、火灾、盗窃、沉船、监禁、诉讼等不幸的人身和财产损失事故，但互助救济活动只是行会众多活动中的一种。这种行会或基尔特制度在13—16世纪特别盛行，并在此基础上产生了相互合作的保险组织。

学习单元二　海上保险的起源与发展

海上保险是一种最古老的保险，近代保险也首先是从海上保险发展而来的。

一、共同海损是海上保险的萌芽

公元前2000年，地中海一带就有了广泛的海上贸易活动。当时由于船舶构造非常简单，航海是一种很大的冒险活动。要使船舶在海上遭遇风浪时不致沉没，一种最有效的抢救办法是抛弃部分货物，以减轻载重量。为了使被抛弃的货物能从其他受益方获得补偿，当时的航海商提出了一条共同遵循的原则："一人为众，众为一人。"这个原则后来为公元前916年的罗地安海商法所采用，并正式规定为："凡因减轻船只载重投弃入海的货物，如为全体利益而损失的，须由全体分摊归还。"这就是著名的"共同海损"基本原则。可以说它是海上保险的萌芽。但共同海损是船主与货主分担损失的方法，而非保险补偿，对它是否属于海上保险的起源尚有争议。

二、船舶和货物抵押借款是海上保险的雏形

这种借款在公元前800—公元前700年起就很流行，而且从希腊、罗马传到意大利，在中世纪也盛行一时。船舶抵押借款契约（bottomry bond），又称冒险借贷，它是指船主

把船舶作为抵押品向放款人取得航海资金的借款。如果船舶安全完成航行，船主归还贷款，并支付较高的利率；如果船舶中途沉没，债权即告结束，船主不必偿还本金和利息。船货抵押借款契约（respondentia bond）是向货主放款的类似安排，不同之处是把货物作为抵押品。

这种方式酌借款实际上是最早形式的海上保险。放款人相当于保险人，借款人相当于被保险人，船舶或货物是保险对象，高出普通利息的差额（溢价）相当于保险费。公元 533 年，东罗马皇帝查士丁尼在法典中把这种利息率限制在 12%，而当时普通放款利率一般为 6%。如果船舶沉没，借款就等于预付的赔款。由此可见，船舶和货物抵押借款具有保险的一些基本特征，作为海上保险的起源已成为定论。这两种借款至今仍存在，但与古代的做法不同，它们是作为船长在发生灾难紧急情况下筹措资金的最后手段。有趣的是，今日放款人可以购买保险来保护自己在抵押的船舶中的利益。

船舶和货物抵押借款后因利息过高被罗马教皇九世格雷戈里禁止，当时利息高达本金的 1／4 或 1／3。由于航海需要保险作支柱，后来出现了"无偿借贷"制度。在航海之前，由资本所有人以借款人的地位向贸易商借得一笔款项，如果船舶和货物安全抵达目的港，资本所有人不再偿还借款（相当于收取保险费）；反之，如果船舶和货物中途沉没和损毁，资本所有人有偿债责任（相当于赔款）。这与上述船舶抵押借款的顺序正好相反，与现代海上保险的含义更为接近。

三、意大利是近代海上保险的发源地

在 11 世纪后期，十字军东侵以后，意大利商人曾控制了东西方的中介贸易。在 14 世纪中期经济繁荣的意大利北部出现了类似现代形式的海上保险。意大利的伦巴第商人因代教会征收和汇划各地缴纳的税款而控制了欧洲大陆的金融枢纽，他们还从事海上贸易，并在 1250 年左右开始经营海上保险。起初海上保险是由口头缔约，后来出现了书面合同。现在世界上发现的最古老的保险单是一个名叫乔治·勒克维伦的热那亚商人在 1347 年 10 月 23 日出立的一张承保从热那亚到马乔卡的船舶保险单，这张保险单现在仍保存在热那亚国立博物馆。保单的措辞类似虚设的借款，即上面提及的"无偿借贷"，规定船舶安全到达目的地后契约无效，如中途发生损失，合同成立，由资本所有人（保险人）支付一定金额，保险费是在契约订立时以定金名义缴付给资本所有人；并规定，船舶变更航道使契约无效。但保单没有订明保险人所承保的风险，它还不具有现代保险单的基本形式。至于最早的纯粹保险单是一组保险人在 1384 年 3 月 24 日为四大包纺织品出立的从意大利城市比萨到沙弗纳的保险单。到 1393 年，在佛罗伦萨出立的保险单已有承保"海上灾害、天灾、火灾、抛弃、王子的禁止、捕捉"等字样，开始具有现代保险形式。

当时的保险单同其他商业契约一样，是由专业的撰状人草拟，13 世纪中期在热那亚一地就有 200 名这样的撰状人。据一位意大利律师调查，1393 年在热那亚的一位撰状人就草拟了 80 份保险单，可见当时意大利的海上保险已相当发达。莎士比亚在《威尼斯商人》中就写到海上保险及其种类。第一家海上保险公司于 1424 年在热那亚出现。

随着海上保险的发展，保险纠纷相应增多，这要求国家制定法令加以管理。1468 年威尼斯制定了关于法院如何保证保险单实施及防止欺诈的法令。1523 年佛罗伦萨制定了一部比较完整的条例，并规定了标准保险单的格式。

善于经商的伦巴第人后来移居到英国，继续从事海上贸易，并操纵了伦敦的金融市场，而且把海上保险也带进了英国。今日伦敦的保险中心伦巴第街就是因当时意大利伦巴第商人聚居该处而得名。

四、英国海上保险的发展

在美洲新大陆发现之后，英国的对外贸易获得迅速发展，保险的中心逐渐转移到英国。1568 年 12 月 22 日经伦敦市市长批准开设了第一家皇家交易所，为海上保险提供了交易所，取代了从伦巴第商人沿袭下来的一日两次在露天广场交易的习惯。1575 年由英国女皇特许在伦敦皇家交易所内设立保险商会，办理保险单登记和制定标准保单和条款。

当时在伦敦签发的所有保险单必须在一个名叫坎德勒的人那里登记，并缴付手续费。1601 年伊丽莎白一世女皇颁布了第一部有关海上保险的法律，规定在保险商会内设立仲裁法庭，解决日益增多的海上保险纠纷案件。但该法庭的裁决可能被大法官法庭的诉讼推翻，因此取得最终裁决可能要等待很长时间。

17 世纪的英国资产阶级革命为英国资本主义发展扫清了道路，大规模的殖民掠夺使英国逐渐成为世界贸易、航海和保险中心。1720 年成立的伦敦保险公司和皇家交易保险公司因各向英国政府捐款 30 万英镑而取得了专营海上保险的特权，这为英国开展世界性的海上保险提供了有利条件。从 1756 年到 1778 年，首席法官曼斯菲尔德收集了大量海上保险案例，编制了一部海上保险法案。

当今世界上最大的保险组织之一伦敦劳合社是从劳埃德咖啡馆演变而来，其演变史可以成为英国海上保险发展的一个缩影。1683 年，一个名叫爱德华·劳埃德的人在伦敦泰晤士河畔开设了一家咖啡馆。该处逐渐成为经营远洋航海的船东、船长、商人、经纪人和银行高利贷者聚会的场所。1691 年劳埃德咖啡馆从伦敦塔街迁至伦巴第街，不久成为船舶、货物和海上保险交易的中心。当时的海上保险交易只是在一张纸上写明保险的船舶和货物及保险金额，由咖啡馆内的承保人接受保险的份额，并在底下署名。劳埃德咖啡馆在 1696 年出版了每周三次的《劳埃德新闻》，着重报道海事航运消息，并登载在咖啡馆内进行拍卖船舶的广告。劳埃德死于 1713 年，由他的女婿接管咖啡馆。在 1734 年又出版了《劳合社动态》。据说，除了官方的《伦敦公报》外，《劳合社动态》是英国现存历史最悠久的报纸，随着海上保险业务的发展，在咖啡馆内进行保险交易已变得不方便了。

1771 年由 79 个劳埃德咖啡馆的顾客每人出资 100 英镑另觅新址专门经营海上保险。这笔资金由经过无记名投票选出来的一个委员会管理，它是第一个劳合社委员会，但直到 1871 年，经议会通过法案，劳合社才正式成为一个社团组织。1774 年劳合社迁至皇家交易所，从而成为英国海上保险交易的中心。起初的法令限制劳合社的成员只能经营海上保险，1911 年的法令取消了这个限制，允许其成员经营一切保险业务。1906 年英国国会通过的《海上保险法》规定了一个标准的保单格式和条款，它又称为劳合社船舶与货物标准保单。

劳合社不是一个保险公司，而是一个社团，更确切地说，它是一个保险市场。它与纽约证券交易所相似，只是向其成员提供交易场所和有关的服务，本身并不承保业务。在劳合社保险是向该市场的承保人投保，并由经纪人代找承保人。一般由经纪人填一份要保单，递交给从事某种保险业务的承保组合，再由一个牵头的承保人确定费率，并承保一个份额，其余份额由同一组合中的其他成员承保。经纪人还可与其他承保组合联系，直到承保人认足份额后，再送签单部签单。至 1996 年，劳合社约有 34 000 名社员，其中英国 26 500 名，美国 2 700 名，其他国家 4 000 多名，并组成了 200 多个承保组合。每位社员至少要有 10 万英镑资产，并缴付 37 500 英镑保证金，每年至少要有 15 万英镑保险费收入。据统计，劳合社近年每年的保险费收入约 120 亿美元。劳合社历来规定每个社员要对其承保的业务承担无限的赔偿责任，即要把他们的动产作为赔付的抵押。但由于劳合社近年累计亏损 80 亿英镑，已改为有限赔偿责任。1993 年罗兰接任劳合社主席后，对劳合社的业务经营和管理进行了整顿和改革，于 1995 年 5 月提出了一项"重建和恢复计划"。根据该计划，劳合社将允许接受有限责任的法人组织作为社员，并允许个人社员退社，或合并转成有限责任的社员。因此，今后劳合社的个人承保和无限责任的特色将逐渐淡薄。另外，劳合社计划成立一家名为 EQUITAS 的再保险公司，由其接管和处理劳合社 16 亿英镑的亏损。

劳合社由其社员选举产生的一个理事会来管理，下设理赔、出版、签单、会计、法律等部，并在 100 多个国家设有办事处。劳合社的大厅长 110 米，宽 40 米，使用的是狄更斯时代的长椅子、大桌子和高高的书架。1986 年 4 月 24 日劳合社又迁至新的大楼。新大楼从设计到落成历时 8 年，耗资 1.64 亿英镑，共有 15 层，并专设了供人参观的长廊。在历史上，劳合社设计了第一张盗窃保险单，为第一辆汽车和第一架飞机出立保单，近年又是计算机犯罪、石油能源保险和卫星保险的先驱。劳合社承保的业务十分广泛，简直无所不保，包括钢琴家的手指、芭蕾舞演员的双脚、赛马优胜者的腿、演员的性命，但在海上保险和再保险方面起了最为重要的作用。

学习单元三　其他保险的发展

继海上保险发展之后，其他各种保险也随经济发展而脱离其原始形态，这里仅介绍历史较为悠久的火灾保险和人寿保险发展的历史，其他险种出现的历史不长，一般都在第二次世界大战后获得迅速发展，我们将在其他章节中提及。

一、火灾保险

火灾保险是财产保险的前身，在海上保险中也包括了火险。如前所述，中世纪的行会对成员遭受的火灾损失给予补偿。在 15 世纪，德国的一些城市出现了专门承保火灾损失的相互保险组织（火灾基尔特）。到了 1676 年，由 46 个相互保险组织合并成立了汉堡火灾保险社。

1666 年 9 月 2 日，在英国伦敦发生了一场大火，烧毁了全城的一半，起因是皇家面包店的烘炉过热，火灾持续了 5 天，有 13 000 幢房屋和 90 个教堂被烧毁，20 万人无家可归，造成了不可估量的财产损失。这场特大火灾促使人们重视火灾保险。次年一个名叫尼古拉斯·巴蓬的牙科医生独资开办了一家专门承保火险的营业所，开创了私营火灾保险的先例。由于业务发展，他于 1680 年邀集了 3 人，集资 4 万英镑，设立了一个火灾保险合伙组织。保险费是根据房屋的租金和结构计算，砖石建筑的费率定位为 2.5% 的年房租，木屋的费率为 5%。正因为使用了差别费率，巴蓬有"现代保险之父"的称号。

18 世纪末到 19 世纪中期，英、法、德、美等国相继完成了工业革命，大机器生产代替了原先的手工操作，物质财富大量集中，对火灾保险的需求也变得更为迫切。这个时期的火灾保险发展异常迅速，而且火灾保险组织以股份公司形式为主。最早的股份公司形式的保险组织是 1710 年由英国查尔斯·波文创办的"太阳保险公司"，它不仅承保不动产保险，而且把承保业务扩大到动产保险，营业范围遍及全国，它是英国迄今仍存在的最古老的保险公司之一。英国在 1714 年出现了联合火灾保险公司，它是一个相互保险组织，费率计算除了考虑建筑物结构外，还考虑建筑物的场所、用途和财产种类，即采用分类法计算费率，实为火灾保险的一大进步。

美国于 1752 年由本杰明·富兰克林在费城创办了第一家火灾保险社。这位多才多艺的发明家、科学家和政治活动家还在 1736 年组织了美国第一家消防组织。1792 年建立的北美洲保险公司在两年后开始承办火险业务。

到了 19 世纪，欧美的火灾保险公司如雨后春笋般涌现，承保能力大为提高，1871 年芝加哥一场大火造成 1.5 亿美元的损失，其中 1 亿美元损失是保了险的。而且，火灾保险从过去只保建筑物损失扩大到其他财产，承保的责任也从单一的火灾扩展到风暴、地震、暴动等。为了控制同业间的竞争，保险同业公会相继成立，共同制定火灾保险统一费率。在美国的火灾保险早期，保险人各自设计自己使用的保单，合同冗长且缺乏统一性。1873 年马萨诸塞成为美国首先使用标准火险单的州，纽约州在 1886 年也通过了类似的法律。标准火险单的使用减少了损失理算的麻烦和法院解释的困难，也是火灾保险的一大进步。为了消化吸收的火灾保险业务，再保险也开始发展。由原保险公司设立一个子公司或部门经营分保业务。世界上最早独立经营分保业务的再保险公司是德国 1846 年设立的科伦再保险公司。到 1926 年，各国共建立了 156 家再保险公司，其中德国的再保险公司数目最多。

二、人寿保险

如前所述，人寿保险起源于欧洲中世纪的基尔特制度。起初行会对其成员的人身伤亡或丧失劳动能力给予补偿，后来有些行会逐渐转化为专门以相互保险为目的的"友爱社"，对保险责任和缴费有了比较明确的规定。这种相互保险组织形式对以后的人寿保险发展影响很大。美国最大的人寿保险公司——美国谨慎保险公司就是相互保险公司，它的前身是 1873 年建立的"孤寡友爱社"。

海上保险也包括人身保险。15 世纪后期，奴隶贩子把贩运的奴隶作为货物投保，后来船长和船员也可以保险。到 16 世纪，安特卫普的海上保险对乘客也进行保险。

1551 年德国纽伦堡市市长博尔茨创立了一种儿童强制保险，规定父母在子女一出生后每年必须缴存一塔来尔（古普鲁士银币），当子女达到结婚年龄时可以取得 3 倍于本金的给付。

到了 17 世纪中期，洛伦·佟蒂在任法国宰相秘书时提出了一种不偿还本金的募集国债计划，但遭到议会反对。时隔 30 年以后，法王路易十四为了筹集战争经费于 1689 年采用了"佟蒂法"，以每人缴纳 300 法郎筹集到 140 万法郎资金。"佟蒂法"是养老年金的一种起源。它规定在一定时期以后开始每年支付利息，把认购人按年龄分为 14 个群，对年龄高的群多付利息。当认购人死亡，利息总额在该群生存者中间平均分配。当该群认购人全部死亡，就停止付息。由于这种办法不偿还本金，并引起了相互残杀，后被禁止。但"佟蒂法"引起了人们对生命统计研究的重视。

英国数学家和天文学家埃德蒙·哈雷于 1693 年根据德国布雷斯劳市 1687—1691 年间的市民按年龄分类的死亡统计资料，编制了第一张生命表，为现代人寿保险奠定了数理基础。1762 年由英国人辛浦逊和道森发起的人寿及遗属公平保险社（简称"老公平"）首次将生命表用于计算人寿保险的费率，标志着现代人寿保险的开始。

工业革命以后，机器的大量使用及各种交通工具的发明和推广使人身职业伤亡和意外伤害事故增多，这为广泛开展人寿保险业务开辟了市场。加上人寿保险带有储蓄性质，年金能提供养老收入，准备金能用于投资，这就加速了人寿保险的发展。美国人寿保险发展史可分为三个阶段：第一阶段为 1843 年以前，人寿保险开始从属于海上保险，到 19 世纪初才出现人寿保险公司，其业务主要为满足少数特权阶层需要，如商人和官员，缺乏广泛的经济基础。第二个阶段是从 1843—1945 年，随着工业的发展，人口和国民收入的迅速增加，人寿保险也进入迅速发展时期。1843 年开设了两家相互人寿保险公司，到 1869 年美国共有 110 家人寿保险公司，绝大多数是相互保险组织，并通过代理人展业。但此时人寿保险业务主要对象是中产阶级。1875 年美国谨慎保险公司和大都会人寿保险公司开始办理简易人身险，以满足低收入工人的需要。到 1910 年有 25 家公司经营简易人身险，有效保单有 2 500 万份，保险金额达 32 亿美元，当时普通寿险保单有 700 万份，保险金额为 132 亿美元。由于简易人身险的被保险人死亡率高，保险金额少，而且每周由代理人上门收取保险费，所以其价格相对要高。1912 年美国公平人寿保险会社开始采用团体人寿保险办法，以后团体寿险业务发展迅速，被誉为美国对保险营销的一大革新。第三个阶段是在第二次世界大战以后，人寿保险的覆盖率进一步扩大，大多数家庭有了人寿保险，而且人寿保险种类繁多。人寿保险业务与金融市场的投资紧密结合。人寿保险公司已成为仅次于商业银行的投资机构。虽然美国人寿保险公司起步较晚，但后来发展极为迅速，它大体上能反映主要资本主义国家人寿保险发展的过程。

学习单元四　我国保险发展简史

我国现代保险制度产生已有将近 200 年的历史，是随着英帝国主义的经济入侵而输入的，分为旧中国和新中国两个历史阶段。

一、旧中国的保险业

1805 年，英商首先在广州开设广州保险社（Canton Insurance Society），又称谏当保安行。第一次鸦片战争结束后，1842 年清政府与英国签订了不平等的《南京条约》，迫使中国割让香港，把广州、福建、厦门、宁波、上海列为通商口岸。1 848 年上海英租界区域划定后，外国商人纷纷从香港和广州到上海设立办事处，上海逐渐成为中国的外贸中心。1862 年美商旗昌洋行在上海设立扬子保险公司。外商人寿保险公司较早在中国开设分支机构的是 1884 年美商公平人寿保险公司（The Equitable Life Insurance Co.）在上海设立分公司，1898 年美商永福人寿保险公司（The Standard Life Assurance Co.）在上海设立分公司。

当时受到西方经济和文化影响的中国知识分子也开始宣传保险的作用。太平天国的洪仁玕曾在香港生活过一段时间，他在 1859 年的《资政新篇》中写道："外国有兴保人物之例，凡屋宇人命货物船等有防于水火者，先与保人议订，每年纳银若干，有失者保人赔其所值，无失则赢其所奉。若失命，则父母妻子有赖，失物则己不致尽亏。"然而在中国最早传播西方保险制度的人并非洪仁玕，而是魏源。魏源在他 1852 年刊行的 100 卷本《海国图志》中有两处介绍英国近代的保险办法。

旧中国的保险业可划分为四个时期。

（一）民族保险业创办时期（1885—1914）

19 世纪中期上海已成为远东第一大商埠，海运业日趋发达。当时外商普遍使用轮机船运输货物，而且有保险保障，而我国仍使用落后的船舶，无法与外商竞争。为此，1872 年洋务派首领李鸿章派浙江漕运督办朱其昂在上海设立轮船招商局，购置轮船承接运输业务。当时中国没有自己的保险公司，只得向英商在上海的保险公司投保。英商保险公司为了配合英商轮船公司，先借口中国船只悬挂龙旗拒绝承保，后又用提高费率、缩短保险期、降低保险金额来百般刁难。最后只好直接向设在国外的外国公司投保，但年费率仍高达10%。因此，李鸿章主张"须华商自立公司，自建行栈，自筹保险"。1875 年轮船招商局获准创立了保险招商局，自办船舶保险和货物运输保险业务。后来，1876 年和 1878 年又招股集资在上海先后成立了"仁和""济和"两家保险公司，后于 1886 年合并为"仁济和保险公司"，承保招商局所有轮船、货栈及运输货物。这是我国第一家资金雄厚的民族保险企业，标志着中国民族保险业的开创。1985 年中国保险学会和上海市保险学会联合在上海隆重举行了中国民族保险业创办 100 周年的纪念活动。然而，中国第一家民族保险企业是 1865 年的上海义和公司保险行。起初洋务派独占了民族保险领域，到了清末才出现了华兴、华安、华仁等民营保险公司，1907 年由九家民营保险公司在上海成立了华商火险公会。1912 年 6 月成立的华安合群保寿公司是我国第一家实力较为雄厚的人寿保险公司。该公司创始人吕岳泉原先在英国永年人寿保险公司任职，后来担任南京分公司的总经理。1911 年辛亥革命成功后，他毅然辞职，在黎元洪、冯国璋等官僚赞助下，筹集股金 20 万银两，创办了华安合群保寿公司。

（二）民族保险业发展时期（1914—1937）

第一次世界大战期间，帝国主义国家忙于战争，暂时放松了对中国的经济侵略，使中国的民族工业有了迅速发展的机会。同时，民族反帝斗争情绪高涨，爱国工商业者转向华商保险公司投保。在这种有利形势下，我国民族保险业初步形成，从 1911 年到 1917 年的

6 年内，每年都有新的保险公司设立。到 1917 年，华商火险公会已有会员 14 家，其中兼营水险的有 12 家，于是改名为华商水火险公会。在 1928 年又改名为上海保险公会。

第一次世界大战结束后，帝国主义卷土重来，又有许多外商来华开设保险公司。美国人斯塔尔（C.V.Starr）于 1919 年在上海南京路两间小办公室开设了美亚保险代理公司，业务发展迅速，斯氏不久成为百万富翁。这个在上海发迹的公司现已成为世界上著名的国际保险集团，即美国国际集团（AIG），2000 年资产高达 3 065.77 亿美元。当时的保险市场为外商保险公会操纵，保险条款、费率均由外商规定，而且规定不得与华商保险公司共保和分保。后因华商保险公会开展分保业务，自己制定费率，并使用中文保险单，迫使外商保险公会作了些让步，保险单上中英文并列，但在有争议时仍以英文条款为准。

20 世纪 20 年代后期，第一次国内革命战争掀起，内地富豪聚集上海，游资充斥，银行为了吸收更多资金，竞相开设保险公司。交通、中南、国华、东莱四家银行合股开办了安平保险公司，四明银行开办了四明保险公司，金城银行独资开办了太平水火保险公司。当时银行发放抵押贷款都要求客户提供保险单。各保险公司锐意改革，力求创新，网罗人才，派员赴欧美考察，以改善经营。例如，华安合群保寿公司起初聘英国人为精算师，后来自己培养精算人才，并聘用刚从美国回来取得美国寿险精算学会会员资格的陈思度。由于业务蒸蒸日上，该公司费银 70 万两建造了华安大厦（现为上海金门大酒店）。此外，华安还在广州、汉口、南京等地和华侨集中的印度尼西亚开设分支机构。又如太平水火保险公司在 1933 年联合大陆、盐业、交通、国华、中南等银行，合并安平、丰盛、中国天一保险公司，组成了太平保险公司（集团），资本增加到 1 000 万元，专门设立了太平人寿保险公司，并与瑞士再保险公司订立再保险合同。

20 世纪 30 年代是旧中国保险业的鼎盛时期。1931 年以国民党政府资本为后盾的中国银行开办了中国保险公司。1935 年中央信托局成立了保险部。经酝酿，由多家保险公司发起，1935 年 8 月 2 日在上海成立了中国保险学会，出版刊物，并与上海保险公会联合举办保险教育。外商保险公司看到中国民族保险业阵营不断壮大，不得不改变策略，与华商大搞合作经营与分保。例如，英国太古洋行与上海商业储蓄银行合股开设宝丰保险公司，美亚保险公司与浙江兴业银行合股开设泰山保险公司，伦敦保险市场和美国再保险公司与中央信托局保险部、中国保险公司建立了分保关系。外商保险公司原来不准与华商保险公司发生再保险关系的规定实际上已被取消。但是，大部分中国民族保险公司资金微薄，难以与外商公司竞争，要依靠外商保险公司分保。据 1935 年《中国保险年鉴》统计，当时全国华商保险公司有 48 家，外商保险公司有 166 家，分属 16 个国家，每年保险费总收入的 80%左右流入外商保险公司。大部分华商保险公司实际上沦为外商保险公司的代理公司，而大部分外商公司也是总部设在国外的外国保险公司在中国的分支机构或代理公司。

在保险立法方面，国民党政府曾于 1929 年颁布《保险法》，1935 年又公布了《保险业法》，但由于外商保险公司群起反对，无法实施，只有 1935 年 4 月 26 日颁布的《简易人寿保险法》得到实施，它指定邮政局负责这项业务，取缔了以满足低薪阶层需要的人寿小保险业务，有 30 余家中国小型人寿保险公司遭殃。

（三）抗日战争时期的民族保险业（1937—1945）

1937 年抗日战争爆发，"八·一三"事变后，在上海的中央信托局保险部迁往重庆，中国、太平、保丰、四明这几家规模大的保险公司也把业务重心转移到重庆，有的还在香港和新加坡设立分支机构。随着国民党政府迁都重庆，重庆逐渐成为该时期的保险中心。官僚资本的中国农业银行于 1941 年 1 月成立了中国农业保险公司，国家资源委员会于 1943 年 7 月成立了保险事务所，交通银行于 1943 年 12 月成立了太平洋保险公司，这样国民党官僚资本的四大银行都有了保险机构。当时重庆有华商保险公司 50 余家，其中新设立的有 20 余家。

1941 年 12 月太平洋战争爆发，日军进驻上海租界。英、美、法等国的保险公司纷纷停业。日本商人便在上海和其他沦陷区开设保险公司，大部分是人寿保险公司。敌伪政权也开设了一些保险公司。在敌伪统治时期，上海又出现了不少新的华商保险公司，但大部分是利用保险吸收的资金进行投机。该时期上海保险公司与欧洲的分保关系曾中断，华商保险公司又不愿与日商保险公司建立分保关系，于是自己建立了太平、久联、大上海、中保和华商联合五个分保集团。中共地下党员谢寿天同志在上海组织开设了大安保险公司，在重庆有地下党投资开办的民安保险公司。在上海，中共地下党还领导保险界人士于 1938 年 7 月 1 日成立了"上海保险业业余联谊会"（简称"保联"），以"联络感情，交换知识，调剂业余生活，促进保险业之发展"为宗旨，团结保险业中上层人士和广大职工，支持抗战，并举办保险理论和实务讲座。

（四）民族保险业虚假繁荣时期（1945—1949）

抗战胜利后，国民党官僚资本保险公司纷纷将其总公司迁往上海，并对日伪保险公司进行了接管，外商保险公司也在上海复业，上海又成为旧中国保险业的中心。当时，外商中的美亚保险公司捷足先登，首先在上海复业，并取代了英商在中国保险市场的垄断地位。据估计，美亚保险公司在 1946—1949 年期间共攫取保费 1 000 多万美元。该时期投机性保险公司不断出现，上海一地的保险公司曾多达 300 余家，一时出现虚假的繁荣。

在国民党政权行将覆灭之前，经济面临全面崩溃，并发生恶性通货膨胀，保险公司无法正常经营。部分保险公司签发外币保险单，以图保值，大部分华商公司处境艰难，奄奄一息。1949 年 4 月 20 日中国人民解放军胜利渡过长江，先后解放了南京和上海，宣告了中国半殖民地的保险业结束。

二、新中国保险事业的创立与发展

中华人民共和国的诞生开创了中国历史的新纪元，从而也揭开了中国保险史的新篇章，使保险事业发展纳入社会主义轨道，为社会主义建设事业和人民福利服务。

（一）整顿改造旧的保险业，建立人民保险事业

1949 年 5 月上海解放后，在上海市军管会财政经济接管委员会金融处下设立了一个保险组，专门负责接管官僚资本的保险机构和管理私营保险公司。当时共接管了官僚资本保

险机构 21 家，实行监理的有 2 家。对私营保险业实行重新登记，并缴存规定的保证金，经批准后复业。当时复业的华商保险公司有 63 家，外商保险公司 42 家。与解放前比较，华商保险公司减少了 213，外商保险公司减少了 1/3，淘汰了不少投机性保险公司。为了迅速恢复国民经济，接管后的中国保险公司首先复业，并规定由该公司单独办理对外分保业务，这是因为中国保险公司内部组织和制度比较健全，保险技术力量较强，并设有多个海外机构。对外商保险公司先不采取行政取缔办法，而是切断其业务来源。对私营华商保险公司则采取促进他们联合经营的办法，有 47 家公司参加了"民联分保交换"，这样就割断了他们与外商公司的分保关系。随着国营外贸系统和新的海关建立，对外贸易由国家专营，外商保险公司招揽不到业务，纷纷申请停业，到 1952 年底全部撤离。在 1951 年末和 1952 年初有 28 家私营保险公司合并成为太平和新丰保险公司，在 1956 年这两家保险公司合并成为太平保险公司，专营海外保险业务。

其他城市解放后，在原有私营保险公司的基础上，由当地国营银行拨资建立了一些国营或公私合营的保险公司，如哈尔滨的公私合营新华保险公司，浣阳的国营东北保险公司。北京、天津、汉口等地的原中国保险公司分公司在中国人民银行的支持下也恢复办理保险业务。

1949 年 8 月，陈云同志在上海主持召开了第一次全国财经会议，在这次会议上各中国人民银行区行负责人提议建立中国人民保险公司。后经中央人民政府政务院批准，中国人民保险公司于 1949 年 10 月 20 日正式成立，总公司设在北京，在各大区设立区分公司，由中国人民银行总行直接领导。在正式成立前召开的第一次全国保险工作会议上，确定了以"保护国家财产、保障生产安全、促进物资交流、增进人民福利"为社会主义保险事业的基本方针。

（二）人民保险事业的蓬勃发展

中国人民保险公司刚设立后主要经营的业务是火灾保险与运输保险，沿海口岸还承保运输保险，并强调保险必须与防灾相结合。与此同时，对旧的保险制度作了一系列改革，修改了保险单，扩大了保险责任范围，降低了费率和简化手续。1951 年 2 月 3 日，中央人民政府政务院正式颁布了《关于国家机关、国营企业、合作社财产强制保险及旅客强制保险的决定》。在国民经济恢复时期，中国人民保险公司相继开办了团体和个人人寿保险、国家机关和国营企业财产强制保险、旅客意外伤害保险、物资运输保险和运输工具保险等业务，并试办了农村牲畜保险和棉花收获保险。

进入第一个五年计划后，中国人民保险公司在机构方面作了整顿和精简，并贯彻自愿原则办理农业保险业务，停办了部分强制保险，并在巩固业务基础上试办了一些新的业务。

据统计，从 1949 年到 1958 年的十年时期内，各种保险费收入总计 16 亿元，共支付赔款 3.8 亿元，上缴国库 5 亿元，积累保险资金 4 亿元，拨付防灾费用 2 300 万元，结余的资金都存入银行作为信贷资金使用。在这一时期里，社会主义保险事业取得可喜的成就，完成了对私营保险业的社会主义改造任务，在全国范围内建立了比较完整的社会主义保险体系，普遍设立了保险机构，制定了新的规章制度，恢复和开办了许多业务，培养了一大批保险干部，并与世界上大部分国家和地区建立了直接和间接的分保关系和货损、船损检验的代理关系。

（三）国内保险业务中断

由于对保险的积极作用认识不足，在 1958 年全国人民公社化的高潮中，错误地认为"一大二公"以后，生老病残和灾害事故统统可以由国家集体包下来，保险在中国已完成了历史使命。1958 年 10 月在西安召开的全国财贸工作会议决定停办国内保险业务，对外保险业务转入中国人民银行总行国外局办理，编制人数只定为 30 人。旅客人身意外保险分别交给铁路、民航和交通部门自保。但实际上有些大城市的国内保险业务没有完全停办，上海市的国内保险业务一直延续到"文化大革命"初期才被迫停办，这说明企业和群众确实需要保险。国内保险业务在全国范围内停办 20 年的结果使人员和资料大量流失，拉大了与国外的差距，以致后来再恢复国内保险业务时，保险成了一门要抢救的学科。国内保险业务长期停办的原因是多方面的，客观的历史原因是当时的经济管理体制及"左"的经济方针，主观上的原因是没有深入研究社会主义保险理论，从理论上弄清社会主义保险的性质、地位和作用。

三、新中国保险事业发展的新阶段

党的十一届三中全会以后，经过拨乱反正，1979 年的全国中国人民银行分行长会议提出恢复国内保险机构和业务。经国务院批准，国内保险业务从 1980 年起开始恢复，这使我国保险事业获得新生。国务院在 1982 年批转中国人民银行《关于国内保险业务恢复情况和今后发展意见的报告》的通知中，肯定保险是"一件利国利民的好事，是国民经济中不可缺少的一环"。根据"为生产服务、为群众服务和自愿的原则"，开办了企业财产保险、家庭财产保险和汽车保险等业务。

1985 年党的十二届四中全会通过的《中共中央关于制定国民经济和社会发展第七个五年计划的建议》中，把建立各种保险制度提高到是"保证经济体制改革顺利进行和取得成功的重要条件，也是社会安定和国家长治久安的根本大计"，这充分显示了社会主义的中国保险事业有着强大的生命力和广阔的发展前景，各级党政领导也愈来愈重视和支持保险事业的发展。1985 年国务院颁布了《保险企业管理暂行条例》，对中国人民保险公司的性质和业务活动作了规定，并对建立一个多层次保险体系作了规定。

自从国内业务恢复以来，国内和涉外保险业务都有了迅速发展。为了配合四化建设和经济改革、对外开放政策，陆续开办了许多新险种：建筑工程险、安装工程险、海洋石油开发险、中外合资企业财产和人身保险、履约险、政治风险保险、产品责任险、卫星发射保险、核电站保险等，新的险种有百余种。我国已与 120 个国家和地区建立了分保和代理关系。

1986 年 10 月，恢复组建的我国第一家股份制综合性银行——交通银行在开业后不久由其上海分行开展保险业务，从而打破了我国保险市场上独家经营保险业务的局面。1991 年 4 月交通银行保险业务部按分业管理的要求而分离出来，组建了中国太平洋保险公司，将其总部设在上海，它是我国第一家全国性、综合性的股份制保险公司。

1988 年 3 月，经中国人民银行批准，由深圳蛇口工业区招商局等单位合资创办了我国第一家股份制保险企业——平安保险公司，总公司设在深圳市。1992 年 9 月，该公司更名为中国平安保险公司，经营区域扩大至全国，遂成为我国第三家全国性、综合性的保险公司。

1992 年，邓小平同志视察南方的重要谈话使我国的改革开放出现了崭新局面，保险业也开始对外开放。"美国国际集团"的子公司美国友邦保险公司（AIA）于同年 9 月经中国人民银行批准在上海开设分公司。嗣后，日本的东京海上火灾保险公司经批准于 1994 年 11 月在上海开设了分公司。这标志着我国保险市场迈出了国际化的第一步。与此同时，中国天安保险有限公司和大众保险有限公司这两家区域性保险公司分别于 1994 年 12 月和 1995 年 1 月在上海成立。

1995 年 6 月《中华人民共和国保险法》的颁布，为规范我国保险市场提供了有力的法律依据，也为发展我国保险市场创造了良好的法律环境。1996 年，中国人民银行又批准成立五家中资保险公司，其中三家是总部设在北京的全国性保险公司：华泰财产保险股份有限公司、泰康人寿保险股份有限公司、新华人寿保险股份有限公司。另两家是总部分别设在西安和深圳的区域性保险公司：永安保险股份有限公司、华安保险股份有限公司。在该年 11 月，中国第一家中外合资的寿险公司——中宏人寿保险有限公司在上海成立。在 1997 年 5 月 9 日，瑞士丰泰保险（亚洲）有限公司上海分公司正式开业。此后，又相继批准英国皇家太阳联合保险公司、美国丘博保险公司、韩国三星火灾海上保险公司、日本三井产物保险公司等在上海设立分公司，中外合资的安联大众、太平洋安泰、金盛、中保康联、恒康天安、信诚等人寿保险公司纷纷成立，另批准加拿大永明寿险公司、意大利忠利保险公司等在华筹建中外合资寿险公司。随着中国即将加入世贸组织，中国保险市场对外开放步伐进一步加快，2001 年下半年又批准德国安联保险集团和格宁保险公司、瑞士苏黎世保险集团在华筹建分公司、英国商联保险有限公司、法国国家人寿保险公司、荷兰国际集团和全球人寿、美国纽约人寿保险公司和大都会人寿保险公司、日本生命保险公司在华筹建中外合资寿险公司。2002 年又批准美国利宝互助保险公司、日本财产保险公司、德国慕尼黑再保险集团、瑞士再保险集团在华筹建分公司，另批准英国标准人寿保险公司、美国信诺保险集团、韩国三星生命保险公司在华筹建中外合资寿险公司。这标志着我国保险市场加大了改革和开放的力度。根据《保险法》中分业经营的规定，原中国人民保险公司已改制为中国人民保险公司、中国人寿保险公司、中国再保险公司和中国保险（集团）公司四家独立的公司。中国太平洋保险股份有限公司、中国平安保险股份有限公司也先后变更为中国太平洋保险（集团）股份有限公司、中国平安保险（集团）股份有限公司，集团控股设立财产保险股份有限公司和人寿保险股份有限公司。

截至 2014 年 12 月，全国已有 10 家保险集团、控股公司（见表 2-1），65 家财产保险公司（见表 2-2），76 家人寿保险公司（见表 2-3），9 家再保险公司（见表 2-4）。

表 2-1 保险集团、控股公司一览表

（截至 2014 年 12 月，中国保险行业协会：http://www.iachina.cn/hysj/zjyyglxxpl/）

名　　　称	性　质	业务范围	经营区域	总部地址
中华联合保险控股股份有限公司	国有独资	产险	全国	乌鲁木齐
华泰保险集团股份有限公司	股份制	产险、寿险	全国	北京
阳光保险集团股份有限公司	股份制	产险、寿险	全国	北京
中国太平洋保险(集团)股份有限公司	股份制	产、寿险	全国	上海
中国平安保险(集团)股份有限公司	股份制	产、寿险	全国	深圳
中国太平保险集团有限责任公司	股份制	产、寿险	全国	香港
中国再保险(集团)股份有限公司	国有独资	再保险	全国	北京
中国人寿保险(集团)公司	国有独资	产险、寿险	全国	北京
安邦保险集团股份有限公司	股份制	产险、寿险	全国	北京
中国人民保险集团股份有限公司	国有独资	产险、寿险	全国	北京

表 2-2 财产保险公司一览表

（截至 2014 年 12 月，中国保险行业协会：http://www.iachina.cn/hysj/zjyyglxxpl/）

名　　　称	性　质	业务范围	经营区域	总部地址
恒邦财产保险股份有限公司	股份制	产险	全国	南昌
华史带财产保险股份有限公司（原大众保险）	股份制	产险	区域	上海
苏黎世财产保险（中国）有限公司	外商独资	产险	区域	瑞士苏黎世
中石油专属财产保险股份有限公司	股份制	产险	区域	克拉玛依市
富德财产保险股份有限公司	股份制	产险	区域	深圳市
众安在线财产保险股份有限公司	股份制	产险	区域	上海
长江财产保险股份有限公司	股份制	产险	区域	湖北省
北部湾财产保险股份有限公司	股份制	产险	区域	广西南宁
太阳联合保险（中国）有限公司	外商独资	产险	区域	上海
鑫安汽车保险股份有限公司	股份制	产险	区域	长春市

名　　称	性　质	业务范围	经营区域	总部地址
诚泰财产保险股份有限公司	股份制	产险	区域	昆明市
众诚汽车保险股份有限公司	股份制	产险	区域	广州市
信利保险（中国）有限公司	外商独资	产险	全国	上海
泰山财产保险股份有限公司	股份制	产险	区域	济南市
劳合社保险（中国）有限公司	外商独资	产险	全国	上海
安联财产保险（中国）有限公司	外商独资	产险	全国	慕尼黑
锦泰财产保险股份有限公司	股份制	产险	区域	成都市
乐爱金财产保险（中国）有限公司	外商独资	产险	全国	韩国
日本兴亚财产保险（中国）有限责任公司	外商独资	产险	全国	中国
国泰财产保险有限责任公司	台湾独资	产险	全国	台湾
现代财产保险（中国）有限公司	外商独资	产险	全国	韩国
爱和谊日生同和财产保险（中国）有限公司	外商独资	产险	全国	东京
中意财产保险有限公司	中外和资	产险	全国	中国
三井住友海上火灾保险（中国）有限公司	外商独资	产险	区域	上海
丘博保险（中国）有限公司	外商独资	产险	区域	上海
安盛天平财产保险股份有限公司	外商独资	产险	区域	上海
东京海上日动火灾保险(中国)有限公司	外商独资	产险	区域	上海
中煤财产保险股份有限公司	股份制	产险	全国	山西
华农财产保险股份有限公司	股份制	产险	全国	北京
国元农业保险股份有限公司	股份制	产险	区域	安徽
富邦财产保险有限公司	台资	产险		厦门
信达财产保险股份有限公司	国有控股	产险	全国	北京
紫金财产保险股份有限公司	股份制	产险	全国	江苏
浙商财产保险股份有限公司	股份制	产险	全国	浙江

名　　称	性　质	业务范围	经营区域	总部地址
利宝保险有限公司	全资子公司	产险	区域	美国
中航安盟财产保险有限公司	中外合资	产险	区域	四川
日本财产保险（中国）有限公司	外资	产险、寿险、再保险	区域	东京
美亚财产保险有限公司	外商独资	产险	区域	香港
长安责任保险股份有限公司	股份制	产险	全国	北京
鼎和财产保险股份有限公司	股份制	产险	全国	深圳
安诚财产保险股份有限公司	股份制	产险	全国	重庆
渤海财产保险股份有限公司	股份制	产险	全国	天津
阳光农业相互保险公司	私企	农险	全国	黑龙江
安华农业保险股份有限公司	股份制	农险	全国	吉林
民安财产保险有限公司	股份制	产险	全国	深圳
三星财产保险（中国）有限公司	外商独资	产险	区域	韩国
都邦财产保险股份有限公司	股份制	产险	全国	北京
安信农业保险股份有限公司	股份制	产险	区域	上海
英大泰和财产保险股份有限公司	外商独资	产险	全国	北京
中银保险有限公司	外商独资	产险	区域	香港
阳光财产保险股份有限公司	股份制	产险	全国	北京
安邦财产保险股份有限公司	股份制	产险	全国	北京
永诚财产保险股份有限公司	股份制	产险	全国	上海
永安财产保险股份有限公司	股份制	产险	区域	西安
天安财产保险股份有限公司	股份制	产险	区域	上海
太平财产保险有限公司	股份制	产险	全国	深圳
中华联合财产保险股份有限公司	国有独资	产险	全国	乌鲁木齐
华泰财产保险有限公司	股份制	产险	全国	北京

续表

名　　　称	性　质	业务范围	经营区域	总部地址
中国人寿财产保险股份有限公司	股份制	产险	全国	北京
华安财产保险股份有限公司	股份制	产险	区域	深圳
中国大地财产保险股份有限公司	股份制	产险	全国	上海
中国太平洋财产保险股份有限公司	股份制	产险	全国	上海
中国平安财产保险股份有限公司	股份制	产险	全国	深圳
中国人民财产保险股份有限公司	股份制	产险	全国	北京
中国出口信用保险公司	国有独资	出口信用险	全国	北京

表 2-3　人寿保险公司一览表

（截至 2014 年 12 月，中国保险行业协会：http://www.iachina.cn/hysj/zjyyglxxpl/）

名　　　称	性　质	业务范围	经营区域	总部地址
渤海人寿保险股份有限公司	股份制	寿险	区域	天津
国联人寿保险股份有限公司	股份制	寿险	区域	无锡
上海人寿保险股份有限公司	股份制	寿险	全国	上海
陆家嘴国泰人寿保险有限公司	内地与台湾	寿险	全国	上海
太保安联健康保险股份有限公司	股份制	寿险	全国	上海
新光海航人寿保险有限责任公司	内地与台湾	寿险	全国	北京
长生人寿保险有限公司	中外合资	寿险	区域	上海
安邦养老保险股份有限公司	股份制	寿险	全国	北京
东方人寿保险股份有限公司	股份制	寿险	全国	上海
德华安顾人寿保险股份有限公司	中外合资	寿险	区域	济南
珠江人寿保险股份有限公司	股份制	寿险	区域	广州
中韩人寿保险有限公司	中外合资	寿险	全国	杭州
东吴人寿保险股份有限公司	股份制	寿险	区域	苏州
吉祥人寿保险股份有限公司	股份制	寿险	区域	长沙

名　　　称	性　质	业务范围	经营区域	总部地址
复星保德信人寿保险有限公司	合资	寿险	全国	上海
前海人寿保险股份有限公司	股份制	寿险	全国	深圳
弘康人寿保险股份有限公司	中外合资	寿险	全国	北京
华汇人寿保险股份有限公司	国有控股	寿险	全国	沈阳
君龙人寿保险有限公司	内地与台湾	寿险	全国	厦门
中新大东方人寿保险有限公司	中外合资	寿险	全国	重庆
中法人寿保险有限责任公司	中外合资	寿险	全国	北京
瑞泰人寿保险有限公司	中外合资	寿险	区域	北京
北大方正人寿保险有限公司	中外合资	寿险	区域	上海
中国人寿保险(海外)股份有限公司	股份制	寿险	港澳	深圳
平安健康保险股份有限公司	股份制	寿险	全国	上海
天安人寿保险股份有限公司	股份制	寿险	全国	北京
利安人寿保险股份有限公司	股份制	寿险	全国	南京
交银康联人寿保险有限公司	中外合资	寿险	区域	上海
中融人寿保险股份有限公司	股份制	寿险	全国	北京
安邦人寿保险股份有限公司	股份制	寿险	全国	北京
中航三星人寿保险有限公司	中外合资	寿险	全国	北京
汇丰人寿保险有限公司	中外合资	寿险	全国	上海
恒安标准人寿保险有限公司	中外合资	寿险	全国	天津
招商信诺人寿保险有限公司	中外合资	寿险	全国	深圳
海康人寿保险有限公司	中外合资	寿险	全国	上海
中英人寿保险有限公司	中外合资	寿险	全国	广州
中荷人寿保险有限公司	中外合资	寿险	全国	大连
幸福人寿保险股份有限公司	股份制	寿险	全国	上海

续表

名　　称	性　质	业务范围	经营区域	总部地址
国华人寿保险股份有限公司	股份制	寿险	全国	上海
英大泰和人寿保险股份有限公司	外商独资	寿险	全国	北京
信泰人寿保险股份有限公司	股份制	寿险	全国	杭州
华夏人寿保险股份有限公司	股份制	寿险	全国	北京
长江养老保险股份有限公司	股份制	寿险	区域	上海
正德人寿保险股份有限公司	股份制	寿险	全国	北京
昆仑健康保险股份有限公司	股份制	寿险	区域	北京
和谐健康保险股份有限公司	股份制	寿险	全国	上海
农银人寿保险股份有限公司	股份制	寿险	全国	北京
华泰人寿保险股份有限公司	股份制	寿险	全国	北京
泰康养老保险股份有限公司	股份制	寿险	全国	北京
信诚人寿保险有限公司	中外合资	寿险	区域	上海
工银安盛人寿保险有限公司	中外合资	寿险	区域	上海
中德安联人寿保险有限公司	中外合资	寿险	区域	上海
建信人寿保险有限公司	国有控股	寿险	全国	上海
中宏人寿保险有限公司	中外合资	寿险	区域	上海
长城人寿保险股份有限公司	股份制	寿险	全国	北京
百年人寿保险股份有限公司	股份制	寿险	全国	大连
中邮人寿保险股份有限公司	国有独资	寿险	全国	北京
中美联泰大都会人寿保险有限公司	中外合资	寿险	全国	上海
光大永明人寿保险有限公司	中外合资	寿险	区域	天津
中意人寿保险有限公司	中外合资	寿险	区域	广州
阳光人寿保险股份有限公司	股份制	寿险	全国	北京
友邦保险有限公司上海分公司	外商独资	寿险	区域	香港
合众人寿保险股份有限公司	股份制	寿险	全国	北京
平安养老保险股份有限公司	股份制	寿险	全国	深圳

名　　　称	性　质	业务范围	经营区域	总部地址
太平养老保险股份有限公司	股份制	寿险	全国	上海
民生人寿保险股份有限公司	股份制	寿险	全国	北京
中国人寿养老保险股份有限公司	股份制	寿险	全国	北京
生命人寿保险股份有限公司	外商独资	寿险	区域	深圳
中国人民健康保险股份有限公司	股份制	寿险	全国	北京
中国人民人寿保险股份有限公司	股份制	寿险	全国	北京
太平人寿保险有限公司	股份制	寿险	区域	上海
中国平安人寿保险股份有限公司	股份制	寿险	全国	深圳
新华人寿保险股份有限公司	股份制	寿险	全国	北京
泰康人寿保险股份有限公司	股份制	寿险	全国	北京
中国太平洋人寿保险股份有限公司	股份制	寿险	全国	上海
中国人寿保险股份有限公司	股份制	寿险	全国	北京

表 2-4　再保险公司一览表

（截至 2014 年 12 月，中国保险行业协会：http://www.iachina.cn/hysj/zjyyglxxpl/）

名　　　称	性　质	业务范围	经营区域	总部地址
太平再保险北京分公司	外商独资	再保险	区域	香港
利 RGA 美国再保险公司上海分公司	外商独资	再保险	区域	上海
汉诺威再保险股份公司上海分公司	外商独资	再保险	区域	上海
法国再保险公司北京分公司	外商独资	再保险	区域	北京
德国通用再保险股份有限公司上海分公司	外商独资	再保险	区域	上海
瑞士再保险股份有限公司北京分公司	外商独资	再保险	区域	北京
慕尼黑再保险公司北京分公司	外商独资	再保险	区域	北京
中国人寿再保险股份有限公司	国有独资	再保险	全国	北京
中国财产再保险股份有限公司	国有独资	再保险	全国	北京

1998 年 11 月 18 日中国保险监督管理委员会正式成立,中国保险业从此有了独立的监管机构,保险监管开始走向专业化和规范化的道路。2001 年 12 月 11 日,中国成为世贸组织正式成员。入世后我国保险业对外开放的基本承诺如下:入世后外资保险机构在华开业不再有数量限制;产寿险、保险经纪和再保险领域同时向外开放;入世三年后取消地域限制;外资公司将逐步取得与中资公司相同的业务范围;入世一年后,每年减少法定分保 5 个百分点,至 2006 年法定分保完全取消。

知识总结

保险是随着经济的发展而发展的。西方国家保险发展很快,中国长期处于封建社会和半封建半殖民的统治,生产方式以传统的农业为主,经济发展缓慢,保险也受到影响。新中国成立后,特别是党的十一届三中全会以来,保险业发展突飞猛进,国务院提出,保险是金融支柱产业。

综合实训

◎ 实训目标

了解世界各国的保险发展历史,以史为鉴,投入保险建设事业。

实训内容

一、单项选择题

1. 属于控制型风险管理技术的有（　　）。

A. 抑制与避免　　　B. 抑制与自留　　　C. 转移与分散　　　D. 保险与自留

2. 在依据产生风险的行为对风险所做的分类中,地震、洪水、海啸、经济衰退等属于（　　）。

A. 基本风险　　　B. 自然风险　　　C. 纯粹风险　　　D. 静态风险

3. 在依据风险产生的原因对风险所做的分类中,核辐射、空气污染和噪音等威胁人们生产与生活的风险属于（　　）。

A. 社会风险　　　B. 自然风险　　　C. 纯粹风险　　　D. 静态风险

4. 在责任风险中,保险人所承担的法律责任风险包括（　　）。

A. 行政责任　　　　　　　　　B. 无形责任

C. 刑事责任　　　　　　　　　D. 民事损害赔偿责任

5. 在人寿保险中,根据精算原理,通过对各年龄段人群的长期观察得到大量死亡记录,可以测算出各个年龄阶段的人的死亡率,进而根据死亡率计算人寿保险的保险费率。这体现出风险的（　　）特征。

A. 普遍性　　　　B. 客观性　　　　C. 可测定性　　　　D. 不确定性

二、是非判断题

1. 根据我国《保险法》的规定，保险公司应当建立保险代理人登记管理制度。
（　　）

2. 根据我国《保险法》的规定，在中华人民共和国境内的法人和其他组织需要办理境外保险的，应当向中华人民共和国境内保险公司投保。
（　　）

3. 根据我国《保险法》的规定，保险人将其承担的保险业务，以分保形式，部分转移给其他保险人的，为共同保险。
（　　）

4. 根据我国《保险法》的规定，按照以死亡为给付保险金条件的合同所签发的保险单，未经被保险人书面同意，只可以质押，不得转让。
（　　）

5. 根据我国《保险法》的规定，保险公司分支机构具有法人资格，其民事责任由保险公司分支机构承担。
（　　）

三、重要名词解释

1. 常平仓
2. 共同海损
3. 劳合社
4. 火灾保险
5. 人寿保险

四、思考讨论题

1. 简述保险密度。
2. 简述保险深度。
3. 简述如何看待我国保险发展的前景。
4. 简述劳合社的性质和经营方式。

五、案例分析题

唐山大地震

1976 年 7 月 28 日，北京时间 3 时 42 分 53.11 秒，东经 118.1 度、北纬 39.6 度，在距地面 16 公里深处的地球外壳发生了比日本广岛原子弹强烈约 400 倍的猛烈爆炸。中国唐山市丰南一带突然发生里氏 8.2 级（国内测量为 7.8 级）强烈地震，23 秒钟后，唐山被夷为废墟，682 267 间民用建筑中有 656 136 间倒塌或受到严重破坏。此次地震导致 242 769 人死亡，164 851 人重伤，直接经济损失达 30 亿元人民币。地震罹难场面惨烈到极点，为世界罕见。

请分析对地震风险应采取的预防措施。

Project 3
————
项目三

保险概述

学习目标

⊙ 通过本项目的学习，要掌握保险的概念、保险要素与保险对象；
⊙ 理解保险的基本特征，认识保险与赌博、储蓄、保证、慈善事业的区别；
⊙ 认识保险的职能和作用。

技能目标

⊙ 能理解保险与赌博、储蓄、保证、慈善事业的区别。
⊙ 认识保险的职能和作用，把保险引入千家万户。

学习单元一　保险概述

美国前总统杜鲁门说："我一直是人寿保险的信仰者……即使一个人再穷也可以用寿险来建立一份资产。当有了这份资产，他才感到真正的满足，因为，他知道假如有任何事发生，他的家庭仍可受到保障。"

英国前首相丘吉尔说："如果办得到，我一定要把保险这两个字写在家家户户的门上及每一位公务员的手册上，因为我深信，透过保险，第一个家庭只要付出微不足道的代价，就可免除遭受永劫不复的代价。"

我国现代著名学者、诗人、历史家、文学家、哲学家胡适先生说："保险的意义，只是今日作明日的准备，生时作死时的准备，父母作儿女的准备，儿女幼小时作儿女长大时的准备，如此而已。今天预备明天，这是真稳健；生时预备死时，这是真旷达；父母预备儿女，这是真慈爱：能做到这三步的人，才能算作是现代人。"

中国人寿提出的"成己为人，成人达己"的"双成"理念其实就是上述名人论述的含义。

从他们对保险的态度，我们可以清楚地看到，保险可以让人们透过金钱获得心灵的坦然与安全感，保险就像一把巨大的保护伞为法人、自然人、家庭遮挡风雨。

案例 3-1

很多人都看过《泰坦尼克号》（Titanic）这部经典之作，凡是看过这部影片的人，都被影片中男女主人公 Jack（杰克）和 Rose（罗斯）的爱情故事而感动得热泪盈眶。当然，影片中的人物有虚构的成分，但是事件却是真实的。在 1912 年 4 月 10 日，号称是世界上最豪华的客轮的"泰坦尼克号"，载着 2224 名乘客和船员从伦敦开往纽约，在芬兰的海域中与冰山相撞，船舶两个小时后沉入海底，1513 人葬身冰海。

走进万达院线的观众会欣赏到一段 15 秒的映前片花，这段短短的视频讲述了泰坦尼克号沉没后一段鲜为人知的历史故事：当大西洋冰冷的海水吞噬了 1513 个鲜活的生命，把 1000 多个家庭从对新大陆新生活的憧憬中推向破碎与绝望，悲剧并没有无限蔓延，在他们当中，有 324 个家庭感受到了爱的延续、责任的担当。灾难发生后，当时英国最大的保险公司英国保诚迅速作出反应，在巨轮沉没仅仅 24 天后，英国保诚发表公告对本次事件中罹难的客户进行理赔，并最终为 324 名乘客和船员赔付 14239 英镑，价值相当于今天的 110 万英镑，这笔在当时看来的巨额赔偿为 324 个破碎的家庭带去了温暖和安慰。

【评析】

由于"泰坦尼克号"发生了事故，造成财产损失和人身伤亡。因为"泰坦尼克号"乘客有保险，所以获得保险公司的给付。

一、保险的概念

保险可以从不同的角度进行定义。

第一，从经济角度看，保险是集合同类风险分担损失的一种财务安排。通过保险，少数不幸的被保险人的损失由包括受损者在内的所有被保险人分摊，是一种非常有效的财务安排。

第二，从法律角度看，保险是一种合同行为。保险是保险人和投保人之间的合同行为，双方在法律地位平等的基础上，经过自愿的要约和承诺，达成一致意见并签订合同。投保人通过履行缴付保险费的义务，换取保险人为其提供保险经济保障的权利，体现了民事法律关系主体之间的权利和义务关系。

第三，从社会角度看，保险是社会经济保障制度的重要组成部分，是社会生产和社会生活的"稳定器"。

第四，从风险管理角度看，保险是风险管理的一种方法，通过保险，可以起到分散风险、消化损失的作用。

我国《中华人民共和国保险法》第一章第二条规定："本法所称保险，是指投保人根据合同约定，向保险人支付保险费，保险人对于合同约定的可能发生的事故因其发生所造成的财产损失承担赔偿保险金责任，或者当被保险人死亡、伤残、疾病或者达到合同约定的年龄期限时，承担给付保险金的商业保险行为。"

二、保险的特征

1．经济性

保险是一种经济保障活动。保险经济保障活动是整个国民经济活动的一个有机组成部分，其保障对象是财产和人身，即直接或间接属于社会生产的生产资料与劳动力两大经济要素；其实现保障的手段是最终都必须采取支付货币的形式进行补偿或给付；其保障的根本目的是无论从宏观角度还是从企业微观的角度，都是为了经济的发展。

2．商品性

在商品经济条件下，保险是一种特殊的劳务商品，保险业属于国民经济第三产业。所以保险体现了一种等价交换的商品经济关系。这种商品经济关系，直接表现为个别保险人与个别投保人之间的交换关系，间接表现为在一定时期内全部保险人与全部投保人之间的交换关系。

3．互助性

保险具有"一人为众，众人为一"的互助特性。约翰逊（美国前总统）说："对于一个愿意帮助他自己的人，没有比购买保险更好的办法。没有希望的地方，就没有奋斗，也没有保险。"保险在一定条件下分担了个别单位和个人所不能承担的风险，从而形成了一种经济互助关系。这种经济关系通过保险人用多数投保人缴纳的保险费所建立的保险基金，对少数遭受损失的被保险人提供补偿或给付而得以体现。

4．法律性

从法律的角度看，保险是一种合同行为。保险是依法按照合同的形式体现其存在的。保险双方当事人要建立保险关系，形式是保险合同；保险双方当事人要履行其权利和义务，其依据也是保险合同。

5．科学性

保险是以科学方法处理风险的有效措施。现代保险经营以概率论和大数法则等数理理论为基础。保险费率的厘定、保险准备金的提存等都是以科学的数理计算为依据的。

三、保险与保险行为比较

有些行为，从表面看，与保险很类似。如不加以区别，就会对保险产生模糊甚至是错误的认识。下面我们将通过保险与这些行为的比较，来进一步加深对保险特征的理解。

1. 保险与赌博

保险与赌博确有一点相似之处，它们都是不确定随机事件。之所以会产生保险，是因为风险损失的发生是不确定的，如果风险损失必然要发生，相信没有哪个保险公司会接受投保。假定你向保险公司缴纳 5000 元保险费，给你的轿车投保 10 万元的盗窃险。如果轿车丢失这一随机事件在保险期内发生，你将获得 10 万元保险金；如果在保险期内未发生丢车，你将损失 5000 元。在赌博中，输赢的发生也是不确定的。你拿 5000 元去赌赛马，1 赔 20 的赔率。如果你买的马赢了，你将得到 10 万元；如果你买的马没赢，你就损失了5000 元。

事实上，保险与赌博有着本质的区别。

（1）保险的目的是通过保险人提供的保险保障社会经济生活的安定；赌博的目的则是为了侥幸获利，甚至是牟取暴利。

（2）保险风险是纯粹风险，即只有损失机会而无获利可能的风险；赌博面对的是投机风险，即有损失的可能也有获利的可能。

（3）保险经营运用风险分散的原则，是以概率论和大数法则等数理理论准确地预测未来损失，合理地进行损失分摊，使保险经营建立在科学稳定的基础上；赌博则是完全基于偶然因素，冒险获利。

（4）保险可以使被保险人大额不定的损失变为小额固定的保险费，这样就转移、减少甚至排除了风险；赌博则将一定的赌注变成了不定的输与赢，增加甚至创造了风险。

2. 保险与储蓄

保险与储蓄都是处理经济不稳定的善后措施，都是将现有收入的一部分储存起来，以备将来的需要，带有"积谷防饥"的色彩，尤其是在生存保险和两全保险的生存部分中，与储蓄很难区别。

二者也有不同，保险与储蓄的差异在于以下几方面。

（1）保险的对象必须符合保险人的承保条件，经过核保可能会有一些人被拒保或有条件承保。储蓄的对象可以是任何单位或个人。

（2）保险集合多数面临同质风险的单位和个人分摊少数单位和个人的损失，需要有特殊的分摊计算技术。储蓄则只需计算货币的时间价值。

（3）保险有保险合同规定受益期限。只要在保险合同的有效期间，无论何时发生保险事故，均可以得到约定的保险金。储蓄则以本息返还为受益期限，只有到期才能取得本金和利息。

（4）保险是互助行为，而储蓄是一种自助行为。

（5）保险的目的是应付各种风险事故所造成的经济损失，而储蓄的主要目的是为了保值和获得利息收入。

3. 保险与慈善

商业保险与慈善都是对社会的一种救助行为，都是针对一定风险事故发生给人们生产、生活带来的困难进行的善后对策，目标都是努力使社会生活正常和稳定。

但它们之间的区别在于以下几方面。

（1）保险保障是由商业保险公司提供的，是一种商业行为。慈善则是由个人、单位及社会提供的，是社会行为。

（2）保险以保险基金为基础。保险基金主要来源于投保人缴纳的保险费，其形成也有科学数理依据。慈善资金却是救济方自己拥有的，因而救济取决于救济方自身的财力。

（3）保险以保险合同约束双方当事人，因而被保险方能得到及时可靠的保障。慈善则是一种单纯和临时施舍，保障只能是临时的，也不可靠。

（4）保险保障的水平基于保险双方当事人的权利和义务，即保险的补偿或给付与投保人的缴费水平直接相联系，因而能使被保险人的实际损失得到充分的保障。慈善救济并不取决于被救济方的实际损失，而是由救济方决定的，从而也无法使被救济方得到充分的保障。

学习单元二　保险的功能

保险产业的功能是一个历史演变和实践发展的过程。作为现代经济社会发展体系不可或缺的一部分，现代保险产业的地位和作用是通过其对经济社会体系多方面的影响来体现的。随着经济社会的发展和客观认知能力的提高，保险产业的功能将不断丰富和发展。从当前来看，主要体现在经济补偿、资金融通、社会管理三个方面。

一、经济补偿功能

 案例 3-2

房子着火了　才要求购买保险

房子着火啦！朗曼先生急急忙忙地跑到保险公司，对办事员说："先生，请帮我即刻就办财产保险！"

"干吗那么急呢？"办事员问。

"能不急吗！房子都冒烟了！"

【评析】

这时候，朗曼先生所迫切需要的正是保险最基本、最原始的功能——经济补偿功能。

当然，房子着火了才去买保险已经来不及了。但是如果朗曼先生在事故发生之前就为自己的房子购买了保险，在事故发生后就可以获得保险公司的赔偿，他的损失就会大大减少，甚至可以全部获得补偿。

保险的经济补偿功能就是指保险业在风险发生时给予经济上（通常是金钱上）的补偿，为社会经济发展和人民生活提供风险保障的功能。这是保险产生和发展的根本原因，也是保险活动的根本目的。有了保险，人们在日常生活中遇到意外事件造成财物损失、人身伤害，就可及时获得相应的赔偿，减少个人损失。有了保险，企业在遭受意外损失后可及时得到足够的资金，重新购买生产原料、建造厂房、支付各种费用，以保证生产的顺利进行。

我国是世界上自然灾害最严重的国家之一，灾害种类多，受灾面积大，成灾比例高。近 40 年来，气象、地震、洪涝、海洋、地质、农业、林业等方面突发性的自然灾害平均每年造成数万人死亡，直接经济损失高达 200 亿~400 亿元人民币。据联合国最近统计，20 个世纪以来，在全球发生的 54 起重大自然灾害中，我国有 8 起，占 15%。我国的自然灾害死亡人数占全球总死亡人数的 44%。1976 年 7 月 28 日，我国北方重镇唐山市遭受了一场震惊世界的 7.8 级强烈地震，造成 24.2 万人死亡，70 多万人受伤；1991 年仅我国的江淮大水造成的经济损失便达 725 亿元人民币。

灾害和意外事故的发生总是会造成生产或经营的中止或规模的缩小，也有可能造成各种间接损失，引起一系列的反应，影响国民经济计划的执行。但是，有了保险保障，情况就会发生根本的变化。由于保险具有经济补偿和给付保险金的功能，任何生产单位只要在平时缴付小量的保险费，一旦发生保险责任范围内的事故，便可立即得到保险的经济补偿，消除因自然灾害和意外事故造成经济损失引起生产中断的可能，保证国民经济持续稳定地朝着既定的规划和目标发展。

人的一生中存在各种各样的不确定性。现代社会中，自然灾害和意外事故发生越来越频繁。有关统计研究表明，人的一生中患重大疾病的可能性高达 72%左右；全世界每年有 500 万人被夺去生命；我国每年超过 10 万人因车祸死亡。最不幸的是，家庭主要的经济支柱如果发生任何事故或者患上严重疾病，需要大笔的医疗费、治疗费、护理费等，这根本不是日常生活中的积蓄可以解决的。而购买适合的商业保险只需定期支付小额保费，就可以把个人可能遇到的风险事故所导致的经济损失转嫁给保险公司。

风险无处不在，你无法控制意外的发生。然而，最大的风险就是出了意外后没有任何保障，最大的冒险就是没有购买任何的保险。

📰 案例 3-3

来自《中国保险学会》的报道，江苏省保监局今天公布了 2013 年度十大理赔案例。其中，韩国 SK 海力士无锡工厂大火理赔额最高金额达到 9 亿美元。据了解，这是国内财险市场至今数额最大的一笔理赔案。

海力士是全球第二大 DRAM 芯片制造商，在全球 DRAM 市场中占有率达到 24.6%，而无锡工厂的产量占到了海力士总产量的一半。2013 年 9 月 4 日，韩国 SK 海力士无锡工厂发生大火，首席承保人是韩国现代财险，国内的人保财险和太平洋产险等 13 家公司都参与其中。

目前，海力士火灾的最终赔付金额已确认为 9 亿美元，这是国内保险史上最大的一笔理赔案。江苏省保监局财产保险监管处处长王雷介绍，现在的进展情况是正在运行之中，已经预付了大约 3 亿美元。13 家大型保险公司都在为这起火灾承担赔付。

在十大理赔案件中，数额较大的还有昆山某工厂火灾的理赔额 6129 万元；因台风"梅花"造成扬州一家造船厂脱轨，赔付 4000 万元；张家港一工厂火灾理赔了 2049 万元。寿险方面，理赔额最高为 1713 万元。

　　不管是工厂财产保险、船舶保险、人寿保险还是其他保险，只要符合保险赔偿条件的，都能获得赔偿。

二、资金融通功能

　　保险的第二个功能是资金融通功能，这是在保险基本功能的基础上衍生出来的。所谓资金融通，是指资金的积聚、流通和分配过程，保险的资金融通功能主要指保险资金的积聚和运用功能。这个功能随着现代保险业，尤其是寿险业的迅速发展和金融环境的不断完善而越来越突出。

1. 保险是金融市场重要的资金源头

　　保险公司主要通过销售保险产品，吸引积聚资金，促使社会资金流向保险公司，形成资金蓄水池。这些资金具有规模大、期限长、稳定性强的特点，具有强大的资金融通功能，可以为经济建设提供大量的资金来源，可以增加居民储蓄转化为投资的渠道，分散居民储蓄过于集中于银行所形成的金融风险，有利于优化金融资源配置，提高金融资源配置效率。

　　国际上，保险业是资本市场上重要资金源头、资产管理机构和参与者。以美国为例，保险业提供的长期资金总额约相当于企业在资本市场融资总额的 1/3。

　　在我国，保险准备金和保险费收入已成为庞大资本。截至 2005 年年末，保费收入达到 4927 亿元，世界排名第 11 位；保险总资产超过 1.5 万亿元；保险资金运用余额为 14100.11 亿元，部分保险资金已被允许进入股市。

2. 保险是市场上的重要投资者

　　保险有利于实现储蓄向投资的转化。我国的储蓄率在世界上名列前茅，但是这些储蓄却难以顺利地化为投资。保险公司积聚大量资金后必然进行投资以获得利润，这样就有助于将社会储蓄转化为投资。目前保险公司已逐步成为资本市场上主要的机构投资者。全球 40% 的投资资产是由保险公司管理的，保险公司持有的上市公司股票市值占整个股票市场市值的比重也很高，在美国为 25%，欧洲为 40%，日本为 50%。

 案例 3-4

万能型新产品"南水一号"两全保险

　　2012 年 9 月 1 日，太平人寿保险公司公布其万能型新产品"南水一号"两全保险的首月结算利率：8 月份年化结算利率为 5%。该款万能型产品与该公司另一款分红型终身年金保险"盛世金享"组成的全能保险计划，是太平人寿保险公司本年度在产品领域进行创新尝试的一大举措，其最大特色是：以附加险身份出现在组合中的"南水一号"的保险资金，有超过 50% 的比例直接挂钩于国家重大基础民生工程——南水北调的债权计划。业内人士称，在资本市场疲软的情况下，太平人寿保险公司"南水一号"首月结算利率如此"靓丽"，与这款产品的资金运作方式有直接关系。

通常情况下，万能险的结算利率受制于利率周期及资本市场走势。太平人寿保险公司"南水一号"结算利率的优秀表现主要源于其产品资金的主要投资标的，即由太平人寿保险公司的兄弟公司——太平资产管理有限公司所发起设立的南水北调债权投资计划。作为南水北调工程的过渡性融资项目，该投资计划以债权方式为国务院南水北调工程建设委员会办公室提供融资，还款来源于中央财政预算的国家重大水利工程建设基金等财政收入。同时，该计划采用浮动计息方式，并设有保底利率。经中诚信国际信用评级有限责任公司综合评定，项目方信用等级为 AAA，债权计划信用等级为 AAA。

【评析】

保险公司经营保险过程中收到很多的保险费，保险费主要用于赔偿或给付的。但是投保人投保时就得缴纳保险费，保险公司动用保险费用于赔偿或给付的是在投保之后，因此，可以利用时间差，组织一部分用于投资。据统计分析，保险公司是国家投资建设中一支重要力量。

---

3. 保险是维护金融市场稳定运行的中坚力量

保险公司在进行资金运用以提高保险资金的收益率的同时，必须确保未来偿付能力的充足性和经营的稳定性。保险公司将这种稳健的经营思想、风险意识、专业化管理经验带到资本市场，必然会影响其他资金供求主体，促进其产权结构的调整，提高企业的风险意识和经营效率。同时也为金融市场提供了有效的风险分担机制，从而实现了保险市场与资本市场的有机结合和协调发展。

4. 保险是金融市场结构优化的催化剂

保险业的经营特性要求其广泛投资，以降低非系统性风险和追求收益最大化，因此，保险公司追求的是在收益率一定的条件下将风险降低到最低限度的资产组合。这种通过广泛的资产组合和派生工具来提高投资收益的需求，无疑将刺激资本市场上金融工具的创新和深化。因此，保险业是促进金融结构优化的重要力量，有利于改善货币与资本市场上各种资本资产的结构比例，如股票—债券比例，使其趋于合理，实现资源的最优配置。

三、社会管理功能

美国前总统肯尼迪说："美国保险所完成的各种服务对增进我国自由的传统助益良多。"他所说的是保险的社会管理功能，它不同于国家对社会的直接管理，而是通过保险特有的性质功能，发挥社会的"稳定器"和"润滑剂"作用，促进经济社会的协调及社会各领域的正常运转和有序发展。

1. 保险与社会保障管理

从我国来看，商业保险除了可以为农民提高医疗保障程度，还可以为城镇职工、个体工商户和机关事业单位等没有参与社会基本保险制度的劳动者提供医疗、养老等保险保障。同时，保险产品灵活多样、选择范围较广，可以弥补社会保险的空白或不足，使得社会上不同收入水平、不同保障需求的社会成员可以根据自己的能力和需求选择适合的保险产品，在不同程度上提高自己的社会保障程度。如购买商业养老保险，不但丝毫不影响退休金的领取，而且还可以在保险合同约定的年龄开始领取保险公司给予的养老保险金，即购买了商业养老保险的退休人员可享有双重收入，其退休后的生活水平可得到进一步保障。此外，保险业提供就业岗位近 150 万个，为缓解社会就业压力、维护社会稳定、保障人民安居乐业作出了积极贡献。

正因为保险能够有效弥补社会保险的空白或不足，推动全社会保障水平的提高，因此被喻为社会的"稳定器"，意思是通过保险参与社会保障管理，可以稳定经济生产、人民生活和社会秩序。

2. 保险与社会风险管理

在科技日新月异的今天，保险的承保领域可谓上天入地，尤其是在一些高科技、高风险的领域，更是少不了保险的身影。有"上天"的卫星发射、飞机航行及航天人员保险，如 2003 年保险承保了美国"哥伦比亚"号航天飞机的实验室登月舱，保险金额达 6700 万美元；2005 年，我国"神舟六号"两名航天人员的保险金额达 1000 万元人民币。也有"入地"的石油开采等各种地底能源开采保险、地铁建设和运行保险。如让广州交通提速的地铁，从一号线到目前五号线的建设、开通，保险全程予以保驾护航，累计提供的保险保障已超千亿元。

保险也处处伴随在我们的身边。如道路上的交通事故，第一时间赶到现场的除了交警，还有保险公司的查勘人员，协助交警和事故当事人处理纠纷，疏通道路。又如洪灾中，抗洪前线不时出现保险公司人员的身影，他们有的搬箱扛货，协助受灾企业抢救货物；有的走家串户，组织人民群众防灾救灾；有的攀上爬下，加快查勘定损支付赔款。灾后，保险公司忙于为购买了保险的企业和家庭及时送去保险赔偿金；忙于配合政府、卫生防疫等部门开展灾后防疫卫生工作；忙于为没有购买保险的严重受灾家庭送去慰问金……

保险是作为一种风险防范化解机制而诞生的，因此，积极参与社会风险管理、站在风险的最前线是其发展的原始动力。同时，现代保险经过几个世纪的发展，从产品开发、费率制定到承保、理赔的各个环节都直接与灾害事故打交道，不仅积累了参与社会风险管理的人员、技术、资金优势，而且积累了大量风险损失相关资料，为全社会风险管理提供了有力的数据信息支持。保险公司还通过适当调节保险费高低、实施奖惩等措施，鼓励投保人和被保险人主动做好各项预防工作，降低风险发生的概率。

随着科技的不断进步、世界政治力量的演变及各种巨灾风险的随机发生，保险在社会风险管理中的作用越发重要和不可替代，对于构建一个国家或地区的公共事务应急体系有着极大的推动作用。在"非典"肆虐、"禽流感"侵袭我国期间，保险业先后推出专门的"非典"保险、"禽流感"保险。据统计，仅 2003 年 1~7 月，保险公司的"非典"赔付金额已达 447.67 万元；2005 年横扫美国多个州的"卡特里娜"飓风，保险业为其损失支付的赔偿金可能达到 600 亿美元；伦敦 7 个车站的恐怖袭击事件中，保险赔付近 8 亿元人民币，英国几大保险公司为尽可能减少恐怖主义袭击损失成立了 Pooler 再保险公司；一些国家的保险业通过发行巨灾债券，借用资本市场力量分散巨灾风险。

在参与社会风险管理中，保险的社会"稳定器"作用进一步显现。

3. 保险与社会关系管理

在我们的日常生活中，一家人到餐馆吃饭，到公园或者其他公共场所游玩是很平常的事情。但是在吃饭或游玩的过程中，由于餐馆、公园或其他公共场所的管理疏忽，造成顾客因地面湿滑发生跌倒或被东西绊倒受伤的事件时有发生，由此引起与餐馆、公园等场所经营者的纠纷并不少见。但是，如果餐馆、公园等场所经营者善用保险，通过购买责任保险，将自己经营管理中的疏忽或意外造成他人受伤或财产受损的责任转嫁为保险责任，就可以通过保险赔偿来减少不必要的纠纷，既可和气生财，又能降低成本。对顾客而言，既避免了与餐馆、公园等场所经营者的争执，也获得了应有的损失赔偿。

可见，通过保险应对各种意外或灾害损失，不仅可以获得保险合同约定的合理补偿，而且可以提高事件处理的效率，减少当事人可能出现的各种纠纷。由于保险介入事件处理的全过程，参与到社会关系的管理之中，在协调各方关系的同时逐步改变人们的行为模式，为维护政府、企业和个人之间正常、有序的社会关系创造了有利条件，大大提高了整个社会的运行效率，因此，保险又被喻为社会的"润滑器"。

 案例 3-5

食客安心，店主放心

两名客人在一家火锅店用餐时，其中一名客人将打火机放在餐桌上。由于距火锅炉过近，打火机突然发生爆炸，导致火锅下的固体酒精爆炸燃烧，造成一名客人手臂、面部、外眼部灼伤。该餐馆事前购买了一份"食客安心保险"，根据保险合同约定，这次事故造成客人受伤产生的相关费用可以通过保险获得补偿。

> **【评析】**
>
> 正是一份"食客安心保险"，化解了双方纠纷，使食客安心，店主放心。有了保险后，民众如果能提高保险意识，通过保险公司处理补偿受害者的损失，可以化解双方的矛盾。

4. 保险与社会信用管理

《中华人民共和国保险法》第五条明确规定："保险活动当事人行使权利、履行义务应当遵循诚实信用原则。"保险实际上是一种以信用为基础、以法律为保障的承诺，要求保险活动的各方当事人都必须诚实守信。具体来看，保险一方面要求自己的从业人员诚实守信，包括如实说明保险合同的各项内容，严格按照保险合同履行责任义务等；另一方面，要求购买保险的人诚实守信，包括如实告知被保险人的身体状况、被保险财产的风险状况等，在发生保险事故时及时通知保险公司并告知事故详情等。可以说，保险的经营离不开信用，保险的整个发展历程就是对全社会培养和增强诚信意识的潜移默化的过程。

同时，保险还通过信用保险、保证保险等产品为企业和个人提供信用担保，如为企业货物出口提供信用保险，为个人向银行贷款购买房屋、汽车及其他高档消费品提供信用保证保险等。通过上述行为，保险一方面推动建立企业和个人的信用担保制度，扩大企业和个人的融资渠道，为金融机构收回贷款提供了保障；另一方面收集了企业和个人的信用行为记录，为建立和管理社会信用体系提供重要信息资料来源。

随着经济社会的快速发展，社会信用管理的重要性日渐突显，保险在社会信用管理中的空间和作用将会越来越大。

 附

世界保险史上的"第一"

第一份具有现代意义的典型保险契约是 1384 年签订的比范促进单。这张保单承保了从法国南部的阿尔兹运到意大利比萨的一批货物。

第一家海上保险公司 1424 年在意大利热那亚问世。

第一部有关海上保险的法律是 1601 年伊丽莎白女王颁布的。法律规定在保险商会内设立仲裁法庭，以解决日益增多的海上保险纠纷。

第一家皇家交易所是 1568 年 12 月 22 日经伦敦市市长批准开设的，这为当时海上保险提供了交易场所，从而取代了从伦巴第商人沿袭下来的一日两次在露天广场交易的习惯。

第一部比较完整的保险条例是 1523 年意大利佛罗伦萨市制定的，条例规定了标准保险单的格式。

第一张船舶保单是意大利热那亚商人乔治·勃克维纶于 1347 年 10 月 23 日签订的。这张保单是目前世界上所发现的最古老的保单。

第一起人寿保险出现在 1536 年的英国。当年 6 月 18 日，英国人马丁为一个名叫吉明的人承保了 2000 英镑的人寿险，保险期限为 12 个月，保费为 80 英镑。

第一个火灾保险组织是德国汉堡 46 家合作社联合成立的市营公众火灾合作社。

第一张防盗保险单是 19 世纪末由英国劳合社设计出来的。

第一家被公认为世界上真正的人寿保险组织是 1699 年成立的英国孤寡保险社。

第一个飞机承保团是劳合社和白十字保险协会共同组建的，他们起草了最早的航空保险条款。

第一份分保合同是 1821 年法国巴黎国民保险公司和布鲁塞尔业主联合公司签订的。

第一家金融界保险学术团体是 1873 年在曼彻斯特成立的"英国特许保险学会"。

第一张完整科学的生命表是 1693 年英国著名数学家、天文学家哈雷制定的。

第一个开办航空保险的是 1914—1918 年间的英国和美国。而世界上第一架飞机于 1903 年在美国试飞成功。

第一张汽车保险单于 1898 年问世。而之前只有一种保险专门承保因马匹而引起的责任。

第一张盗窃保险单是 1887 年劳合社设计的。它为世界上第一辆汽车和第一架飞机出立保单。

第一家专门承保火灾保险的营业所是由英国一个名叫尼古拉斯·巴蓬的牙医独自创办的。他是 1666 年 9 月 2 日伦敦大火中第一个醒来的人。

第一个以股份公司出现的保险组织是 1710 由英国人查尔斯·波文创办的"太阳保险

公司"。它是英国迄今仍存在的最古老的保险公司之一。

第一家独立的专业再保险公司是德国创立的科隆再保险公司。

第一份人身保单是伦敦皇家交易所的 16 个属于保险行会的商人于 1583 年共同签发的。

第一份正规的汽车险保单是劳合社于 1901 年签发的。它借鉴海上保险的做法，将汽车视为在陆地上行驶的船，保费按汽车马力的大小来确定，每一马力收取保费 1 镑。

第一件航空失事保险大赔案为 5 亿美元，是 1985 年日本航空公司的一架波音 747 客机在东京飞往大阪途中坠毁。

知识总结

保险除了具有经济补偿功能外，还有融通资金和防灾防损的功能。融通资金功能能加入经济领域的投资，创造社会财富，增加投保人的收益；防灾防损功能能减少投保人财产的损失，促进经济社会发展。保险是利国利民的事业，要充分发挥保险职能的作用。

综合实训

实训目标

认识保险，理解保险的职能，充分发挥保险在国民经济中的作用。

实训内容

一、单项选择题

1. 保险产生的最初目的是要解决（   ）问题。

A. 人身伤害的给付   B. 物质损害的补偿

C. 责任赔偿   D. 信用关系

2. 人身保险中大部分险种带有（   ）性质。

A. 赔偿   B. 给付   C. 储蓄   D. 保险

3. 保险分配关系是客观存在的一种（   ）关系。

A. 保险   B. 利益   C. 社会   D. 经济

4. 合作保险和相互保险仅表现为（   ）之间的保险分配关系。

A. 投保人   B. 保险人   C. 会员   D. 社员

5. 保险的作用是保险诸职能的发挥所产生的（   ）。

A. 社会效应   B. 经济效应   C. 政治效应   D. 商业效应

二、是非判断题

1. 保险的法律关系产生出保险的分配关系。　　　　　　　　　（　　）

2. 保险商品价值的质的规定性是活劳动。　　　　　　　　　　（　　）

3. 保险监督危险的职能是补偿损失职能的派生职能。　　　　　（　　）

4. 保险商品的消费主要是物质上的消费。　　　　　　　　　　（　　）

5. 保险是金融机构，是以发生偶然性事实为条件的相互金融机构。（　　）

6. 保险的本质是指保险的社会属性，它与保险的自然属性相同。（　　）

三、重要名词解释

1. 保险

2. 保险职能

3. 保险要素

4. 保险资金

5. 保险资本

6. 保险基金

四、思考讨论题

1. 简述保险构成要素。

2. 简述保险与赌博、储蓄、慈善的区别。

3. 简述保险发挥的作用。

4. 简述保险能分摊损失。

5. 简述保险是经济改革的一项配套工程。

五、案例分析题

1. 曲突徙薪的典故。《汉书》记载了这样一个典故：曲突徙薪无恩泽，焦头烂额如上客耶。话说某家新居落成，贺客盈门，来客中有一位，对于厨房的防火措施很不放心，他觉得烟囱（突）和柴火堆（薪）离得太近，容易引发火灾，于是建议主人最好"曲突徙薪"，但主人对此置若罔闻。不久以后，果然这家的厨房由于柴火的位置太靠近烟囱，引起火灾。幸好众位邻居奋勇扑救，才没有酿成大祸，救火的勇士们难免受些皮肉之苦，一个个焦头烂额。主人深受感动，设宴款待焦头烂额的勇士们。而提出曲突徙薪的客人，主人已经完全把他忘了，也许更糟糕的是，主人还责怪他乌鸦嘴，给自己带来了这场灾祸。请思考以下问题。

（1）假设这位建议"曲突徙薪"的客人来到某现代企业应聘，而且被录用了。你觉得他到以下哪个部门工作是最顺理成章的？（　　）

A. 财务会计部　　　B. 风险管理部　　　C. 市场营销部　　　D. 战略规划部

（2）火灾发生后，幸好众位邻居奋勇扑救大火，才没有酿成大祸。邻居的救火行为从风险管理技术角度来看，属于（　　）的措施。

A. 避免风险　　　B. 损失预防　　　C. 损失减少　　　D. 损失融资

（3）在该典故中，主人可以采取比"曲突徙薪"更早、更主动的防火措施是在设计房屋阶段就给予必要的考虑，使烟囱与堆放柴火的位置保持安全的距离。（　　）

A．是　　　　　　B．不是

(4) 从风险管理角度看，我们可以从该典故中得到的有益启示是（　　）。

A．将一个好的想法付诸实践要讲究适当的方式方法

B．天灾人祸防不胜防，不如不防

C．亡羊补牢，无济于事

D．损前预防胜过损后补救

2．保险业务员小张负责为家庭夫妇办理人身保险。经小张的动员，丈夫同意为其妻子购买人身保险，妻子坚决不同意。她说买了保险后会不吉利，因为保险主要是保障人身伤残和死亡的，买了保险后，死神会降到她身上。因此，小张没有办成这个家庭的保险。据小张反映，已经购买了保险后的人们，发生了事故导致人身伤亡，怪罪买了保险后带来的不吉利。你对购买保险不吉利这种说法，怎么评价？

Project 4
项目四

保险合同

学习目标

⊙ 了解保险合同的定义、特征、种类及保险合同订立的基本原则；

⊙ 熟悉保险合同主体、客体、内容等构成要素；

⊙ 熟悉保险合同的形式及效力；

⊙ 掌握保险合同的订立、生效、履行、变更、终止和争议处理。

技能目标

⊙ 能正确解释合同涉及的专业术语；

⊙ 会签订保险合同，会处理变更和终止的保险合同。

学习单元一　初识保险合同

　　保险合同又称保险契约，是联系保险人、投保人及被保险人之间权利与义务关系的纽带。各国保险制度都是依靠保险合同这一法律形式而运转起来的。因此，保险合同在保险经济补偿制度中起着重要的作用。保险合同应遵循一般合同的平等、自愿、公平、诚实信用、公共利益、协商性等原则；同时，它又是一种特殊的民事合同，有其自身的特征与表现形式。

一、保险合同的概念

保险合同是投保人与保险人约定权利义务关系的协议，属于合同的一种，具有合同的一般属性。首先，保险合同应当是投保人与保险人自愿协商订立的，是双方的法律行为，只有投保人与保险人的意思表示一致时才能成立。第二，投保人与保险人具有平等的法律地位，不论投保人是个人还是法人或者其他组织，其与保险人之间都没有上下高低之分。合同内容必须充分体现双方当事人的意志。此外，保险合同必须是合法的法律行为，保险合同当事人必须是具有民事行为能力的人。

二、保险合同的特征

保险合同除具有合同的一般属性外，还有其自身的特征。

第一，保险合同是一种射幸合同，或者说是一种机会合同。这种合同的效果在订立合同时是不确定的。这是因为，保险事故的发生具有偶然性，在保险合同中，投保人是以缴付保险费为代价，得到一个将来获得补偿的机会，而保险人则以对将来可能发生的损失给予补偿为条件，换取一种无偿收取保险费的可能。付出代价的当事人最终可能是一本万利，也可能是一无所获。当然，保险合同为射幸合同，是就单个具体的保险合同来说的，如果从总体上看，保险费与赔偿金额的关系是依据概率计算出来的，保险人所负的赔偿责任与被保险人所获得的赔偿和给付保险金的权利，都是肯定的。

第二，保险合同是附和合同。这种合同在订立时，由一方提出合同的内容，而另一方只能作出同意或不同意的选择。保险合同的格式和主要条款是由保险人或保险人的团体或政府主管部门决定的，在此基础上，每一个保险人还可以再根据自身承保能力确定承保的条件，规定双方具体的权利义务，也就是规定每一条款的具体内容。投保人只需作同意与否的决定，也就是要么接受保险人提出的条件，要么不签订合同。保险合同的这一特征的形成是随着保险业务的迅速发展，要求订立保险合同的手续尽量简化，方便保险人和投保人；同时又要求加强对保险合同的管理，保护投保人、被保险人的利益。

第三，保险合同是最大诚信合同。订立保险合同，保险人是否予以承保及保险费率的确定，在很大程度上取决于投保人向保险人提供的情况，这些情况主要包括投保人对保险标的是否具有保险利益，保险标的的危险状况等。保险人往往是在投保人提供的有关情况及资料的基础上，再进行必要的实地调查，然后才决定是否承保，并进一步确定保险费率。所以，保险合同所具有的诚信程度应当比一般合同要求得更高，是最大诚信合同。双方当事人在订立保险合同时都必须讲究诚实信用，不容许有欺诈、蒙骗行为。

第四，保险合同是有偿合同。保险合同的有偿性区别于一般等价有偿，保险合同当事人在合同中享有的权利，是以付出一定代价为条件的，投保人支付保险费以取得保险人承诺。

约定的保险事故发生后，保险人承担相应的补偿或给付责任。而保险人通过为被保险人提供保障，获取相应合理的报酬。

第五，保险合同是双务合同。这种合同的双方当事人相互享有权利，又相互负有义务。在保险合同关系中，投保人要按照合同约定，向保险人支付保险费，这是其义务；保险人接受了保险费，就要对合同约定承担赔偿或者给付保险金的责任。投保人与保险人的权利义务是相互连接在一起的，不是单方面的。

第六，保险合同是要式合同。这一特点体现在投保人与保险人订立保险合同，不能采取任意的方式，而是必须采用法律规定的方式，记载法律规定的事项，否则将会影响保险合同的效力。

 案例 4-1

2013 年 3 月，某企业 45 岁男性龚某因患肝癌住院治疗，手术后出院，并正常参加工作。2013 年 8 月 24 日，龚某经同事吴某推荐，与其一同到保险公司投保，办妥了有关手续。龚某在填写投保单时没有申报身患癌症的事实。

2014 年 5 月，龚某旧病复发，经医治无效死亡。龚某的妻子以指定受益人的身份到保险公司请求给付保险金。保险公司在审查提交有关证明时，发现龚某的死亡病史上载明其曾患癌症并动过手术，于是拒绝给付保险金。龚妻以丈夫不知自己患何种疾病、并未违反告知义务为由抗辩，双方因此发生纠纷。

> **【评析】**
>
> 被保险人在投保时可能对自己的健康状况较为了解（患某种疾病），也可能不清楚自己究竟患何种疾病。在前一种情况下，投保人对自己患何种疾病的陈述必须是一种观点性陈述。在本例中，龚某不知自己已患有肝癌，仅从他未声明自己已患肝癌的角度看，并不算违反告知义务。但是，龚某对自己几个月前住过院、动过手术的事实却没有加以说明，问题的关键恰恰在这里。也就是说，在被保险人确实不清楚自己到底患何种疾病的情况下，倘若他对病情作了感知性陈述，也就是说明在医院做了手术。尽管这种陈述不一定与事实相符（如患有肝癌），但他在义务履行上是绝对无瑕疵的。如果他隐瞒或虚假陈述了就医或治疗等方面的事实，则犯有未适当告知重要事实的过错，应当承担违反告知义务的不利后果。基于上述判断，保险人获得抗辩权，拒绝给付保险金，并根据投保人故意和过失的动机决定是否退还保险费。

三、保险合同的种类

（一）补偿性保险合同与给付性保险合同

按照合同的性质分类，保险合同可以分为补偿性保险合同与给付性保险合同。

1. 补偿性保险合同

保险人的责任以补偿被保险人的经济损失为限，并不得超过保险金额的合同。各类财产保险合同和人身保险中的医疗费用保险合同都属于补偿性保险合同。

2. 给付性保险合同

保险金额由双方事先约定，在保险事件发生或约定的期限届满时，保险人按合同规定标准金额给付的合同。各类寿险合同属于给付性保险合同。

（二）定值保险合同与不定值保险合同

在各类财产保险中，依据保险价值在订立合同时是否确定，将保险合同分为定值保险合同与不定值保险合同。

1. 定值保险合同

在订立保险合同时，投保人和保险人即已确定保险标的的保险价值，并将其载明于合同中的保险合同。（如农作物保险、货物运输保险、字画、古玩等为保险标的的财产保险合同。）

 案例 4-2

定值保险合同赔款的计算

有一批货物投保货物运输保险，可保货物市价为 100 万元，保险金额为 100 万元，保险期限内因保险事故损失 5 万元，货物价值上涨到 120 万元。按定值保险合同规定计算赔偿。

【评析】

赔款＝保险金额×损失程度＝100×5/100＝5（万元）

2. 不定值保险合同

投保人和保险人在订立保险合同时不预先约定保险标的价值，仅载明保险金额作为保险事故发生后赔偿最高限额的保险合同。（大多数财产保险业务均采用不定值保险合同的形式。）

 案例 4-3

不定值保险合同赔款的计算

某企业一批财产在投保企业财产保险，可保标的物市价为 100 万元，保险金额为 100 万元，保险期限内因保险事故损失 5 万元，标的物价值上涨到 120 万元。按不定值保险合同规定计算赔偿。

【评析】

赔款＝损失金额×保障程度＝5×100/120＝4.17（万元）

（三）单一风险合同、综合风险合同与一切险合同

按照承担风险责任的方式分类，保险合同可以分为单一风险合同、综合风险合同与一切险合同。

（1）单一风险合同。只承保一种风险责任的保险合同。

（2）综合风险合同。承保两种以上的多种特定风险责任的保险合同。

（3）一切险合同。保险人承保的风险是合同中列明的除外不保风险之外的一切风险的保险合同。

（四）足额保险合同、不足额保险合同与超额保险合同

根据保险金额与出险时价值对比关系，保险合同可分为三种不同的类型。

（1）足额保险合同。保险金额等于保险事故发生时的保险价值的保险合同。

（2）不足额保险合同。保险金额小于保险事故发生时的保险价值的保险合同。

（3）超额保险合同。保险金额大于保险事故发生时的保险价值的保险合同。

（五）财产保险合同与人身保险合同

按照保险标的分类，保险合同可分为财产保险合同与人身保险合同。

（1）财产保险合同。是以财产及有关的经济利益为保险标的的保险合同。财产保险合同可分为：财产损失保险合同、责任保险合同、信用保险合同。

（2）人身保险合同。是以人的寿命和身体为保险标的的保险合同。人身保险合同可分为：人寿保险合同、人身意外伤害保险合同、健康保险合同。

（六）原保险合同与再保险合同

按照保险合同当事人分类，保险合同可分为原保险合同与再保险合同。

（1）原保险合同。保险人与投保人直接订立的保险合同，合同保障的对象是被保险人。

（2）再保险合同。保险人为了将其所承担的保险责任转移给其他的保险人而订立的保险合同，合同直接保障的对象是原保险合同的保险人。

学习单元二 保险合同要素

一、保险合同的主体

保险合同的主体分为保险合同当事人、保险合同关系人和保险合同辅助人三类。

（一）保险合同当事人

1. 保险人

保险人也称承保人，是与投保人订立合同，收取保险费，在保险事故发生时，对被保险人承担赔偿损失责任的人。在我国专指保险公司。保险人经营保险业务除必须取得国家有关管理部门授予的资格外，还必须在规定的业务范围内开展经营活动。

2. 投保人

投保人又称要保人、保单持有人，是指与保险人订立保险合同，并负有交付保险费义

务的人。投保人应具备下列两个要件。

（1）具备民事权利能力和民事行为能力。保险合同与一般合同一样，当事人应具有权利能力和行为能力。

（2）对保险标的须具有保险利益。投保人对保险标的须有保险利益，即投保人与保险标的具有利害关系。投保人对于保险标的如不具有利害关系，订立保险合同无效。保险合同中的投保人可以是一方，也可以是多方，在再保险合同中的投保人必须由原保险人充当。

（二）保险合同关系人

1. 被保险人

被保险人指保险事故或事件在其财产或在其身体上发生而受到损失时享有向保险人要求赔偿或给付的人。被保险人可以是自然人、法人，也可以是其他社会组织，但须具备下列条件。

（1）被保险人是保险事故发生时遭受损失的人。一旦发生保险事故，被保险人将遭受损害。但在财产保险与人身保险中，被保险人遭受损害的形式是不尽相同的。在财产保险中，因保险事故直接遭受损失的是保险标的，被保险人因保险标的的损害而遭受经济上的损失。在人身保险中，因保险事故直接遭受损害的是被保险人本人的身体、生命或健康。

（2）被保险人是享有赔偿请求权的人。由于保险合同可以为他人的利益而订立，因而投保人没有保险赔偿金的请求权，只有请求保险人向被保险人或受益人给付保险赔偿金的权利。

2. 受益人

受益人又称保险金领受人。受益人是指在人身保险合同中由被保险人或投保人指定的享有赔偿请求权的人。受益人的要件包括以下三个。

（1）受益人是由被保险人或投保人所指定的人。被保险人或投保人应在保险合同中明确受益人。

（2）受益人是独立地享有保险金请求权的人。受益人在保险合同中，不负交付保费的义务，也不必具有保险利益，保险人不得向受益人追索保险费。

（3）受益人的赔偿请求权并非自保险合同生效时开始，而只有在被保险人死亡时才产生。在被保险人生存期间，受益人的赔偿请求权只是一种期待权。

受益人的受益权是直接根据保险合同产生的，可因下列原因消灭。

（1）受益人先于被保险人死亡或破产或解散。

（2）受益人放弃受益权。

（3）受益人有故意危害被保险人生命安全的行为其受益权依法取消。

在保险合同期间，受益人可以变更，但必须经被保险人的同意。受益人的变更无须保险人的同意，但应当将受益人的变更事宜及时通知保险人，否则变更受益人的法律效力不得对抗保险人。

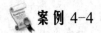 **案例 4-4**

受益人与被保险人同时死亡，谁有权获取保险金

2014 年 3 月，王五在保险公司为自己投保了 12 万元养老保险及附加意外伤害保险，指定受益人为其妻张三。两人居家地与王五父母不在一起，但两人平日在王五的父母家吃饭。同年 5 月 4 日，王五的母亲因多日未见二人前来吃饭，遂往二人住处探望，发现二人因煤气泄漏，已中毒身亡。当日，王五的父母向保险公司报案，并以被保险人王五法定继承人身份申请给付保险金。两天后，张三的父母也以受益人的法定继承人身份申请保险金给付。由于双方争执不下，两家上诉至法院。

> **【评析】**
>
> 法院经审理认为，受益权是一项期待权，本案中被保险人王五与受益人张三同时死亡，他们之间不发生相互继承的关系，故判 12 万元保险金作为被保险人王五的遗产，由其父母继承。

 案例 4-5

保险金最终该归谁

李四是一家银行的高级职员，于 2013 年初在保险公司投保人身保险，投保人、被保险人均为李四，受益人不是其妻，而是其秘书李小姐。2013 年 10 月 7 日晚，李四与朋友聚会后，开车送李小姐回家，10 月 8 日凌晨两人被发现双双死在车中。请问：李小姐可否成为受益人？保险金最终该归谁？

> **【评析】**
>
> 李小姐可以成为受益人。受益人是由被保险人或投保人指定，投保人在指定受益人时应经被保险人同意。本案中，投保人和被保险人都是李四，指定受益人是李四的权利，任何人不得剥夺。由于两人同时死亡，保险金应属于被保险人的遗产，由李四的法定继承人（其妻子）继承。

（三）保险合同辅助人

1. 保险代理人

保险代理人即保险人的代理人，指依保险代理合同或授权书向保险人收取报酬，并在规定范围内，以保险人名义代理经营保险业务的人。保险代理是一种特殊的代理制度，表现在以下方面。

（1）保险代理人与保险人在法律上视为一人。

（2）保险代理人所知道的事情，都假定为保险人所知的。

（3）保险代理必须采用书面形式。保险代理人既可以是单位也可以是个人，但须经国

家主管机关核准具有代理人资格。

2. 保险经纪人

保险经纪人是基于投保人的利益，为投保人和保险人订立合同提供中介服务、收取劳务报酬的人。保险经纪人的劳务报酬由保险公司按保险费的一定比例支付。

二、保险合同的客体

保险合同的客体是指保险法律关系的客体，即保险合同当事人权利义务所指向的对象。由于保险合同保障的对象不是保险标的本身，而是被保险人对其财产或者生命、健康所享有的利益，即保险利益，所以保险利益是保险合同当事人的权利义务所指向的对象，是保险合同的客体。在保险合同中，客体是保险利益，而保险标的物则是保险利益的载体。

 案例 4-6

以寿命作为保险标的的

2013 年 6 月 25 日，姜某以自己为投保人和受益人，以丈夫胡某为被保险人，与某保险公司签订了身故保险金为 30 000 元的终身保险合同。姜某为什么能为其丈夫购买保险？

【评析】

保险合同的客体即保险利益，而保险标的物则是保险利益的载体。从法律上看，姜某以其丈夫的生命作为保险标的的与投保人姜某存在利害关系，其丈夫身故会影响她的利益，然而，她丈夫参加了保险，一旦她丈夫确实身故，她能获得保险金，利益受损获得保险金给付，消除了影响她的利益，这是保险利益的体现。正因为有这样的关系，寿命作为保险标的的才能保险。

 案例 4-7

以家庭财产作为保险标的物

张三为其房屋投保家庭财产保险，投保时该房屋的市价为 50 万元，保险金额按 50 万元确定。张三为什么能为其房屋购买保险？

【评析】

保险合同的客体即保险利益，从法律上看，张三的房屋与投保人张三存在利害关系，房屋的损坏、毁灭对投保人张三来说是一种损失，然而，张三将房屋参加保险后，一旦房屋出现保险事故导致损坏、毁灭，张三能获得保险金，损失得到补偿，这是保险利益的体现。正因为有这样的关系，张三房屋作为保险标的物才能保险。

三、保险合同的内容

（一）保险合同的基本条款

（1）保险人的名称和住所。

（2）投保人、被保险人、受益人的名称和住所。

（3）保险标的。保险标的是指作为保险对象的财产及其有关利益或者人的生命和身体，它是保险利益的载体。

（4）保险责任和责任免除。保险责任是保险人所应承担的保险金赔偿或给付责任。

（5）保险期间和保险责任开始时间。保险期间可以按年、月、日计算，也可按一个运程期、一个工程期乘一个生长期计算。我国保险实务中以约定起保日的零点为保险责任开始时间，以合同期满日的 24 点为保险责任终止时间。

（6）保险价值。保险价值的确定主要有三种方法。

①由当事人双方在保险合同中约定。当保险事故发生后，无须再对保险标的估价，就可直接根据合同约定的保险标的价值额计算损失。

②按事故发生后保险标的的市场价格确定。即保险标的的价值额随市场价格变动，保险人的赔偿金额不超过保险标的的在保险事故发生时的市场价格。

③依据法律具体规定确定保险价值。

（7）保险金额。保险金额是指保险人承担赔偿或者给付保险金的最高限额。在定值保险中，保险金额为双方约定的保险标的的价值。在不定值保险中，保险金额可以按下述方法确定：由投保人按保险标的的实际价值确定；根据投保人投保时保险标的的账面价值确定。无论在定值保险中还是在不定值保险中，保险金额都不得超过保险价值，超过的部分无效。

 案例 4-8

旧车高额投保出险后该赔多少

2012 年 3 月，刘某用 5000 元买了一辆二手面包车。2012 年 6 月，刘某与某财产保险有限公司签订了机动车辆保险合同。刘某按车辆的重置价值（指保险合同签订地的新车购置价）150000 元为该车缴纳了一年的保险费 3120 元（见表 4-1）。

表 4-1　二手面包车价值信息

单位：元

买入价格	实际价值	重置价值	保险金额
5000	13000	150000	150000

2012 年 8 月，刘某在上班的途中发生车祸事故，导致该辆面包车报废。随后，刘某向

保险公司申请赔偿。保险公司调查发现刘某购买该车实际只用了 5000 元，该车实际价值即保险价值有 13000 元。于是保险公司提出只按车辆的实际购买 5000 元理赔，但刘某坚持按合同书上的重置价格 150000 元理赔。双方无法达成协议，刘某诉至法院。

> ### 【评析】
>
> 　　保险公司坚持赔偿 5000 元也不对，因为实际价值有 13000 元，应该认为刘某便宜买到二手面包车；被保险人刘某要求赔偿 150000 元是不可能的，因为保险合同规定被保险人获得赔偿不能超过额外收益。法院认为，该保险合同有效，保险公司应负赔偿责任。根据照民法、合同法和保险合同有关条款的规定，在不考虑绝对免赔率的情况下，判决保险公司赔偿 13000 元。

　　（8）保险费及其支付办法保险费是指投保人为取得保险保障而交付给保险人的费用。

　　保险费包括纯保费和附加保费两部分。其中纯保费是以预定死亡率和预定利率为基础计算出来的用于给付保险金的保险费；附加保费是指用于保险人的营业费用、营业税金和利润等的保险费。保险费的多少取决于保险金额的大小、保险期限的长短和保险费率的高低。保险费的支付方式主要有趸缴和期缴两种。

　　（9）保险金赔偿或给付办法。保险金的赔偿或给付办法，应当在保险合同中明确规定，以增强其严肃性。由于投保人投保的险种不同，保险金赔偿或给付的具体做法也是不同的，不过在实践中，一般以现金赔付和重置为主。

　　（10）违约责任和争议处理。违约责任是指保险合同当事人因过错致使合同不能履行或者不能完全履行时，基于法律规定或合同约定所必须承担的法律后果。争议处理是指保险合同发生纠纷后的解决方式。保险合同订立以后，双方当事人在履行合同过程中，围绕理赔、追偿、缴费及责任归属等问题容易产生争议。因此，采用适当的方式公平合理地处理保险纠纷，直接影响到双方的权益。

 案例 4-9

醉酒驾车撞人致死的赔偿处理

　　2014 年 8 月 21 日，醉酒的林某开着陈某的轿车回家，当行至高新西区一路口时，杨某正骑着一辆摩托车左转后逆行，两车不慎相撞，杨某当场死亡。后经某法医学鉴定中心鉴定，检出林某血液的酒精浓度为 123 mg / 100 mL，属醉酒驾车。同年 9 月 15 日，公安局交通管理局认定，杨某和林某负事故同等责任。杨某死后留下年迈的父母及一个需抚养的女儿，且杨某父亲为六级伤残，已丧失劳动能力。随后，杨某的家属将林某、陈某及承保该辆轿车的保险公司告上法庭，要求赔偿死亡赔偿金等各类损失共 13 万元。法院开庭时，林某和陈某均称愿意承担自己该承担的责任。陈某为轿车买了 12 万元的交通事故强制险，其中死亡伤残赔偿最高限额为 11 万元。陈某认为，自己既然在保险公司投保了交通事故强制责任保险，无论是谁的责任或过错，保险公司均应按规定进行赔偿。

📃 【评析】

对于陈某的要求，保险公司代理人在法庭上称"醉酒驾车，属保险免责范围"。在交通事故强制险合同条款中除了有免责条款，在"垫付与追偿款项"中也明确约定对驾驶人醉酒造成的损失不进行赔偿，因此这笔赔偿费用不应由保险公司来承担。醉酒驾车，造成自己损失和他人车辆损失或人身伤害，即使有保险，保险公司也不负责赔偿。

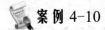

案例 4-10

保险公司该不该理赔

2014 年 8 月 20 日，某运输公司的司机陈某遭遇一起离奇车祸，他在高速公路的应急车道停车小便时，一辆货车因避让其他车辆撞到他的车上，站在车右前方小便的陈某竟然被自己的车撞死。由于该公司的车辆已经购买了第三者责任保险，所以陈某的家属与该运输公司要求保险公司理赔，但遭到拒赔，于是陈某的家属与该运输公司将保险公司、其他车辆车主告上法庭。

📃 【评析】

在法院庭审中，保险公司代理律师提出，死者陈某是该运输公司的司机，不是"第三者"，因为保险合同规定，"第三者"不包括司机，因此，无权主张索赔。

法院审理后认为死者既非投保人，也非被保险人，且发生意外事故时是被其他车辆碰撞导致死亡，符合第三者的条件，应当属于第三者，由其他车主赔偿 11 万元。

针对保险业务发生的争议，可采取和解、调解、仲裁和诉讼四种方式来处理。

（1）和解。是在争议发生后由当事人双方在平等、互相谅解基础上通过对争议事项的协商，互相作出一定的让步，取得共识，形成双方都可以接受的协议，以消除纠纷，保证合同履行的方法。

（2）调解。是在第三人主持下根据自愿、合法原则，在双方当事人明辨是非、分清责任的基础上，促使双方互谅互让，达成和解协议，以便合同得到履行的方法。

（3）仲裁。是争议双方在争议发生之前或在争议发生之后达成协议，自愿将争议交给第三者作出裁决，双方有义务执行的一种解决争议的方法。

（4）诉讼。是合同当事人的任何一方按照民事法律诉讼程序向法院对另一人提出权益主张，并要求法院予以解决和保护的请求。

保险合同发生争议的，应首先通过友好协商解决。协商不成时，再考虑通过仲裁、诉讼等方式解决。

（二）保险合同的特约条款

（1）附加条款。附加条款是对基本条款的修改或变更，其效力优于基本条款。

（2）保证条款。保证条款是指投保人或被保险人就特定事项担保的条款，即保证某种行为或事实的真实性的条款。

四、保险合同的形式

　　保险合同采用保险单和保险凭证的形式鉴定。合同订明的附件及当事人协商同意的有关修改合同的文书、电报和图表，也是合同的组成部分。保险合同是要式合同，保险单仅为保险合同的书面证明，并非保险合同的成立要件。通常，保险合同由投保单、保险单（或暂保单、保险凭证）及其他有关文件和附件共同组成。其中以投保单、暂保单、保险单、保险凭证最为重要。

1. 投保单

　　投保单又称要保书，是投保人向保险人递交的书面要约，投保单经保险人承诺，即成为保险合同的组成部分之一。投保单一般由保险人事先按统一的格式印制而成，投保人在投保书上所应填具的事项一般包括：投保人姓名（或单位名称）及地址；投保的保险标的的名称和存在地点；投保险别；保险价值或确定方法及保险金额；保险期限；投保日期和签名等。在保险实践中，有些险种保险人为简化手续、方便投保，投保人可不填具投保单，只以口头形式提出要约，提供有关单据或凭证，保险人可当即签发保险单或保险凭证，这时，保险合同即告成立。投保人应按保险单的各项要求如实填写，如有不实填写，在保险单上又未加修改，则保险人可依此解除保险合同。

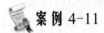 **案例 4-11**

妻子代丈夫签名　理赔协议是否有效

　　2008 年 2 月 29 日，投保人黄某某以儿子黄某为被保险人向保险公司投保了一份两全保险（分红型），标准保费为 1 万元，保险金额为 10620 元，保险期满日为 2013 年 2 月 27 日。同年 3 月 9 日，投保人张某某（系黄某某妻子）以儿子黄某为被保险人，再次向同一保险公司投保了一份两全保险（分红型），标准保费为 6000 元，保险金额为 6372 元，保险期满日为 2013 年 3 月 8 日。上述两份保险均未指定受益人。

　　该两全保险（分红型）第五条关于保险责任的约定为：在本合同保险期间内，本公司负以下保险责任：一、被保险人生存至保险期限满期，本公司按基本保险金额给付满期保险金，本合同终止。二、被保险人于本合同生效之日起一年内因疾病身故，本公司按所交保险费（不计利息）给付身故保险金，本合同终止；被保险人于本合同生效之日起因疾病身故，本公司按基本保险金额给付身故保险金，本合同终止。三、被保险人因意外伤害身故，本公司按基本保险金额的三倍给付身故保险金，本合同终止。

　　2009 年 11 月 9 日，被保险人黄某在卫生间方便时停止呼吸，抢救无效死亡；2009 年 11 月 11 日，深圳市公安局南山分局出具法医学死亡证明书证实黄某"符合猝死死亡"。

　　2010 年 1 月 11 日，张某某及被保险人的妻子陈某与保险公司达成理赔协议，主要内容包括：保险公司向被保险人黄某的法定继承人给付保险金 29960 元，被保险人的法定继承人同意放弃上述两份保险合同项下其他与保险事故有关的权利。协议上有黄某某、张某某及陈某的名字及保险公司的签章。其中，张某某及陈某的名字为本人所签，黄某某的名字为其妻子张某某代签。2010 年 1 月 18 日，保险公司将协议约定的款项及两份保险合同的红利、利息支付给陈某。

此后，黄某某向法院提起诉讼：1. 理赔协议未经其本人签名，应属无效；2. 要求退回保险费 15360 元；3. 被保险人黄某属于意外身故，保险公司应按基本保额的三倍承担保险责任；4. 以保险公司侵犯其姓名权，要求赔偿 3.4 万元；5. 要求赔偿其精神损害赔偿金 2.1 万元。

法院判决

一审法院审理后，基于以下意见，判决驳回原告的诉讼请求。

1. 双方签订的保险合同依法成立并生效。深圳市公安局南山分局出具的法医学死亡证明书证实黄某系猝死，不属于意外伤害死亡。根据两全保险条款第五条第二款的约定，保险公司只需按基本保险金额即 16992 元给付保险金。由于双方签订了理赔协议，约定保险公司给付保险金 29960 元，超过了保险公司应赔付的金额，且未违反有关法律法规。

2. 理赔协议中黄某某的名字虽然是张某某代签的，但张某某是黄某某的妻子，并提交了黄某某、陈某的理赔委托书，且黄某某参与了协议签订之前的协商过程，因而张某某代其签字的行为构成了表见代理，该协议依法有效。

3. 保险条款中尽管约定了投保人解除合同的处理规则，但被保险人黄某身故后，双方达成了理赔协议，且支付行为已经完成，保险合同终止，不存在解除保险合同问题。

4. 理赔协议中黄某某的名字是由其妻子张某某代签的，不能据此认为保险公司盗用、假冒其签名，侵害其姓名权。理赔协议是经过双方多次协商后达成的一致意见，原告黄某某未提供证据证明保险公司在协商过程中进行了欺骗、欺诈和愚弄。

黄某某不服一审判决，提起上诉。二审法院审理后，判决驳回上诉，维持原判。

【评析】

投保符合法定程序。

2. 暂保单

暂保单是保险人在签发正式保险单之前的一种临时保险凭证。暂保单上载明了保险合同的主要内容，如被保险人姓名、保险标的、保险责任范围、保险金额、保险费率、保险责任起讫时间等。在正式的保险单做成交付之前，暂保单与保险单具有同等效力；正式保险单签发后，其内容归并于保险单，暂保单失去效力。如果保险单签发之前保险事故就已发生，暂保单所未载明的事项，应以事前由当事人商定的某一保险单的内容为准。使用暂保单的情况大致有三种：

一是保险代理人或保险经纪人所发出的暂保单。保险代理人在争取到保险业务而尚未向保险人办妥保险单之前，可以签发暂保单作为保险合同的凭证。保险经纪人与保险人就保险合同的主要内容经协商已达成协议后，也可向投保人签发暂保单，但这种暂保单对保险人不发生拘束力，如果因保险经纪人的过错致使被保险人遭受损害的，被保险人有权向该保险经纪人请求赔偿。

二是保险公司的分支机构对某些需要总公司批准的业务，在承保后、总公司批准前而签发的暂保单。

三是保险合同双方当事人在订立保险合同时，就合同的主要条款已达成协议，但有些条件尚须进一步协商；或保险人对承保危险需要进一步权衡；或正式保险单需由微机统一处理，而投保人又急需保险凭证等，在这种情况下，保险人在保险单作成交付前先签发暂保单，作为保险合同的凭证。

3. 保险单

保险单简称保单，是保险合同成立后由保险人向投保人签发的保险合同的正式书面凭证，它是保险合同的法定形式。保险单应该将保险合同的内容全部详尽列说。尽管各类保险合同因保险标的及危险事故不同而使保险单在具体内容上及长短繁简程度上有所不同，但在明确当事人权利义务方面，则是一致的。保险单并不等于保险合同，仅为合同当事人经口头或书面协商一致而订立的保险合同的正式凭证而已。只要保险合同双方当事人意思表示一致，保险合同即告成立，即使保险事故发生于保险单签发之前，保险人亦应承担保险给付的义务。如果保险双方当事人未形成合意，即使保险单已签发，保险合同也不能成立。但在保险实践中，保险单与保险合同相互通用。保险单的做成交付是完成保险合同的最后手续，保险人一经签发保险单，则先前当事人议定的事项及暂保单的内容尽归并其中，除非有诈欺或其他违法事情存在，保险合同的内容以保险单所载为准，投保人接受保险单后，推定其对保险单所载内容已完全同意。保险单除作为保险合同的证明文件外，在财产保险中，于特定形式及条件下，保险单具有类似"证券"的效用，可做成指示或无记名式，随同保险标的转让。在人身保险中，投保人还可凭保险单抵借款项。

4. 批单

修改和变更保险单内容的一种单证，也是保险合同变更时最常用的书面单证。批单的法律效力优于原保险单的同类款目。

5. 保险凭证

保险凭证是保险合同的一种证明，实际上是简化了的保险单，所以又称为小保单。保险凭证与保险单具有同等的法律效力。凡保险凭证中没有列明的事项，则以同种类的正式保险单所载内容为准，如果正式保险单与保险凭证的内容有抵触或保险凭证另有特定条款时，则以保险凭证为准。

学习单元三　保险合同的订立、履行、变更与终止

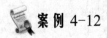 **案例 4-12**

从保险公司败诉案谈保险合同的成立和生效

2012 年 10 月 5 日，谢某向保险公司申请投保人寿险 100 万元，附加长期意外伤害保

险 200 万元,填写了投保书。10 月 6 日保险公司向谢某提交了盖有其总经理李某印章的《保险公司运筹建议书》,谢某按保险公司的要求及该建议书的规定,缴纳了首期保险费共计 11944 元。保险公司审核谢某的投保资料时发现,谢某投保高达 300 万元的保险金额,却没有提供相应的财务状况证明。为防范道德风险,保险公司一般对高保额保单要求投保人(被保险人)提供财务状况证明。因此,10 月 10 日保险公司向谢某发出照会通知书,要求谢某 10 天内补充提供有关财务状况的证明,并按程序要求进行身体检查,否则视为取消投保申请,将向其退回预交保费。10 月 17 日,谢某到保险公司进行了身体检查,但仍未提交财务状况证明。10 月 18 日凌晨谢某在其女友家中被其女友前男友刺杀致死。10 月 18 日上午 8 时,保险公司接到医院的体检结果,因谢某身体问题,需增加保险费,才能承保。保险公司再次发出书面照会,通知谢某需增加保费,提交财务证明,才能承保,请谢某决定是否接受以新的保费条件投保。谢某家人称谢某已经出国,无法联络。2012 年 11 月 13 日谢母向保险公司方面告知保险事故并提出索赔申请。

2013 年 1 月 14 日保险公司经调查后在理赔答复中称,根据主合同,同意赔付主合同保险金 100 万元;同时保险公司认为事故发生时其尚未同意承保(未开出保单),故拒绝赔付附加合同的保金 200 万元。

2013 年 1 月 15 日谢母拿到保险公司声称按"通融赔付"支付的 100 万元。

2013 年 7 月 16 日谢母将保险公司诉至法院,请求判决保险公司支付"附加长期意外伤害保险"保金 200 万元及延迟理赔上述金额所致的利息。2014 年 5 月 20 日,法院对国内这一宗最大的寿险理赔案作出一审判决:交付了首期保费的投保人谢某,在核保程序未完成的情况下被害,法院判决保险公司应该在按主合同赔付 100 万元之后再追加赔付附加合同的 200 万元。

法院判决:

附加险合同不仅成立,而且已经生效。一审法院认为:由于谢某与保险公司的保险代理人共同签署了投保书,投保人谢某和保险公司的权利义务在上面列得清清楚楚,双方对此也达成了一致意见;加上谢某翌日又缴付了首期保费,也就是说,作为投保人在保险合同成立后应负的主要义务,谢某已履行。因此,法院认为这份保险合同及其附加合同均已成立、有效,谢某、保险公司均应按约履行。

关于涉及赔付金额达 200 万元之巨的"附加长期意外伤害保险条款",法院认为,因为这是保险公司在所有投保人投保前就预先制定好的、将重复使用于不特定投保人的格式合同条款,条款中"保险责任自投保人缴纳首期保险费且本公司同意承保后开始"的约定,没有约定保险公司将在何时同意承保、用什么方式承保,表述不清,实属不明确,依法应作出有利于投保人谢某的解释。

📑 **【评析】**

保险补偿(给付)发生纠纷时,一般通过和解、调解和诉讼或仲裁处理。

一、保险合同订立的程序

保险合同订立的程序与一般合同订立的程序相同,需要经过要约与承诺两个阶段,承诺一经成立，合同即成立，并产生相应的合同效力。在保险合同的订立中，投保人提出保险要求，经保险人同意承保，并就合同的条款达成协议，保险合同成立。

二、保险合同的成立

（一）保险合同成立的含义

按照合同法的理论，所谓合同的成立，是指合同因符合一定的要件而客观存在，其具体表现就是将要约人单方面的意思表示转化为双方一致的意思表示。

判断合同是否成立，不仅是一个理论问题，也具有实际意义。首先，判断合同是否成立，是为了判断合同是否存在，如果合同根本就不存在，它的履行、变更、转让、解除等一系列问题也就不存在了；其次，判断合同是否成立，也是为了议定合同的效力，如果合同根本就不存在，则谈不上合同有效、无效的问题，即保险合同的成立是保险合同生效的前提条件。

（二）保险合同成立的要件

保险合同是一项民事行为，而且是一项合同行为，因而，保险合同不仅受《保险法》的调整，还应当受《民法》和《合同法》的调整，所以，保险合同的成立一定要符合民事法律行为的要件和合同的成立要件。

我国《合同法》第十三条规定："当事人订立合同，采取要约、承诺的方式。"我国《保险法》第十二条规定："投保人提出保险要求，经保险人同意承保，并就合同的条款达成协议，保险合同成立。"依照这一规定，保险合同的一般成立要件有三：其一，投保人提出保险要求；其二，保险人同意承保；其三，保险人与投保人就合同的条款达成协议。这三个要件，实质上仍是合同法所规定的要约和承诺过程。因此，保险合同原则上应当在当事人通过要约和承诺的方式达成意思一致时即告成立。

三、保险合同生效

（一）保险合同生效的含义

保险合同中的"保险合同生效"与"保险合同成立"是两个不同的概念。保险合同成立，是指合同当事人就保险合同的主要条款达成一致协议；保险合同生效，指合同条款对当事人双方已发生法律上的效力，要求当事人双方恪守合同，全面履行合同规定的义务。保险合同的成立与生效的关系有两种：一是合同一经成立即生效，双方便开始享有权利，承担义务；二是合同成立后不立即生效，而是等到保险合同生效的附条件成立或附期限到达后才生效。

（二）保险合同生效的要件

《中华人民共和国民法通则》第五十五条规定："民事法律行为应当具备下列条件：（一）行为人具有相应的民事行为能力；（二）意思表示真实；（三）不违反法律或者社会

公共利益。"

《中华人民共和国合同法》第九条规定："当事人订立合同，应当具有相应的民事权利能力和民事行为能力。"因而，保险合同若要有效订立，当事人必须具备相应的缔约能力，并在保险合同内容不违背法律和社会公共利益的基础上意思表示真实。

（三）保险合同的无效

保险合同的无效是指当事人所缔结的保险合同因不符合法律规定的生效条件而不产生法律的约束力。无效保险合同的特点是：违法性，即违反法律和公序良俗；自始无效性，即因其违法而自行为开始起便没有任何的法律效力；无效性无须考虑当事人是否主张，法院或仲裁机构可主动审查，确认合同无效。

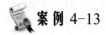 案例 4-13

保险合同确定为无效合同

陈某（男）与张某（女）自小青梅竹马，成年后情深意笃，但由于两家有矛盾，双方家长均坚决反对这门亲事。2009 年 4 月，陈、张二人双双南下广东某市打工，为相互照应及生活方便，两人租用民房并以夫妻名义同居生活，一年后生育一女孩。2012 年 4 月，某保险公司业务员到陈某工作单位推销人寿保险，陈某作为投保人给自己和张某各买了一份人寿保险，死亡保额均为 10 万元，受益人为双方所生女孩。当时，张某因出差在外，并不知情。不久之后，张某因车祸意外死亡，陈某向保险公司提出索赔，保险公司调查后拒赔。

陈某不服，遂向法院提起诉讼。请问：本案中陈某对张某是否具有保险利益？保险合同是否有效？保险公司是否应该承担给付保险金的责任？

【评析】

陈某对张某不具有保险利益，保险合同无效。

《保险法》规定，投保人对下列人员具有保险利益：本人；配偶、子女、父母；前项以外与投保人有抚养、赡养或抚养关系的家属及其他成员、近亲属。由于我国现行《婚姻法》不承认事实婚姻，因此陈、张之间不能构成法律上的夫妻关系。

但是，被保险人同意投保人为其订立合同的，视为投保人对被保险人具有保险利益。由于陈某投保时，张某不知情并且事后没有表示同意，故陈、张之间不具有上述规定的情形。从《保险法》的规定看，只能认定陈某对张某不具有保险利益，陈某为张某投保的人寿保险合同无效，故保险公司不承担给付保险金的责任。

假设本案被保险人张某同意投保，并在保险合同上签字的，虽然陈、张之间不能构成法律上的夫妻关系，但可视为具有保险利益关系，保险公司应当承担给付保险金的责任。

（四）保险合同无效的原因

1. 合同主体不合格

主体不合格是指保险人、投保人、被保险人、受益人或保险代理人等资格不符合法律的规定。例如，投保人是无民事行为能力的或依法不能独立实施缔约行为的限制民事行为能力的自然人；保险人不具备法定条件，不是依法设立的；保险代理人没有保险代理资格或没有保险代理权。如果保险合同是由上述主体缔结，则合同无效。

2．当事人意思表示不真实

缔约过程中，如果当事人中的任何一方以欺诈、胁迫或乘人之危的方式致使对方作出违背自己意愿的意思表示，均构成缔约中的意思表示不真实。在这里，欺诈是指行为人不履行如实告知的义务，故意隐瞒真实情况或者故意告知虚假情况，诱使对方作出错误意思表示的行为。如投保人在订立保险合同时，明知不存在风险却谎称有风险，明知风险已经发生而谎称没有发生等。胁迫是指一方当事人以给对方或与对方有关的人的人身、财产、名誉、荣誉造成损害为要挟，迫使对方同自己订立保险合同的行为。要挟是确定可能实现的行为，而且足以使对方违背自己的意志与其订立保险合同。

3．客体不合法

投保人或被保险人对保险标的没有保险利益，则其订立的保险合同无效。

4．内容不合法

如果投保人投保的风险是非法的，如违反国家利益和社会公共利益、违反法律强制性规定等均导致合同无效。

四、保险合同的履行

（一）投保人义务的履行

1．如实告知义务

该项义务要求投保人在合同订立之前、订立时及在合同有效期内，对已知或应知的与危险和标的有关的实质性重要事实向保险人作真实陈述。如实告知是投保人必须履行的基本义务，也是保险人实现其权利的必要条件。根据 2009 年修订的《中华人民共和国保险法》第十六条规定："订立保险合同时，保险人就保险标的或者被保险人的有关情况提出询问的，投保人应当如实告知。"这说明我国对投保人告知义务的履行实行"询问告知"原则，即指投保人只须对保险人所询问的问题作如实回答，而对询问以外的问题投保人因无须告知而未告知的，不能视为违反告知义务。

2．交纳保险费义务

交纳保险费是投保人最基本的义务，通常也是保险合同生效的前提条件之一。投保人如果未按保险合同的约定履行此项义务，将要承担由此造成的法律后果：以交付保险费为保险合同生效条件的，保险合同不生效；对已经成立的财产保险合同不仅要补交保险费，还要承担相应的利息损失，否则，保险合同终止；约定分期交付保险费的人身保险合同，未能按时交纳续期保险费，保险合同将中止，在合同中止期间发生的保险事故，保险人不承担责任，超过中止期未复效者，保险合同终止。

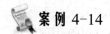 **案例 4-14**

投保人没有履行缴纳保险费义务，保险公司不补偿

2012 年 1 月 13 日，个体户孟某驾驶日产丰田汽车外出办事，由于车辆没有投保第三者责任险，中途被查扣，经过与保险公司协商，孟某同意投保第三者责任保险，保额为 10 万元，需缴纳保险费 1 890 元。当时孟某没有现金，正好其亲属赵某为保险公司员工，于是要求赵某给保险公司出具一张 1 890 元的欠据，并保证回去后将此款及时缴清。赵某当时在欠据上注明，此保险费在 2012 年 1 月 25 日以前缴纳，保险合同有效，过期不缴则保险单作废，随后，赵某给孟某出具了保险单和收款凭证。

事后，孟某并没有在约定期内缴纳保险费，2012 年 2 月 23 日，保险公司用批单批注原保险单作废，并于当日通知了孟某，让其将作废保险单退回，孟某一直以保险被车带走为由迟迟不退还作废保险单。2012 年 3 月 21 日，孟某驾驶该车与一辆夏利车相撞，造成一人重伤，夏利车严重受损，合计损失金额 5.3 万元。事故发生后，孟某报告了当地交通部门，并通知保险公司，提出索赔申请。保险公司认定保险单已经作废，不再与孟某有任何关系，没有受理该案。

法院审理：

保险公司一审胜诉。孟某于 2012 年年底将保险公司起诉至法院，要求保险公司履行保险合同，赔偿 5.3 万元经济损失并承担全部诉讼费用。法院认定孟某与保险公司签订的保险合同为实践合同，由于孟某没有履行保险合同中缴纳保险费的义务，导致保险合同终止，孟某要求履行保险合同的诉讼请求理由不能成立，法院不予支持。

保险公司二审败诉。一审判决后孟某又以"保险合同成立及保险公司应赔偿经济损失"为由上诉至中级人民法院。法院认为保险公司向孟某签发了保险单，保险合同即告成立，合同所约定的双方权利、义务应受法律保护，保险公司应赔偿合同规定的第三者责任险损失。保险公司以约定交款期限后保险合同过期作废为辩解理由，但却没有证据能证明这是在孟某同意的情况下填写的，对双方没有约束力。二审法院于 12 月 25 日作出终审判决，撤销一审民事判决，由保险公司支付孟某第三者责任险的赔偿金额及损失利息和部分诉讼费用，合计 6.3 万元。

抗诉取得成功，再审保险公司胜诉。终审判决送达后，保险公司立即向检察院进行申诉。检察机关及时审查了有关资料，认为：

一是保险费不能以欠条方式缴纳。我国目前用以支付的手段主要有法定货币人民币及可以转让的有价证券，本案中，孟某出具的欠条恰恰证明其未缴纳保险费。

二是保险合同属非附条件的经济合同，但保险人是否对保险事故进行理赔是附条件的，即保险人承担保险责任的前提是投保人缴纳保险费。孟某没有履行缴纳保险费义务，保险公司有权拒绝赔偿。同时，申诉人与被申诉人之间的保险合同虽已成立，但合同所附条件即"投保人缴纳保险费"并未成立，依据《保险法》规定，该合同并未生效，对双方均无约束力。

2013 年 8 月 7 日，中级人民法院审判监督庭再次开庭，经过审理认为，投保人实际缴

纳保险费的行为，才是实际履行保险合同的行为，保险合同才能生效。检察院抗诉理由成立，经审判委员会讨论，作出了撤销中级人民法院的民事判决，维持初审判决。

【评析】

保险合同是双务有偿合同，双方要各自履行义务，特别是投保人要履行缴纳保险费的义务，这是保险合同生效的前提。

3．防灾防损义务

保险合同订立后，财产保险合同的投保人、被保险人应当遵守国家有关消防、安全、生产操作、劳动保护等方面的规定，维护保险标的的安全，保险人有权对保险标的的安全工作进行检查，经被保险人同意，可以对保险标的采取安全防范措施。投保人、被保险人未按约定维护保险标的安全的，保险人有权要求增加保险费或解除保险合同。

4．危险增加通知义务

按照《中华人民共和国保险法》第五十二条的规定，保险标的危险程度增加时，被保险人应及时通知保险人。保险人可根据危险增加的程度决定是否增收保险费或解除保险合同。若被保险人未履行危险增加的通知义务，保险人对因危险程度增加而导致的保险标的的损失可以不承担赔偿责任。

5．保险事故发生后及时通知义务

保险的基本职能是对保险事故发生造成被保险人之于保险标的的损失承担赔付责任。为了保证这一基本职能的体现，投保人、被保险人或受益人在知道保险事故发生后，应当及时将保险事故发生的时间、地点、原因及保险标的的情况、保险单证号码等通知保险人。这既是被保险人或受益人的一项义务，也是其获得保险赔付的必要程序之一。保险事故发生后通知义务的履行，可以采取书面形式或口头形式，但法律要求采取书面形式的必须采取书面形式；"及时"应以合同约定为准，合同没有约定的，应根据实际情况，确定合理的时限。

6．损失施救义务

保险事故发生时，被保险人有责任尽力采取必要的合理的措施进行施救，防止或减少损失。保险人可以承担被保险人为防止或减少损失而支付的必要的、合理的费用。

7．提供单证义务

保险事故发生后，投保人、被保险人或受益人向保险人提出索赔时，应当按照保险合同规定向保险人提供其所能提供的与确认保险事故的性质、原因、损失程度等有关的证明和资料，包括保险单、批单、检验报告、损失证明材料等。

8．协助追偿义务

在财产保险中由于第三人行为造成保险事故发生时，被保险人应当保留对保险事故责任方请求赔偿的权利，并协助保险人行使代位求偿权；被保险人应向保险人提供代位求偿所需的文件及其所知道的有关情况。

（二）保险人义务的履行

1．承担赔偿或给付保险金义务

赔偿或给付保险金是保险人最基本的义务。这一义务在财产保险中表现为对被保险人因保险事故发生而遭受的损失的赔偿，在人身保险中表现为对被保险人死亡、伤残、疾病者，或达到合同约定的年龄、期限时给付保险金。需要特别指出的是，财产保险中的赔偿包括两个方面的内容：一方面，赔偿被保险人因保险事故造成的经济损失，包括财产保险中保险标的及其相关利益的损失、责任保险中被保险人依法对第三者承担的经济赔偿责任、信用保险中权利人因义务人违约造成的经济损失；另一方面，赔偿被保险人因保险事故发生而引起的各种费用，包括财产保险中被保险人为防止或减少保险标的的损失所支付的必要的合理的费用、责任保险中被保险人支付的仲裁或诉讼费用和其他必要的合理的费用及为了确定保险责任保险合同中载明的应由保险人赔偿损失或给付保险金的责任。由于范围内的损失被保险人所支付的受损标的的查勘、检验、鉴定、估价等其他费用。

2．说明合同内容

订立保险合同时，保险人应当向投保人说明保险合同的条款内容，特别是对责任免除条款必须明确说明；否则，责任免除条款不产生效力。

3．及时签单义务

保险合同成立后及时签发保险单证是保险人的法定义务。保险单证是保险合同成立的证明，也是履行保险合同的依据。保险单证中应当载明保险当事人双方约定的合同内容。

4．为投保人或被保险人保密义务

保险人在办理保险业务中对知道的投保人或被保险人的业务情况、财产情况、家庭状况、身体健康状况等，负有保密义务。为投保人或被保险人保密，也是保险人的一项法定义务。

五、保险合同的变更

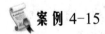 **案例** 4-15

保险合同的变更须经保险公司批改

2014 年 4 月 8 日，某棉麻公司为其车辆在一家保险公司购买了车辆损失险、第三者责任险、盗窃险，保险期限自 2014 年 4 月 25 日零时起至 2015 年 4 月 24 日 24 时止。棉麻公司及时交付了保险费。2014 年 10 月 25 日，棉麻公司将该车转让给个体户林某，并同时在车辆管理所办理了过户手续。11 月 14 日，驾驶员廖某驾驶该车辆与另一货车相撞，经汽车修理厂进行维修评估，两辆事故车的修理费分别为 3.8 万元和 4.5 万元。根据公安交警大队出具的道路交通事故责任认定书，廖某应对交通事故负全部责任。2015 年 5 月，棉麻公司和林某一起向保险公司提出索赔申请，并于同年 6 月 10 日向保险公司出具了该车

在车管所过户的证明。保险公司以保险车辆已过户转让但未申请办理保险批改手续为由，向被保险人发出拒赔通知书，双方为此引起诉讼。

法院认为，投保人与保险人之间签订的保险合同合法有效。在保险合同的有效期内，保险人某棉麻公司将保险车辆在车管所办理过户手续转让给了林某，该事实已由被保险人提供的车辆过户手续证明。由于车辆转让后未向保险公司申请办理保险批改手续，本案的保险合同从保险车辆过户转让之日起无效。棉麻公司和林某要求保险公司赔偿损失的请求，理由不充分，故驳回诉讼请求。法院依据的是原《保险法》第三十四条规定："保险标的的转让应当通知保险人，经保险人同意继续承保后，依法变更合同。"

▤ 【评析】

保险标的的转让应当通知保险人，经保险人同意继续承保后，依法变更合同。为什么保险标的的转让应当通知保险人，依法变更保险合同？保险人要考核新的投保人与保险标的物是否存在保险利益的关系，只有存在保险利益关系，才能变更保险合同，并且要求关注新的投保人对保险标的物安全管理信息。保险合同变更的出发点是需要对新的保险要素进行考量，保险合同才有效。

保险合同的变更，指的是广义上的保险合同变更，即包括主体、客体和权利义务的变更。

（一）保险合同的主体变更

1. 财产保险合同的主体变更

财产保险合同的主体变更即财产保险合同的投保人、被保险人变更。主要有下述几种：保险标的所有权、经营权发生转移；保险标的的用益权的变动；债务关系发生变化。经保险人同意继续承保后，方可变更原保险合同的投保人、被保险人。但是，在下述两种情况下，保险合同主体的变更可以不通知保险人：货物运输保险合同保险标的的转让无须征得保险人同意；保险人与投保人、被保险人事先约定，保险标的的转让可以不通知保险人的，以合同约定执行。

2. 人身保险合同的主体变更

（二）保险合同的客体变更

保险合同客体变更的原因主要是保险标的的价值增减变化，也包括投保人和被保险人的变化，从而引起保险利益发生变化。

（三）保险合同的内容变更

投保人变更保险合同的情形有两种：投保人根据实际需要提出变更保险合同内容；投保人根据法律规定提出变更保险合同内容。

（四）保险合同的变更法定程序和形式

保险合同变更的书面形式主要有：保险人在保险单或其他保险凭证上批注；保险人在

原保险单或其他保险凭证上附贴批单；投保人与保险人订立变更保险合同的书面协议。其中批单是变更保险合同最常见的书面形式，须载明变更的条款内容，由保险人签章后附贴于原始保险单证上。

六、保险合同的解除

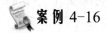 案例 4-16

投保人死亡，继承人无权解除保险合同

纠纷案例经过

1999 年 4 月 29 日，田某的伯父田某某作为投保人与保险公司签订保险合同一份，保险公司予以承保并签发了保险单，收取了投保人一次性交的保险费 29610 元。田某为被保险人。合同当日生效。在合同有效期内，被保险人生存保险金每三年领取一次。保险合同还约定，保险合同成立后，投保人可以要求解除合同。

2002 年 5 月，田某作为被保险人向保险公司申请领取了第一个三年生存保险金 3000元。2000 年 10 月 11 日，田某某与王某再婚。2003 年 8 月，田某某去世。

2005 年 5 月，田某在申请领取第二个三年生存保险金时，保险公司告诉他保险合同已于 2004 年 4 月 16 日应王某的申请而解除，保险费 29610 元王某已经领取。田某要求保险公司继续履行保险合同但遭到拒绝，无奈之下，田某将保险公司和王某诉至法院。

争辩的焦点

田某诉称：根据保险合同的约定，只有投保人有权解除合同，其他任何人均无权擅自申请解除。王某以遗产继承人的身份申请解除、保险公司予以受理的行为违反了法律规定和合同约定，属于无效行为。他要求依法确认二被告的解除行为无效，并由保险公司继续履行保险合同。

保险公司辩称：保险合同是田某某与保险公司签订的，合同并未约定投保人死亡后其继承人不能解除合同。被告的解除行为并不违反法律的禁止性规定，为有效法律行为。

王某辩称：作为原告伯父的配偶，她有权依照继承法的规定，对被继承人的遗产依法处置。解除保险合同的行为符合有关的法律规定，并未侵犯原告的任何保险利益。

判决

根据法庭调查，法院判决确认二被告解除原告保险合同的行为无效，保险公司应自解除之日继续履行保险合同。宣判后，原、被告双方均未提出上诉。保险公司 2 月下旬已向田某兑付了第二个三年生存保险金 3000 元。

【评析】

该家保险公司不够精通法律，解除保险合同行为是错误的。民法通则第四条规定："民事活动应当遵循自愿、公平、等价有偿、诚实信用的原则。"合同法第六条也规定："当事人行使权利、履行义务应当遵循诚实信用原则。"诚实信用原则在大陆法系被称为债法中的最高指导原则或被称为帝王条款，是一项重要的民法和合同法的基本原则。

保险合同对诚实信用的要求又比一般的民事活动更为严格，它要求在保险合同订立、履行、变更、解除的各个阶段，都对保险合同当事人具有约束力，在合同关系的全过程中，当事人都要忠实守信、相互协作，以最大的善意履行其义务，不得滥用权利及规避法律或合同规定的义务，不得有损害社会公共利益和他人合法利益的故意或过失，并不得擅自变更或解除合同。

由于保险合同的特殊性，在合同的解释方面主要应遵循字面解释方法，即对保险合同内容的解释要忠于文字字面的含义，既不扩大，也不缩小。本案中，根据保险合同的约定，投保人可以解除保险合同，依字面解释的原则，解除权的行使主体只能限定在投保人一人身上，而不应包括其他人。保险公司认为在投保人死亡之后，保险费属于遗产，其继承人可以依法予以解除。而根据我国继承法的规定，遗产是公民死亡之时遗留的、依继承法可以转让给他人享有的个人合法财产权利和义务。保险虽为被继承人所遗留的财产权利和财产义务，但保险合同解除权不是继承法意义上的财产，不属于遗产的范畴，该解除权利投保人在世时没有行使，也没有合法授权他人行使，应视为在其死亡后该解除权自动消灭。

（一）保险合同解除的含义

保险合同的解除是指保险合同有效期间，当事人依法律规定或合同约定提前终止合同效力的一种法律行为。

（二）保险合同解除的方式

1. 法定解除

（1）货物运输保险合同和运输工具航程保险合同，保险责任开始后，合同不得解除。

（2）当事人通过保险合同约定，对投保人的合同解除权作出限制的，投保人不得解除保险合同。

2. 解除保险合同的集中情况

保险合同成立后，保险人不得解除保险合同。当发生以下事由时，保险人有权解除保险合同。

（1）投保人故意或过失未履行如实告知义务，足以影响保险人决定是否承保或者以何种保险价格承保。

（2）投保人、被保险人未履行维护保险标的的义务。

（3）被保险人未履行危险增加通知的义务。

（4）在人身保险合同中，投保人申报的被保险人的年龄不真实，并且其真实年龄不符合合同约定的年龄限制（此种情况下，保险人可以解除合同，并在扣除手续费后，向投保人退还保险费，但是自合同成立之日起逾两年的除外）。

（5）分期支付保险费的人身保险合同，投保人在支付了首期保险费后，未按约定或法定期限支付当期保险费的，合同效力中止，合同效力中止后两年内双方未就恢复保险合同效力达成协议的，保险人有权解除保险合同。但是，人身保险合同的投保人交足两年以上保险费的，保险人应当按照合同的约定向其他享有权利的受益人退还保险单的现金价值。

（6）被保险人或者受益人在未发生保险事故的情况下，谎称发生了保险事故，向保险人提出索赔或者给付保险金的请求的，保险人有权解除保险合同，并不退还保险费。

（7）投保人、被保险人或者受益人故意制造保险事故的，保险人有权解除保险合同，不承担赔偿或给付保险金的责任，并不退还保险费。但也有例外，对此，我国保险法第六十五条明确规定："投保人、受益人故意造成被保险人死亡、伤残或者疾病的，保险人不承担给付保险金的责任。投保人已交足二年以上保险费的，保险人应当按照合同约定向其他享有权利的受益人退还保险单的现金价值。"

3．协议解除

保险合同当事人在不违反法律法规或公共利益的前提下，可以在合同中约定当一定的事实发生时，一方或双方当事人有权解除合同，并且可以约定行使解除权的期限。

（三）保险合同解除的后果

（1）投保人故意不履行如实告知义务，保险人不退还保险费。

（2）投保人、被保险人或受益人因欺诈行为而被解除保险合同的，保险人不退还保险费。

（3）投保人要求解除保险合同的，保险责任开始后，保险人收取的自合同生效至合同解除期间的保险费不予退还。

七、保险合同的终止

（一）保险合同终止的含义

保险合同终止的主要原因有合同的期限届满、履行完毕、主体消灭等法定或约定事由，其结果是合同权利义务的消灭。

（二）保险合同终止的原因

1．合同因期限届满而终止

保险合同关系是一种债权债务关系。任何债权债务都是有时间性的。保险合同订立后，如果合同的有效期已届满，即使未发生保险事故，保险人的保险责任也自然终止。这是保险合同终止的最普遍和最基本的原因。

2．合同因解除而终止

解除是另一种较为常见的保险合同终止的原因。在实践中，保险合同的解除主要包括法定解除和约定解除两种。法定解除是指法律规定的原因出现时，保险合同的当事人一方依法行使解除权，解除已经生效的保险合同关系。保险人行使法定解除权的情形包括：投保人故意隐瞒事实，不履行如实告知义务，或者因过失未履行如实告知义务，并足以影响保险人的承保决定；被保险人或者受益人谎称发生保险事故，并提出赔偿或给付保险金请求；投保人、被保险人或受益人故意制造保险事故；投保人或被保险人未按照约定履行其对保险标的安全应尽的责任；被保险人未按照合同约定履行危险增加通知义务；在人身保险中，投保人申报的被保险人年龄不真实且真实年龄不符合合同约定的年龄限制，合同成立未超过两年；在人身保险中，合同效力中止起两年内双方未达成协议；等。约定解除又称协议解除，是指双方当事人可以约定解除合同的条件，一旦出现了所约定的条件时，一方或双方即有权利解除保险合同。

3．合同因违约失效而终止

因被保险人的某些违约行为，保险人有权使合同无效。例如，如果投保人不能如期（包括宽限期在内）缴纳保费，则保险人可以使正在生效的寿险合同中途失效。当然，在一定条件下，中途失效的寿险合同经被保险人履约并为保险人所接受，还可以恢复效力。但是，财产保险合同因不能如期缴纳保费而被终止合同的，则不能恢复合同效力。

4．合同因履行而终止

保险事故发生后，保险人完成全部保险金额的赔偿或给付义务之后，保险责任即告终止。例如，终身保险中的被保险人死亡，保险人给付受益人死亡保险金后，合同终止；或者在财产保险中，被保险财产被火灾焚毁，被保险人获得全部保险赔偿后，合同即告终止。

5．合同因保险标的灭失或被保险人死亡而终止

在财产保险中，保险标的由于承保风险以外的原因而全部灭失，投保人丧失了保险利益，保险合同自行终止；在人身保险中，如果被保险人不是由于保险人责任范围内的原因而死亡，保险合同也自行终止。

八、保险合同的解释

（一）保险合同解释的含义

保险合同的解释即指对保险合同条款的说明。从解释合同的主体来看，保险合同既可以由当事人自行解释，也可以由仲裁机关或人民法院解释。

（二）保险合同解释的原则

1．文义解释原则

即按照保险合同条款通带的文字含义并结合上下文解释的原则。如果同一词语出现在不同地方，前后解释应一致，专门术语应按本行业的通用含义解释。

2．意图解释原则

指必须尊重双方当事人在订约时的真实意图进行解释的原则。这一原则一般只能适用于文义不清，条款用词不准确、混乱模糊的情形，解释时要根据保险合同的文字、订约时的背景、客观实际情况进行分析推定。

3．有利于被保险人和受益人的原则

按照国际惯例，对于单方面起草的合同进行解释时，应遵循有利于非起草人的解释原

则。由于保险合同条款大多是由保险人拟定的，当保险条款出现含糊不清的意思时，应从有利于被保险人和受益人的角度作解释，但这种解释应有一定的规则，不能随意滥用。此外，采用保险协议书形式订立保险合同时，由保险人与投保人共同拟定的保险条款，如果因含义不清而发生争议，并非保险人一方的过错，其不利的后果不能仅由保险人一方承担。如果一律作对于被保险人有利的解释，显然是不公平的。

4．批注优于正文、后批优于先批的解释原则

保险合同是标准化文本，条款统一，但在具体实践中，合同双方当事人往往会就各种条件变化进一步磋商，对此大多采用批注、附加条款、加贴批单等形式对原合同条款进行修正。当修改与原合同条款相矛盾时，采用批注优于正文、后批优于先批、书写优于打印、加贴批注优于正文批注的解释原则。

5．补充解释原则

指当保险合同条款约定内容有遗漏或不完整时，借助商业习惯、国际惯例、公平原则等对保险合同的内容进行务实、合理的补充解释，以便合同的继续执行。

(三) 保险合同条款的解释效力

对于保险合同条款的解释，依据解释者身份的不同，可以分为有权解释和无权解释。

1．有权解释

指具有法律约束力的解释，其解释可以作为处理保险合同条款争议的依据。对保险条款有权解释的机关主要包括全国人大及其工作机关、人民法院、仲裁机构和保险监督管理部门。有权解释可以分为立法解释、司法解释、行政解释和仲裁解释。

(1) 立法解释。指国家最高权力机关的常设机关——全国人大常委会对保险法的解释。

全国人大是我国的最高权力机关，也是最高立法机关，因此，只有全国人大常委会对《中华人民共和国保险法》的解释才是最具有法律效力的解释，其他解释不能与此相冲突，否则无效。

(2) 司法解释。指国家最高司法机关在适用法律的过程中对于具体应用法律问题所作的解释。国家最高司法机关是最高人民法院。对于保险合同条款中有关保险法的内容，在适用法律时，必须遵守司法解释。

(3) 行政解释。指国家最高行政机关及其主管部门对自己根据宪法和法律所制定的行政法规及部门规章所作的解释。中国保险监督管理委员会是中国保险业的最高行政主管机关，其有权解释保险合同条款中有关规章类或视同规章部分，有权解释由中国保险监督管理委员会审批的保险条款。这些解释虽对法院的判决具有重要的影响，但不具有必须执行的强制力。

(4) 仲裁解释。指保险合同争议的双方当事人达成协议把争议提交仲裁机构仲裁后，仲裁机构对保险合同条款的解释。仲裁机构对保险合同条款的解释同样具有约束力。当一方当事人不执行时，另一方当事人可以申请人民法院强制执行。

2．无权解释

指不具有法律约束力的解释。除有权解释外，其他单位和个人对保险条款的解释均为无权解释。保险合同争议的当事人双方均可对保险条款作出自己的理解和解释。对于这些解释，法院在判决时可以参考，但不具有法律上的约束力。一般社会团体、专家学者等均可对保险条款提出自己的理解和解释。对于这部分的解释，一般称为学理解释。学理解释同样只能作为仲裁、审判过程中的参考，不具有法律效力。

九、解决保险合同争议方式

解决保险合同争议的方式一般有以下几种形式：协商、调解、仲裁、诉讼。

（一）协商（和解）

协商是指合同双方在自愿、互谅、实事求是的基础上，对出现的争议直接沟通，友好磋商，消除纠纷，求大同存小异，对所争议问题达成一致意见，自行解决争议的办法。

协商解决争议不仅可以节约时间、节约费用，更重要的是可以在协商过程中，增进彼此了解，强化双方互相信任，有利于圆满解决纠纷，并继续执行合同。

（二）调解

调解，是指合同双方当事人自愿将合同争议提交给第三者，在第三者的主持下，根据自愿、合法原则，在双方当事人明辨是非、分清责任的基础上，促使双方互让，达成和解协议，使合同得以履行。

保险合同的调解可分为行政调解、仲裁调解和法院调解。行政调解是由各级保险监管机构主持的调解，从法律效果而言，行政调解不具有法律强制执行的效力，仲裁调解和法院调解一经形成调解协议，即具有法律强制执行的效力。当事人不得再就同一事件提交仲裁或提交起诉，任何一方当事人不执行仲裁协议或法院调解协议，对方当事人都可申请法院强制执行。

（三）仲裁

仲裁指由仲裁机构的仲裁员对当事人双方发生的争执、纠纷进行居中调解，并作出裁决。仲裁作出的裁决，由国家规定的合同管理机关制作仲裁决定书。申请仲裁必须以双方自愿基础上达成的仲裁协议为前提。仲裁协议可以是订立保险合同时列明的仲裁条款，也可以是在争议发生前或发生时或发生后达成的仲裁协议。

仲裁机构主要是指依法设立的仲裁委员会，它是独立于国家行政机关的民间团体，而且不实行级别管辖和地域管辖。仲裁委员会由争议双方当事人协议选定，不受级别管辖和地域管辖的限制。仲裁裁决具有法律效力，当事人必须执行。仲裁实行"一裁终局"的制度，即裁决书作出之日即发生法律效力，一方不履行仲裁裁决的，另一方当事人可以根据民事诉讼的有关规定向法院申请执行仲裁裁决。当事人就同一纠纷不得向同一仲裁委员会或其他仲裁委员会再次提出仲裁申请，也不得向法院提起诉讼，仲裁委员会和法院也不予受理，除非申请撤销原仲裁裁决。

（四）诉讼

诉讼是指保险合同当事人的任何一方按法律程序，通过法院对另一方当事人提出权益主张，由人民法院依法定程序解决争议、进行裁决的一种方式。这是解决争议最激烈的方式。在我国，保险合同纠纷案属民事诉讼法范畴。与仲裁发生不同，法院在受理案件时，实行级别管辖和地域管辖、专属管辖和选择管辖相结合的方式。《中华人民共和国民事诉讼法》第二十六条规定："因保险合同纠纷提起的诉讼，由被告住所地或者保险标的物所在地人民法院管辖。"最高人民法院《关于适用〈中华人民共和国民事诉讼法〉若干问题的意见》中规定："因保险合同纠纷提起的诉讼，如果保险标的物是运输工具或者运输中的货物，由被告住所地或者运输工具登记注册地、运输目的地、保险事故发生地的人民法院管辖。"所以，保险合同双方当事人只能选择有权受理的法院起诉。

我国现行保险合同纠纷诉讼案件与其他诉讼案一样实行的是两审终审制，且当事人不服一审法院判决的，可以在法定的上诉期内向高一级人民法院上诉申请再审。第二审判决为最终判决。一经终审判决，立即发生法律效力，当事人必须执行；否则，法院有权强制执行。当事人对二审判决还不服的，只能通过申诉和抗诉程序。

知识总结

保险合同是保险当事人双方事先约定的契约，是建立保险经济关系的法律协议，是联系保险人与投保人及被保险人之间权利义务关系的纽带，同时也是一项保险成功交易都要涉及的必经程序。在本项目中，我们要熟悉保险合同主体、客体、内容等构成要素；熟悉保险合同的形式及效力，掌握保险合同的订立、生效、履行、变更、终止和争议处理方法。

综合实训

◎ 实训目标

通过本项目的实训，初步理解并掌握保险合同是保险当事人事先约定的表现形式，是当事人权利和义务的书面约定，是保险事项履行的依据。

实训内容

一、单项选择题

1. 当受益人先于被保险人死亡，保险金由（　　）领取。

A. 投保人　　　　　　　　　　B. 被保险人

C. 被保险人的法定继承人　　　D. 投保人的法定继承人

2.（　　）不允许变更被保险人。

A．财产保险 　　　　B．人身保险 　　　　C．责任保险 　　　　D．船舶保险

3．投保人指定或变更受益人必须经（　　）同意。

A．被保险人 　　　　B．保险人 　　　　C．受益人 　　　　D．保险代理人

4．（　　）的法律效力与保险单相同。

A．投保单 　　　　B．保险凭证 　　　　C．保证书 　　　　D．保险费

5．在保险合同订立程序中，一般以（　　）为要约人。

A．保险人 　　　　B．投保人 　　　　C．被保险人 　　　　D．保险代理人

二、判断题

1．货物运输保险合同在投保后不得解除。　　　　　　　　　　　　　　（　　）

2．保险人的代表人是保险经纪人。　　　　　　　　　　　　　　　　　（　　）

3．在保险事故中，保险人应当赔偿被保险人或受益人的精神损失。　　　（　　）

4．人身保险的被保险人可以是自然人也可以是法人。　　　　　　　　　（　　）

5．保险合同的主体包括当事人、关系人和辅助人。　　　　　　　　　　（　　）

三、名词解释

1．保险合同

2．射幸合同

3．受益人

4．保险凭证

5．履约终止

四、思考题

1．保险合同的特点有哪些？

2．投保人必须具备哪些条件？

3．试比较保险合同的终止与中止。

4．保险合同的要素包括哪些内容？

5．保险合同的争议处理有几种方式？有何不同？

五、案例分析题

1．开始教学本章知识点时，先准备一份电子版保险合同，合同可以财产保险类的或人身保险类的合同，告诉学生保险合同的模板，然后要求学生填写。

2．2012年3月，刘某用5000元买了一辆二手面包车。2012年6月，刘某与某财产保险有限公司签订了机动车辆保险合同。刘某按车辆的重置价值（指保险合同签订地的新车购置价）13000元为该车缴纳了一年的保险费3120元（见下表）。

二手面包车价值信息

单位：元

买入价格	实际价值	重置价值	保险金额
50 00	13 000	150 000	13 000

2012 年 8 月，刘某在上班的途中发生车祸事故，导致该辆面包车车损 4 000 元。随后，刘某向保险公司申请赔偿。保险公司调查发现刘某购买该车实际只用了 5 000 元，该车实际价值即保险价值有 13 000 元，重置价值为 13 000 元。请分析，不考虑绝对免赔率的情况下，刘某获得多少赔款？

3. 2012 年 10 月 10 日，李某将其非营业用的家用小轿车向当地保险公司投保了机动车辆损失险、第三者责任险及机动车交通事故责任强制保险，期限一年。2013 年 2 月 8 日，李某将该车出售给刘某，刘某在交通管理部门办好手续后，将该车改作出租车，但始终未到保险公司办理过户批改手续。2013 年 5 月 18 日，李某与另一汽车相撞，经交通管理部门裁定，由刘某赔偿对方修理费 5 000 元，刘某以该车已投保为由向保险公司索赔，保险公司拒赔。请分析：保险公司的拒赔是否成立？

4. 王某曾投保一份人身意外保险，保险金额 10 万元。他在保险期内不幸遭受三次意外事故。第一次意外事故中，王某一目失明，按合同约定，保险公司给付 5 万元保险金；第二次意外事故中，王某折断一指，保险公司又按合同支付 1 万元保险金；第三次意外事故中，他丧失左腿。请问：保险公司应怎样履行责任？

Project 5

项目五

保险的基本原则

学习目标

- 本项目重点阐述保险的基本原则；
- 掌握保险利益原则的含义、具体规定、意义、构成条件及其在财产保险和人身保险中应用的区别；
- 掌握最大诚信原则的含义、内容以及违反最大诚信原则的形式和法律后果；
- 掌握近因原则的含义和《保险法》关于近因原则的相关规定；
- 掌握损失补偿原则的含义、基本内容、例外情况和派生原则等。

技能目标

- 能确认保险利益并能用保险利益原则分析相关案例；
- 能用最大诚信原则分析相关案例；
- 能正确判断风险事件的近因；
- 能按照损失补偿原则要求计算保险赔偿。

学习单元一　保险利益原则

保险利益原则体现了投保人或被保险人对保险标的所具有的法律上承认的利害关系：投保人或被保险人因投保标的未发生事故而受益；因保险标的遭受风险事故而受损。

一、保险利益原则概述

（一）保险利益与保险利益原则的含义

1. 保险利益是指投保人对保险标的具有的法律上承认的利益

各国法律都把保险利益作为保险合同生效和有效的重要条件，对保险标的有保险利益的人才具有投保人的资格：保险利益是认定保险合同有效的依据。保险利益原则的目的在于避免赌博行为的发生和防范道德危险。

保险利益是保险法的又一项重要原则。正如一位英国学者所说：保险利益是产生于被保险人与保险标的的物之间的经济联系，并为法律所承认，可以投保的一种法定权利。

（1）投保人对保险标的必须具有可保利益，将与自己无关的项目投保，企图在事故发生后获得赔偿，是违背保险损失补偿原则的，对此法律不予保护。许多国家的法律都明文规定，无保险利益的保险合同不发生法律效力。各国法律把保险利益作为保险合同生效的重要条件，主要有两层含义：一是对保险标的有保险利益的人才具有保险人的资格；二是保险利益是保险合同生效的依据。

（2）鉴定保险合同时投保人需有保险利益；履行时，如果被保险人丧失保险利益，保险合同一般也随即失效。保险利益原则作为《保险法》的一项基本原则，有它的重要作用。

首先，可以减少道德风险的发生。保险利益原则要求投保人或被保险人对保险标的的具有保险利益，保险人的赔付以被保险人遭受损失为前提，这就可以防止投保人或被保险人放任或促使其不具有保险利益的保险标的的发生保险事故，以谋取保险赔偿。

其次，可使危险因素相对稳定。危险因素的变化会直接影响保险关系，而保险利益的变动正是导致危险因素发生变化的一个重要原因。

再次，限制赔偿程度。保险利益是保险人所补偿损失的最高限额，被保险人所主张的赔偿金额不得超过其保险利益的金额或价值。如果不坚持这个原则，投保人或被保险人可能会获得与所受损失不相称的高额赔偿，从而损害保险人的利益。

最后，可以消除赌博的可能性。保险与赌博的区别就在于保险中存在保险利益，赌博中不存在，如果投保人对于保险标的的不具有保险利益，就意味着投保人可以不受损失而得到赔偿。

2. 保险利益原则

保险的基本原则，其本质内容是要求投保人必须对投保的标的的具有保险利益。如果投保人以不具有保险利益的标的投保，保险人可单方面宣布保险合同无效；保险标的发生保险责任事故，被保险人不得因保险而获得不属于保险利益限度内的额外利益。

保险利益原则的确定是为了通过法律防止保险活动成为一些人获取不正当利益的手段，从而确保保险活动可以发挥分散风险减少损失的作用，因此保险利益原则的重要作用不可偏废。

（1）保险利益原则的使用可以有效防止和遏制投机行为的发生。保险合同是投机性合同（射幸合同），当事人义务的履行取决于机会的发生或是不发生，即保险金的给付以保险合同中约定的保险事故的发生为条件，具有一定的投机性，这与赌博相类似。如果允许不具有保险利益的人以他人的生命或是财产作为保险标的，以自己作为收益方进行投保，那么一旦发生保险事故，他就不承担任何损失而获取远远超过保险费的保险给付，保险活动就完全成为投机赌博行为，而丧失了转移风险减少损失的作用。受益方是保险赔偿金的接受者，对保险合同有直接的利益，如果不规定受益方须有保险利益，必然使得投机性大大增加。

（2）保险利益原则的适用是防止道德危险的必备要件。道德危险是保险理论中的固有名词，是指被保险人为了索取保险人赔款而故意促使保险事故的发生或在保险事故发生时，放任损失的扩大。受益方是保险金给付的直接承受者。如果保险合同不以受益方具有保险利益为前提，那么为了获取保险赔偿，往往会出现故意破坏作为保险标的的人或物的行为，从而导致道德危险。保险利益原则的使用较好地避免了这个问题。

（3）保险事故发生时，受益方请求的损害赔偿额不得超过保险利益的金额或价值，如若不坚持保险利益原则，受益方请求的损害赔偿额可能超过保险利益的金额或价值，也就是说获得和所受损失不相称的利益，这将损害保险人的合法利益，更深层次的是将否认或是减损保险活动的价值。值得一提的是，有人否认保险利益原则在人身保险中的使用，诚然，人身保险中并没有超额保险或是重复保险，这一切源于人身保险的保险标的具有不可估价性，但损失补偿原则毕竟是保险活动的根基，无论人身保险或是财产保险均受其影响，只是所受影响的程度不同罢了。即使人身保险中也不能大大超过保险利益投保，也应有个额度的限制，此额度的基础就是保险利益原则的适用。

（二）保险利益的要件

（1）必须是法律认可的利益。保险利益必须是符合法律规定，符合社会公共秩序要求，为法律认可并受到法律保护的利益。如果投保人以非法律认可的利益投保，则保险合同无效。

（2）必须为经济上的利益。保险利益必须是可以用货币、金钱计算和估价的利益。保险不能补偿被保险人遭受的非经济上的损失。精神创伤、刑事处罚、政治上的打击等，虽与当事人有利害关系，但这种利害关系不是经济上的，不能构成保险利益。但人身保险的保险利益不纯粹以经济上的利益为限。

（3）必须是确定的利益。保险利益必须是已经确定的利益或者能够确定的利益。这包括两层含义：第一，该利益能够以货币形式估价。如属无价之宝而不能确定价格，保险人则难以承保。第二，该利益不是当事人主观估价的，而是事实上的或客观上的利益。所谓事实上的利益包括现有利益和期待利益（预期利益）。运费保险、利润损失保险均直接以预期利益作为保险标的。

 案例 5-1

法律不认定有保险利益

英国有一个叫哈斯的人与自己的母亲居住在一起，母亲平日为他料理家务。哈斯考虑到母亲年事已高，他应该准备一笔丧葬费，在他母亲一旦病故后为安葬其母亲所用。于是，出于为获得这笔丧葬费用补偿的目的，他以他母亲为被保险人向波尔人寿保险公司投保了一份寿险。保险合同订立后不久，波尔人寿保险公司就了解了哈斯为其母亲购买这份寿险的目的，遂以他们母子之间不存在保险利为由解除了与哈斯的合同关系。

▤【评析】

本案为英国 1904 年著名的人寿保险判例。英美法系国家在确定人身保险合同的投保人对被保险人是否具有保险利益方面，是通过"定义式"来表达"利益原则"。英国法律规定，父母有抚养未成年子女的义务，但未规定子女必须赡养年老的父母。既然法律没有规定母亲必须为儿子料理家务，也没有规定儿子必须在母亲死后支付丧葬费，所以哈斯与其母亲之间的这一关系并不为法律所承认和保护。中国也规定投保人必须年满 18 周岁。

（三）保险利益的立法方式

对保险利益，国际上有两种立法方式。

1．定义式

在保险立法中对保险利益的概念进行定义，凡符合这一定义的，即认为是有保险利益。英国、美国采取这种方式。英国《1906 年海上保险法》第 5 条规定："依照本法的规定，凡与特定的海上冒险有利害关系的人有保险利益。"美国纽约州《保险法》第 146 条规定："下列两种情形下，具有人寿保险的保险利益：①以感情为基础有切实利益的血亲或者姻亲；②上列人员以外对被保险人的生命、健康或者安全具有适法的实际的经济上的利益的人。"一般来说，财产保险的保险利益多采用定义式的方法表述。

2．列举式

在立法中，对依法具有保险利益的情况一一列举。这种立法方式比较严格、清楚，但缺乏灵活性。

一般而言，大陆法系国家对人身保险的保险利益立法，多采用列举式。

二、财产保险的保险利益

此处的财产保险指广义而言。包括：一般财产保险、责任保险、保证保险、信用保险及海上保险等。财产保险的保险利益为以下人员所享有。

（1）所有权人对其所有的财产。

（2）没有财产所有权，但有合法的占有、使用、收益、处分权中的一项或几项权利的人。如经营管理人对其经营管理的财产的权利。

（3）他物权人对依法享有他物权的财产，如承租人对承租的房屋。

（4）公民、法人对其因侵权行为或合同而可能承担的民事赔偿责任。

（5）保险人对保险标的的保险责任。

（6）债权人对现有的或期待的债权等。

上述当事人中，没有限制的所有人对其所有的财产享有的保险利益最为充分。

保险利益的存在是投保人或被保险人获得保险赔偿的必要前提。英国《1906 年海上保险法》第 6 条规定："①虽然投保时被保险人无须对保险标的具有保险利益，但保险标的发生损失时，被保险人必须对其具有保险利益……②被保险人如在损失发生时，对保险标的无保险利益，在知晓损失发生后，不能由于采取了任何行为或抉择而获得该项利益。"从此以后，这一规定为国际上所通用。

 案例 5-2

法律上不承认的保险利益

张姓两兄弟是同胞兄弟。2014 年 9 月 5 日，哥哥用弟弟名字买了一幢价值 560 万元的别墅用于自住，并在当地保险公司以自己名义投保，投保人和被保险人都是自己。2015 年 5 月 6 日，房子发生火灾导致房屋全部损毁。事后，哥哥想到曾给房屋买过保险，遂向保险公司提出索赔，但被保险公司拒绝。保险公司的拒赔理由是保险合同对投保人来说没有保险利益，属无效合同，不应当赔偿。

> **【评析】**
>
> 订立上述财产保险合同时，投保人对别墅保险标的物可以有保险利益，也可以没有保险利益。但是别墅发生火灾保险事故，被保险人申请索赔时，对别墅保险标的物必须有保险利益才可以获得赔偿，对别墅保险标的物没有保险利益，就不能获得赔偿。

在财产保险中需要注意的问题是，订约时投保人对保险标的物可以有保险利益，也可以没有保险利益，但当保险标的物当损失发生时，被保险人要求赔偿时，有保险利益，才可以获得赔偿。如果某人在订约时与保险标的物存在保险利益，但发生保险事故时不存在保险利益，则保险标的物遭受损失，不能获得补偿。反之，如果某人在订约时没有保险利益，或保险利益尚未归属，但是，发生保险事故时他已获得该财产的保险利益，则保险标的物遭受了实际损失，他应得到保险赔偿。

为了防止道德危险或把保险当成赌博，各国法律均规定，保险利益获得必须是一个正常的自然的过程。如果被保险人对保险标的发生损失时无保险利益，为获得保险赔偿，他通过采取措施不正当手段获得该标的的保险利益，则这种保险利益是无效的，也不能获得补偿。

 案例 5-3

夫妻离异不影响人身保险合同效力

2011 年 2 月，林某为其妻子李某投保了某保险公司保险金额为 3 万元的终身人寿保险；同时，林某又为其女儿投保了保险金额为 3 万元的终身人寿保险，指定受益人均为林某自己。2013 年 1 月 19 日，被保险人李某与女儿遇车祸身故。投保人林某与被保险人李某之母几乎同时向保险公司提出给付保险金的申请。

保险公司经调查了解到被保险人李某及女儿死亡情况属实，构成保险责任，应当给付，但投保人林某与被保险人李某已于车祸发生前协议离婚。离婚后林某与李某保险利益不存在，林某能否获得保险金给付的权利？

【评析】

人身保险合同不同于财产保险合同：在财产保险合同中，从保险合同订立到保险合同终止，始终需要存在保险利益；而人身保险合同则只强调在保险合同订立时必须具有保险利益，当保险事故发生进行索赔时，不具有保险利益也可以获得保险金给付的权利。

本案中，投保人林某在为被保险人李某投保时是具有保险利益的。而当李某发生保险事故时，虽然李某已经和林某离婚，林某对李某不再具有保险利益，但由于人身保险合同还是有效的，对保险利益时间效力的要求并非由始至终，因而可认定保险合同是有效的，保险公司应当承担给付保险金的责任。另外林某作为受益人的权利也发挥作用，保险合同规定，受益人健在的，这笔保险金不能作为遗产给遗产继承人，因此，保险合同规定不支持李母申请这笔保险金的权利。

案例 5-4

租用厂房有保险利益但不赔偿

有一家食品企业投保财产保险，保险金额共 480 万元，其中，厂房及附属建筑 300 万元、机器设备 80 万元、存货 100 万元。在保险期间发生因台风事故，造成该企业附属建筑简易房的屋顶被吹坏，机器设备及存货受不同程度损失。受灾后被保险人向保险公司提出索赔，经现场查勘、清点损失，保险双方签订损失确认书，核定损失为设备维修保养费 1.2 万元、存货损失 6.5 万元、简易房维修费 9 万元。

保险理赔人员审核索赔资料时发现，被保险人的房屋建筑系租用他人房屋，根据被保险人提供的租赁合同，相关条文显示承租人不承担因不可抗力造成的损失。基于此，对房屋的损失形成两种不同的意见：一是认为被保险人是房屋的使用人，对保险标的同样具有保险利益，在发生损失后，应当得到赔偿；二是认为被保险人虽然是房屋使用人，其对房屋确实有保险利益，但其保险利益是在对损失负有责任时其保险利益才存在，在对损失不承担责任时则不存在。

【评析】

根据《中华人民共和国合同法》第二百二十二条规定："承租人应当妥善保管租赁物，因保管不善造成租赁物毁损、灭失的，应当承担损害赔偿责任。"这一规定表明，承租人要自行承担某些保险危险发生时对其造成的损失。而被保险人所拥有的保险利益也是基于对租赁物具有保证其完好状态的义务。如无须承担该义务，则对被保险人而言在事故中没有受到损失，也就丧失了对租赁物的保险利益，即无损失无保险。

本案中，被保险人与出租人的租赁合同已明确约定，承租人不承担因不可抗力造成的损失。《中华人民共和国民法通则》第一百零七条规定："因不可抗力不能履行合同或者造成他人损害的，不承担民事责任，法律另有规定的除外。"本案中的台风事故属不可抗力，根据租赁合同的约定，承租人将不承担台风事故对房屋造成的损失，被保险人对房屋损失无保险利益，所以，保险公司对简易房的损失不予赔偿。

三、人身保险的保险利益

人身保险的保险利益，各国一般无明确的定义。美国的一个著名判例认为，人身保险的保险利益，是投保人本人为被保险人；或投保人为被保险人的债权人或保证人；或与被保险人有血缘或婚姻关系；或对其生命的继续，有合法的合理的期待利益。迫于难以定义，有的国家在立法中规定几类人对保险标的（被保险人）有保险利益，而不问其事实上是否存在。

一般认为，人身保险的投保人应当对保险标的具有保险利益。但人身保险的受益人或受让人又如何呢？对此的规定较为复杂。其基本的原则是，如果投保人对保险标的不具有保险利益，则受益人或受让人得具有保险利益；如果受益人或受让人不具有保险标的的保险利益，则投保人得具有保险利益。这样规定，主要是为了防止道德危险。

人身保险保险利益的数额，各国的保险立法通常没有规定。

依照国际惯例，下列投保人具有保险利益。

第一，本人。投保人为自己的生命、身体、健康投保，具有保险利益。如果投保人指定他人为受益人，应视为投保人将自己的利益转移，是处分自己权利的民事行为，受法律保护。

第二，一定范围内的亲属。一般认为，夫妻之间、父母子女之间相互具有保险利益。有的国家立法规定，永久共同生活的亲属之间具有保险利益。投保人与其他亲属之间，原则上必须有金钱利益的证明，才能具有保险利益。

第三，被抚养人对抚养人有保险利益。

第四，债权人对债务人有保险利益。该项保险利益以债务人实际承担的债务为限。

第五，本人对为其管理财产或具有其他利益关系的人具有保险利益。例如，企业对其重要人员（如总经理、总经济师）的生命有保险利益；合伙关系中，合伙人对其他任一合伙人的生命有保险利益；雇佣人或委托人对于受雇人或受托人的生命具有保险利益。

在确定是否具备人身保险的保险利益问题上，各国保险立法有所不同。英国、美国基本上采取"利益主义原则"。英国《1774年人寿保险法》曾明确规定，没有保险利益的人寿保险合同无效。英美认为，保险利益是关系到人寿保险合同能否成立的要件；而被保险人在寿险合同中的同意权仅关系到危险的程度，最多影响到合同效力的发生。英美虽然不排除被保险人的同意权，但以投保人与被保险人是否存在利益关系来确定是否具有保险利益。大陆法系国家大多采取"同意主义原则"，认为人的生命、身体和健康具有人格，不能未经其同意即作为保险标的；另外，经过被保险人的同意或认可，还可以起到防谋杀、减少人寿保险危险的作用。因而，大陆法系国家多规定，投保人投保人身保险，如经被保险人同意，则具有保险利益。有的国家采取"法定主义原则"，即通过法律列明一定范围的亲属之间，或具有一定的法律关系的人具有保险利益。还有的国家将上述几种方式结合起来，以确认是否具有人身保险的保险利益。

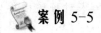 **案例** 5-5

保险利益的具体运用

2012 年 6 月 12 日，张某为其婆婆赵某向某保险公司投保 10 年期简易人身保险 15 份，保险金额 20550 元，指定受益人是张某的儿子即赵某的孙子，时年 5 岁，被保险人书面同意并认可了保险金额。投保人张某与保险公司签订合同时，双方约定保险费的支付方式为按月从张某工资中扣交。1 年半后，张某与赵某之子因感情不和离婚，张子由张夫监护。离婚后，张某按时交纳保险费，2015 年 4 月 23 日，被保险人赵某病故，张某向保险公司申请保险金，保险公司认为张某与其夫已经离婚，对被保险人已经没有任何保险利益，因而拒赔。

【评析】

保险公司不能拒赔。根据保险利益原则的解释，投保时投保人与被保险人必须存在保险利益关系，才符合投保要求，但出险时可以投保人与被保险人也可以不要有保险利益关系，获得给付的保险金。

 案例 5-6

刘小姐的男朋友在外企工作，经常出差，刘小姐很为男朋友的安全担心，因此就想在男朋友过生日时送他一份人身意外伤害保险。

一天，刘小姐高高兴兴地来到保险公司。在保险公司她了解到意外伤害类型的保险还真不少：有定期保障的，有意外残疾补贴的；有可以单独承保的，有附加在其他险种上作为附加保险的。刘小姐在精心比较之后选择了一套责任全面、保障额度较高同时也比较经济实惠的意外伤害保险套餐，非常认真地在保险公司提供的投保单上填写起来。填写完毕，刘小姐露出满脸的幸福笑容。保险公司的工作人员接过投保单，认真看了一遍后问道："您是给自己的男朋友买保险？你们还没有履行法律上的合法程序吧？有他同意为他买保险的书面授权书吗？非常抱歉，像您现在的情况还不能为您的男朋友买保险，因为您对您的男朋友不具有保险利益。"刘小姐顿时满头雾水："我对我男朋友不具有保险利益，不能为他买保险？那么谁能为他买保险呢？"

【评析】

刘小姐有她的男朋友授权证明或有了结婚证后就可以申请购买这项人寿保险。

四、保险利益存在的时间

英国《1774 年人寿保险法》第 1 条和第 3 条规定，仅要求投保人在保险单成立之日具有保险利益。1854 年，英国的一个人寿再保险合同判例确认了这一原则，并使人寿保险单具有了有价证券的性质。

各国的保险立法继承了这一原则，对人寿保险，仅要求投保人订约之时对被保险人具有保险利益，而不问保险事故发生时是否具有。

五、团体保险的保险利益

团体保险一般由该团体的负责人或有关人员代理投保。人数众多，投保人并未征求每一被保险人的书面同意。保险人除需对投保人签发保险单外，一般得对每一被保险人签发保险卡（在我国为保险证）。团体保险的投保人对被保险人不具有保险利益，而仅对其重要人员具有保险利益。另外，团体保险有两种情况，一是将该保险作为团体的一项福利，给予团体内的人员；二是团体仅作为代理投保，保险费由团体内的每一人员交纳。在这两种情况下，团体对其人员，即使是重要人员也不具有保险利益。因而，团体保险每一保险的受益人，只能是每一被保险人的家属或被保险人本人或其指定的人。否则，团体保险应视为无效。

六、保险利益的转移和消灭

在财产保险合同方面，保险标的消灭，则保险利益消灭；在人身保险合同方面，被保险人因人身保险合同除外责任规定的原因死亡，如自杀、刑事犯罪被处决等，均构成保险利益的消灭。

（一）财产保险保险利益的转移

财产保险保险利益的转移基本上有三种情况。

第一，让与。国际上，除海上货物运输保险以外的财产保险通常要求，如果投保人或被保险人将标的物转移给他人而未经保险人同意或批注，则保险合同的效力终止。不过，这一规定侧重于要求保险标的物获得者履行批注手续，并未排除保险利益可随保险标的物让与而转移的情形。有的国家如法国、日本、瑞士、德国均侧重对受让人利益的保护，承认保险利益随保险标的的让与而转移，保险合同继续有效。而奥地利等国家则规定，保险标的物若为不动产，保险利益随之转移；若为动产，保险利益不得转移，保险合同消灭。

第二，继承。国际上大多数国家的保险立法规定，在财产保险中投保人或被保险人死亡，其继承人自动获得继承财产的保险利益，保险合同继续有效直至合同期满。

第三，破产。在财产保险中，被保险人破产，保险利益转移给破产财产的管理人和债权人。但各国法律通常规定一个期限，在此期限内保险合同继续有效。经过这一期限，破产财产的管理人或债权人应与保险人解除保险合同。

（二）人身保险保险利益的转移

人身保险保险利益的转移与财产保险相比，有较大的不同。其转移可分为三种情况。

第一，继承。被保险人死亡，如属死亡保险、两全保险，保险人即承担保险给付责任，保险合同终止；如属其他人身保险，或被保险人因除外责任死亡，保险标的消失，若投保人与被保险人不是同一人，即如果人身保险为特定的人身关系而订立，如亲属关系、抚养关系，保险利益不得转移；如果人身保险为一般利害关系而订立，如债权债务关系，则该人身保险公司仍可为继承人的利益继续存在。

第二，让与。人身保险的标的是人的生命、身体或健康，是不能转让的。因此，人身保险不存在因保险标的的转让而发生的保险利益转移问题。

人身保险合同的变更、转让对保险利益的影响很大。

第三，破产。投保人的破产对人身保险合同没有什么影响。被保险人破产，对人身保险也不产生保险利益的转移问题。不过，对某些人身保险合同，如被保险人为投保人的债权人或抚养人，则当被保险人破产时，根据保险责任范围，可能发生保险金的给付责任。

 案例 5-7

李小龙的神秘死因及其保险金的领取

国际影星李小龙的突然早逝曾令无数影迷扼腕长叹、唏嘘再三。其死因也众说纷纭、莫衷一是。

李小龙的真正死因是什么？事情的经过又是怎样呢？经过警方的周密调查和分析，李小龙死因终于真相大白：1973 年 7 月 20 日 11 时许，李小龙的合伙人邹方怀来到李小龙家，两人仔细讨论了《死亡游戏》的剧本。随后，他们一同前往丁佩（电影明星）家，三人又一起前往一家餐馆进餐。餐后，他们再次回到了丁佩家，到丁佩家后李小龙感到一阵剧烈头痛，丁佩便给了他几片阿司匹林，李小龙服药后，便躺下睡觉了。

直到晚上 10 时许，邹方怀还有事要与李小龙商量，便去推叫李小龙，但他却一点儿反应也没有。邹方怀感到情况不妙，便马上打电话叫来医生，但一切都晚了。李小龙自己早已患有脑肿瘤，再加上服用阿司匹林而引起药物过敏，导致他突然死去。事后，丁佩表示，她后悔草率地给李小龙服用了阿司匹林。

电视连续剧《李小龙传奇》在国内外的热播，再次勾起了和他有关的一些往事。据一家美资保险公司透露说，李小龙生前保险意识很强，曾向这家保险公司购买了多份巨额人身保险。李小龙死后，该保险公司根据法庭裁定的死因（死于脑癌）而支付了保险赔款，使其家人的生活费用有了保障。但医院、法庭、电影公司、李小龙家属都封锁了他的死因，不让传媒及观众知道。

之所以没有把李小龙的死因公布于世，是由于李小龙在电影中树立了坚强的民族英雄形象，洗去了中国百年来"东亚病夫"的耻辱。若他死于脑癌的消息传开，就会破坏他的形象，成为真正的病夫了。

对于他的真正死因，一位生前好友曾表示，他相信李小龙死于练功过度：由于李小龙承受与日俱增的沉重压力，经常头痛，又不断高强度地操练身体，每次连续踢脚五百下、击拳两百下，日积月累，最终导致身体无法承受。

【评析】

保险公司给付李小龙保险金是按照保险合同约定的保险责任来支付保险金的。

学习单元二 最大诚信原则

诚实信用为各国调整民事法律关系的基本准则之一。《法国民法典》《瑞士民法典》和战后修订的《日本民法典》等都作了明确规定。保险合同关系基本上属于一种民事行为（有的国家视为商行为），合同双方应受诚信原则的强行规定。

在保险法律关系中，要求当事人具有的诚信程度，要比一般民事活动更为严格，要求当事人具有"最大诚信"，此即保险的最大诚信原则。

一、最大诚信原则约束的当事人

理论上，最大诚信原则应该适用于保险合同的各方当事人。《英国 1906 年海上保险法》第 17 条为："海上保险是一种合同，这种合同是建立在最大诚信基础上的。如果合同双方中任何一方不遵守最大诚信规定，另一方即可宣告合同无效。"但在实践中，最大诚信原则更多地体现在对投保人或被保险人的要求。

对保险人的要求是其有足够的偿付能力，履行保险合同中的保险责任。各国保险立法对保险企业的设立、经营管理、停业等都作了特殊的、严格的规定，从法律上对保险人履行最大诚信原则提供了保证。因而，在一般的保险合同法中，很少出现对保险人最大诚信原则的规定。

二、最大诚信原则的法律效力

最大诚信原则对投保人是一种不利益的法律约束。当投保人违反最大诚信原则时，保险人一方只能解除合同或宣告合同无效，而不能强制对方履行某项义务或对其提出损害赔偿。当然，如果投保人不是简单地违反最大诚信原则，而构成了欺诈，保险人不仅可以免除保险责任，而且，可以对侵权行为向致害方提起损害赔偿的诉讼。

对投保人或被保险人而言，最大诚信原则的内容主要是告知和保证。

三、告知

在保险合同订立过程中，当事人都有依法将与合同订立有关的重要事实如实向对方陈述或说明的义务，即告知的义务。内容包括有关投保人和被保险人的详细情况、有关保险标的的详细情况、危险因素及危险程度增加的情况、以往损失赔付情况、以往遭到其他保险公司拒绝承保的事实等。告知的内容仅限于与保险标的或被保险人有关的一切重要事实。所谓重要事实是指足以影响保险人判断风险大小，决定保险费率和确定是否接受风险转移的各种情况。

（一）告知的概念

告知是投保人的义务。告知义务是指投保人在订立保险合同时应当将与保险标的有关的重要事实如实告诉保险人。

告知义务有广义、狭义之分。狭义的告知义务仅要求投保人在保险合同订立之前或保险合同续保时履行。广义的告知义务包括：保险合同订立时投保人的告知义务、保险期间保险标的的危险增加时被保险人的通知义务、保险事故发生后被保险人的通知义务、如实说明保险标的受损情况的义务和提供有关单证的义务。

不仅投保人有告知义务，在某些情况下被保险人同样负有告知义务。在人身保险合同中，被保险人最了解自己的危险状况，往往被要求接受体检，并填具一定的表格。而且，在广义的告知义务上，保险期间危险增加或保险事故发生的通知义务由被保险人履行。

国际上，保险人是告知义务的权利人，不负有告知义务。

 案例 5-8

房屋装修引起损失是否违反告知义务

2014 年 3 月 5 日，某市居民李某向保险公司投保家庭财产保险，其中房屋的保险金额为 20 万元，家用电器的保险金额为 5 万元，衣物及床上用品的保险金额为 2 万元。同年 10 月 4 日，李某找了装修队对房屋进行装修，因装修工人不小心将烟头扔到屋内堆放的木料上而引起火灾事故，房屋被毁，损失约 4 万元，家用电器损失 2 万元，衣物及床上用品损失 1 万元。事故发生后李某向保险公司提出索赔，但保险公司理赔部门出现两种意见分歧。

第一种意见认为：保险期限内对房屋装修，致使保险标的危险程度增加，被保险人未告知保险人，因此保险公司有权拒赔。

第二种意见认为：房屋装修尚不能构成保险标的危险程度增加，同时也没有损害保险人的利益，被保险人没料到事故发生，事后也没考虑向他方追偿，因此保险公司应当赔偿。

【评析】

本案的处理结果是保险公司承担了赔偿责任。"危险程度增加"必须是保险标的风险情况足以影响保险人作出承保决定，必须是实质性危险程度增加。在家庭财产保险条款中，几乎没有提及房屋装修是否会改变保险标的的危险程度。因此，本案中房屋装修发生火灾损失，保险公司应当承担赔偿责任。

我国新《保险法》规定："投保人、被保险人或者受益人知道保险事故发生后，应当及时通知保险人。故意或者因重大过失未及时通知，致使保险事故的性质、原因、损失程度等难以确定的，保险对无法确定的部分，不承担赔偿或者给付保险金的责任，但保险人通过其他途径已经及时知道或者应当及时知道的保险事故发生的除外。"这就为投保人在一般过失情况下请求赔偿的权利提供了保障，并且对保险人的最大诚信原则也提出了要求，维护了保险合同双方权利和义务的公平性。

 案例 5-9

巨星购买保险违反告知义务也遭拒赔

2003 年，轰动香港娱乐界的新闻是天后级大姐大——梅艳芳的陨落。而事隔一年之后的 2004 年，轰动香港保险界的传闻也与这位巨星密切相关。

原来，梅艳芳在其演艺事业高峰时期的 1990 年前后，便买了一份 2000 万港元的高额保险。而据媒体报道，早在 2002 年，顾家孝顺的梅艳芳得知自己子宫颈长出肿瘤后，为免母亲日后失去依靠，便找保险界朋友又买了一份保额高达 1000 万港元的保险。但在购买第二份保额 1000 万港元的保险时，梅艳芳可能顾虑自己的巨星身份，先前一直未将病情公开，治病也在高度保密的情况下进行，因为怕患癌的秘密泄露而没有在投保单上如实说明病情。2003 年，梅艳芳去世后，便传出保险公司拒赔 1000 万港元保险金的消息。

📖【评析】

保险公司给付第一份保险金，拒付第二份保险金。因为有证据表明购买第二份保险时已经患上癌症，违反告知义务。

（二）告知义务的立法形式

告知义务的立法形式主要有以下两种。

一是无限告知义务。又称客观告知义务。即法律对告知的内容没有确定性的规定，只要事实上与保险标的危险状况有关的任何重要事实投保人都有告知保险人的义务。

二是询问回答告知义务。又称主观告知义务。对保险人询问的问题必须如实告知，对询问以外的问题，投保人没有义务告知。保险人没有询问到的问题，投保人不告知不构成告知义务的违反。

目前，大多数国家的保险立法采用询问回答告知义务的形式。

在实行无限告知义务的国家中，保险人在订立保险合同时也普遍采用书面询问方式。一般认为，保险人的书面询问属于重要事实。投保人的保险史和投保人的品行通常被认为是重要事实。

（三）违反告知义务的法律后果

国际上通常分为两大类。

第一，宣告保险合同无效。这种做法一般等于说，告知是保险合同订立的必要条件和基础。如果投保人违反了告知义务，则合同失去了存在的基础，保险合同自始无效。采用该规定的国家有法国、荷兰、比利时等。随着保险技术的提高和保险业的发展，对这种宣告保险合同无效的做法已有新修正。

第二，保险人享有保险合同解除权。一般情况下，保险合同一经成立，保险人不能解除或变更保险合同。如投保人违反了告知义务，则保险人有权在规定期限内解除保险合同。这一规定较宣告保险合同无效的形式要灵活一些，保险人既可以解除保险合同，也可以放弃合同解除权，通过加收保险费或减少保险金额的形式使保险合同继续有效。

目前，英国、日本、德国基本上采取这种做法。

保险合同因投保人违反告知义务而解除，其效力可追溯至保险合同成立之时。在保险事故发生后，保险人行使保险合同解除权的，对保险赔偿金无给付义务。

四、保证

保证是最大诚信原则的一项重要内容。是指保险人和投保人在保险合同中约定，投保人对某一事项的作为或不作为，或担保某一事项的真实性。保证是保险合同的基础。因而，各国对保险合同中保证条款的掌握十分严格。被保险人违反保证，不论其是否有过失，亦不论是否给对方当事人造成损害，保险人均可解除合同，并不负赔偿责任。

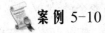 **案例 5-10**

保险公司是否承担赔偿责任

某市商业银行向保险公司投保火险附加盗窃险，在投保单上写明每天 24 小时保安值班，保险公司予以承保并以此作为减少保险费的条件。在保险有效期内，该银行因被盗蒙受经济损失，遂向保险公司提出赔偿要求。保险公司经调查得知被盗当天有半小时保安不在岗。请问，保险公司是否应承担赔偿责任？

> **【评析】**
>
> 最大诚信原则对投保人遵守保证事项的要求极为严格，只要违反保证条款，不论这种违反是否对保险人造成损害，也不论与保险事故的发生是否有因果关系，保险人均可解除合同，不承担赔付责任。在上述案例中，银行在投保时保证 24 小时均有保安值班，但被盗当天有半小时保安不在岗，无论失窃是否发生在这半小时内，保险公司都不承担赔偿责任。

保证可分为以下几类。

1. 确认保证和承诺保证

这是根据保证事项是否存在的划分。

确认保证，是投保人对过去或现在某一特定事实存在或不存在的保证，是对过去或投保当时的事实陈述，不包括保证该事实继续存在的义务。投保人只要事实上陈述不正确，即构成违反保证。

承诺保证，是投保人对将来某一特定事项的作为或不作为的保证。被保险人对承诺保证的违反，保险人自其发生违反保证的行为之日起可解除合同。

保险合同中，涉及索赔程序或有关保护保险人权益的规定为条件。承诺保证往往与条件难以区分。承诺保证较保险合同中的条件要严格得多。被保险人对条件内容的违反，并不一定产生保险合同的解除。

2. 明示保证和默示保证

这是根据保证存在形式的划分。

明示保证（express warranties），是保证的主要表现形式。在投保单式保险单中载明的保证条款为明示保证。通常采用书面形式。

默示保证（implied warranties），是指保险合同中没有载明，但在保险实践中应予遵守的一类保证。主要表现在海上保险中。它有三项：船舶的适航保证、适货保证；不得绕航保证；航行合法保证。

学习单元三　近因原则

近因原则的基本含义是：在风险与保险标的损害关系中，如果近因属于承保危险，保险人应负赔偿责任；如果近因属于除外危险或未保危险，则保险人不负赔偿责任。坚持近因原则，有利于正确、合理地判断损害事故的责任归属，从而有利于维护保险双方当事人的合法权益。

一、近因的概念

对保险标的损害结果与承保危险之间究竟应该存在何种因果关系，各国保险立法不一，但多数国家以"近因原则"为基础。近因原则为国际保险业的基本原则之一。所谓有近因，不是指最初的原因，也不是指最终的原因，而是指引起保险标的损失的最直接、最有效、起决定作用的原因，而非时间和空间上最接近的原因。

二、确定近因的方法

确定近因，首先要确定损失的因果关系。确定因果关系的基本方法，有从原因推断结果和从结果推断原因两种。从近因认定和保险责任认定看，可分为下述情况。

（一）损失由单一原因所致

保险标的损失由单一原因所致，该原因即为近因。该原因属于保险责任，保险人应负赔偿责任。该原因属于责任免除项目，保险人不负赔偿责任。例如，某人因被盗导致家庭财产损失，该被保险人只投保了家庭财产保险基本险，保险人不负赔偿责任；被保险人在家庭财产保险基本险基础上加保了附加偷窃险，保险人负赔偿责任。

（二）损失由多种原因所致

如果保险标的遭受损失由两个或两个以上的多种原因所致，则应区别分析。

1. 多种原因同时发生导致损失

多种原因同时发生而无先后之分，且均为保险标的损失的近因，则应区别对待：如果同时发生导致损失的多种原因均属保险责任，则保险人应负全部损失赔偿责任；如果同时发生导致损失的多种原因均属于责任免除，则保险人不负任何损失赔偿责任。如果同时发生导致损失的多种原因不全属保险责任，则应严格区分。对能区分保险责任和责任免除的，保险人只负保险责任范围所致损失的赔偿责任。对不能区别保险责任和责任免除的，可以协商赔付。

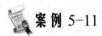 案例 5-11

意外碰伤非近因遭拒赔

2012 年 6 月 16 日，某单位为其职工钱某投保人身意外伤害综合保险。2012 年 12 月 10 日晚，钱某在工作中左足意外碰伤，进而导致左下肢大面积肿胀。2012 年 12 月 17 日，钱某住院治疗，医院诊断为"糖尿病 II 型、左足外伤及急性坏疽"，当日施行左大腿中下 1/3 截肢术。事后，钱某请求保险公司给付意外医疗保险金和意外伤残保险金。

保险公司受理后，要求被保险人进行法医学伤残鉴定，鉴定结论为："被保险人钱某截肢的原因系糖尿病并发周围血管病变引起的足部坏疽。"因此，保险公司以"造成钱某左下肢坏疽并截肢 1/3 的根本原因是糖尿病而不是意外伤害事故"为由，拒绝给付保险金。钱某不服，遂提起诉讼。

一审法院判决：

(1) 保险公司给付被保险人保险金 3 100 元。

(2) 被保险人请求保险公司赔偿精神损失之诉，不予支持。

保险公司不服，提起上诉。

二审法院判决：

(1) 维持一审法院"被保险人请求保险公司赔偿精神损失之诉不予支持"的判决。

(2) 撤销一审法院"保险公司给付被保险人保险金 3 100 元"的判决。

【评析】

本案被保险人的糖尿病是导致原告截肢的主要原因，意外碰伤仅是其间接的、偶然的原因或远因。因此，按照近因原则，在人身意外伤害综合保险项下，保险人对本案不承担保险责任。

2. 多种原因连续发生导致损失

如果多种原因连续发生导致损失，前因与后果之间具有因果关系，且各原因之间的因果关系没有中断，则最先发生并造成一连串风险事故的原因就是近因。保险人的责任可根据下列情况来确定。

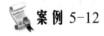 案例 5-12

多种原因连续发生过程中找出近因

近因原则产生于 18—19 世纪的英国，著名的"蒙托亚—伦敦保险公司诉讼案"（1851 年）就是一个典型的近因原则案例。阿诺德在裁决这一案例时宣布："在航行中一艘满载皮革和烟草的货船，突然船舱进水，海水腐蚀了皮革，但并没有浸湿烟草，也没有浸湿包装烟草的纸箱；尽管如此，腐烂皮革散发的臭气仍然毁坏了烟草。法庭认为，船舱进水事故是导致烟草和皮革损失的原因。"在这个案件中船舱进水延伸的因果联系没有中断过。此种情况下多种原因依次发生连续不断，而且有前因后果的关系。这种情况下最先发生并造成一连串事故的原因为近因。

> **【评析】**
>
> 多种原因连续发生过程中找出近因是近因分析的一种方法。

以下 4 种描述是判断近因的方法。

①如果连续发生导致损失的多种原因均属保险责任，则保险人应负全部损失的赔偿责任。如船舶在运输途中因遭雷击而引起火灾，火灾引起爆炸，由于雷击、火灾和爆炸三者均属于保险责任，则保险人对一切损失负全部赔偿责任。

②如果连续发生导致损失的多种原因均属于责任免除范围，则保险人不负赔偿责任。

③如果连续发生导致损失的多种原因不全属于保险责任，最先发生的原因属于保险责任，而后发生的原因属于责任免除，则近因属保险责任，保险人负赔偿责任。

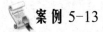 **案例 5-13**

海难系近因

皮革和烟草两样货物被承运人合理地装载于船舶的同一货舱，由于船舶在航行途中遭遇恶劣气候，海水进入货舱，浸湿了置放在货舱一侧的皮革，湿损的皮革腐烂散发出浓重气味将置放在货舱另一侧的烟草熏坏。烟草是被腐烂皮革散发出的气味熏坏的，而皮革发生腐烂是被进入货舱的海水浸湿所致，因此烟草损失的近因是海难，属于保险责任，虽然烟草货主投保的是水渍险，并未加保串味险，但保险人仍应负全部赔偿责任。

> **【评析】**
>
> 海难系近因，属于保险责任。

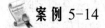 **案例 5-14**

雷击系近因

有一天，暴风即将来临，雷电交加，打雷劈断一树枝，压坏有保险的屋顶，一面墙体受影响，导致 3/4 房屋倒塌。

> **【评析】**
>
> 雷击是近因，并且雷击是保险责任，保险公司负责 3/4 房屋损失。劈断树枝，压坏有保险的屋顶，一面墙体受影响等一连串的因素不是近因。

④最先发生的原因属于责任免除，其后发生的原因属于保险责任，则近因是责任免除项目，保险人不负赔偿责任。

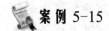 **案例** 5-15

战争是近因

船舶在大海航行中，先被敌人炮火击坏，影响了航行能力，以致撞礁沉没。显然，船舶沉没的近因是战争，而如果被保险人未加保战争险，则保险人不负赔偿责任。

> **【评析】**
>
> 战争是近因，如果被保险人加保战争险，则保险人应负赔偿责任。如果被保险人未加保战争险，则保险人不负赔偿责任。

3. 多种原因间断发生导致损失

在一连串连续发生的原因中，有一种新的独立的原因介入，使原有的因果关系链断裂，并导致损失，则新介入的独立原因是近因。如果近因属于保险责任范围的事故，则保险人应负赔偿责任；反之，则保险人不负赔偿责任。

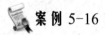 **案例** 5-16

疾病是近因

某人投保了意外伤害保险，在过马路时被一辆汽车撞倒，去医院检查，未受伤，后因心脏病突发导致死亡。由于其致死的近因是疾病，疾病属于意外伤害保险的除外责任，所以保险人对被保险人的死亡不承担给付保险金责任。

> **【评析】**
>
> 投保人死亡的近因是疾病，不是被一辆汽车撞倒受损引起的死亡，保险公司不负责赔偿责任。

坚持近因原则的目的是为了分清风险事故有关各方的责任，明确保险人承保的风险与保险标的损失结果之间存在的因果关系。虽然确定近因有其原则的规定，即以最具作用和最有效果的致损原因作为近因，但在实践中，由于致损原因的发生与损失结果之间的因果关系错综复杂，判定近因和运用近因原则绝不是轻而易举的事情，除了掌握近因和近因原则的理论以外，根据实际案情，仔细观察，认真辨别，实事求是地分析及遵循国际惯例，尤其是引用重要的判断，这是正确推断近因与损失之间的因果关系和最终判定近因的基本要求。

学习单元四　损失补偿原则及代位原则、分摊原则

损失补偿原则是保险理赔的基本原则，是指当保险责任范围内的损失发生时，保险人

给被保险人的经济赔偿恰好填补被保险人因保险事故所造成的保险金额范围内的损失。通过补偿，使被保险人的保险标的在经济上恢复到受损前的状态，但不允许被保险人因损失而获得额外利益。

一、补偿原则

保险的补偿原则与一般民事法律关系中的损害赔偿原则相一致，包括两层含义。

一是保险合同订立后，一旦发生保险责任范围内的损失，被保险人有权按保险合同的约定，获得全面、充分的赔偿。

二是保险人对被保险人的赔偿恰好使保险标的恢复到保险事故发生之前的状况。即保险补偿以被保险人的实际损失为限，被保险人不能因保险赔偿而获利。

（一）补偿原则的限制

补偿原则是保险的一项基本原则，但在各国保险实务中受到一些限制。主要有以下几种情形。

1．人身保险

人身保险合同是给付性合同，不适用补偿原则。由补偿原则派生出来的代位原则、分摊原则同样不适用于人身保险。

2．对赔偿金额的限制

保险合同往往规定最高赔偿限额、免赔额和被保险人的自负额。这些都是对保险的补偿原则的修订。

3．比例承保

在保险合同中，保险当事人约定一定比例的危险由被保险人自行承担，这就是比例承保。比例承保的实质是为了加强被保险人对保险标的的责任心，并防止道德危险。因而，有的国家还在立法中强调，对比例保险中由被保险人自行承担的危险，不得向其他保险人投保。

4．定值保险

即保险合同约定保险标的的保险价值。当保险事故发生时，保险人以约定的保险价值为基础，计算赔偿金额，而不问保险标的在保险事故发生时的实际价值。

5．重置成本保险

即以被保险人重置重建保险标的所需费用或成本确定保险金额的保险。重置成本保险也是保险补偿原则的一种例外。

（二）补偿原则的应用

保险的补偿原则要求保险赔偿限度应以保险标的所遭受的实际损失确定。而其实际损失应依受损财产的实际货币价值确定。在我国保险实务中，受损财产的实际货币价值通常按以下几种方法确定。

1．依市场价格确定实际损失

即按同等型号、新旧程度相当的同类物品在市场上的价格确定保险赔偿。如果保险标的已被淘汰，其实际损失应比照类似产品的市价确定。

2．依被保险人实际损失的费用确定实际损失

不过，下述费用除外：刑事罚金；行政罚金；除非保险合同的约定，被保险人因法律或合同支付的各项费用；被保险人没有法律或合同义务，自愿支付的费用。

3．按恢复原状所需费用确定实际损失

保险标的经过修复，如果提高了性能，从而提高了价值，保险人有权将被保险人获得的额外利益部分的价值予以相应扣除。如果保险标的的修复后的功能不及过去，保险人应考虑补偿差额部分。

4．按重置成本减折旧确定实际损失

这种方式一般适用于房屋保险、以机器汽车、家具为保险标的的保险。

二、代位原则

代位原则和分摊原则是补偿原则派生出来的两个原则。

代位原则是指在财产保险中，保险人赔偿被保险人的损失后，第三人对保险事故的发生或保险标的的损失负有责任的，保险人有权在保险赔偿范围内向第三人追偿，被保险人应将保险标的的有关权利转让给保险人，使保险人获得代位求偿权。保险代位原则不适用于人寿保险。

（一）代位求偿权

各国法律一般规定，保险人的代位求偿权发生于保险人给付保险赔偿金之时。

保险责任发生后，被保险人即可向负有责任的第三人追偿，也可向保险人请求保险赔偿。被保险人有选择权。

被保险人向保险人提出索赔请求，只有在保险人支付保险赔偿金之时，才取得被保险人向第三人的追偿权。在被保险人提出保险索赔至保险人获得代位求偿权期间，被保险人享有对第三人的追偿权，其有可能因作出某种承诺而损害保险人的利益。因此，各国有关保险立法和保险惯例往往有两项规定。

第一，保险事故发生，第三人负有责任而被保险人向保险人提出索赔的，被保险人应同时向负有赔偿责任的第三人提出赔偿请求，或采取行动保留保险人将来的代位权。

第二，被保险人与责任第三人达成某种协议或作出某种承诺，应征得保险人的同意。如因被保险人的行为致保险人的代位追偿权受到损害的，保险人有权在保险赔偿中作相应扣减。

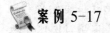 **案例** 5-17

代位求偿权的运用

2014 年 7 月 20 日，红星五金有限责任公司与四方航空公司办理了货物托运手续，委托航空公司运 200 台 29 英寸彩色电视机，总货款 60 万元。同日，红星五金有限责任公司在长安保险公司投保了运输保险，保险金额为 60 万元。红星五金有限责任公司交付了保险费，保险公司出具了保险单。

飞机在降落时，发生机械故障，机身剧烈抖动，致使 200 台电视机全部损坏。红星五金有限责任公司向保险公司索赔，保险公司审查了全部有关材料，确认后，赔付红星五金有限责任公司 60 万元。赔付后，向航空公司提出追偿。四方航空公司拒绝赔付，理由是与保险公司没有任何关系。保险公司起诉，航空公司为被告，红星五金有限责任公司为第三人。

【评析】

> 200 台 29 英寸彩色电视机是保险事故造成的，也是四方航空公司应赔偿的责任。保险公司行使代位求偿权，先赔偿红星五金有限责任公司的损失，然后，以红星五金有限责任公司名义向四方航空公司追偿。

（二）物上代位权

保险代位原则包括代位求偿权和物上代位权两种。前者是主要的。日本商法第 61 条规定："保险人支付保险标的的全部保险赔偿金额后，应当代位取得被保险人对残余物的一切权利。"英国、法国、德国等的保险立法中也有此类规定。

物上代位权通过下述途径取得。

1．委付

被保险人将保险标的物的一切权利都转移给保险人，并要求保险人支付全部保险金额的要求。保险人接受委付，即取得物上代位权。在债权的转移上，委付与代位求偿权不同。保险的代位求偿以保险人实际支付的保险赔偿金为限，不能获超出保险赔偿的利益。而保险人接受委付后，他就获得了对保险标的物的一切权利。

2．实际全损

保险人按照实际全部损失对被保险人进行足额赔偿后，对保险标的享有物权。多数情况下，这种物权没有意义，但当保险标的（如被盗的财物）重新出现时，保险人享有其物权。

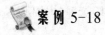 **案例** 5-18

被盗车辆失而复得

某市居民刘某价值 15 万元的小轿车在其居住的小区内被盗，案发后 3 个月，刘某得到了保险公司的全额赔款。保险公司在赔偿后取得向所在小区物业公司的代位追偿权利，并向物业公司追偿了 15 万元的赔偿额。一年后，该市公安局破获一起汽车盗窃团伙并缴获一批被盗汽车，刘某失窃的小轿车就在其中，在提供有关证明材料后刘某领回了小轿车，但发现损坏了一些零件，经修理后恢复正常，修理费用为 3 000 元，小轿车失而复得后刘某未通知保险公司。物业公司在向刘某追回 15 万元未果的情况下，向保险公司反映了这一情况。于是保险公司工作人员前往刘某家，决定收回轿车或由刘某退回赔款。

⊫ 【评析】

机动车辆保险是一种损失补偿保险，在保险期限内以补偿被保险人的实际损失为赔偿原则。出险后通过保险可以使遭受的损失得到补偿，但不能从保险补偿中获得其他经济利益，如果通过补偿获得额外利益，则不符合保险的损失补偿原则。

如果被保险人退回被盗小轿车，保险人不再收回赔款，同时还应支付被保险人修理费；如被保险人不退回小轿车，则退回保险人赔款，修理费由保险人支付补偿。以上两种方案任选一种，但保险人行使代位追偿权了，要退回物业公司的赔款并扣除修理费。

三、分摊原则

投保人向两个或两个以上的保险人就同一保险标的的同一保险利益投保同一危险的保险，当保险事故发生时，被保险人获得的保险赔偿不能超过其实际损失，应由有关保险人分摊其损失。这就是国际上通行的保险的分摊原则。分摊原则使得赔偿以公平的方式在保险人之间分摊。

1877 年英国"国王与王后谷仓"案、1887 年英国格拉斯哥远虑投资社诉威斯敏斯特案，1910 年美国纽约担保公司诉赖特森案确立了分摊原则应遵循的规则。分摊原则是补偿原则派生出来的，适用于财产保险等补偿性保险合同，但不适用于人身保险。

在重复保险的情况下，对某一保险人而言，其他有责任的保险人为第三人，似乎可以适用代位追偿原则，但是，如适用代位原则，将带来保险人之间无休止的追偿。因此，各国保险立法均要求，在保险赔偿的债权人是两个或两个以上保险人的状况下，保险人之间适用分摊原则，而不是代位原则。

（一）分摊原则的运用

各国保险立法或有关司法规定，被保险人或投保人重复保险，其有义务将重复保险的情况告知每一保险人，包括其他保险人的名称、保险金额等情况。投保人不履行该项义务，其后果与违反告知义务相似，保险人有权解除保险合同或宣告保险合同无效。

在重复保险的情况下，对于保险标的所遭受的损失，由各保险人分摊，分摊的方式一般有比例责任分摊方式、限额责任分摊方式、顺序责任分摊方式三种。

（1）比例责任分摊方式。是指各保险人按其所承保的保险金额与总保险金额的比例分摊保险赔偿责任。其计算公式为。

某保险人承担的赔款＝损失金额×（某保险人承保的保险金额／各保险人承保的保险金额总和）

例如，某项财产的保险价值是 60 万元，投保人与甲、乙两家保险公司订立合同的保险金额分别为 50 万元和 30 万元，此即为重复保险。假定在此保险有效期内，该财产发生火灾损失 40 万元，则甲、乙两家保险公司按比例责任分摊：

甲保险公司承担的赔款＝40×[50/（50＋30）]＝25（万元）

乙保险公司承担的赔款＝40×[30/（50＋30）]＝15（万元）

即甲、乙两家保险公司各承担 25 万元和 15 万元的赔款，赔款总额为 40 万元，正好等于被保险人的实际损失。

（2）限额责任分摊方式。是指不以保险金额为基础，而是在假设没有他保的情况下，各保险人依其承保的保险金额而应负的赔偿限额与各保险人应负赔偿限额总和的比例承担损失赔偿责任。其计算公式为某保险人承担的赔款＝损失金额×（某保险人的独立赔偿限额 / 各保险人赔偿限额总和）。仍以上例条件为例，在无他人承保的情况下，甲公司应赔偿限额为 40 万元，乙公司应赔偿限额为 30 万元，则甲、乙两家保险公司按限额责任分摊：

甲保险公司承担的赔款＝40×40/（40＋30）＝22.857（万元）

乙保险公司承担的赔款＝40×30/（40＋30）＝17.143（万元）

即甲公司承担赔款 22.857 万元，乙公司承担赔款 17.143 万元，两家保险公司赔款总和也是 40 万元。

比例责任分摊方式与限额责任分摊方式的共同点是各保险人都按照一定的比例分摊赔款责任；二者的区别是计算分摊比例的基础不同，前者是以保险金额为计算基础，后者则以赔偿责任为计算基础。

（3）顺序责任分摊方式。是指由先出单的保险人首先负责赔偿，后出单的保险人只有在承保的标的损失超过前一保险人承保的保险金额时，才依次承担超出的部分。

在重复保险情况下，赔偿不管怎么分摊，赔款额度不能超过实际损失金额。三种分摊方式中，各国较多采用的是比例责任分摊方式和限额责任分摊方式，较少采用顺序责任分摊方式，因为顺序责任分摊方式下各承保公司承担的责任有点显失公平，我国规定采用比例责任分摊方式赔偿。

（二）分摊原则的例外

在各国的保险实践和立法中，存在着一种分摊原则不必适用的情况。即当保险人与投保人在保险合同中作出了特别约定，被保险人不可能因重复保险而获得双重补偿时，不适用保险的分摊原则。例如：规定"本保险单对于被保险人有权根据其他保险单获得任何补偿的索赔，不负赔偿责任。"或者规定"在被保险人有权根据其他保险单获得补偿的情况下，本保险单仅负责超过其他保险单承保金额的部分。"或者在保险市场上，各保险人之间订立了协议时，也可排除分摊原则。

知识总结

保险基本原则是保险经营和业务活动中有关各方都必须遵守的行为规范和行动准则。

在保险的四大基本原则中，保险利益原则和最大诚信原则是保险承保问题所需解决的理论依据；近因原则和损失补偿原则是保险理赔问题所需解决的理论依据。

综合实训

◎ 实训目标

通过本项目的实训，初步理解保险基本原则是保险行为的根据。

实训内容

一、单项选择题

1. 以下关系中的（   ）不符合人身保险的保险利益。

A. 人身关系
B. 亲属关系
C. 债权债务关系
D. 恋爱关系

2. 保险人履行损失赔偿责任的限度不包括（   ）。

A. 以账面价值为限
B. 以实际损失为限
C. 以保险金额为限
D. 以可保利益为限

3. 保险人向第三者进行代位追偿的前提条件是（   ）。

A. 缴纳保险费
B. 出具保险单
C. 保险合同展期
D. 支付保险赔偿

4. 以下保险原则中的（   ）是解决如何投保问题的。

A. 保险利益原则
B. 最大诚信原则
C. 近因原则
D. 损失补偿原则

5. 以下保险原则中的（   ）是解决保险人是否承担赔偿责任问题的。

A. 保险利益原则
B. 最大诚信原则
C. 近因原则
D. 损失补偿原则

二、是非判断题

1. 财产的抵押权人和留置权人对该财产不具有保险利益。　　　　　（   ）

2. 有限告知，也称为询问回答告知，即投保人对保险人询问的问题必须如实告知，对询问以外的问题，投保人无须告知。　　　　　　　　　　　　　　　（   ）

3. 近因是指在时间或空间上与损失结果最为接近的原因。　　　　（   ）

4. 保险事故发生后，被保险人为防止或者减少保险标的的损失所支付的必要的、合理的费用，由被保险人自己承担。　　　　　　　　　　　　　　　（   ）

5. 代位追偿原则的主要内容包括权利代位和物上代位。　　　　（   ）

三、重要名词解释

1. 保险利益原则

2. 最大诚信原则

3. 近因原则

4. 损失补偿原则

5. 委付

四、思考讨论题

1. 保险利益的构成需要具备哪些条件？

2. 违反最大诚信原则如何处理？

3. 哪些是损失补偿原则的派生原则？这些原则的含义是什么？

4. 如何判定保险事故的近因？

五、案例分析题

1. 2014 年 4 月 26 日，某市一家服装厂向一家保险公司投保了企业财产综合保险，保险标的为该厂的机器设备和流动资产等，财产坐落于千秋大厦 5 楼与 6 楼，投保金额为 168.1 万元，保险期限为 1 年。保险合同签订后，投保人服装厂一次向保险公司缴清了 3362 元保险费。

同年 6 月 10 日，设在千秋大厦 2 楼的 G 服装配件公司海绵车间内有两名工人在工作时因切割海绵火星四溅引燃了海绵泡沫，并燃着了堆放在车间里的原材料和成品。随后，一发不可收拾，火势顺着堆放在消防通道的可燃物迅速蔓延，扑向货梯。火焰从货梯一层层向上燃去，随着风势卷进位于 5 楼与 6 楼服装厂的缝纫车间，造成车间里的一批童装半成品被烟熏坏，损失达 8.59 万元。

事故发生后，服装厂作为被保险人按照它与保险公司订立的企业财产综合保险合同，向保险公司提出了索赔。要求回答以下问题。

(1) 造成服装厂童装损失的原因究竟是烟熏还是火灾？哪个是近因？

(2) 烟熏是否属于火灾的范畴？企业财产综合保险所承保的火灾责任必须同时具备哪些条件？

(3) 保险公司对被保险人服装厂的索赔应当如何处理？

2. 郑旺之子郑晓旺正在上小学。学校集体为学生投保平安保险附加意外伤害医疗保险。2003 年 5 月 12 日下午，郑晓旺在学校操场上活动，被另外一个学生抛来的石子击中右眼睛，马上送医院抢救。医院多方医治，无奈眼球已经被打坏，最后，只能将眼球摘除。保险公司根据合同，支付了保险金和医疗费。有人说，还应该找肇事孩子的家长，要求其赔偿损失。有人说，保险公司已经赔了，不能，也没有权利再要求事故责任方进行赔偿。于是郑旺于 2004 年 6 月 1 日，请教律师，计划起诉。思考以下问题：

(1) 在人身保险中，涉及第三人的问题，应该如何处理？

(2) 能否起诉？

(3) 本案涉及几个法律关系？

(4) 如果是在财产损失保险中，涉及第三人的问题，应该如何处理？

3. 被保险人李正，投保从事专业运输的木质机动船一艘，保险金额 7 万元，按重置价格投保。保险期限自 1987 年 3 月 15 日起至 1988 年 3 月 14 日止。1988 年 1 月 15 日，李正驾驶保险船舶运输时,发生触礁事故,出险后,李正用去施救、维修费用共计 5400 元,他按照保险合同规定,要求全部给予经济补偿。

接到出险通知,保险公司立即组织调查,确定赔偿依据。通过调查发现,船舶投保时属李正一人,他在经营中感到风险太大,便邀堂兄李军、李华合伙。船分四股,李正一人两股,为标的的 50%,李军、李华各一股,各为 25%,他们于 1987 年 7 月办清了船、款股份结算,签订了合伙经营合同但没有办理保险批改手续。保险公司内部对本案怎样赔付产生了分歧。你认为怎么处理?

4. 某标的物的可保价值是 200 万元,甲保险公司承保 80 万元,乙保险公司承保 120 万元,保险事故损失 200 万元。请用比例责任分摊方式、限额责任分摊方式、顺序责任分摊方式三种分摊方式计算甲乙保险公司的赔款金额。

Project 6

項目六

人身保险

学习目标

⊙ 掌握人身保险的含义、特征、种类等;

⊙ 掌握人寿保险的概念、分类、主要条款等;

⊙ 熟悉意外伤害保险的概念、种类和主要内容;

⊙ 熟悉健康保险的概念、特征、主要种类和特别条例;

⊙ 能正确解释人寿保险主要条款。

技能目标

⊙ 能讲解人身保险各种产品;

⊙ 能应用人身保险各险种进行投保、承保、给付处理;

⊙ 能用保险原理进行人身保险案例分析。

学习单元一　　人身保险概述

人类在进行物质生产时,在向自然界索取生活资料的过程中及在日常生活中,常有可能遭遇各种自然灾害、意外事故或人为灾害的袭击、破坏;同时,人类自身还受到生、老、病、残、亡等自然规律的支配,存在健康及生命风险。风险的客观存在给人们带来的物质与精神损害有时是巨大的,甚至是难以独立承担的,因此,社会化的风险分散与控制机制十分必要。人身保险作为一种经济补偿手段，自然成为常备的人身风险管理工具，它既成为了现代人的生活方式之一，也对一国的民生与经济安全发挥着举足轻重的作用。

一、人身保险的概念

人身保险是以人为对象，以人的寿命和身体为保险标的的保险。人身保险的投保人按照合同的约定，向保险人支付保险费，保险人根据合同约定，当被保险人死亡、伤残、疾病或者达到合同约定的年龄、期限时承担给付保险金的责任。

二、人身保险的分类

（一）按照保障范围划分

按照保障范围划分，人身保险可以分为人寿保险、人身意外伤害保险和健康保险。

1．人寿保险

人寿保险是以人的寿命为保险标的，以人的生存或死亡为保险事件的一种人身保险。即当被保险人死亡或达到合同约定的年龄、期限时，保险人向被保险人或其受益人给付保险金。传统意义上的寿险，典型的形式是死亡保险、生存保险和两全寿险。

2．人身意外伤害保险

人身意外保险是指保险人以被保险人因意外伤害事故而造成死亡、残废为给付保险金条件的一种人身保险。

3．健康保险

健康保险是以人的身体为标的，当被保险人因意外事故或疾病造成残疾、死亡、医疗费用支出及丧失工作能力而使收入损失时，由保险人给付保险金的一种人身保险。

（二）按照保险期限划分

按照保险期限划分，人身保险可以分为长期人身保险和短期人身保险。

（三）按照投保方式划分

按照投保方式划分，人身保险可以分为个人人身保险和团体人身保险。

（四）按照保单是否参与分红划分

按照保单是否参与分红划分，人身保险可以分为分红保险和不分红保险。

（五）按照被保险人的风险程度划分

按照被保险人的风险程度划分，人身保险可以分为健体保险（或称标准体保险）和次健体保险（或称弱体保险）等。

三、人身保险与财产保险的比较

（一）保险金额确定的协商性

对于财产保险而言，保险标的在投保时的实际价值是确定保险金额的客观依据，保险人和被保险人在保险标的实际价值限度以内，按照被保险人对该保险标的存在的保险利益程度来确定保险金额，作为保险人赔偿责任的最高限额。但是，人身保险的保险标的是人的寿命和身体，不能用货币来衡量其实际价值大小。因此，在实务中，人身保险的保险金额不是根据保险标的的价值确定，而是由投保人根据被保险人对人身保险的需要程度和投保人的缴费能力，在法律允许范围与条件下，与保险人双方协商约定后确定的。

（二）保险金的定额给付性

财产保险属于补偿性保险，其目的在于补偿被保险人的经济损失。因此，在财产保险中，只有保险事故的发生使被保险人实际遭受损失时，保险人才支付赔款，而且赔款金额不超过被保险人的实际损失金额。人身保险保险金额是由投保人根据被保险人对人身保险的需要程度和投保人的缴费能力，在法律允许范围与条件下，与保险人双方协商约定后确定的。

因此，人身保险是定额给付性保险，不存在超额保险、不足额保险和重复保险的现象。当保险合同约定的事件发生后，保险人不是以被保险人的实际损失计算，也不实行比例分摊和代位求偿，而是依合同中约定的金额给付保险金，不得有所增减。

（三）保险期限的长期性

大部分财产保险的保险期限较短。而人身保险合同，特别是人寿保险合同往往是长期合同，其保险期限短别数年，长则数十年，有的甚至贯穿一个人的一生。保险期限的长期性使得人身保险的经营极易受到外界因素如利率、通货膨胀等的影响。

（四）生命风险的相对稳定性

在人寿保险中，生命风险是其保险事件，即无论被保险人在保险期限内死亡还是期满继续生存，保险人都要给付保险金。由于死亡率因素较其他非寿险风险发生的概率来说相对稳定，所以在寿险经营中巨灾风险较少，稳定性较好。

（五）寿险保单的储蓄性

人身保险在为被保险人面临的风险提供经济保障的同时，兼有储蓄性的特点。

四、人身保险与社会保险的比较

（一）社会保险概念

社会保险，是指国家或政府通过立法形式，采取强制手段对全体公民或劳动者因遭遇年老、疾病、生育、伤残、失业和死亡等社会特定风险而暂时或永久失去劳动能力，失去生活来源或中断劳动收入时的基本生活需要提供经济保障的一种制度。其主要项目包括养老保险、医疗保险、失业保险和工伤保险。

（二）人身保险与社会保险关系

两者作为社会经济保障体系中的两种具体形式，各自分别独立完成自己的特有功能，同时又共同完成整个社会经济保障的总功能。因此二者之间既有联系，又有区别。

1．人身保险与社会保险的共同点

（1）同以风险的存在为前提。人身特有风险的客观存在，创立了人身保险的自然前提，而人身风险的偶然性和不确定性，则产生了对人身风险保障的需求。对此，人身保险与社会保险并无区别。

（2）同以社会再生产的人身要素为对象。人身保险与社会保险的保险标的都是人的身体或寿命，只不过社会保险的对象是依法限定的，而人身保险的对象是以保险合同限定的。

（3）同以概率论和大数法则为制定保险费率的数理基础。人身保险与社会保险都需要准确合理地厘定保险费率，生命表的编制和使用对人身保险与社会保险并无两样。

（4）同以建立保险基金作为提供经济保障的物质基础。为了使被保险人在遭受人身风险事故后能获得及时可靠的经济保障，人身保险与社会保险都要将收取的保险费建立专门的保险基金，并按照相同的原则进行投资运用，以确保保险基金的保值增值，增强偿付能力。

2．人身保险与社会保险的区别

（1）经营主体不同。人身保险的经营主体必须是商业保险公司，对此各国保险法都有相应规定。我国《保险法》规定："经营商业保险业务，必须是依照本法设立的保险公司。其他单位和个人不得经营商业保险业务。"

社会保险一般是由政府或其设立的机构作为经营主体的，带有行政性和垄断性的特色。在我国，经办社会保险的机构是由劳动与社会保障部授权的当地社会保险公司。

（2）行为依据不同。人身保险是以合同实施的契约行为，保险关系的建立是以保险合同的形式体现的，保险双方当事人权利的享受和义务的履行也是以保险合同为依据的。

社会保险则是依法实施的政府行为，享受社会保险的保障是宪法赋予公民或劳动者的一项基本权利。为保证这一权利的实现，国家必须颁布社会保险的法规强制实施。

（3）实施方式不同。人身保险合同的订立必须贯彻平等互利、协商一致、自愿订立的原则，除少数险种外，大多数险种在法律上没有强制实施的规定。

社会保险则具有强制实施的特点，凡是社会保险法律法规规定范围内的社会成员，必须参加。

（4）强调的原则不同。由于人身保险以合同体现双方当事人的关系，双方的权利与义务是对等的，即保险人承担赔偿和给付保险金的责任完全取决于投保人是否缴纳保险费及缴纳的数额，也就是多投多保，少投少保，不投不保。因而，人身保险强调的是"个人公平"的原则。

而社会保险因其与政府的社会经济目标相联系，以贯彻国家的社会政策和劳动政策为宗旨，强调的是"社会公平"原则。投保人的缴费水平与保障水平的联系并不紧密，为了体现政府的职责，不管投保人缴费多少，给付标准原则上是同一的，甚至有些人可以免缴保险费，但同样能获得社会保险的保障。

（5）保障功能不同。人身保险的保障目标是在保险金额限度内对保险事件所致损害进行保险金的给付。这一目标可以满足人们一生中生活消费的各个层次的需要，即生存、发展与享受都可以通过购买人身保险得到保障。

而社会保险的保障目标是通过社会保险金的支付保障社会成员的基本生活需要，即生存需要，因而保障水平相对较低。

（6）保费负担不同。缴付保险费是人身保险投保人应尽的基本义务，而且保险费中不仅仅包含死亡、伤残、疾病等费用，还包括了保险人的营业与管理费用，投保人必须全部承担，因而，人身保险的收费标准一般较高。

而社会保险的保险费，通常是个人、企业和政府三方共同负担的，至于各方的负担比例，则因项目不同、经济承担能力不同而各异。

学习单元二　人寿保险

亚洲首富李嘉诚说："别人都说我很富有，拥有很多的财富。其实真正属于我个人的财富是给自己和亲人买了充足的人寿保险。"

一、人寿保险的概念

人寿保险是以人的寿命为保险标的，以人的生存或死亡为保险事件的一种人身保险。即当被保险人死亡或达到合同约定的年龄、期限时，保险人向被保险人或其受益人给付保险金。

二、人寿保险的种类

传统意义上的寿险，典型的形式是死亡保险、生存保险和两全保险。其主要特点是固定给付，但缺乏灵活性和适应性。随着寿险业竞争的日趋激烈和市场风险的加大，出现了一些新的能较适应市场需求及规避风险的险种，其中主要有变额寿险、万能寿险及变额万能寿险。

（一）传统寿险

1．死亡保险

死亡保险是以被保险人的死亡为给付保险金条件的保险。按照保险期限的不同，死亡保险可分为定期死亡保险和终身死亡保险。

（1）定期死亡保险。定期死亡保险习惯上称为定期寿险。是指由保险人在一定期限内提供死亡保障的一种人寿保险。定期寿险只对在保险期限内死亡的被保险人给付保险金，保险期限的长短非常灵活，可长可短。

（2）终身死亡保险。终身死亡保险简称终身寿险。是一种不定期的死亡保险。即保险人对被保险人终身提供死亡保障的一种人寿保险，无论被保险人何时死亡，保险人都要给付死亡保险金。终身死亡保险的最大优点是被保险人可以得到永久性的保障。

2．生存保险

生存保险以被保险人的生存为给付保险金条件的保险。即当被保险人于保险期满或达到合同约定的年龄时仍然生存，保险人负责给付保险金。生存保险主要是为年老的人提供养老保障或者为子女提供教育金等。年金保险是一种有规则、定期向被保险人给付保险金的生存保险。在寿险实务中，生存保险一般不作为独立的险种。

3．两全保险

两全保险又称生死合险，是以被保险人的生存或死亡为给付保险金条件的保险。两全保险既提供死亡保障又提供生存保障，具有保障性和储蓄性双重功能；两全保险中的死亡给付对象是受益人，期满生存给付的对象是被保险人，因而，既保障受益人的利益又保障被保险人本人的利益。

 案例 6-1

离婚后保险合同是否有效

2013 年 6 月，李某以岳父王某为被保险人，投保了一份 10 年期人寿保险，并经王某同意指定李某 10 岁的儿子为受益人。当年冬天，李某与妻子因感情不和离婚，儿子由李某妻子抚养。李某征得被保险人王某的同意，继续作为投保人为其投保。2014 年 2 月 1 日，王某不幸死亡，李某到保险公司索赔时，保险公司认为李某已离婚，与死者已无保险利益关系，所以合同无效，不承担赔偿责任。

> **【评析】**
>
> 保险公司的做法是错误的。本案中，李某在投保时与其岳父王某属于具有保险利益的关系。离婚后，李某与王某已不具有保险利益，但李某在经王某同意后，可以继续作为投保人为其投保。同时，尽管保险期间婚姻关系的变化导致了亲属关系的改变，但其义务的履行从未间断，直至被保险人身故。所以，保险公司也必须履行给付保险金的义务。

（二）特种人寿保险

1．年金保险

年金保险是生存保险的特殊形态，是指被保险人在生存期间每年给付一定金额的生存保险。死亡保险的目的在于保障自身死亡后家庭经济生活的安全，年金保险的目的则是防备自身老年时经济生活的不安定。

2．简易人寿保险

简易人寿保险是指用简易的方法所经营的人寿保险。它是一种小额的、免验体格的、适应一般低工资收入职工需要的保险。简易人寿保险的缴费期较短，保险金额有一定的限制，且不用经过体格检查。简易人寿保险的保险费略高于普通人寿保险的保险费。

3．弱体保险

弱体保险又称次健体保险，是指将风险程度较高即死亡率较高的人作为保险对象，在附加一定条件后承保的保险形式。根据被保险人的风险程度，弱体保险在承保时，通常采用的方法有保险金削减给付法、年龄增加法和特别保险费征收法。

（三）现代创新型人寿保险

 案例 6-2

保险费退还比例低令投保人不满

2000 年 5 月，罗女士听说某保险公司新推出投资连结保险，既有保障功能，又兼有理财功能，心里十分认可，正好自己的邻居高某在保险公司做保险代理人，于是罗女士找到高某，为自己投保了该险种，每年需缴纳保费 10 000 元。不久，罗女士所在企业经营困难，其收入降低了许多，保费负担难以承受。因此，罗女士想退保。到保险公司办理退保手续时，她发现退保所得到的退保费不足所缴纳保险费的一半。罗女士不解，自己的钱存银行后支取的还有利息，投在保险公司后退保时不仅不给利息，反倒要扣除一多半的保费。为此，罗女士起诉至法院，以保险代理人有欺诈行为及投保的保费超出了自己的经济承受能力为由，要求全部退还保险费。

法院经审理认为，双方签订的保险合同合法有效，双方当事人均应按合同规定认真履行，投保人要求解除保险合同时保险时间不足一年，按照合同规定，保险公司应扣除手续费后退还保险费。故驳回了罗女士的诉讼请求。

【评析】

法院是根据有关法律法规来判决的，投保人只能按规定拿回保险公司退还的金额。但是，保险公司特别是保险代理人对此类似的退保案件，在投保时要告知投保人不同时间按照不同的比例退还，这样投保人心中就有数，来评估自己该不该购买保险。

1. 投资连结保险

我国监管规定中定义的投资连结保险是指包含保险保障功能并至少在一个投资账户拥有一定资产价值的人身保险产品。

投资账户必须是资产单独管理的资金账户。投资账户应划分为等额单位，单位价值由单位数量及投资账户中资产或资产组合的市场价值决定。投保人可以选择其投资账户，投资风险完全由投保人承担。除有特殊规定外，保险公司的投资账户与其管理的其他资产或其投资账户之间不得存在债权、债务关系，也不承担连带责任。

投资连结保险产品的保单现金价值与单独投资账户（或称"基金"）资产相匹配，现金价值直接与独立账户资产投资业绩相连，一般没有最低保证。不同的投资账户，可以投资在不同的投资工具上。

中国保监会认可的投资连结保险产品应具备的特点包括：该产品必须包含一项或多项保险责任；该产品至少连结到一个投资账户上；保险保障风险和费用风险由保险公司承担；投资账户的资产单独管理；保单价值应当根据该保单在每一投资账户中占有的单位数及其单位价值确定；投资账户中对应某张保单的资产产生的所有投资净收益（损失），都应当划归该保单；每年至少应当确定一次保单的保险保障；每月至少应当确定一次保单价值。

投资连结产品主要有以下特征：

（1）投资账户设置。保险公司收到保险费后，按照事先的约定将保费的部分或全部分配入投资账户，并转换为投资单位。投资单位有一定的价格，保险公司根据保单项下的投资单位数和相应的投资单位价格计算其账户价值。

（2）保险责任和保险金额。投资连结保险的保险责任与传统产品类似，一些产品还加入豁免保险费、失能保险金、重大疾病等保险责任。

在死亡保险金额的设计上，存在两种方法：一种是给付保险金额和投资账户价值两者较大者（方法 A），另一种是给付保险金额和投资账户价值之和（方法 B）。

（3）保险费。一种缴费方式是在固定缴费基础上增加保险费假期（premium holiday），另外还允许投保人在交纳约定的保险费外，随时再支付额外的保险费，取消了缴费期间、缴费频率、缴费数额的限制。

（4）费用收取。根据保监会的规定，投资连结保险产品仅可收取以下费用：初始费用、买入卖出差价、风险保险费、保单管理费、资产管理费、手续费和退保费用。

2. 万能保险

 案例 6-3

市民质疑人保寿险万能险销售误导

2008 年 11 月 8 日，刘先生拿着 4 万元现金去一家银行存款，他打算将这笔现金做一个"五年定期"。

轮到他到柜面办理业务时，一位保险营销员走过来说："有一款理财产品，只要投资 4 年，收益丰厚，远超五年定期存款利率水平。"

只要投资四年，收益还超过五年定期利率水平，这对家境并不宽裕的刘先生来说颇具吸引力。看到刘先生在定存和购买寿险产品的选择中发生了动摇，营销员展开"喋喋不休的攻势"，信誓旦旦地对刘先生许诺："肯定没有风险，资金投资国家大型基础设施项目；只要超过四年，收益轻松超越五年定期；如果不到四年，可以退保，只扣除部分利息；超过四年，拿得时间越长，收益率越高。"

"耳根子比较软"的刘先生终究没有招架住营销员的推销，将原本打算做定期的 4 万元，一次性购买了该公司的万能型两全保险。

眼见四年即将到期，今年 4 月份，刘先生打电话查询，得到的回答令他大吃一惊。"到 3 月底，利息才 4000 多元。截至 4 月 30 日，本息合计也仅 44175.72 元。"

"亏大了！"刘先生算了一笔账，2008 年他购买这款保险产品时，五年定存利息是 5.13%，存款满五年有 1 万多元的利息，可是这款保险，至今才 4175.72 元的利息，且增长缓慢，到今年满期，远远不能和当时许诺的收益相比。

当初承诺的高利率为何转眼间"老母鸡变鸭"？

记者查询产品公告发现，这款产品根本不是营销员所宣扬的"投资于大型基础设施项目"，而是投向"中国保监会允许的金融产品"。

这些金融产品包括股票、基金、国债、金融债、企业债、央行票据、短期融资券、基础设施投资债券计划、资产支持证券等。该产品的最低保证年收益 2.5%，并不是"远超五年定期存款利率"，在最低保证利率之上的投资收益率与公司在资本市场上的运作水平有关。

保险公司总经理助理王某告诉记者，在 2007—2008 年初，该保险产品收益率超过当时的五年定期收益率，营销员很可能是参考过往数据为刘先生做的利率演示。

但营销员并未说明，演示利率和实际利率毫无关联，高收益的演示利率并非预测，也不意味着实际利率也能实现此水平。

走熊的股市和并不出挑的投资运作能力，导致该产品从 2008 年 10 月之后再未攀上 5% 的利率。保险公司网站上公布的该产品利率结算公告显示，2008 年 11 月至今，该款产品最高利率 4.5%，最低利率 3.9%，但在大多数月份，其年化利率在 4% 左右。

刘先生认为，如果当初营销员说明，未来收益存在不确定性，那他就一定不会购买，可正是营销员隐瞒了这一重要风险信息，且言之凿凿"收益率超过五年定期"，才让他上了当。

【评析】

很多保险营销员信口开河地宣传保险的好处，夸大其词谈论保险产品的好处，误导了保险消费者购买保险。不客观解说保险的实际功能，会挫伤投保人对保险的信任感，不利保险市场的发展。

万能保险是一种缴费灵活、保额可调整、非约束性的寿险。

万能保险的经营透明度高。保单持有人可以了解到该保单的内部经营。保单持有人可以得到有关保单的相关因素，如保费、死亡给付、利息率、死亡率、费用率、现金价值之间相互作用的各种预期的结果的说明。

万能保险具有透明度的一个重要因素是其保单的现金价值与纯保险保额是分别计算的，即具有非约束性。纯风险保额与现金价值之和就是全部的死亡给付额。

从万能保险经营的流程上看，保单持有人首先缴纳一笔首期保费，首期的各种费用支出首先要从保费中扣除。其次，死亡给付分摊额及一些附加优惠条件（如可变保费）等费用，要从保费中扣除。进行了这些扣除后，剩余部分就是保单最初的现金价值。这部分价值通常是按新投资利率计息累积到期末，成为期末现金价值。

在保单的第二个周期（通常一个月为一周期），期初的保单现金价值为上一周期期末的现金价值额。在此周期，如果首期保费足以支付第二个周期的费用及死亡给付分摊额，保单持有人就可以不缴纳保费。如果前期的现金价值不足，保单就会由于保费缴纳不足而失效。本期的死亡给付分摊及费用分摊也要从上期期末的现金价值余额及本期保费中扣除，余额就是第二期期初的现金价值余额。

万能保险产品主要包括以下特征：

（1）死亡给付模式。万能保险主要提供两种死亡给付方式，投保人可以任选其一。当然，给付方式也可随时改变。这两种方式习惯上称为A方式和B方式。A方式是一种均衡给付的方式；B方式是直接随保单现金价值的变化而改变的方式。

在A方式中，死亡给付额固定，净风险保额每期都进行调整，使得净风险保额与现金价值之和成为均衡的死亡给付额。这样，如果现金价值增加了，则风险保额就会等额减少。

在方式B中，规定了死亡给付额为均衡的净风险保额与现金价值之和。这样，如果现金价值增加了，则死亡给付额会等额增加。

（2）保费缴纳。万能保险的投保人可以用灵活的方法来缴纳保费。保险公司一般会对每次缴费的最高和最低限额作出规定，只要符合保单规定，投保人可以在任何时间不定额地缴纳保费。

灵活的缴费方式导致万能保险容易失效，因此保险公司一般根据保单计划所选择的目标保费，向投保人寄送保费通知书，提醒其缴费。另外投保人一般也会同意签发其银行账户每月预先授权提款单据。另一种做法是保险公司按投保人规划的保费金额向投保人寄送保费账单，投保人按账单金额缴纳保费。

（3）结算利率。保险公司应当为万能保险设立单独账户。在单独账户中，不得出现资产小于负债的情况。一旦资产小于负债，保险公司应当立即补足资金；同时，因结算利率低于实际投资收益率而产生的公司收益也应被转出单独账户。

万能保险的保单可以提供一个最低保证利率。万能保险的结算利率不得高于单独账户的实际投资收益率，二者之差不得高于2%。

单独账户的实际收益率低于最低保证利率时，万能保险的结算利率应当是最低保证利率。

保险公司可以自行决定结算利率的频率。

（4）费用收取。万能保险保单只可收取以下几种费用：初始费用、风险保险费、保单管理费、手续费、退保费用。

3．分红保险

案例 6-4

保险分红诈骗案件又发：接个电话被骗2600元

许女士最近遇到了件闹心的事儿，只是接了个陌生的电话，却一不小心被骗了 2600 元。

事情发生在 2011 年 2 月 3 日。上午 9:30 左右，许女士接到了一个陌生来电，对方声称是某人寿保险公司的工作人员，询问许女士是不是购买了一份保险。

在得到许女士的肯定回答后，对方称公司正在分红，许女士的保单可以分到 2580 元红利，保险公司半个月前已经把分红明细单寄到许女士家，因无人签收信件被退回公司，而当天是分红领取的最后一天，不领取的话分红就要归公司了。

许女士一听非常着急，连忙询问有没有补救办法。对方告诉许女士另外一个号码，说是总公司"财务科"的电话，让她直接咨询"财务科"。

"财务科"工作人员告诉许女士，可以通过转账把分红打到许女士的银行卡上。为确保转账成功，许女士的卡内余额不能少于分红金额，并要求许女士在当天 11:30 之前拿着银行卡到 ATM 机上进行操作。

许女士匆忙赶到附近银行，在"财务科"工作人员的电话引导下，在 ATM 机上进行了操作。许女士问是不是马上可以到账了，对方忽然说系统出现故障，要她再等。许女士意识到可能受骗，再次查询卡内余额时，发现卡内 2600 元已经被划走。

许女士及相关保险公司已经向当地公安机关报案。

【评析】

"财务科"工作人员是骗子，叫许女士在 ATM 机上操作，就是把许女士的银行卡上的存款转入骗子指定的账户，骗取资金。

实际上，许女士的经历绝非个案。记者从保监局了解到，近期发生了多起不法分子假冒"保险分红"名义，诱骗保险消费者使用银行 ATM 设备进行转账的新型电话诈骗案件。

保监局向广大保险消费者及社会公众作出提醒警惕类似的电话诈骗。相关工作人员表示，保险公司销售的分红保险的红利发放时间，通常为每年的保单生效对应日或之后的一段时期，日期相对固定，不会随意变更。

保险专家还介绍，分红保险的红利归属于保险消费者个人所有，在保险合同未约定自动转账支付的情况下，如果未及时领取，保险公司一般会将分红计入个人账户，不可能出现"到期不领取，红利归属保险公司或其他机构所有"的情况。

保监局还提醒，如果遇到陌生人电话通知"保险分红"，应当拿出保险合同与对方进行核对，无论任何情况下都应当拒绝在银行 ATM 设备上进行所谓的转账操作，发现不对劲，马上向公安机关举报，也要记得和保险公司工作人员联系。

分红保险是指保险公司将其实际经营成果优于定价假设的盈余，按一定比例向保单持有人进行分配的人寿保险产品。分红保险、非分红保险及分红保险产品与其附加的非分红保险产品必须分设账户，独立核算。分红保险采用固定费用率的，其相应的附加保费收入和佣金、管理费用支出等不列入分红保险账户；采用固定死亡率的，其相应的死亡保费收入和风险保额给付等不列入分红保险账户。

分红保险的主要特点包括：保单持有人享受经营成果；客户承担一定的投资风险；定价的精算假设比较保守；保险给付、退保金中含有红利。

分红产品从本质上说是一种保户享有保单盈余分配权的产品，即将寿险公司的盈余按一定比例分配给保单持有人。分配给保户的保单盈余，也就是我们所说的保单红利。

（1）利源。盈余（或红利）的主要三个来源是利差益、死差益和费差益。除此以外，还有其他的盈余来源，包括：失效收益，投资收益及资产增值，残废给付、意外加倍给付、年金预计给付额等与实际给付额的差额，预期利润。

（2）红利分配。《个人分红保险精算规定》中要求：红利的分配应当满足公平性原则和可持续性原则。保险公司每一会计年度向保单持有人实际分配盈余的比例不低于当年可分配盈余的 70%。

红利分配有两种方式：现金红利和增额红利。现金红利分配是指直接以现金的形式将盈余分配给保单持有人，保险公司可以提供多种红利领取方式，比如现金、抵交保费、累积生息及购买交清保额等。增额红利分配是指在整个保险期限内每年以增加保额的方式分配红利。

学习单元三　人身意外伤害保险

一、人身意外伤害保险的概念

（一）意外伤害

意外伤害包括意外和伤害两层含义。伤害指被保险人的身体受到侵害的客观事实，由致害物、致害对象、致害事实三个要素构成，三者缺一不可。意外是就被保险人的主观状态而言，指侵害的发生是被保险人事先没有预见到的，或违背被保险人主观意愿。人身意外伤害保险中所称的意外伤害，是指在被保险人没有预见到或违背被保险人意愿的情况下，突然发生的外来致害物对被保险人的身体明显、剧烈地侵害的客观事实。

（二）人身意外伤害保险

人身意外伤害保险是指保险人以被保险人因意外伤害事故而造成死亡、残废为给付保险金条件的一种人身保险。

意外伤害保险有三层含义：首先，必须有客观的意外事故发生，且事故原因是意外的、偶然的、不可预见的；其次，被保险人必须有因意外事故造成人身死亡或残废的结果；最后，在意外事故的发生和被保险人遭受人身死亡或残废的结果之间有着内在的、必然的联系，即意外事故的发生是被保险人死亡或残废的原因，而被保险人死亡或残废是意外事故的后果。

意外死亡给付和意外残废给付是意外伤害保险的基本责任。其派生责任包括医疗给付、误工给付、丧葬给付和遗属生活费给付等责任。

 案例 6-5

6 月 11 日电据央视新闻报道，一艘客轮名为"东方之星"，隶属重庆万州，由南京开往重庆。2015 年 6 月 1 日深夜 11 点多，载有 454 人的客轮突遇龙卷风，在一两分钟之内倾覆倒扣在水中，失事地点位于长江中游航道 301 公里处，长江湖北省监利县大马洲水道，沉船位置已确定，水深约 15 米。454 人中游客 403 人，是来自国内"夕阳红"老年旅游团成员，年龄在 50~80 岁不等；船员 46 人；旅行社工作人员 5 名。事发后，军民团结一致，立即投入施救，抢救，有 12 人获救。

"东方之星"号客轮事故后，保险部门也立即全面启动赔付工作。据统计，截至 6 月 10 日，保险业共承保失事客船船东、相关旅行社、乘客和船员投保的各类保险 340 份，保险应赔付金额 9252.08 万元。

【评析】

意外事故难以意料，多买一份保险就多一份保障。

二、人身意外伤害保险的特征

（1）人身意外伤害保险的费率厘定不以被保险人的生命为依据。意外伤害保险的被保险人遭受意外伤害的概率取决于其职业、工种或所从事的活动，一般与被保险人的年龄、性别、健康状况无直接的联系。因此，被保险人的职业成为意外伤害保险费率厘定的重要因素。

（2）人身意外伤害保险的承保条件较宽。相对其他业务，意外伤害保险的承保条件一般较宽，高龄者也可以投保，而且对被保险人也不必进行体格检查。

（3）人身意外伤害保险的保险责任不包括疾病所致的被保险人的死亡和残废。

（4）人身意外伤害保险有关于责任期限的规定。在人身意外伤害保险中，只要被保险人遭受意外伤害的事件发生在保险期限内，而且自遭受意外伤害之日起的一定时期内即责任期限内（通常为 90 天或 180 天）造成死亡或残废的后果，保险人就要承担保险责任，给付保险金。即使在死亡或者被确定为残废时保险期限已经结束，但只要未超过责任期限，保险人仍要承担给付保险金的责任。

（5）人身意外伤害保险属于定额给付保险。在人身意外伤害保险中，死亡保险金的数额是保险合同中约定的，当被保险人死亡时如数给付；残废保险金的数额由保险金额和残废程度两个因素确定。

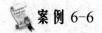 **案例 6-6**

体育明星与保险

第一名：贝克汉姆——保额 1 亿英镑

2007 年年底，贝克汉姆将自己的保额提高，达 1 亿英镑，受保范围包括在球场内受伤、毁容及患上严重疾病，不过若他本人参加冲浪、攀岩等高危险运动受伤则不在受保之列。至于因受绑架需支付赎金是否在受保之列，不得而知。由于保额巨大，最终有多家保险公司联合承保，分担风险。

第二名：舒马赫——保额 8000 万美元

这位车王每年的收入能够达到 4500 万美元。2004 年，媒体曾爆出舒马赫为其全家购买了上亿美元的天价保单，单是他本人手臂受伤的赔付额就达到了 1500 万美元。可是他要交的保费也不低，有 567 万美元之多。根据舒马赫的保险协议，如果他在比赛中受伤致残，保险公司将付给他 2000 万美元；如果他不幸丧生，那么他的家人将得到 1000 万美元的赔偿。如果舒马赫无法参加此赛季的大奖赛，保险公司将为他错过的每场比赛向他个人赔付 300 万美元，法拉利车队也将得到同样的赔偿。合计下来，他自己的保额大致在 8000 万美元。

第三名：马拉多纳——保额 3000 万美元

这只是马拉多纳天才左腿的保额。1986 年世界杯前，马拉多纳踢球屡屡受伤，尤其在 1983 年被西班牙比尔巴鄂队后卫、外号"屠夫"的盖科查的一记猛踢后，他左脚韧带被严重踢裂，脚踝骨亦受重创。这一踢踢得马拉多纳三个月无法登场。1986 年墨西哥世界杯足球赛前，阿根廷足协为了保障"球王"马拉多纳的安全，支付了 443 万美元巨款为马拉多纳购买人身保险。至于马拉多纳的人身保额，至今还是一个谜。

第四名：阿德里亚诺——保额 2800 万欧元

效力于意大利国际米兰前锋的巴西球星阿德里亚诺膝盖里的两块小小区域的半月板，曾被几家大保险公司的 110 名经纪人估价为 1500 万欧元（相当于人民币约 1.545 亿元）。对于一名射手而言，膝盖内的半月板是最金贵的，一旦半月板有什么闪失，就不能完成射门。他曾经为自己的两个膝盖投保，每只价值 1400 万欧元。

第五名：罗纳尔多——保额 2600 万美元

罗纳尔多的双腿投保价值达到 2600 万美元，这意味着一旦他因为腿伤不能够在足球场上驰骋，下半辈子依旧可以维持目前的奢侈生活。

我国的刘翔和姚明，保额分别为 1 亿和 500 万元人民币。

姚明作为中国最具人气的体育明星，在收入上也是中国体育明星中的翘楚。2007 年 9 月，姚明成为中国人寿保险公司的首位全球形象代言人，在签约仪式上，该公司董事长向姚明赠送了 500 万元人民币的人身意外伤害保险。

2007 年 10 月，中国平安保险公司和刘翔签下了亿元的天价保单，尽管没有特别针对某个部位，但如此天价的数额，已经创下中国运动员之最。不过据悉，刘翔并不是以个人名义签约平安的，平安赞助的是中国田径队，而刘翔只是他们的公益大使。

只是，刘翔的1亿身价和姚明一样，也是意外伤害保险，并不是特殊部位保险。虽然保额吓人，但如果不是因意外去世或者达到残疾标准，是不能获得如此高额赔付的。早在2007年，教练孙海平就有意给刘翔的双腿上保险，但是针对运动员身体某部分的险种业务，对于国内的保险公司来说风险太大，长期以来一直没有保险公司接这一单。希望不久的将来，我国的体育保险也能越来越丰富、完善。

> **【评析】**
>
> 中外体育明星人身保险保险金额确定较高，体现明星身价不菲。

学习单元四　健康保险

美国著名企业家、软件工程师、慈善家及微软公司的董事长比尔·盖茨说："到目前为止，我没有发现有哪一种方法比购买人寿保险更能有效地解决企业的医疗财务问题。"

一、健康保险的概念

健康保险以人的身体为标的，当被保险人因意外事故或疾病造成残疾、死亡、医疗费用支出及丧失工作能力而使收入损失时，由保险人给付保险金的一种人身保险。一般来说，健康保险的保险责任包括两大类：一是被保险人因意外事故或疾病所致的医疗费用损失，即人们习惯上所称的医疗保险或医疗费用保险；二是被保险人因意外事故或疾病所致的收入损失，这类健康保险的保单被称为残疾收入补偿保险。

构成健康保险所承保的疾病风险必须符合三个条件：必须是由于明显的非外来原因造成的；必须是由于非先天性的原因造成的；必须是由于非长存的原因造成的。

二、健康保险的基本类型

（一）医疗保险

医疗保险是指提供医疗费用保障的保险。医疗费用包括医生的医疗费、手术费、住院费、护理费等。常见的医疗保险包括普通医疗保险、住院保险、手术保险、特种疾病保险、住院津贴保险、综合医疗保险等。

（二）残疾收入补偿保险

残疾收入补偿保险是指提供被保险人在残废、疾病或意外受伤后不能继续工作所造成的收入损失的补偿的保险。残疾收入补偿保险的给付方式一般有三种：一是按月或按周给付；二是按给付期限给付；三是按推迟期给付。

三、健康保险的特征

（一）健康保险保险金具有补偿性质

在健康保险中，保险人支付的保险金是对被保险人因为医治疾病所发生的医疗费用支出和由此而引起的其他费用损失的补偿，但不是对被保险人的生命或身体的伤害进行补偿。

（二）健康保险的承保条件比较严格

健康保险的承保条件比一般寿险的承保条件更要严格，其对疾病产生的因素，需要相当严格的审查，一般是根据被保险人的病历来判断。另外，保单中常有等待期或者观察期的规定。

（三）健康保险的保险人可以行使代位求偿权

由于健康保险具有损害保险性质，当被保险人发生的医疗费用损失是由于第三者的原因而造成的时，保险人在给付被保险人医疗保险金后，可以向第三者行使代位求偿权。

（四）健康保险的风险具有变动性和不可预测性

由于健康保险涉及医学上的技术问题，同时在医疗费用的开支中，又有不少人为因素，加之医疗技术日益发展，医疗器械和药品不断更新，使得医疗支出的水平也不断上升。这一切都使得健康保险的风险具有变动性和不可预测性。在实务中，健康保险大多采用短期保险合同，通常不超过一年。

四、健康保险的若干规定

（一）免赔额条款

即在健康保险中，一般对一些金额较低的医疗费用均采用免赔额的规定。一是单一免赔额；二是全年免赔额；三是集体免赔额。规定免赔额后，小额的医疗费用由被保险人自负，大额的医疗费用由保险人承担。

（二）观察期条款

观察期条款又称等待期条款，是为防止已患有疾病的被保险人投保，健康保险保单常规定合同生效一段时间后，保险人才对被保险人因疾病发生的医疗费用承担给付责任。这一段时间就是观察期，一般为半年。被保险人在等待期或观察期内因疾病支出医疗费用或收入损失，保险人不负责任。等待期或观察期结束后，健康保险保单才正式生效。

（三）比例给付条款

比例给付条款又称共保条款。即对超过免赔额以上的医疗费用部分，采用保险人与被保险人共同分摊的比例给付的方法。比例给付既可以按某一固定比例给付，也可以按累进比例给付。这样，既有利于保障被保险人的经济利益，也有利于被保险人对于医疗费用的控制。

（四）给付限额条款

即在保险合同中对保险人医疗保险金的给付规定一个最高限额，医疗费用实际支出超过部分由被保险人自己负担，以此控制医疗费用的总支出水平。

 案例 6-7

为什么要购买健康保险

人生有太多的不确定，有了我你便可以从容应对，风风雨雨的人生旅程，坎坎坷坷的生命行程，我都会虔诚地守护着你，忠实地保护着你。让我们先看看发生在身边的新闻故事。

这是一个令人震惊的消息，在万分之一概率的配型成功后，由于面临 20 万~60 万元的巨额费用，十名白血病患者放弃治疗。

这是一个伟大而又无奈的故事，攒医药费让儿子将来能够活下去，74 岁的大学离休教授摆摊 17 年供罹患尿毒症的儿子支付巨额的透析费用。

这是一个催人泪下的故事，为了能保住孩子，父亲自杀，欲捐献遗体筹钱救罹患白血病的儿子。

这是一个发人深省的故事，昔日的丁百万，今日为救治因意外瘫痪的儿子两年来一直在北京地铁里乞讨。

还有一个极其残酷的故事，"谁来拯救我的父母？" 22 岁的白血病患者，在离开人世前的 28 小时在网上发表"绝笔"信。

在这些新闻故事的背后，在我们看这些新闻故事时，我们的脉搏是否和故事中不幸的人们一起跳动呢？我们的心情是否和他们的心情一样沉重呢？

我们是否可以痛定思痛，冷静想想，这些悲剧的根源在哪里呢？在这些故事的背后，隐藏着这样一个令人沉痛的事实，缺乏健康保障的生命是多么的脆弱和卑微。缺乏健康保障的生命又是多么的不堪一击。健康是一切的基础，因此，我们的健康也必须得到保障，所以就有了健康险。

据卫生部统计，每年癌症的新发人数突破 200 万，死亡人数突破 140 万人，并呈上升趋势，近五年中，女性乳腺癌发病概率上升迅速。

北京市疾病预防控制中心统计，6 成以上的死亡与慢性传染性疾病有关，脑血管病成为"第一杀手"。

中国卒中中心披露，卒中成为中国第一大致残疾病，每 21 秒就有 1 人死于脑卒中，我国每年猝死人数约 60 万人，近些年发病呈逐渐增加和年轻化趋势。心血管疾病和肝癌几乎成为中青年的"专职杀手"。驾车一族成为多疾病高发人群。据显示，80%的驾车人员患有 3 种或者以上疾病，75%的人体重超标，60%的人患有脂肪肝。

"过劳死"已经逼近上班族，近年来，已成为威胁上班族的一大灾难，上海上班族已有 6 成有用脑过度的迹象。上海社科院最新公布的知识分子疾病健康调查，知识分子的平均寿命从 10 年前的 58~59 岁降到调查时的 53~54 岁。

全世界每年有数亿人因食品污染而染病，我国南方的沿海城市夏季的腹泻发病率高达 40%，我国有 60% 的儿童感染有肠道寄生虫。身体健康受到严重影响，导致营养不良、贫血症，造成身体矮小，甚至影响身体发育，全国每年因室内空气污染引起的死亡人数已经达到 11.1 万人。有约 68% 的人患有疾病与室内空气污染有关。

近年来，白血病已成为少儿时期最常见的恶性肿瘤，我国 15 岁以下的儿童白血病发病率达到了 10 万分之 4，每年新增白血病儿童患者近 2 万人，在北京儿童医院收治的白血病患者中，有 90% 的家庭在半年内做过房屋装修。美国科学家最近进行了一项大规模调查表明，死于肺癌的城市居民中，有多达五分之一的人是受空气中的微小污染颗粒所害。而这些微粒主要来自于汽车废气。水污染导致的疾病占全球疾病的 80%，每年有 94 万例疾病感染及 900 万例疾病死亡起因于水污染。

据卫生部统计，受伤发生的概率是三分之一，难产发生的概率是六分之一，车祸发生的概率是十二分之一，癌症发生的概率是七千一百分之一，高血压发生的概率是十二分之一，脑中风发生的概率是一百四十分之一，糖尿病发生的概率是三十五分之一，突发心脏病发生的概率是七十七分之一，死于心脏病发生的概率是三百四十分之一，在家受伤发生的概率是八十分之一。

天有不测风云，人有旦夕祸福，任何人都无法预知自己会在何时患上何种疾病，更无法预知今后将为所患疾病支付多少医疗费用，生病以后，我们将要面对什么呢？

生病并不可怕，因为自有人类以来，疾病就一直存在，有很多人其实都不是死于疾病，而是亡于无钱治疗。科技进步到今天，现代医学已经使大部分的病症能够得到治疗，人们最担心的就是有病却没有钱医治。卫生部最新统计显示，在卫生部直属医院，一次门诊或急诊的平均花费为 163 元，一次住院的花费平均为 7961 元，医疗保健消费将持续上升。1988 年以来，我国医疗费用每年以 20% 的速度递增，大大超过了同期国民经济的增长速度。

医疗费用上涨的主要原因有以下几点。

（1）医疗服务质量的增加和高新技术新设备的使用。

（2）疾病谱的改变，心脑血管疾病、肾病、高血压、癌症等高费用疾病发生率提高。

（3）人口的老龄化及大众的健康意识提高。

（4）医疗服务单位人力成本的增加和管理费用的上升。

这些费用决定了医疗费用上涨的必然性。有多少家庭因为没有做好科学理财，在不幸降临时，原本幸福美满的小家因病致穷，甚至身亡家破，更有多少儿童原本无忧无虑，快乐的童年生活从此结束，被迫走上街头为脆弱的生命奔走乞讨，或者寄人篱下，看人脸色，纯洁的心灵和稚嫩的身体饱受摧残。医学进步使得疾病不再可怕，却带来了巨大的经济压力，家庭经济状况的不同使得同样的患者面临不同的命运，建立和完善自身的健康保障体系以抗拒各类疾病的侵袭是保障我们享有公平医疗救治的首选，我们可以仔细地想一想，每当危难发生时，是否有以下五种资金来源。

（1）银行里的储蓄。您千万别忘了，储蓄是越用越少，直至用光，甚至用光有时候也不能解决危难，摆脱困境。

（2）社会医疗保险。社会医疗保险并非是万能的，只是一种政府行为，虽然缴费低，保障面广，但是被保险人只能得到一种最基本的保障。因受到一些条条框框的限制，社会医疗保险也不是免费的午餐，一旦患病就会产生医疗费用，即使符合社会医疗保险的支付规定，个人也需要担负一部分费用，一旦患上重大疾病，或者发生意外，仅仅依靠社会医疗保险是完全不足以承担其庞大的医疗费用支出的。

（3）变卖家产。当你因为医疗费而到变卖家产的悲惨境地，生活还有什么幸福可言呢？

（4）朋友的施舍。不能否认，你确实拥有这么忠实的朋友，但是，靠朋友施舍还有什么尊严可言呢？

（5）好心人的捐助。俗话说，家家都有难念的经，总会有好心人的捐助，但是相对庞大的医疗费用而言，捐助只能是杯水车薪。

现实的生活就是这样的残酷，那么，当危难来临之际，是否有一种既可靠又科学而且又体面的资金来源呢？我们可以既坚定又自信地回答："有！"健康保险是用今天来创造未来，提前给我们的灾难准备好急用的现金，是我们能够顺利地走出困境。

我们为什么不选择一份健康保险，让风险由保险公司承担呢？保险能够为我们最大限度地降低和弥补风险所造成的损失，唯有将我们传统的拼命存钱、保障家庭的观念转变成现代人的买保险、享受生活的理念，才能用今天很少的付出，来保障未来无限的幸福。

【评析】

健康保险是一项利国利民的工程，应该呼吁每一个家庭每一个社会成员对参加健康保险作出安排。

学习单元五 团体保险

 案例 6-8

有一家企业为职工投保团体人身保险，保费由企业支付。职工张三指定妻子李四为受益人，半年后张三与妻子李四离婚，谁知离婚次日张三意外死亡。对保险公司给付的 2 万元保险金交给企业，该企业以张三生前欠单位借款 1 万元被留下 1 万元，另外 1 万元则以李四已与张三离婚为由交给张三父母。此企业如此处理是否正确？保险金按理应当给谁？为什么？

【评析】

最根本的原因是保险公司的错误，李四是张三生前指定的受益人，按照《保险法》规定，给付的 2 万元保险金应由李四本人领取。保险公司怎么能交给该企业？明显保险公司不懂法。由于保险公司的错误导致该企业的错误，保险金是不能用于偿还债务的，保险金也不能作为遗产交给张三的父母亲。假设李四比张三早死，这种没有受益人的情况下，2 万元也不能还债，可以直接交给张三的父母亲。

一、团体保险概述

（一）团体保险的含义

1．团体的含义

在实践中，各国往往通过立法限定其范围及投保团体保险的团体应具备的条件，将具备条件的团体称为适格团体。

（1）团体组成的规定。参加团体保险的团体，不能是为投保团体保险而组成的团体，而必须是已经存在的、有特定业务活动、实行独立核算的正式法人团体。

（2）团体人数和参保比例的规定。该规定的原因在于：一是团体保险是以团体作为投保人，通过减少管理费用来降低附加费用，从而达到降低保险费的目的，所以人数的多少自然有一定的影响；二是为了防止逆选择的发生。

（3）团体人员参保资格的认定：全职或专职工作的规定；正常在职工作的规定；试用期间的规定。

（4）投保金额的规定。一般来说，团体保险对每个被保险人的保险金额按照统一的规定计算，其目的主要在于消除逆选择的行为。

2．团体保险的含义

团体保险是由保险公司用一份保险合同为团体内的许多成员提供保险保障的一种保险业务。在团体保险中，符合上述条件的"团体"为投保人，团体内的成员为被保险人，保险公司签发一张总保单给投保人，为其成员因疾病、伤残、死亡及离职退休等提供补助医疗费用、给付抚恤金和养老保障计划。

（二）团体保险的特点

1．危险选择的对象基于团体

团体保险的保险人在承保时选择的对象是团体而不是个人。因此，进行对象选择的重点是审查团体的合法性和团体成员的比例。投保团体必须是依法成立的合法组织，如各种企业、国家机关、事业单位等。投保团体中参加保险的人数，与团体中具有参加资格的总人数的比例，必须达到保险人规定的比例。通常规定，如果团体负担全体保险费，符合条件的人必须全部参加；如果团体与个人共同负担保险费，投保人数必须达到合格人数的75%以上。另外，对少于10人的团体可能不能投保团体保险。

2．被保险人不需体检

对投保团体进行选择后，可以确保承保团体的死亡率符合正常水平，对个别具体的被保险人就不需体检了。由此，既方便了被保险人，也节省了成本费用。

3．团体保险的保险费率低

由于团体保险的保险手续简化，节约了大量的费用，从而降低了附加保费，毛保费自然降低。而且，团体保险的死亡率比较稳定，与个人保险的死亡率基本一致，甚至低于个人保险的死亡率，也使得团体保险的费率低于个人保险的费率。

4. 团体保险采用经验费

由于针对团体设定保险费率，其团体的死亡率随团体人员的工作性质不同而不同，因此，不同方向类别的团体适用不同的费率。该费率根据投保团体的理赔情况制定，为经验费率。

5. 团体保险使用团体保险单

团体保险以集体的名义投保，投保人是组织，其使用的保险单为团体保险单，即一份总的保险单，而不像个人保单那样，通常针对单个的被保险人分别开立保险合同。在团险的保险单中要明确投保人与保险人的权利与义务关系，其变更等合同行为在投保人与保险人之间进行。通常，被保险人的保险金给付通过投保人或专门的账户进行，不直接面对单个的被保险人。

6. 团体保险的保险计划具有灵活性

团体保险的投保人是单位团体，保单使用团体保单，保费统一缴纳，因此，保险人对于团体保险给予了一定的灵活性。如在保险期限上，可以是定期、终身、定期与终身相结合等多种方式；在保费缴纳上，投保人可以选择是趸缴、分期缴纳、趸缴与分期缴纳相结合，定期或不定期缴费等多种缴费方式；在被保险人方面，被保险人可以是确定的个人，也可以是约定条件下不确定的个人；在保险金的给付上，可以是定额给付，也可以是根据被保险人不同而不同的非定额给付。

（三）团体保险的种类及其内容

实务经营中，人们常常按照团体保险合同的保障范围（即保险责任），将团体保险划分为团体人寿保险（含团体养老保险）、团体意外伤害保险、团体健康保险。

二、团体人寿保险

（一）团体定期人寿保险

团体定期人寿保险常简称团体定期保险，是指以经过选择的团体中的员工为被保险人，团体或团体雇主作为投保人，保险期间为一年的死亡保险。

（二）团体信用人寿保险

团体信用人寿保险是指为保全住宅贷款、定期付款销售等分期偿还债权，由贷款提供机构或信用保证机构作为投保人（受益人），以与其发生借贷关系的众多分期付款债务人作为被保险人，同保险人签订的一种团体保险合同。

（三）团体养老保险

员工退休后，由保险人一次性按保险金额向退休员工支付一笔款项，供其养老生活所用，这种团体保险称为团体养老保险。

不过，随着企业年金的发展，近年来，团体员工的退休保障逐渐由团体养老保险转向企业年金保险。

（四）团体终身保险

团体终身保险则是指以团体或其雇主为投保人，团体员工为被保险人，一旦被保险人死亡，由保险人负责给付死亡保险金的一种保险产品。

（五）缴清退休后终身保险

这是一种以企业年金方式设立的团体终身保险，团体的员工自行负担保险费，逐年约定缴清，每年保障的差额由团体的雇主以购买定期保险的方式来弥补。

（六）团体遗属收入给付保险

在这种团体保险中，以团体或其雇主作为投保人，团体所属员工为被保险人，员工的遗属作为受益人，团体或其雇主与保险人签订保险合同，约定在员工死亡时，由保险人向死亡员工的遗属给付死亡保险金。

（七）团体万能寿险

团体雇主一般不为团体万能寿险缴付任何保险费，所以，团体万能寿险并不是一种严格意义上的团体保险产品。不过，如果团体的规模较大，可以按该团体的经验数据收取死亡率费用，而且收取的管理费用比个人保险产品低。

三、团体意外伤害保险

团体意外伤害保险是指当被保险人（团体员工）遭遇意外事故导致死亡或残疾时，由保险人负责给付死亡保险金或残疾保险金的一种团体保险。

团体意外伤害保险常常与团体短期丧失工作能力收入保险等一起附加于团体人寿保险合同之中。

保险人给付保险金的前提要件是被保险人身体直接因意外事故遭到伤害，如果因为其他原因（如慢性病等）而受到的伤害则属于免责范围。除了意外事故的发生，许多保险人还同时规定被保险人身体所遭受伤害的部位与程度也应该属于意外性质，才可以申请理赔。不过，这一规定的有效性与可行性常常引起争议。

四、团体健康保险

团体健康保险是指以团体或其雇主作为投保人，同保险人签订保险合同，以其所属员工作为被保险人（包含团体中的退休员工），约定由团体雇主独自缴付保险费，或由雇主与团体员工分担保险费，当被保险人因疾病或分娩住院时，由保险人负责给付其住院期间的治疗费用、住院费用、看护费用及在被保险人由于疾病或分娩致残疾时，由保险人负责给付残疾保险金的一种团体保险。

（一）团体（基本）医疗费用保险

在这种团体健康保险中，当被保险人在保险责任期开始后，因疾病而住院治疗时，保险人将负责给付其住院费用、治疗费用、医生出诊费用及透视费用和化验费用等。

（二）团体补充医疗保险

团体补充医疗保险也称团体高额医疗保险，是以排除基本医疗保险中的诸多限制为主要目的的团体健康保险产品。

（三）团体特种医疗费用保险

团体特种医疗费用保险主要包括团体长期护理保险、团体牙科费用保险、团体眼科保健保险等。

（四）团体丧失工作能力收入保险

团体丧失工作能力收入保险又称为团体残疾收入保险，它是以团体或雇主作为投保人，以团体下属员工为被保险人，由保险人承担补偿被保险人因遭遇意外伤害或疾病而丧失收入的责任的一种团体保险。

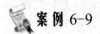 **案例** 6-9

购买团体保险可以为企业提供许多好处

第一，可以稳定企业的永续经营——当企业不幸发生意外灾害时，团体保险可以帮助企业主渡过难关、继续经营，保住万里江山。

第二，可以减轻雇主法律上的责任——当职业灾害发生时，借由团体保险可以帮企业主解决员工职灾伤残及死亡的问题，减轻企业经营的风险。

第三，可以减少员工的流动率——透过团体保险的保障，身故或残废的员工都可以获得适当的照顾，员工生活有保障，自然可减低流动率，提升生产力了。

第四，可以吸收高素质的员工——优秀的人才是企业发展的根本，透过团体保险的福利计划，更可以吸收优秀的人才，赢得员工的忠诚，避免人才的流失。

第五，团体保险费用的支出可以享受免税的优惠——每位员工、每月二千元以内的团体保险保费，可以作为税前列支的费用，既为员工谋福利，又为公司节税，何乐而不为呢？

帮员工购买团体保险除了可以让员工感受到公司对他们的照顾之外，更可以帮助企业不致因为一场意外事故，就赔掉了多年苦心经营的心血，同时又可化解许多不必要的劳资纠纷。因此，帮员工购买团体保险，可以说是一举数得。

【评析】

此人寿保险项目，对员工和员工所在单位都有很大的好处。

学习单元六　人身保险合同的特殊条款

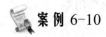 案例 6-10

人身保险特殊条款的实施

寇先生于 2012 年 4 月 17 日投保保险公司某险种 50000 元，附件提前给付重大疾病保险 50000 元，年交保费 3945 元。2013 年 3 月，寇先生撤销附件，主险保额降为 30000 元。2013 年 12 月，寇先生突然因脑出血住院，因他已经撤销附件，故不在保险责任内，无法获得赔付。2014 年 5 月 12 日，寇先生脑溢血身故。

5 月 12 日，保险公司理赔人员接到报案称客户寇先生身故，经工作人员帮助寇先生家人快速将资料收集齐全，不到 2 小时作出赔付客户 28243.21 元的结案通知。

保险公司指出：宽限期指自首次缴付保险费以后，每次保险费到期日起六十天内为宽限期。此间缴付逾期保险费，并不计收利息。如果被保险人在宽限期内死亡，保险仍有效，保险人承担保险责任并支付保险金，支付的保险金扣除应缴的当期保险费。

该案件，保险公司本应按照合同条款给付 30000 元，但客户 2014 年的保险费未按时缴纳，客户在宽限期内身故，按合同规定理赔金需扣除 2014 年的保费 1797 元，另外加上保单红利 40.21 元，最终合计给付其身故保险金 28243.21 元。

【评析】

按特殊条款规定处理。

一、两年后不可否定条款

在合同订立时，投保人应该如实告知被保险人的年龄和健康状况，如果不如实告知的保险人有权解除合同。但为了防止保险人滥用权利，保险法规定保险人只能在合同生效两年内，以告知不实主张合同无效，并在扣除手续费后，向投保人退还保险费。两年后，就丧失此权利。

二、迟交宽限条款

人身保险合同一般时间都比较长，在此时间内，由于投保人的疏忽、经济变化、临时性的资金周转不灵等原因可能影响投保人的按时缴费。为了保护投保人的利益，保险法规定一段时间为迟交宽限期。我国为 60 日。如果超过 60 日，保险人有权中止保险合同。

三、中止、复效条款

中止、复效条款是使被保险人、受益人恢复保险保障的一种措施。也就是，投保人在合同效力中止的两年内如果能够交上保险费并希望保险合同复效，经保险人的同意，合同效力继续有效。复效的条件：投保人有申请复效的意思表示，补交合同中止期间的保险费（包括利息），具备原保险合同订立的投保条件，申请必须在复效期间内提出，保险人同意。两年内，双方未达成复效协议的，保险人有权解除合同。解除合同时，如果投保人已交足两年的保险费的，保险人退还保险单的现金价值，没有交足的，保险人扣除手续费后，退还保险费。

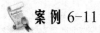 **案例** 6-11

单复效需注意成本按时缴纳保费最稳妥

寿险保单的缴费期长达一二十年，在漫长的缴费期内，有些保户可能会因为种种原因不能及时缴费，导致保单失效。对于这些失效保单，就要申请保单复效。

但需要注意的是，办理保单复效可能面临额外成本。首先，健康险因为牵涉到观察期、健康状况等问题，办理复效可能面临加费，甚至出险仍可能得不到理赔等情况。其次，投保人不仅要补交所欠缴保费，还需缴纳复效利息。复效利息从保单缴费对应日算起，按天计算。

例一：健康变差复效加费

万先生 5 年前投保了一份重大疾病保险，每年 2 月 1 日是缴费期。但今年初，万先生忙着乔迁新居，将缴费的事忘在脑后了，而搬家后也没有及时通知保险公司，保险公司寄送的缴费通知单自然也没有收到。两个多月后，李先生无意中翻出保单，一看早已过了 60 天缴费宽限期，于是赶紧提出复效申请。补办保单手续时，保险公司要为李先生做一次体检。体检后，李先生收到保险公司的"加收保险费通知书"。原来，李先生被查出甘油三酯、血压偏高，因此每年要增加将近 400 元保费。

【评析】

办理保单复效时，如果被保险人的健康状况或工作情况有所变动，保险公司将重新核定风险等级和费率。

例二：复效也有观察期

张女士 3 年前投保一份住院医疗险。去年底忘了缴纳续期保费导致保单失效，直到今年 2 月份才想起来并到保险公司办理了复效手续。今年 5 月份，张女士因突发急性胆囊炎住院治疗了一个星期。事后，她向保险公司索赔但遭到拒绝，理由是她住院时尚处于 90 天的观察期内，不在理赔范围。

【评析】

复效要重新计算观察期，张女士患病时间正处于复效重新计算观察期期间，观察期内发生疾病，保险公司不负责赔偿。

例三：复效续保遭拒

刘先生是一家外企主管，去年被派往国外学习，其间因缴费账户中的余额不足，导致 2005 年 11 月投保的一份寿险和一份附加保证续保医疗险失效。

不久前，刘先生到保险公司办理复效手续，保险公司审核后只同意长期寿险复效，原来的保证续保医疗险则不同意继续承保。理由是 2006 年刘先生有过两次因肺病住院的经历。

【评析】

保证续保功能只能在保单正常生效情况下执行，即保险公司绝不能由于保户患病住院而拒绝理赔责任。但刘先生未及时缴费已使附加险失效，短期险又不存在复效功能，只能重新投保，保险公司根据保户的身体状况有权决定是否承保。

四、不丧失价值条款

投保人交纳的保险费达到一定的年限后，保险单便具有现金价值。如果投保人不愿意继续投保而要求退费时，保险金所具有的现金价值不丧失。保险法上规定：投保人解除合同，已交足两年以上保险费的，保险人应当自接到解除保险合同通知 30 日内，退还保险单的现金价值。未交足两年的，保险人按照合同约定扣除手续费后，退还保险费。

五、误告年龄条款

保险法规定：投保人申报的被保险人年龄不真实，并且其真实年龄不符合合同约定的年龄限制的，保险人可以解除合同，并在扣除手续费后，向投保人退还保险费，但是自合同成立之日起逾两年的除外。保险人有权对保险金额进行调整，如果投保人支付的保险费少于应交的，保险人有权要求其补交；如果保险费多交的，保险人应退还多收的费用。

六、自杀条款

为了避免蓄意自杀者通过投保的方式图谋保险金，防止道德危险的发生，人身保险合同一般把自杀作为一种除外条款，但是是有期限的。保险法规定：以死亡为给付保险金条件的合同，自成立之日起满二年后，如果被保险人自杀的，保险人可以按照合同给付保险金。如果是两年内自杀的，保险人不承担给付保险金的责任，但对投保人已支付的保险费，保险人应按照保险单退还其现金价值。

七、保单贷款条款

投保人在缴纳保费一定年限以后，如有临时性的经济上的需要，可以凭保单向保险人申请贷款；贷款金额以不超过保单所具有的现金价值的一定比例为限。

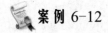 **案例** 6-12

缴纳 4 万元保险费为何只能贷 1.7 万元?

现金价值决定贷款额度,保单贷款也分不同类型。2009 年,王爹爹购买了一款保险,保费年交 2 万元。今年 4 月,王爹爹来到该公司想借款 3 万元,但业务员只批了 1.7 万元,仅为投保金额的 42.5%。王爹爹很不能理解,"一共交了 4 万元保费,保险公司说最高可借 80%,为什么连借 3 万元都不行?"

业内人士介绍,王爹爹是把保费和保单现金价值两者混淆了,而保单贷款能贷多少,取决于保单的现金价值。王爹爹这份保单由于缴费年限不长,而且为保障型,相比投资型的保险现金价值更低,因此能贷的额度也就相应有限。

而以另一款 10 年缴费年限的投资型保险为例,年交 2 万元,第 1、2、3 个保单年度分别对应的现金价值为 11656 元、28394 元、46080 元,分别为累计保费 2 万元、4 万元、6 万元的 58.28%、70.99%、76.8%。如果再按照 80%的贷款额度,分别最多可贷 9324.8 元、22715.2 元、36864 元,意味着同样的 4 万元保费,二者可贷款的额度相差 5000 多元。现金价值决定贷款额度。

王爹爹的境遇反映了投保人对保单现金价值的认识不足。简单地说,保单现金价值就是当消费者退保时,能从保险公司中拿回的钱(一般保险合同里有一张现金价值表,客户可以查到自己当年现金价值是多少)。此外,保单的现金价值还有其他用处,不论是申请保单贷款、保费垫缴和保单分红,还是退保,均由保单现金价值说了算。

以保单贷款为例,上限按保单现金价值一定比例计算,普遍为现金价值的 70%至 80%,投保人最长可获期限 6 个月的贷款,到期还款后还可以续贷。如果是期交产品,保险公司普遍要求保单缴费两年及以上才可以用于保单贷款;若是趸交,一般满了 10 天犹豫期就可以进行保单贷款。

在投保人未能及时缴纳保费时,保险公司可按合同约定从保单现金价值中提取,避免消费者因短时的资金缺口导致保单失效,永久丧失保障。在分红保险合同中,保险公司不会按照投保人所交的全部保费的比例分红,而是按照现金价值分红。

【评析】

保单贷款可以解决资金短缺问题,也可以用贷款缴纳后续的保险费。

八、保费自动垫缴条款

投保人按期交纳保险费满一定时期以后,因故未能在宽限期内交付保险费时,保险人可以用保单的现金价值自动垫付投保人所欠保费,使保单继续有效。到累计的垫付保费达到保单的现金价值时,若投保人仍不交纳保费,保单将失效。

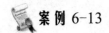 **案例 6-13**

<h1 style="text-align:center">购买人寿保险有九大好处</h1>

一、老有所养

生老病死是所有生物必经的生命过程。每个人都无法控制自己的"生死"，但是却完全可以将"老"掌握在自己手中。保险可以确保每个人都能老有所养，安享有尊严的老年生活。

"长生不死"的美梦，我们做了千年。而现在据《2007 年世界卫生统计报告》显示，中国男性和女性的平均寿命分别为 71 岁和 74 岁。《中国可持续发展总纲》更是提出，到 2050 年，中国人口的平均预期寿命可以达到 85 岁。这的确是令人非常兴奋的事情。而兴奋之后，我们考虑的是，我们的养老，我们的老年生活，又是如何呢？

据一项有关退休生活的民意调查发现，五成以上的被调查者在"期望的退休收入"项下，选择了"3000~8000 元"，另有两成多是被调查者选择了"8000 元以上"。由此可见，人们不仅期望着"长生不死"，更期望着"老年生活安稳、幸福"。

二、病有所医

人吃五谷，不保无病。所以，无论是谁，都不能保证不被病痛侵扰。而医病，却又成了另一个大问题。保险，就是要人们不仅生病看得起，同时，还要你的生活不打折扣。

虽然，在我国经济不断发展的情况下，社会医疗保险制度不断优化和完善，但是，人们却发现医疗负担沉重不堪。一旦罹患疾病，生活将受到影响，生活质量更是难以保证。

许多人认为，有了医保便万事大吉。其实，医保的性质是"只保不包"，即医疗费用并不能全额报销，它有严格的个人给付比例，比如个人起付线、共付线、封项线、重疾支付比例及用药范围、检查支付范围等的规定，所以，并"一保无忧"。

而商业健康保险，正好是对个人承担部分费用的最后补充。特别是对重大疾病，商业重病险可以保证被保人能够及时地进行治疗。目前，绝大多数寿险公司都有重疾险产品，承保的重大疾病从十几种到二十几种不等。因此，商业健康险是对医保的有效补充。

三、爱有所续

没有人能预知生命中的不幸，我们能做的就是在我们安好时，为自己购买足够的人寿保险。因为一旦发生不幸，只有保险会将我们的爱延续到父母、妻儿、兄弟姊妹的生命中。

四、幼有所护

重视教育是中华民族的优良传统，独生子女政策让父母更加重视孩子的成长和教育。因此，作为父母更应该购买人寿保险，保证孩子的成长和教育可以畅通无阻。

养大一个孩子需要多少钱？著名社会学家徐安琪在上海市徐汇区的一项社会调查显示，父母养大一个身体健康的孩子平均要花掉 49 万元。特别是子女教育费用，近几年更是突飞猛进增长，与高房价、高医疗费用被视为"三高"。可是哪一位父母愿意自己的孩子输在起跑线上呢？

据广东教育情况统计，非义务教育阶段的教育费用每人每年需 13000 元人民币，约为义务教育阶段的 9 倍，占普通家庭整个教育阶段费用的 94%。加之从幼儿园到高中的学校赞助费、择校费、择班费、辅导费等，费用也不菲。另据估算，近 10 年我国大学学费和住宿费平均每年在 1 万元以上。以可支配收入的相对支付能力计算，是世界大学收费最高水平的 3 倍以上。如以三口之家父母均在职计算，去除最低生活费，孩子的学费和住宿费将占家庭净收入的 1/3。（此计算未包括房贷、医疗费用等问题。）

五、壮有所倚

保险可以免除后顾之忧，让您能够全力打拼自己的事业。

据中国社会科学院 2009 年《社会蓝皮书》调查报告显示，2008 年城镇的经济活动人口失业率约为 9.4%，中部和西部地区甚至超过 10%，尤其在大中城市。家庭无业、失业或工作不稳定等就业压力明显增加。2006 年，有 30% 的家庭面临此压力，2008 年 38.43% 家庭面临此压力。而在被调查的失业人口中，约有 85% 是 18~49 岁的青壮年。同时，2009 年已有 100 万的大学生面临毕业就业难问题。现实表明，无论有无专业技能，无论学历的高低，每个人都有可能会面临失业的社会风险，此时，如若再遭受意外、疾病等将会对我们的生存、生活产生巨大的影响。而保险，正可以消除因失业、意外、疾病等带来的生活隐忧。

六、残有所仗

在《2007 年中国企业劳动用工意外风险报告》中，参与调查的 2656 家企业中，发生员工意外伤亡的达 1257 家，占比 48%；近 3 年员工意外伤害超过 11 人的企业占"发生意外伤亡"企业的 13%；单笔补偿金额超过 20 万元的企业占"发生意外伤亡"企业的 13%。

企业安全隐患大，社会工伤保障低。一旦发生人身伤残事故，不仅自己失去有尊严的生活，家庭和孩子的正常生活也难以保障。而商业保险可以为人生增加一层坚实的"安全防护网"。

七、钱有所积

"月光族"反映了年轻一代的储蓄与消费观。同时，对于持有及时行乐观念的人，他们手里的钱即使放在银行，也是很难真正实现财富的积蓄的。

很多人喜欢把各种投资渠道和银行相比，对保险产品也是一样。在此，除去保险的众多保障功能，单就财富积累的角度，与银行做个简单的比较。从人们的储蓄习惯看，最长的银行储蓄方式是 5 年期定期存款，而大多数都选择活期储蓄和短期定存，这有利于伺机选择收益率更高的投资机会和品种，但同时"月光族"的消费习惯也难以改变，在财富积蓄上效力也不会太强。相对而言，保险具有长期性、强迫性，也就是保险产品的功能着重于长远利益，即"持有时间越长收益越大"，与"积少成多"的财富积蓄存在共性。

从资金安全的角度看，根据我国《商业银行法》和《保险法》的相关规定，银行是可以倒闭的，而此时储户的利益可能得不到保证；保险公司是不会倒闭的，投保人的利益也不会因为保险公司的变动而受到损失，所以能保证资金安全的还是保险。

八、产有所保

产有所保，一是指实物资产，如房子、车子、首饰、高档家具、衣物等免遭意外损害，当意外发生时，我们的财产可以得到理赔；一是指现金、有价证券等非实物资产的保值。

对于家庭实物资产而言，最大的安全危险来自于火灾。据公安部门的统计显示，2007年全年火灾15.9万起（不含森林、草原、军队、矿井地下部分火灾，下同），死亡1418人，受伤863人，直接财产损失9.9亿元。其中，居民住宅共发生火灾6.1万起，死亡969人，受伤395人，直接财产损失2.1亿元。而2008年全球性的金融风暴也让人们深切体会到了财产安全保障的重要性。但是，随着社会经济的发展，投资渠道和投资产品的增多，很多民众对投资无所适从。而最重要的一点，就是许多人仍然没有足够的保险观念和保险意识。

九、财有所承

王先生，40岁，是一家钢材厂老板，女儿在国外留学。虽然别墅宝马还有贷款没有还清，但是，王先生对自己的能力很有自信，相信自己将来的收入足以确保女儿生活无忧。缺少保险观念的他，拒保险于门外。然而，一次意外的漏电事故，不仅烧毁了他的别墅及其他家产，也夺去了他的生命。王先生离开了，他留给女儿的是什么呢？未来的留学，生活费用，一笔不小的银行贷款。即使这位父亲没有遭遇意外，谁又能保证在未来我国开征遗产税后，王先生百年后，他的遗产能全部交到他女儿的手中呢？

人寿保险，不仅可以为我们规避不可测的风险，更能够让我们的后代在我们不在时候继承我们一生的财富，生活得到保证。

【评析】

人寿保险有九大好处，值得阅读。

知识总结

本项目阐述了人身保险的概念、含义和特征，表明人身保险是转嫁人生风险的工具，同时，着重介绍已推出的人身保险产品，人身保险产品既有保障的作用，又有投资的功能，多方满足社会参保的需要。

综合实训

实训目标

通过本项目的实训，熟悉各种人身保险的操作，掌握人身保险的基础知识与实务技能。

实训内容

一、单项选择题

1. 人身保险的保险金额一般由（　　）。

A. 保险人确定   B. 被保险人确定

C. 保险人和投保人协商确定　　　　D. 保险人和被保险人协商确定

2. 人寿保险的保险标的是（　　）。

A. 被保险人的生命　　　　　　　　B. 投保人的生命

C. 被保险人的生命或身体　　　　　D. 被保险人的身体

3. 人寿保险采用（　　），即保险人在各年度均收取数额相等的保险费，把被保险人应在若干年负担的保险费的总和运用科学的计算方法平均分摊于各个年度。

A. 自然保费　　　　B. 均衡保费　　　　C. 总保费　　　　D. 纯保费

4. 下列（　　）不需要体检。

A. 人身意外伤害保险　　　　　　　B. 定期寿险

C. 健康保险　　　　　　　　　　　D. 死亡保险

5. 人身意外伤害保险的纯保费率是根据（　　）计算的。

A. 生死率　　　　　　　　　　　　B. 医疗水平

C. 经济状况　　　　　　　　　　　D. 损失及职业

二、是非判断题

1. 从保险单的性质看，人身意外伤害保险的保险单既有保障性又有现金价值。
（　　）

2. 人身意外伤害保险的保险责任是死亡和疾病。　　　　　　　　　（　　）

3. 分红保险的保险费和不分红保险的保险费一样。　　　　　　　　（　　）

4. 人寿保险是以人的生命为保险标的的保险。　　　　　　　　　　（　　）

5. 终身寿险是一种定期的死亡保险。　　　　　　　　　　　　　　（　　）

三、重要名词解释

1. 人寿保险

2. 健康保险

3. 人身意外伤害保险

4. 保险金额

5. 保险金

四、思考讨论题

1. 分红保险每年都有分红吗？为什么？

2. 简述人身保险与社会保险的共同点。

3. 简述人身保险与社会保险的区别。

4. 简述传统人寿保险的种类。

5. 简述特种人寿保险的种类。

6. 简述现代新型人寿保险的种类。

五、案例分析题

1. 被保人、受益人同时身故，保险金支付给谁？

2013 年冬，钱女士为儿子亮亮投保了一款人寿保险，保额 2 万元，没有指定受益人。

不久，钱女士与丈夫王先生离婚，亮亮跟随母亲一起生活。王先生按月付抚养费和教育费，钱女士也没有再婚，同自己的父亲即亮亮的外公一起生活。

2014年夏天，亮亮和母亲在旅游途中发生了交通意外，母子俩都在这场突如其来的灾难中遇难。后经交通部门事故调查，儿子先于母亲在事故中身亡。

不久，亮亮的父亲和外公几乎同时去保险公司申请领取亮亮的身故保险金，产生了争议。

分析如下。

（1）根据我国《保险法》的规定，被保险人死后，没有指定受益人的，保险金将作为被保险人遗产，并由其法定继承人继承。

保险遗产应由第一顺序法定继承人继承，没有第一顺序法定继承人情况下，由第二顺序的法定继承人获得。第一顺序的法定继承人即配偶、子女、父母。第二顺序的法定继承人则为兄弟姐妹、祖父母、外祖父母。

（2）这笔交给被保险人的法定继承人的赔款应如何分配？

亮亮的外公是否有权领取保险金？关键是确定母子二人死亡的先后顺序，由此决定了母亲（第一法定继承人）是否有继承权。

按照我国的司法实践和寿险理赔的惯例，多人同时出险，无法确切查实死亡顺序的，假定年长者先死亡。

假定在这场事故中母亲先死亡，那么钱女士不能作为儿子的法定继承人享有该保险金，她的父亲（亮亮的外公）也就无权代表她申请该保险金。

交通部门调查认定儿子亮亮先死亡，那母亲钱女士就成为这笔保险金的第一顺序法定继承人，钱女士的父亲又作为女儿遗产的第一顺序继承人，应当享有该笔保险金的请求权。

亮亮父亲是否有权利领取该保险金？

根据我国《婚姻法》的规定，父母与子女的关系不因父母离异而消失。父母离婚后，子女无论和哪一方生活，由哪一方抚养，虽然夫妻之间的权利与义务消失，但是他们与子女之间的权利和义务关系并不因此而消失。

所以，王先生应作为第一法定继承人有权领取保险金。这样，亮亮的外公和父亲应各获得保险金10 000元。你对以上的分析有不同看法吗？

2. 张某驾驶机动车将学生王某撞伤，经交警大队认定，张某应负全部责任。王某住院治疗时，张某拒不支付医疗费，王某向法院提起诉讼后，张某同意赔偿王某医疗费10 000元、护理费等经济损失15 000元。因王某所在学校为其向保险公司投保了"团体学生健康综合保险"，王某得到张某的赔偿后，又向保险公司提出索赔，但遭保险公司拒赔，保险公司认为肇事方既已赔偿，公司就不再负赔偿义务。你认为保险公司回复正确吗？如果不正确，该案件又该怎么处理？

财产保险

学习目标

- 通过本项目的学习，了解火灾保险及其特征；
- 了解企业财产保险及其特征；
- 了解家庭财产保险及其特征；
- 了解运输工具保险及其特征；
- 了解货物运输保险及其特征；
- 了解工程保险及其特征；
- 了解责任保险及其特征；
- 了解信用保险及其特征；
- 了解农业保险及其特征。

技能目标

- 能理解企业财产和家庭财产保险投保方案；
- 能理解机动车辆投保方案及计算车险赔偿；
- 能解释工程保险所涉及的专业术语；
- 能解释责任保险所涉及的专业术语；
- 能解释农业保险所涉及的专业术语；
- 能应用财产保险各险种进行投保、承保、防灾和理赔。

学习单元一 财产保险概述

一、财产保险概念

广义的财产保险是以财产及其有关经济利益和损害赔偿责任为保险标的的保险。狭义的财产保险则是指以物质财产为保险标的的保险。

二、财产保险的特征

(一) 财产风险的特殊性

财产保险所要处理的风险是多种多样的。各种自然灾害、意外事故、法律责任及信用行为均可作为财产保险承保的风险和保险责任。在财产保险中，由于保险标的的复杂性和多样性，风险事故的发生也表现出不同的形态，既包括暴风、暴雨、泥石流、滑坡和洪水等自然灾害，也包括火灾、爆炸、碰撞、盗窃和违约等意外事故。风险事故所造成的损失，既包括直接的物质损失、赔偿责任，也包括间接的费用损失、利润损失等。

(二) 保险标的的特殊性

广义财产保险以财产及其有关的经济利益和损害赔偿责任为保险标的。按标的具体存在的形态，通常可划分为有形财产、无形财产或有关利益。有形财产是指厂房、机器设备、机动车辆、船舶、货物和家用电器等；无形财产或有关利益指各种费用、产权、预期利润、信用和责任等。狭义的财产保险的标的仅指有形财产中的一部分普通财产（如企业财产保险的保险标的、家庭财产保险的保险标的和机动车辆保险的保险标的等）。财产保险的保险标的必须是可以用货币衡量价值的财产或利益，而无法用货币衡量价值的财产或利益不能作为财产保险的保险标的，如空气、江河和国有土地等。

(三) 保险金额确定的特殊性

财产保险的保险金额的确定一般参照保险标的的实际价值，或者根据投保人的实际需要参照最大可能损失、最大可预期损失确定其所购买的财产保险的保险金额。确定保险金额的依据即为保险价值，保险人和投保人在保险价值限度以内，按照投保人对该保险标的存在的保险利益程度来确定保险金额，作为保险承担赔偿责任的最高限额。由于各种财产都可依据客观存在的质量和数量来计算或估计其实际价值的大小，因此，在理论上，财产保险的保险金额的确定具有客观依据。

(四) 保险期限的特殊性

大部分财产保险的保险期限较短。通常，普通财产保险的保险期限为1年或者1年之内，并且保险期限就是保险人实际承担保险责任的期限。不过也有一些特殊的情况。例如在工程保险中，尽管在保单上也有一个列明的保险的期限，但保险人实际承担保险责任的起止点往往要根据工程的具体情况，保险责任的起止点可以向前追溯至运输期和制造期，向后延至试车期、保证期和潜在缺陷保证期,即工程保险的保险期限实际上包括了制造期、运输期、主工期、试车朝、保证期和潜在缺陷证明期。在货物运输保险和船舶保险中,保险期限实际是一个空间范围。例如,我国海上运输货物保险的保险期限的确定依据是"仓至仓条款",即保险人对被保险货物所承担责任的空间范围是从货物运到保险单所载明的目的港收货人的仓库时为止;在远洋船舶航程保险中,保险期限以保单上载明的航程为准,即自起运港到目的港为保险责任的起讫期限。

三、财产保险的分类

我国将财产保险分为三类。

(一)财产损失险

主要包括以下几类。

1．企业财产损失险

企业财产损失险包括企业财产保险基本险、企业财产综合险、财产险、财产一切险。

2．家庭财产保险

家庭财产损失险包括普通家庭财产保险、家庭财产两全保险及各种附加险。

3．运输工具保险

运输工具保险包括机动车辆保险、船舶保险、飞机保险。

4．货物运输险

货物运输险包括国内水路、陆路货物运输保险,国内航空货物运输保险,海洋货物运输保险及各种附加险和特别约定。

5．工程保险

工程保险包括建筑工程一切险、安装工程一切险。

6．特殊风险保险

特殊风险保险包括航天保险、核电站保险和海洋石油开发保险等。

7．农业保险

农业保险包括种植业保险、养殖业保险等。

(二)责任保险

附加责任险有建筑工程第三者责任险、船舶碰撞责任保险等;独立的险种有公众责任保险、产品责任保险、雇主责任保险、职业责任保险等。

(三)信用、保证保险

信用、保证保险包括合同保证保险、产品保证保险、雇员忠诚保险等。

学习单元二　企业财产保险

　　企业财产保险是指以投保人存放在固定地点的财产和物资作为保险标的的一种保险，保险标的的存放地点相对固定，标的处于相对静止状态。企业财产保险是我国财产保险业务中的主要险种之一，其适用范围很广，一切工商、建筑、交通、服务企业、国家机关、社会团体等均可投保企业财产保险，即对一切独立核算的法人单位均适用。

一、保障范围

（一）可保财产

可保财产包括固定资产、流动资产、账外资产等。

（二）特约可保财产

（1）市值变化较大的或受某些风险的影响较小，如金银、珠宝、古玩、艺术品。
（2）为满足特殊行业需求的，如铁路、桥梁、堤堰、码头等。

（三）不可保财产

（1）不属于一般性的生产资料或商品，如土地、矿藏。
（2）缺乏评估价值的依据或很难鉴定其价值，如票证、文件、技术资料。
（3）违法违章财产，如违章建筑、非法占用的财产。
（4）必然会发生危险的财产，如危险建筑。
（5）应投保其他险种的财产，如运输过程中的货物应投保货物运输保险等。

二、保险责任

（一）基本责任

　　指投保人要求保险人承担的赔偿责任。包括自然灾害或意外事故：如火灾、爆炸、雷击、空中运行物体坠落等；被保险人的供电、供水、供气设备在遭受保险条款中列明的自然灾害或意外事故而造成的损失及由于这些设备损坏引起停电、停水、停气，以致直接造成的保险财产的损失，包括机器设备、在产品和贮藏物品的损坏或报废；在发生上述灾害和事故时，为了抢救财产或防止灾害蔓延，采取合理的、必要的措施而造成的保险财产的损失；为了减少被保险财产损失，采取施救、保护措施而支出的合理费用。

（二）综合险责任

　　综合险的保险责任不仅承担财产保险基本险 7 个方面的责任，还把保险责任扩展到以下 12 项自然灾害造成保险标的的损失给予经济补偿：暴雨、洪水、台风、暴风、龙卷风、雪灾、雹灾、冰凌、泥石流、崖崩、突发性滑坡、地面突然塌陷。

（三）一切险责任

自然灾害方面指雷电、飓风、台风、龙卷风、风暴、暴雨、洪水、冻灾、冰雹、地崩、山崩、雪崩、火山爆发、地面下陷下沉及其他人力不可抗拒的破坏力强大的自然现象；意外事故方面指不可预料的及被保险人无法控制并造成物质损失的突发性事件，包括火灾和爆炸。一切险责任范围是在综合险责任的基础上再扩展。

（四）除外责任

企业财产保险中的除外责任包括以下几种。

1．基本险的除外责任

被保险人及其代表的故意行为或纵容所致；由于行政行为或执法行为所致；战争、敌对行为、军事行为、武装冲突或罢工；地震、海啸；核反应、核辐射和放射性污染；大气污染、土地污染、水污染及其他非放射性污染；贬值、丧失市场或使用价值、停工、停产引起的各种间接损失；锅炉及压力容器爆炸造成其本身的损失；水箱、水管爆裂造成的损失和费用；任何原因导致供水、供电、供气及其他能源供应中断造成的损失和费用；保险标的在保险合同列明地址内的自燃造成的损失；保险合同中载明的免赔额；其他不属于保险责任范围内的损失和费用。

2．综合险的除外责任

被保险财产本身缺陷、保管不善导致的损失，被保险财产的变质、霉烂、受潮、虫咬、自然磨损及损耗；广告牌、天线等建筑物的外部附属设施，存放在露天或简易建筑内的保险标的及简易建筑本身因雷电、暴风、暴雨造成的损失。

3．一切险的除外责任

盗窃、抢劫；设计错误、原材料缺陷或工艺不善造成的保险标的本身的损失；非外力造成的机械或电气设备本身的损失；被保险人或其雇员操作不当、技术缺陷造成被操作机械或电气设备的损失；盘点时发现的短缺。

（五）特约责任

特约责任又称附加责任，是指责任免除中不保的责任或另经双方协商同意后特别注明由保险人负责保险的危险。特约责任一般采用附贴特约条款承保。有的特约责任也以附加险形式承保。主要有矿下财产保险，露堆财产保险，特约盗窃保险，堤堰、水闸、涵洞特约保险等。

案例 7-1

有一家食品企业投保企业财产保险，仅保存货，保险金额 100 万元，保险有效期间从 2013 年 10 月 1 日零时起至 2014 年 9 月 30 日 24 时止。回答下列一些问题。

（1）假设该企业于 2013 年 12 月 10 日发生火灾，存货损失金额为 60 万元，保险事故发生时该企业企业存货实际价值为 120 万元，则保险公司应赔偿多少？为什么？

（2）假设该企业 2014 年 4 月 4 日因发生地震而造成存货损失 80 万元，保险事故发生时该企业企业存货实际价值为 120 万元，则保险公司应赔偿多少？为什么？

（3）假设该企业 2014 年 8 月 12 日因暴雨导致仓库进水而造成存货损失 80 万元，保险事故发生时该企业企业存货实际价值为 80 万元，则保险公司应赔偿多少？为什么？

（4）假设企业 2014 年 9 月 12 日存货被盗 10 万元，则保险公司应赔偿多少？为什么？

（5）假设企业 2014 年 9 月 20 日因厂房地基下陷原因导致厂房倒塌，致使存货被盗 30 万元，则保险公司应赔偿多少？为什么？

（6）假设企业 2014 年 10 月 20 日因厂房地基下陷原因爆炸事故致使存货损失 20 万元，则保险公司应赔偿多少？为什么？

【评析】

（1）因为该保险为不足额保险，所以采用比例赔偿方式，保险赔偿金额＝损失金额×保险金额／保险价值＝60×100／120＝50（万元）。

（2）由于地震在企业财产保险综合险中属于责任免除范围，所以保险公司不予赔偿；但是该企业财产投保了地震保险，该企业因发生地震而造成存货损失 80 万元，保险是可以赔偿的。

（3）因为该保险为超额保险，保险金额超过保险价值的部分无效，但可视为足额保险，所以应按事故发生时企业财产的实际保险价值赔偿，保险公司赔偿金额＝保险价值＝损失金额＝80 万元。

（4）保险公司不负责被盗损失 10 万元，企业财产保险不含因盗窃险造成的损失，但是，如果附加盗窃保险，上述损失 10 万元就可以负责赔偿了。

（5）因厂房地基下陷原因导致厂房倒塌，要经过保险公司理赔小组研究，来决定赔还是不赔。

（6）保险公司不负责赔偿因爆炸事故致使存货损失 20 万元，因为超过保险期限。

案例 7-2

2000 年 5 月 12 日，某水产贸易公司在保险公司投保了财产基本险，保险期限为一年。2000 年 7 月 12 日凌晨 1 时左右，该水产贸易公司发生火灾，直接经济损失达人民币 120 万元。接到报案后保险公司立即赶赴现场进行勘查。经查火灾发生在保险期限以内，出险地点与保险单上财产地址相符，火灾也属于保险公司规定的保险责任。但是，该水产贸易公司的营业性质已经由水产品销售转变为经营歌舞厅，而且水产贸易公司并未向保险公司告知这一重要情况。这起火灾是由于电线短路，引燃木结构所致。该案保险公司是否可以拒付保险金？为什么？

〖 【评析】

　　按照保险合同的规定，保险公司应该拒赔这起事故，因为某水产公司经营的性质改变了，从经营水产品销售改为经营歌舞厅，危险性增加了。正是危险性增加，才发生火灾事故。

学习单元三　　家庭财产保险

一、适用范围

（一）可保财产

可保财产包括房屋及其附属设备（含租赁）和室内装修、存放于室内的其他家庭财产。

（二）特约承保财产

（1）属于被保险人代他人保管或与他人共有而由被保险人负责的上述财产。

（2）存放在院内、室内的非机动农机具、农用工具。

（3）经保险人同意的其他财产。

（三）不可承保财产

（1）金银、珠宝、钻石及制品，玉器、首饰、古币、古玩、字画、邮票、艺术品、稀有金属等珍贵财物。

（2）货币、票证、有价证券、文件、书籍、账册、图表、技术资料、电脑软件及资料及无法鉴定价值的财产。

（3）日用消耗品、各种交通工具、养殖及种植物。

（4）用于从事工商业生产、经营活动的财产和出租用作工商业的房屋。

（5）政府有关部门征用、占用的房屋，违章建筑、危险建筑、非法占用的财产、处于危险状态下的财产。

二、保险责任

（1）火灾、爆炸。

（2）雷击、台风、暴风、暴雨、龙卷风、洪水、雪灾、雹灾、冰凌、地面突然塌陷。

（3）空中运行物体的坠落。

（4）建筑或其他固定物体发生倒塌事故。

三、除外责任

（1）下列原因造成的保险财产损失，保险人不负责赔偿：工艺不善、原材料缺陷、设计错误引起的任何损失；保险财产变质、霉烂、受潮、虫咬、自燃、自然损耗；家用电器由于使用不当、超电压、短路、电弧花、漏电、自身发热或本身内在缺陷造成的本身损毁；盗窃及入室抢劫。

（2）下列原因造成第三者的人身伤亡或财产损失，不论法律上是否应由被保险人及其家庭成员承担赔偿责任，保险人不负责赔偿：被保险人及其家庭成员直接对第三者进行的身体伤害和财产损毁；被保险人及其家庭成员的重大过失；被保险人及其家庭成员的精神失常。

（3）下列原因造成的保险财产损失或对第三者经济赔偿责任，保险人均不负责赔偿：被保险人及其家庭成员的违法行为、故意行为或家庭暴力；战争、军事行动、武装冲突、核爆炸、核辐射、核污染；地震；违章搭建的建筑或设施装置、危险建筑及非法占有、持有的财产。

四、保险金额

房屋及室内附属设备、室内装修的保险金额由被保险人根据财产的购置价或市场价自行确定，室内财产的保险金额由被保险人根据当时的实际价值自行确定。

五、赔偿处理

家庭财产保险对室内财产的损失赔偿一般采用第一险位赔偿方式，即在发生保险责任范围内的损失时，不论是否足额投保，保险人按实际损失赔偿。

家庭财产保险一般是分项投保、分项赔偿，最高以不超过保单载明的分项保险金额为限。

六、家庭财产两全保险

（一）保险性质

家庭财产两全保险兼有经济补偿和到期还本双重性质。保险人用被保险人所缴纳的保险储蓄金的利息收入作为保险费，在保险期限满时将所缴纳的保险储蓄金全数返还给被保险人。

（二）保险储蓄金计算方法

保险储蓄金计算的依据是家庭财产综合险对应的费率和承保当时的银行利率，计算公式如下。

$$保险储蓄金＝保险金额×储金率$$

$$储金率＝银行利率／保险费率$$

七、家庭财产附加险

附加险为盗抢险，承保被保险财产因盗窃、抢劫对保险财产的损失，须有明显的现场痕迹。盗窃所致损失在 3 个月内未能破案的，保险人负责赔偿。

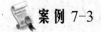**案例** 7-3

家庭财产遭窃，保险公司赔不赔

某市市民甄某于 2013 年 12 月 77 日购得 5 份由保险公司承保的家庭财产还本保险，为其住宅内的家财投保。保险存单上注明保险公司承保的城镇居民财产保险种类为家财险和盗窃险，保险金额分别为 3000 元。家中被盗索赔时却遭到保险公司的拒绝。最终向法院起诉，法院对此案作出终审判决，保险公司的抗辩理由不成立。

【评析】
家庭财产被盗，应按照约定的盗窃条款执行。

学习单元四 机动车辆保险

案例 7-4

浙江省台州市广本撞上劳斯莱斯遭天价索赔

台州的朱小姐开着广本雅阁车去市中心办事，由晏公殿巷右转弯进入府前街时，不小心与前方一辆由府前街自南向北直行的车子发生碰撞——自己雅阁车头变形、保险杠脱落，对方车轮毂有点破损、右侧车门剐花。

朱小姐撞上的是一辆气派十足的黑色劳斯莱斯轿车，挂上海牌照，车主是台州一家酒店老板的，从购车到上好牌上路，一共花了 1200 万元左右。

劳斯莱斯车主的一个朋友受委托来到现场。他的话着实吓到了朱小姐："劳斯莱斯配件很贵，单单换一个轮毂就要 100 万元，再加上其他的修理费，毛估大概需要 200 万元。"

台州市交警一大队对该起事故作出责任认定：朱小姐驾驶的广本轿车转弯时未礼让正在直行的劳斯莱斯轿车，应负该起事故的全部责任。

交警部门组织双方车主进行协调，达成了一致意见：劳斯莱斯车主将车辆送至上海 4S 店估价进行修理，被撞的车具体修理金额需要到上海总都根据车况进行评估而定。修理费由朱小姐及车辆投保的保险公司负责支付。

记者了解到，朱小姐所投保的第三责任险最高赔偿限额为 20 万元。这意味着，这辆劳斯莱斯的修理费用超过 20 万元的那部分，将由朱小姐自掏腰包了。

【评析】
朱小姐所投保的第三责任险最高赔偿限额为 20 万元，保险公司最多赔 20 万元，超过部分由朱小姐自负。

一、概念及特征

机动车辆保险是以机动车辆本身及机动车辆的第三者责任为保险标的的一种运输工具保险。

特点：机动车辆保险属于不定值保险；赔偿方式主要为修复；赔偿时通常设有绝对免赔额；机动车辆保险续保时有无赔款优惠；机动车辆第三者责任保险通常采用法定保险方式。

二、机动车辆保险的险别

基本险一般为车辆损失险和第三者责任险。

（一）车辆损失险

是指保险车辆遭受保险责任范围内的自然灾害或意外事故，造成保险车辆本身损失。车辆损失险的附加险有以下几种。

1. 全车盗抢险

指被保险机动车被盗窃、抢劫、抢夺过程中及全车被盗窃、抢劫、抢夺，经县级以上公安机关立案三个月以上未破案的损失。

2. 玻璃单独破损险

被保险机动车风挡玻璃或车窗玻璃的单独破碎，保险人负责赔偿。

3. 车辆停驶损失险

保险期间内，因发生机动车损失保险的保险事故，致使被保险机动车停驶，保险人在保险单载明的保险金额内承担赔偿责任。

4. 自然损失险

因被保险机动车电器、线路、供油系统、供气系统发生故障或所载货物自身原因起火燃烧造成本车的损失及发生保险事故时，被保险人为防止或者减少被保险机动车的损失所支付的必要的、合理的施救费用。

5. 新增加设备损失险

保险期间内，投保附加险的被保险机动车因发生机动车损失保险责任范围内的事故，造成车上新增加设备的直接损毁，保险人在保险单载明的本附加险的保险金额内，按照实际损失计算赔偿。

6. 不计免赔率特约条款

保险事故发生后，按照对应投保的险种规定的免赔率计算的、应当由被保险人自行承担的免赔金额部分，保险人负责赔偿。

（二）第三者责任险

该险种所承保的是机动车辆驾驶员在使用车辆过程中发生意外事故，致使他人遭受人身伤亡或财产损失，被保险人应负的相应民事责任。

相应附加条款有以下几种。

1．车上责任险条款

承保机动车辆在使用过程中发生意外事故，致使被保险机动车所载货物遭受直接损毁和车上人员的人身伤亡，依法应由被保险人承担的损害赔偿责任及必要、合理的费用。

2．无过失责任险

承保机动车辆在使用过程中，因非机动车辆、行人发生交通事故，造成对方人身伤亡或财产直接损毁，保险车辆无过失，且被保险人拒绝赔偿未果，对被保险人已经支付给对方而无法返还的费用，保险人根据规定赔偿。

3．不计免赔率特约条款

保险事故发生后，按照对应投保的险种规定的免赔率计算的、应当由被保险人自行承担的免赔金额部分，保险人负责赔偿。

三、保险责任

（一）车辆损失险保险责任

（1）意外事故或自然灾害造成保险车辆的损失。
（2）碰撞事故。
（3）非碰撞事故：指因自然灾害或意外事故造成车辆本身损失。
（4）合理的施救、保护费用。

（二）第三者责任险保险责任

包括被保险人或其允许的合格驾驶员在使用保险车辆过程中发生意外事故，致使第三者遭受人身伤亡或财产损失，被保险人应负的相应民事责任。

四、保险金额和赔偿限额

车损险的保险金额的确定方式为：按新车购置价确定；按投保时车辆的实际价值确定；由投保人与保险人协商确定。三种确定方式中任选一种方式确定保险金额，都是可以的，但不同的确定方式会有不同赔偿结果。

五、机动车辆保险的保险费率影响因素

（一）从车的因素

（1）车辆类型；

（2）使用性质；

（3）车辆新旧；

（4）车辆安全配置；

（5）厂牌型号；

（6）主要行驶区域；

（7）排气量；

（8）停放地点。

（二）从人的因素

（1）性别；

（2）年龄；

（3）违章肇事记录；

（4）驾龄；

（5）索赔记录；

（6）婚姻状况；

（7）驾驶员数量；

（8）职业；

（9）健康状况；

（10）个人嗜好和品行。

六、保费计算

（一）车损险保费计算

公式如下：

$$车损险保费＝基本保费＋（保险金额×费率）$$

【例题】某车主购买一辆进口轿车，用作非营业性车辆，其购置价格为24万元。该车主到保险公司投保车辆损失险，基本保费为600元，费率为1.2%，则该车辆的保费计算如下。

该车车损险保费＝600＋240000×1.2%＝3480（元）

（二）第三者责任险保费计算

第三者责任险的费率为固定费率，我国机动车辆第三者责任险的固定费率是按不同车辆种类和使用性质对应的第三者责任险每次最高赔偿限额确定的。如汽车的最高赔偿限额分为六个档次，即5万元、10万元、20万元、50万元、100万元和100万元至1000万元以内。保险费按投保时确定的每次事故最高赔偿限额对应的固定保费收取。当每次事故赔偿限额不超过100万元时，则按照基本费率表中列明的公式计算；当投保人要求投保的每次事故赔偿限额超过100万时，其投保的赔偿限额应是50万元的整数倍，且最高不得超过 1000 万元,此时计算公式如下。

保费＝N×A×（1.05－0.025×N）/ 2

其中：A＝同档次限额为 100 万元时的第三者责任险保费；N＝投保限额 / 50 万。

【例题】某车主拥有一台非营业的上海别克轿车,现单独投保第三者责任险,赔偿限额为 300 万元,则其保险费计算如下。

A＝1820 元；N＝300 万/50 万＝6

则保费＝6×1820×（1.05－0.025×6）/ 2＝2.7×1820＝4914（元）

案例 7-5

一起保险合同纠纷案

2010 年 6 月 30 日,车主傅某向某保险公司投保了交强险和其他各种商业保险,双方约定的保险期间为 2010 年 7 月 13 日起至 2011 年 7 月 12 日止。

同年 10 月 10 日,傅某驾驶被保险车辆与一轿车发生碰撞,造成两车不同程度损坏,傅某自己也受了伤。根据交警部门的事故认定,傅某对事故承担主要责任,对方承担次要责任。经调解,傅某共承担全部损失的 70%,共 23 万余元。

2011 年 4 月 12 日傅某向慈溪市人民法院起诉,要求保险公司就交强险和商业险进行赔偿。

保险公司制作的相关格式保险条款和机动车第三者责任保险条款载明,发生保险事故时,驾驶员无证驾驶或驾驶证有效期已届满的,保险人不负责赔偿。傅某当时曾在相关文件中签字。同时查明,傅某的驾驶证有效起始日期为 2004 年 9 月 27 日,有效期限为 6 年,事故发生时,其驾驶证已超过有效期,傅某于 2010 年 10 月 14 日向有关部门办理了期满换证降级业务,取得了新的驾驶证,有效起始日期为 2010 年 9 月 27 日,有效期限为 10 年。

为此,保险公司以傅某的驾驶证有效期已届满,符合相关免责条款为由,认为不应承担赔偿责任。经过审理,慈溪市人民法院作出判决,保险公司须支付交强险和商业险合计 23 万余元。

【评析】

保险格式条款应有利于保护非提供方的利益。

在交强险中,保险公司制定的格式条款的表述为,在驾驶人未取得驾驶资格情形下,保险人不负责其他损失和费用的垫付和赔偿。本案原告傅某已取得驾驶资格,并未被吊销、注销。事故发生时,傅某持有的驾驶证虽然超过有效期间,但仍在法律、行政法规规定的可以办理换证的期间内,原告的行为不属于无证驾驶,故被告理应在交强险范围内赔偿原告的损失。

而在商业险中,本案中的保险公司印制了驾驶人在“无证驾驶或驾驶证有效期已届满”情形下,保险人不予赔偿的免责条款,该免责条款为格式条款,虽然保险公司通过加黑加粗的方式提示原告注意,原告也在保险合同上签了字,但这些说明是由保险公司事先拟制并统一使用的格式声明，且只是简单地把免责内容集中在一张纸上，而没有把对免责条款的逐一说明或解释内容集中单独印制，无法推定被告与原告签订合同时向原告作出了明确说明或解释，由此也导致双方对"驾驶证有效期已届满"的内涵与外延发生争议。

从该条款的文义上看，"驾驶证有效期已届满"可有两种不同的理解，即原告所称的驾驶证本身效力期限届满和被告所称的所持驾驶证上载明的有效期限届满。法院认为，对此应理解为驾驶证本身效力期限届满，这有利于保护非格式条款提供方的利益，更有利于平衡双方利益。本案诉争事故发生时，原告所持驾驶证超过驾驶证所注明的有效期限，不能作为被告拒绝赔付原告损失的依据。为此，法院作出了有利于原告傅某的判决。

 案例 7-6

世界上最早的汽车保险

如今给汽车上保险已经是法律规定的必要手续，而很少有人知道，世界上最早的一份汽车保险出现在 1898 年，当时给汽车上保险的车主最担心的"马路杀手"不是汽车，而是马。

美国的旅行者保险有限公司在 1898 年给纽约布法罗的杜鲁门·马丁上了第一份汽车保险。马丁非常担心自己的爱车会被马冲撞。当时美国全国只有 4000 多辆汽车，而马的数量达到了 2000 万匹。一个多世纪前还被视为新鲜事物的汽车保险如今已经成为再平常不过的事情。

【评析】

马丁不是担心自己的爱车出事故，而是担心自己的爱车被马碰撞致损，才想起购买保险的。

学习单元五　船舶保险

一、船舶保险的概念

远洋船舶保险分为全损险和一切险两个险种。

（一）全损险

全损险承保被保险船舶因遭受保险范围内的风险而导致的全部损失，包括实际全损和推定全损。

主要保险责任为以下几个方法。

（1）海上风险，指海上自然灾害和意外事故构成的海上灾难。

（2）火灾或爆炸。

（3）来自船外的暴力盗窃或海盗行为。

（4）抛弃货物。

（5）核装置或反应堆发生的故障或意外事故。

（6）装卸或移动货物或燃料时发生的意外事故。

（7）船舶机件或船壳的潜在缺陷。

（8）船长、船员有意损害被保险人利益的行为。

（9）船长、船员和引水员、修船员及租船人的疏忽行为。

（10）任何政府当局防止或减轻因承保风险造成被保险船舶损坏引起的污染所采取的行动。

（二）一切险

远洋船舶保险一切险除承保全损险责任范围内的风险所致被保险船舶的全部损失外，还负责因这些风险造成的船舶的部分损失及碰撞责任、共同海损分摊、救助费用和施救费用。

保险责任包括：全部损失；部分损失；碰撞责任；共同海损和救助；施救费用；其他费用，如诉讼费用等。

二、远洋船舶保险的除外责任

（1）被保险船舶不适航，包括：船员和船长的配备不当；船舶的装备不妥；货物配载不当。

（2）被保险人的疏忽或故意行为。

（3）被保险人恪尽职责应予发现的正常磨损、锈蚀、腐烂或保养不周或材料缺陷，包括不良状态部件的更换和修理。

三、远洋船舶保险的保险期限

远洋船舶保险按保险期限分类为定期保险和航次保险。

定期保险是指以时间作为保险责任起讫期限的保险。定期保险的期限一般为一年，最短为 3 个月。

航次保险是指以船舶自起运港到目的地港为保险责任起讫期限的保险。载货船舶的起讫时间自起运港装货开始，至目的地港卸货完毕时终止，但自船舶抵达目的港当日午夜零时起，最多不得超过 30 天。

四、远洋船舶保险的赔偿

（一）全损

（1）被保险船舶发生完全毁损或者严重损坏不能恢复原状，或者被保险人不可避免地丧失该船舶，保险人可按全部损失赔偿。

（2）被保险船舶在预计到达目的港日期，超过两个月尚未得到它的行踪消息视为实际全损，保险人按全部损失赔偿。

（3）当被保险船舶实际全损似已不能避免，或者恢复、修理、救助的费用或者这些费用的总和超过保险价值时，在向保险人发出委付通知后，可视为推定全损。不论保险人是否接受委付，以不超过保险金额为限赔偿。如保险人接受了委付，本保险标的属保险人所有。

（二）部分损失

（1）对本保险项下海损的索赔，以新换旧均不扣减。

（2）保险人对船底的除锈或喷漆的索赔不予负责，除非与海损修理直接有关。

（3）船东为使船舶适航做必要的修理或通常进入船坞时，被保险船舶也需就所承保的损坏进坞修理，进出船坞和船坞的使用时间费用应平均分摊。如船舶仅为本保险所承保的损坏必须进坞修理时，被保险人于船舶在坞期间进行检验或其他修理工作，只要被保险人的修理工作不曾延长被保险船舶在坞时间或增加任何其他船坞的使用费用，保险人不得扣减其应支付的船坞使用费用。

五、沿海内河船舶保险的保险标的与保险责任

（一）保险标的

指依照中华人民共和国的法律法规和主管部门的章程进行登记注册，在中华人民共和国境内水域，从事合法营运和合法航运作业的船舶，包括海船、河船和其他可视为船舶的水上移动或浮动的装置。

（二）一切险的保险责任

碰撞、触碰责任；共同海损、救助和施救费用。

学习单元六　飞机保险

一、飞机保险的概念

飞机保险是以飞机及其有关利益、责任为保险标的一种运输保险。它具有综合性保险的特点，既包括财产保险，如飞机及零件备件保险；又包括责任保险，如承保承运人对旅客及第三者的法定责任保险；还包括人身意外伤害保险，如机组人员人身意外伤害保险、航空人身意外伤害保险。

二、飞机保险的种类

（一）飞机机身保险

1. 机身（零备件）一切险

飞机机身及零备件保险既承保飞机机身及其零备件的损失、灭失、失踪及飞机发生碰

撞、跌落、爆炸、失火等造成的全部损失或部分损失。

2．飞机机身免赔额保险

该险种为机身险的附加险，附加该附加险后，会降低机身险的免赔额，但并不会取消免赔额。

3．飞机试飞保险

此险种也为机身险的附加险，承保标的为从生产线上下来、出厂前或被修复后交给客户前，为验证其飞机性能而需试飞的飞机。

（二）旅客法定责任保险

旅客法定责任保险是以飞机乘客为保险对象的一种航空责任保险。

（三）战争和劫持险

该险种一般为附加险，主要承保由于战争，劫持、敌对行为、武装冲突、罢工、民变、暴动、飞机被扣留、没收或第三者恶意破坏造成的被保险飞机及其零部件的损坏、灭失及因此引起的被保险人对第三者或旅客应负责的法律责任。

（四）其他保险

（1）机场经营人责任保险，主要承保由于机场经营人或其工作人员的过失、疏忽造成的第三者的飞机或其他财产损失和人身伤亡，依法应负的赔偿责任。

（2）飞机产品责任保险，该险种的被保险人通常为飞机的制造生产商。主要承保飞机制造商或设计师因设计错误、制造上的缺陷、修理错误或零配件不合格而造成飞机及其他财产损失或人身伤亡的赔偿责任。

（3）机组人员人身意外伤害保险，主要保障机组人员因遭受意外事故造成人身伤亡后能获得必要的经济赔偿。

（4）飞机旅客人身意外伤害保险。

（5）丧失执照保险，主要承保飞机驾驶人员或其他持有飞行执照的机组人员由于意外事故致使其丧失工作能力或不能从事其原有工作而造成的损失。

（6）飞机承运货物责任保险，承保由于运送货物受损依法应承担的赔偿责任。

三、飞机保险的保险金额确定

（1）飞机机身（零备件）一切险保险金额确定方式有账面价值、重置价值；双方协定价值。

（2）确定旅客法定责任保险和第三者保险责任限额的主要影响因素有：飞机的飞行线路；飞机的型号；有关国家对人身伤亡赔偿限额的规定；旅客构成等。

四、飞机保险的保险费率

（1）飞机机身（零备件）一切险费率的影响因素：飞机类型；航空公司的损失记录；

飞行员及机组人员的保险情况；飞机的飞行小时及飞机的年龄；飞行范围及飞机用途；免赔额的设定高低；机队的规模大小；国际保险市场价格等。

（2）旅客法定责任保险和第三者责任保险的保险费一般按飞行公里数计算。

五、飞机保险的赔偿处理

全损时按保险金额赔偿，不扣除免赔额，还负责清理残骸的费用。部分损失时按实际修理费用扣除免赔额后计算赔款。无论全损还是部分损失，都赔偿施救费用、运输费用和抢救费用。

 案例 7-7

法航失事飞机保险赔付达 11 亿美元

2009 年 6 月 1 日 14 时，一架载有 228 人的法航空客 A330 起飞不久后与地面失去联系。机上 228 人全部遇难，其中包括 9 名中国人。7 月 2 日，法航坠机调查报告公布，称客机坠海前机身完整。

法航失事飞机将涉及 1 亿美元的机身保险和高达 10 亿美元之巨的责任保险赔偿。

法国安盛保险公司（AXA）为该机的首席保险人，该保单由怡和保险经纪在巴黎安排承保，伦敦市场首席承保人则为美国信利金融公司旗下 XL 保险公司。

国际航空险承保人估计，这架空中客车 A330-200 型客机机身价值约为 9900 万美元，但由于最终无人生还，此次空难造成的责任险赔付将高达 10 亿美元之巨。

【评析】

飞机本身损失和机上旅客死亡，保险公司赔偿或给付按照合同执行。

学习单元七　货物运输保险

一、货物运输保险的概念

货物运输保险是指以各种运输工具承运的货物作为保险标的，承保货物因自然灾害或意外事故而遭受的损失的一种财产保险。作为财产损失保险中的主要险别之一，它可以归入运输保险类别。货物运输保险一般分为国内货物运输保险和涉外货物运输保险两个主要险别。

在货物运输的过程中，货物遭受自然灾害或意外事故的损失是经常发生的，交通运输工具在运输途中发生的突发性事件、因装卸人工操作不慎造成的货物财产损失给货主带来的损失，均属常见现象。同时，在《中华人民共和国合同法》中又对承运人的责任作了明确的规定："由于下列原因造成的货物灭失、短少、变质、污染、损坏的，承运方不承担违约责任：①不可抗力；②货物本身的自然性质；③货物的合理损耗；④托运方或收货方本身的过错。"不少运输部门还规定，对"外包装完整无缺，封志无异，内部货物破碎、渗漏不负责任"，对"液体货物运行中发生的渗漏，经鉴定属桶质不良，亦不负责任"。通过这些规定可以看到，货物运输的风险很大，而且承运商不能承担全部的风险损失。为了保障运输能够正常进行，给运输中的货物一个比较妥善的风险保障，保障贸易双方的正常、合理利益，运输货物保险的发生、发展是相当必要的。

在国际上，货物运输保险是随着国际贸易的发展而不断发展并很早就走向成熟的险种。在我国，货物运输保险也是历史最久的保险业务之一。如由李鸿章创办的仁济和保险公司，作为我国最早的民族保险公司之一和清末最具规模的保险公司，经营的就是招商局的货物运输保险与船舶保险业务。1980 年我国恢复国内保险业务时，国内货物运输保险在财产保险业务中所占的比重还不到 1%，但此后一直以良好的效益保持着很高的增长率。1989 年货物运输保险业务的保险费收入达到 12 亿元，占当年财产保险保费收入总额的14%，成为仅次于机动车辆保险、企业财产保险的第三大险种。到 2007 年，货物运输保险保费收入达 63.11 亿元，所占比重虽有下降，但比 2006 年增长 15.6%，基本上仍居机动车辆保险与企业财产保险之后而保持了第三大险种的地位，且经济效益良好。可见，我国的货物运输保险正处于健康、稳步发展状态。

二、货物运输保险的意义

（一）有利于保障正常的贸易往来活动

通过货物运输保险，运输中的货物因意外灾害事故遭受的损失能够得到及时补偿，不仅能够维护收货方的利益，也避免了发货方与收货方之间许多不必要的纠纷，从而有利于维护货物交易双方的正常贸易关系。

（二）有利于加强企业自身的经济核算

企业或货主将货物运输过程中难以预料的风险所造成的不固定的损失，通过支付保险费的形式固定下来，把货物运输保险费列入成本开支范围之内，一旦货物受损，就能够及时得到补偿，以稳定生产和经营。

（三）有利于加强货物运输的风险管理

通过保险业务活动，保险人协助有关运输部门，加强对运输货物的包装、堆存、运输等各个环节的安全管理及时提出改进意见，从而减少货物损失。这是维护保险双方利益、减少货物损失的重要措施，也是保险业对社会减灾发挥作用的重要方面。

（四）有利于完善运输部门的责任制度

一方面，保险人的介入可以帮助承运部门更好地做好安全运输工作。另一方面，当货物损失是因承运人的责任造成时，保险人在赔偿后通过代位追偿，可以督使承运人承担起自己应该承担的法律义务和经济赔偿责任，弥补运输负责制的不足，从而是确保运输负责制得到落实的重要举措。

三、货物运输保险的特征

货物运输保险承保的是运输过程中的各种货物，它既有运输保险的特点，又有火灾保险的特点，但又与运输工具保险和火灾保险有区别。相比较于一般的财产保险，货物运输保险具有以下一些特征。

（一）保险标的风险保障范围非常广泛

普通财产保险负责被保险财产的直接损失及采取在施救过程中正常发生的施救费用、合理保护所产生的费用等。货物运输保险除了上述的损失和费用外，还有承担货物在运输的过程中因破碎、渗漏、包装破裂、遭遇盗抢及整件货物提货不着从而引起的被保险人损失。此外按照有关惯例货主应分摊的共同海损也予以负责。同时，货物运输保险的各种附加险特别发达，几乎涵盖了所有可能引起风险发生的外因损失风险。投保人在投保主险的基础上，有针对性地根据自身投保运输货物的特性和航程特点，可以自由选择附加险。

（二）承保的保险标的具有空间流动性

普通财产保险（如企业财产和家庭财产保险）的保险标的一般都是被保险人存放在固定地点的财产，通常都处于一个相对静止的状态；而货物运输保险由于运输业务的流动性导致了保险标的必须处在一个流动的状态之中，不可能受一般财产保险中固定地点的条款约束。同时由于保险标的具有流动性特点，风险事故通常是在异地发生，而不是在保险人所在地或是保险合同的签订地，因此在保险标的的勘查过程中，保险人一般都委托出险地的保险人或保险代理人具体执行。因此，货物运输保险业务需要具有业务覆盖面相对广阔的经营网络，或者在保险行业内发展成具有发达的保险中介网络。

（三）保险标的的保险价值具有确定性

普通的财产保险通常采用不定值保险，只约定保险金额作为最高的赔偿限额，一般在风险事故发生时，就在保险金额以内按照当时的实际价值损失来核定损失。而货物运输保险采用的是定值保险，即对损失风险的赔偿不受地区价格波动的影响，主要是为防止保险标的的流动性造成的赔偿争议。保险金额一般按双方约定的价值来确定，当发生损失时根据约定的价值按照实际受到损害的程度来计算赔偿。

（四）保险期限大多采用"仓至仓"条款

保险期间以保险标的实际所需的运输途程为限，以货物在空间的位移所需要的时间来作为保险期间，即所谓"仓至仓"条款。货物运输保险是运程保险，无法像普通财产保险那样按一定的期限确定保险期间，每一批运输货物的保险责任起讫均以约定的运输途程为标准，即责任以货物离开发货人仓库或储存地开始，一直到抵达收货人目的地仓库或储存地为止，采用按照行为时间界限的方式确定保险期限。但是也有例外，虽然一般的货物运输保险期限应当长于被保险货物离开发货地到达目的地港的时限，但是对被保险货物长期搁置在目的地港不负相应责任。这种规定通常在保险合同中载明。

（五）保险单可以不经批注合法背书转让

在普通的财产保险中，被保险人不得将保险合同连同保险财产一起转让，就是当保险标的的财产所有权发生转移时，除非保险人同意并且加以被保险人变更的批注，否则，保险单一般即时终止。而货物运输保险则不相同，由于贸易流通的需要，财产的所有权经常可能发生变化，保险人同意货物运输保险合同可以空白背书，即保险合同可以随提货单的转移而转让。《中华人民共和国海商法》（以下简称《海商法》）第二百二十九条规定："海上货物运输保险合同可以由被保险人背书或者以其他方式转让，合同的权利、义务随之转移。"

（六）承运人在保险关系中处于重要地位

普通财产保险的保险标的都是由被保险人控制和使用的，而货物在运输途中，被保险人无法实施监控和管理，只能由承运人负责货物的安全管理责任。这就说明在货物运输保险里承运方角色的特殊性，任何货物运输保险的赔案都离不开承运方的配合与协助。为了防止承运人和被保险人联合骗保的道德风险，保险人可以采用代位追偿原则来维护自身的利益，以应对那些与承运方直接责任相关的风险赔偿。

四、货物运输保险的分类

根据不同的标准，可以对货物运输保险进行不同的险种划分。具体而言，货物运输保险的划分有以下几种方式。

（一）按照适用范围划分

按照适用范围，货物运输保险可以划分为国内货物运输保险和国际货物运输保险两类。前者适用于中华人民共和国境内的货物运输业务，适用的是中华人民共和国的法律、法规与政策。后者适用于超过中华人民共和国国境范围的货物运输业务，在经营实践中需要遵守有关国际法规和国际惯例。尽管随着市场经济的快速发展和世界贸易组织对其成员国的要求，我国保险业正在加速向国际惯例靠拢，这使得国内货物运输保险也在借鉴涉外货物运输保险的做法，两者在某些方面有趋同的趋势，但因适用的法律、法规存在着差异，两者将长期存在着一定程度的区别。

（二）按照运输工具划分

按照运输工具，货物运输保险可以划分为铁路货物运输保险、水路货物运输保险、公路货物运输保险、航空货物运输保险及其他运输工具（如管道）货物运输保险。其中，水路及铁路运输的货物通常单批货物数量大，而采用汽车及陆地其他运输工具运输的货物则往往批次大，采用航空运输方式运输的货物往往价值较高。各种运输工具因运行方式及运行区域不同，其面临的货物损失风险亦会不同。

（三）按照运输方式划分

按照运输方式，货物运输保险可以分为直运险和联运险两类。直运险是为只用一种主要运输工具就直接由起运地运送到目的地的货物提供的保险，如铁路货物运输保险业务即只承保用火车运输的货物的保险。联运险是为需要经过两种或两种以上不同的主要运输工具联运才能将其从起运地运送到目的地的货物提供的保险。直运险与联运险的划分以主要的运输工具为依据，协助运输的辅助工具不在此类。

（四）按照保险人承担责任的方式划分

按照保险人承担责任的方式，货物运输保险可以划分为基本险、综合险与附加险三类。基本险、综合险均可以单独承保，而附加险则只能依附于基本险或综合险。附加险发达是货物运输保险业务的重要特征。

五、国内货物运输保险

（一）货运险的保险标的

一般而言，凡是符合保险利益原则的运输货物都可以投保国内货物运输保险，但在具体的货物运输保险经营实务中，由于不同的货物具有不同的性质，保险人通常对运输货物进行分类处理。因此，货物运输保险的保险标的被划分为一般保险（可保）标的、特约可保标的和拒保标的三类。

1．可保标的

货物运输保险的一般保险标的是指不需要经过特别约定就可以直接投保并承保的各种货物，绝大多数货物均属于一般保险标的，但仍须在保险合同中具体载明。

2．特约可保标的

下列货物的投保与承保需要特别约定，否则将除外不保：

（1）贵重财物。如金银、珠宝、钻石、玉器、首饰、古币、古玩、古书、古画、邮票、艺术品、稀有金属等。

（2）鲜活品。如活牲畜、禽类、鱼类和其他动物及水果、蔬菜等。

3．拒保标的

凡非法财物、武器弹药等，均属于绝对不保的财物。

（二）货运险的责任期限

货运险保险责任的起讫，由签发保险单之后保险货物运离起运地发货人的最后一个仓库或储存处所时起，至该保险单上注明的目的地收货人在保险单约定的收货当地的第一个仓库或储存处所时终止。遇到保险货物运抵目的地后，收货人未及时提货，则保险责任的终止期最多延长至以收货人接到到货通知单后的一定期限（一般情况下为 15 天）为限（如邮寄以邮戳日期为准）。

"签发保险单""保险货物运离起运地发货人的最后一个仓库或储存场所"是保险责任开始的两个必要条件，只有在这两个条件同时存在的情况下，保险责任才能正式开始，否则保险责任不能生效。"运离"是指保险货物在起运地发货人的最后一个仓库或储存处所中，被最终装载于主要运输工具或辅助运输工具的全过程。因为货物的装载和转运必须一件一件地搬运，不可能同时完成，所以保险责任的开始也不能完全以保险货物的完全运离为标准，"运离"一件履行一件的保险责任。所谓的起运地发货人的最后一个仓库或储存处所是包括属于被保险人或其发货人所有的、租用的或者是寄存性质的仓储处所，也就是在被保险的货物转载到运输交通工具之前的存储地。

在运输的过程中可能发生中途的"中转"，即被保险货物在中途转运的过程中，存放在中转地的承运部门的仓库或是储存处所及办理托运部门的仓库或是储存处所的情况。中转过程中保险责任持续有效，保险人对承保货物在中转过程中发生的风险责任承担同样的保障责任。保险人的这种义务仅限于正常的中转情况，对于非正常的、非无法控制情况下引起的不合理绕道或改道及由此情况引发的货物中转停留，保险人概不负责。

根据货物运输保险合同中保障期间和内容的不同，货物运输保险的保险责任期限可以分为定期运输保险和航程运输保险两种。

1. 定期运输保险

定期运输保险是指承保投保人或被保险人在一定期限（一般为 1 年）内所有运输货物的风险的保险，保险责任自货物运输保险合同中约定的起保日开始，期限到达后终止。它主要适用于制造商、批发商、零售商等经常有大量货物运输者，因为这些保险客户几乎每天都可能有货物运输业务，如果每批次运输货物均要单独投保，不仅手续烦琐，而且因费时费力而直接影响保险人与被保险人的效益。

在保险单有效期内，被保险人的货物自离开起运地的工厂、商店或仓库时起，在正常运输过程内继续有效，直到运抵目的地的工厂、商店或仓库为止（经过特别约定，货物到达目的地后，保险效力可以适当延长）。不过，保险标的并非被保险人的所有货物，而是以交付运输者为限。在保险费交付方面，由于签订保险合同时无法准确预知保险期内运输货物的确切数量与价格，一般采取按照以往年度运输货物的规模先交付一笔约定的保险费，待保险期满时再多退少补。如果保险人同意，被保险人亦可以按月交付保险费。

2. 航程运输保险

航程运输保险也可称为单程保险，即保险人与投保人或被保险人签订的保险合同，仅仅承保所投保货物从起运地到目的地的运输保险（仓至仓条款），当该次货物运输任务完成后保险责任自然终止。因此，航程运输保险属于短期性质的货物运输保险，它以每次装运的货物为限，保险费根据不同的货物及不同的运输方式及运输工具等确定的费率表进行计算，通常在投保时一次性付清。

（三）货运险的保险金额

国内货物运输保险为了避开运输货物的流动性和出险地点的不确定性造成的货物价值变动，在确定保险金额时通常采用"定值保险"的办法。即确定保险赔偿的最高限额，在发生实际损失时，按照实际损失的程度进行比例赔偿。

根据保险条款规定，国内水路、陆路货物运输保险的保险金额通常等于货物价格加运杂费的求和计算确定。其中：货价是指货物的发票价格，是购货方为取得货物所有权付出的经济代价；运杂费则包括运输费、包装费、搬运费及保险费等，这些费用的实际金额如果计算有困难，也可以用估计数。

（四）货运险的保险费率

1. 影响保险费率的因素

货物运输保险的保险费率取决于货物在保险有效期内可能遭受损毁的风险程度。具体而言，能够对国内货物运输保险产生影响的因素，主要有以下几种。

（1）货物的性质与包装。货物的性质不同，发生危险的可能性也不同。如易燃、易爆物品的危险性就高，容易溶解结块的、容易破碎渗漏的、容易腐烂变质的货物损毁性就高。货物的包装与装载对危险发生的可能性也有很大影响，对货物的包装要求适合运输的需要，特别是易碎、易损货物和商品价值高的货物的包装，更应具有防碎、防损和防盗性能。散装的货物容易发生短量、玷污，要求船舶、隔舱设备齐全，舱内清洁。在保险实务中，保险人通常将货物分为一般货物、一般易损货物、易损货物、特别易损货物等，并且另有货物分类表，以便确定各种货物的保险费率。

（2）运输方式。运输方式分为直达运输、联运、集装箱运输等方式。货物运输方式不同，运输中的风险自然不同，保险费率也会有差别。采用联运的方式，由于在运输途中要变更运输工具，这就增加了卸载、装载等中间环节，从而增加货物装卸过程中的危险，所以一般要另加一定比例的保险费。在货物运输保险实务中，保险人一般规定联运险的保险费率按所用运输工具中费率最高的一种确定。而集装箱运输货物的危险程度较小，因此，一般按货物运输保险费率表规定的标准减免 50%。

（3）运输工具。火车、船舶、汽车、飞机等运输工具在运输过程中遇到的风险不同，因此，保险费率也不同。对用船舶运输的货物，还要按江河、沿海及船舶的种类区分费率。

（4）保险险别。国内货物运输保险基本险承担的保险责任小于综合险，因此，综合险的费率要高于基本险。如果还有附加险，则所收保险费更高。

（5）运输途程。运输途程分为省内、省外、埠内和沿海等，并考虑水流缓急、季节气候等因素。如凡在长江上游（宜昌以上）及其他水流湍急的江河运输的货物，一律按费率表的规定另行加收一定比例的保险费。

（6）其他因素。海洋运输船舶的船龄和吨位大小也是确定保险费率时要考虑的因素，如用旧船（船龄超过 15 年）装运或用吨位较小的船舶（如 1 000 吨以下）装运时，应加收保险费。装卸港口的管理和装卸设备的好坏，运输途中有无转船或扩展内陆运输等，对危险大小也有直接关系，从而在确定保险费率时亦应当加以考虑。

2. 货运险的保险费率

在货物运输保险实务中，综合考虑上述因素的基础上，按照运输工具的不同制定分类差别费率，包括水路、铁路、公路、航空货物保险费率。

在水路、铁路货物运输保险中，还需要按照基本险、综合险制定不同的费率。基本险的保险费率分为省内和省外，并结合运输方式与运输路线等确定若干具体的费率标准。综合险则通常将货物划分为五类，即从一类货物到五类货物，并根据运输方式和运输路线等，确定不同等级的保险费率。

在航空货物运输保险中，保险人通常将投保货物分为三类：第一类属于一般货物，第二类属于易损货物，第三类属于特别易损货物，其保险费率依次增加。

对鲜活物品和动物，无论采用何种运输工具承运，其保险费率一般均另行规定。附加险的费率既可以单独制定，也可以根据基本险或综合险费率的一定比率确定。

（五）货运险的保险赔偿

1. 货运险的索赔

国内运输货物保险的保险标的发生风险事故时，被保险人应及时通知保险人，并承担自己应尽的施救等义务。被保险人向保险人申请索赔时，需要提供下列单证：

（1）保险单（凭证）、运单（货票）、提货单、发票（货价证明）。

（2）承运人签发的货运记录、普通记录、交接验收记录、鉴定书。

（3）收货单位的入库记录、检验报告、损失清单及救护货物所支付的直接费用单据。

（4）其他有利于保险理赔的单证。

我国货物运输保险规定："货物运抵保险凭证所载明的目的地收货人在当地的第一仓库或储存处所时起，收货人应在 10 天内向当地保险机构申请，并会同检验受损货物，否则保险人不予受理。"

2. 货运险的理赔

保险公司接到上述单证后，应迅速核定应否赔偿，并根据现场查勘情况定责、定损。若属于保险人应当赔偿的范围，凡按保险价值确定保险金额的，保险人根据实际损失计算赔偿，但最高赔偿金额以保险金额为限。凡保险金额低于保险价值的，保险人对其损失及支付的施救保护费用按照保险金额与保险价值的比例计算赔偿。货物损失的赔偿与施救保护费用分别计算，各以不超过保险金额为限。货物损失的残值应充分利用，可作价归被保险人并在赔款中扣除。

对于足额投保和不足额投保的情况，保险公司采用不同的赔偿标准进行理赔。

（1）在足额投保的情况下，就是直接按货价确定保险金额，保险公司根据实际损失按起运地货价计算赔偿；按货价加运杂费确定保险金额的，保险人根据实际损失按起运地货价加运杂费计算赔偿金额。但保险金额也是赔偿上限。

（2）在不足额投保情况下，就是保险金额低于货价时，保险公司对货物损失的赔偿金额及支付的施救费用，分别按保险金额与货价的比例计算赔偿。赔偿的计算公式如下。

$$赔偿金额＝损失金额×保险金额／起运地货价$$

施救费用的计算公式如下。

$$施救费用＝施救费用×保险金额／起运地货价$$

当保险双方就赔偿金额达成协议后，保险人应在 10 天内赔付。对于被保险货物的损失是由第三者造成的，保险人在承担赔偿责任后，还应当进行代位追偿，被保险人有责任协助保险人追偿。由于被保险人的过错致使保险人不能行使代位追偿权利的，保险人可以扣减赔偿金。

货物运输保险中被保险人的索赔时效期为 2 年，即自被保险人获悉货物遭受损失的次日起，如果经过 2 年不向保险人申请赔偿，不提供必要的单证，或者不能领取应得的赔款，则视为自愿放弃权益。当被保险人与保险人发生争谈时，应当在实事求是的基础上力争协商解决，双方不能达成协议时可以提交仲裁机关或法院处理。

货物运输保险是以运输途中的货物作为保险标的，保险人对由自然灾害和意外事故造成的货物损失负赔偿责任的保险。

六、国际货物运输保险

(一) 进出口货运险种类

进出口货运险条款按承保保险责任的大小，又可分为若干种不同的险别，具体分类如下。

（1）海运条款。平安险、水渍险、一切险。

（2）陆运条款。陆运险、陆运一切险。

（3）航空条款。空运险、空运一切险。

（4）邮包条款。邮包险、邮包一切险。

（5）海运冷藏条款。海运冷藏险、海运冷藏一切险。陆运冷藏货物、海运散装桐油及活牲畜、家禽保险条款没有险别大小的分类。

(二) 保险责任

1. 平安险

保险人主要负责下列保险事故造成保险货物的损失、责任和费用。

（1）因恶劣气候、雷电、海啸、地震、洪水自然灾害造成整批货物的全部损失。

（2）由于运输工具遭受搁浅、触礁、沉没、互撞、与流冰或其他物体碰撞、失火、爆炸等意外事故造成货物的损失。

（3）在运输工具遭受意外事故的情况下，货物在此后又在海上遭受自然灾害所造成的损失。

（4）在装卸、转运时由于一件或数件整件货物落海造成的损失。

（5）被保险人对遭受承保责任范围内危险的货物采取抢救、防止或减少货损的措施而支付的合理费用。

（6）运输工具遭遇海难后，在避难港由于卸货所引起的损失及在中途港、避难港由于卸货、存仓及运送货物所产生的特别费用。

（7）共同海损的牺牲、分摊和救助费用。

（8）运输契约订有"船舶互撞责任"条款，根据该条款规定应由货方偿还船方的损失。

2．水渍险

除包括上列平安险各项责任外，还负责被保险货物因自然灾害所造成的部分损失。

3．一切险

除包括上列平安险、水渍险的各项责任外，还负责被保险货物在运输途中由于外来原因所致的损失，它包括下列 11 项条款。

（1）偷窃、提货不着险条款。

（2）淡水雨淋险条款。

（3）短量险条款。

（4）混杂、沾污险条款。

（5）渗漏险条款。

（6）碰损、破碎险条款。

（7）串味险条款。

（8）受潮受热险条款。

（9）钩损险条款。

（10）包装破裂险条款。

（11）锈损险条款。

学习单元八　责任保险

案例 7-8

全球最贵的一颗果冻　居然价值 5000 万美元

相信大家都吃过果冻吧？无论国产的还是进口的，再美味的估计也绝对不会超过 100 美元一颗，可是在美国，却有一颗果冻居然价值 5000 万美元！真的令人瞠目结舌！究竟为什么这颗果冻会这么昂贵呢？让我们来看看。

原来，在 2002 年 2 月的某一天，美国波士顿一名两岁的华裔男童杰佛瑞在吃果冻时，被卡在喉咙里的果冻噎住，导致昏迷，虽然父母将他紧急送医急救，但他仍变成植物人。杰佛瑞的父母在医师认定无法救治的情况下，九天后决定拔除杰佛瑞的呼吸器，让他自然死亡，结束了这一年轻的生命……随后，家属愤怒地向台湾盛香珍果冻公司的经销商所在地的加州旧金山高等法院提出控告，要求给予合理的赔偿和对该公司进行巨额的惩罚性罚款！由于这已经是一连串果冻噎死儿童事件中，盛香珍公司第二次被法院判决赔偿的案件，上次蒟蒻果冻噎死美国一名九岁女童案，法院就已经判决盛香珍公司需赔偿 1670 万美元！所以，鉴于同样的案件因为相同的原因再次复发，美国旧金山高等法院于 2003 年判决台湾盛香珍食品公司由于食品本身质量问题导致食用者死亡，必须赔偿死者家属 5000 万美元，相当于 17.2 亿台币！故此，这颗果冻也因此成为全世界至今为止最贵的一颗果冻。

【评析】

在美国的司法体系中，由于对产品责任实行的是严格责任制，即在此类案件中的举证责任是在被告方。消费者若因产品质量问题对生产厂商或经销商提出诉讼，而生产商或经销商无法证明自己的产品对消费者没有造成伤害，则生产厂商或经销商就必须作出赔偿。同时因为美国惩罚性赔偿及高额的律师费存在，企业的出口产品风险巨大，出口产品责任保险正好可以帮助企业将这类风险变成可控的风险，避免发生类似盛香珍的案件，帮助企业无忧虑地扩展美国市场。所以，现在国外比较大型的采购商如 Wal-Mart、Dick's、Target、Home Depot 等，在采购中国的商品时都会要求中国的供应商购买出口产品责任保险。

一、责任保险概述

（一）责任保险的概念

责任保险是一种以被保险人对第三者依法应承担的民事赔偿责任为保险标的的保险。属于广义财产险的范畴。

（二）责任保险的分类

1. 根据业务内容分

责任保险的主要种类包括产品责任险、雇主责任险、公众责任保险、职业责任险、第三者责任保险。其中公众责任险包括场所责任险、电梯责任险、个人责任险、承包人责任险等；职业责任险包括医生职业责任险、药剂师责任险、会计师责任险、律师责任险、设计师责任险、工程师责任险和保险代理人及经纪人责任险等。

2. 根据责任发生的原因分

责任保险可分为无过失责任险和过失责任险。无过失责任险包括雇主责任险、产品责任险、核电站责任险等；过失责任险包括场所责任险、医生职业责任险、个人责任险、机动车辆第三者责任险等。

3. 根据法律的归类分

责任保险分为法律责任险、约定责任险。其中法律责任险包括场所责任险、机动车辆第三者责任险等；约定责任险包括货物运输合同责任险、用工合同责任险等。

二、产品责任险

（一）产品责任险的概念

产品责任险是指以产品生产者或销售者等的产品责任为承保风险的责任保险。

（二）产品责任险的内容

保险人承保的产品责任风险，是承保产品造成的消费者或用户及其他任何人的财产损失、人身伤亡所导致的经济赔偿责任及由此而导致的有关法律费用等。

1. 保险责任

（1）被保险人生产、销售、分配或修理的产品发生事故，造成用户、消费者或其他任何人的人身伤害或财产损失，依法应由被保险人承担的损害赔偿责任，保险人在保险单规定的赔偿限额内予以赔偿。

（2）被保险人为产品责任事故支付的法律费用及其他经保险人事先同意支付的合理费用，保险人也负赔偿责任。

2. 除外责任

（1）被保险人承担的违约责任，除非经过特别约定。

（2）被保险人根据劳工法或雇佣合同对其雇员及有关人员应承担的损害赔偿责任，这种责任应由劳工保险或雇主责任保险承保。

（3）被保险人所有或照管或控制的财产损失。这种损失应由财产保险承保。

（4）产品或商品仍在制造或销售场所，其所有权尚未转移至用户或消费者之前的责任事故损失。这种损失应由公众责任保险承保。

（5）被保险人故意违法生产、销售的产品发生的事故责任损失。

（6）被保险产品或商品本身的损失及被保险人因收回有缺陷产品造成的费用及损失。这种损失应由产品保证保险承保。

（7）不按照被保险产品说明书要求安装使用或在非正常状态下使用造成的责任事故损失。

（三）保费的影响因素

（1）产品的特点及其可能对人体或财产造成损失的大小。

（2）赔偿限额的高低。

（3）承保地区范围的大小。

（4）产品数量多少和产品价格高低。

（5）保险公司以往经营此项业务的损失或赔付统计资料。

（6）产品制造者的技术水平和质量管理情况。

（四）保费计算

产品责任险的保险费，通常是按上年的生产、销售总额或营业收入总额及适用的保险费率计算出预收保费的。

三、雇主责任险

（一）雇主责任险的概念

雇主责任是指雇主对雇员在受雇期间因发生意外事故或职业病而造成人身伤残或死

亡时依法应承担的相应的经济赔偿责任。

雇主责任险是指以雇主的责任为承保风险的责任保险。它保障雇主对雇员在受雇过程中伤亡、疾病的赔偿责任。

（二）投保人与被保险人

雇主责任险的投保人和被保险人都是雇主，但受益人是与雇主有雇佣关系的雇员。保险人与雇主之间存在保险合同关系，与雇员之间无合同关系。

（三）雇主责任险的内容

1. 雇主责任险的赔偿限额

（1）死亡赔偿。按照保单规定的雇员死亡的赔偿限额赔偿。

（2）伤残赔偿。永久性完全残疾，按每一雇员的最高赔偿限额赔付；永久性局部伤残，按赔偿金额表中规定的百分比赔偿；雇员在工作中受伤称为伤害，暂时丧失工作能力超过5天，经医生证明，按雇员的工资赔偿。

2. 保费

雇主责任险的保费率须根据被保险人的工资总额（包括奖金、伙食补助等各种津贴、加班费）、工作地址、职业性质及被保险人选定的赔偿限额来确定。

 案例 7-9

任某驾驶员获得给付 12 万元

某货物运输公司为其所雇用的 50 名驾驶员与某保险公司订立了雇主责任险合同。合同规定：每人死亡赔偿限额是 40 个月工资，伤残赔偿最高限额为 48 个月。投保人按保单约定交纳了保费。保险期间内某日，公司驾驶员任某驾驶的大货车发生车祸，任某受伤，花费医疗费 10 万元。

> **【评析】**
>
> 公司还参加了工伤保险，但依然可以获得雇主责任险的赔付。因为两种保险有着本质的区别。雇主责任险是基于雇主未能尽其法律义务而产生的赔偿责任的保险，而工伤保险虽然也是承保雇员遭受人身伤亡或疾病时的雇主赔偿责任，但不考虑雇主有无过失。工伤保险是社会保险，雇主责任险是商业保险。
>
> 任某也因为有工伤保险，从社会保险公司获赔 7 万元。根据雇主责任险合同，每人伤残赔偿限额是雇员的 48 个月工资至 12 万元，商业保险公司因而赔付了 5 万元给任某，因为医疗费等部分不能重复赔付，所以雇主责任保险也才能赔 5 万元。

雇主责任险的基本保险责任包括三方面：被保险人雇用的人员包括长期固定工、短期工、临时工、季节工和徒工。在保单有效期间，在受雇过程中包括上下班途中，在保单列明的地点，从事保单列明的业务活动时，遭受意外而受伤、致残、死亡或患与业务有关的职业性疾病所伤残或死亡的经济赔偿责任；因患有与业务有关的职业性疾病而导致所雇用员工伤残或死亡的经济赔偿责任；被保险人应支付的有关诉讼费用。

四、公众责任保险

（一）公众责任险的概念

公众责任保险又称普通责任保险或综合责任保险，是指以损害公众利益的民事赔偿责任为保险标的的责任保险。

（二）公众责任保险的内容

公众责任保险的基本责任是保障被保险人在保单有效期间从事所保业务活动因意外事故对第三者造成的人身伤害和财产的损害或灭失引起的法律赔偿责任。另外还负责被保险人因发生损害事故而支付的有关诉讼费用。

（三）公众责任险的种类

公众责任险主要分为：场所责任险；承包人责任险；承运人责任险；个人责任险；综合公众责任保险。

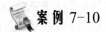 **案 例** 7-10

路灯不亮导致老太摔成骨折保险公司最后赔了 2.67 万元

什么样的情况能用公众责任险赔付？陈先生说有一个重要的赔付前提，即业主或访客在小区内产生的人身财物损失，是因为小区物业管理不当、治理不到位而造成的。

2014 年，杭州某物业公司给旗下所有小区都投了公众责任险，一年保费共计两万余元。

那年夏天，该物业管理的一个小区中，一位八十多岁的老太太在小区楼梯上摔了一跤，摔成股骨颈骨折，老太太提出，要物业赔付全部损失 7.5 万元。

事后，保险公司进行了现场查勘，发现国家规定每级楼梯高度应为 17~18cm，而这个小区每级楼梯高度超出国家规定范围 7cm 以上。此外，由于事件发生在晚上，附近的路灯坏了，物业却没有及时修缮，再加上物业未摆放提示性标语，才导致老太太摔成骨折。这种情况，适用于公众责任险赔付范围。

⊫ 【评析】

由于老太太的医疗费大部分由医保报销，最后经过双方协商，保险公司赔付了 2.67 万元。因为医疗费有医保报销，公众责任保险也可以负责医疗费，但不能两边同时计算医疗费，只能算一边给付医疗费，因此，常说的医疗费不能重复计算。

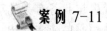 **案例** 7-11

鱼塘塘主负责民事赔偿责任

福建省福清市海边围建一口鱼塘，深度有2米多，鱼塘附近是村庄，有一个小男孩顽皮惹母亲生气，家长欲抽打小孩，小孩往前跑，其母在后追，小孩越跑越快，生怕被追到遭毒打。小孩不慎掉入鱼塘，母亲跳入相救，最终两人都上不来，酿成惨重的悲剧。

> **【评析】**
>
> 法院判决，鱼塘塘主负责民事赔偿责任。

五、职业责任保险

（一）职业责任保险的概念

职业责任保险是指以各种专业技术人员的职业责任为承保风险的责任保险。

（二）职业责任保险的分类

（1）内科医生、外科医生及牙医职业责任保险。
（2）药剂师责任保险。
（3）会计师责任保险。
（4）保险代理人及经纪人责任保险。
（5）律师责任保险。

（三）保险范围

职业责任保险只负责专业人员由于职业上的疏忽行为、错误或失职造成的损失。

（四）保费

职业责任保险的纯保费等于损失金额除以保险单位。

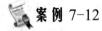 **案例** 7-12

南京推出美容师职业责任保险

中国人民财产保险公司南京分公司日前在全国范围内推出了"美容师职业责任保险"。

有关资料显示，近两年我国美容医疗机构和消费者之间纠纷的案件很多，绝大部分诉讼案件是美容机构败诉，有的美容院败诉后的赔偿金额甚至达到上百万元。人保南京分公司此次推出的"美容师职业责任险"由美容机构为美容师投保后，保险公司须对美容师工作时可能对消费者带来的人身伤害予以赔偿。根据规定，只有依法登记注册的美容美发机构才有资格投保。在保险期内，受害人或其近亲可获得保险公司的赔偿。医疗美容中，受害人最高可获得 10 万元赔偿；生活美容中，受害人最高可获得 5 万元赔偿。

📋【评析】

　　南京美容协会一位负责人表示，这一险种的推出在一定程度上有利于化解美容院和消费者之间的矛盾。但是，美容行业还需自律，加强对美容师的行业操守教育，以行业规范来促进美容业的发展，而不是单纯靠保险公司埋单来为其保驾护航。

学习单元九　信用和保证保险

一、信用保险

（一）信用保险的概念

　　信用保险是指权利人向保险人投保债务人的信用风险的一种保险。信用保险的一个特点是投保人都是权利人。信用保险主要的险别包括一般商业信用保险、投资保险（又称政治风险保险）和出口信用保险。

（二）一般商业信用保险

　　包括赊销信用保险、贷款信用保险、个人贷款信用保险。

（三）投资保险

　　投资保险又称政治风险保险，是指承保被保险人因投资引进国政治局势动荡或政府法令变动所引起的投资损失的保险。

　　投资保险的保险期有短期和长期两种。短期为 1 年；长期的最短为 3 年，最长不超过 5 年。

　　投资保险的保险金额以被保险人在海外的投资金额为依据确定。

（四）出口信用保险概念

　　出口信用保险是承保出口商在经营出口业务的过程中因进口商的商业风险或进口国的政治风险而遭受的损失的一种信用保险。

（五）出口信用保险的特点

　　（1）出口信用保险离不开政府的参与。各国出口信用保险的经营方式包括：政府直接经营方式（如英国、日本、丹麦、瑞典、瑞士）；政府间接经营方式（如加拿大、澳大利亚、印度、中国香港等）；混合经营方式（如法国等）。

　　（2）出口信用保险必须全额投保。

　　（3）出口信用保险必须实行风险评估。

（六）出口信用保险的分类

1. 按保险责任起讫时间

按保险责任起讫时间分为出运前的保险和出运后的保险。

2. 按出口合同的信用期

按出口合同的信用期分为短期出口信用保险和中长期出口信用保险（短期出口信用保险一般采用统保的承保方式）。

3. 按承保风险

按承保风险分为商业风险的出口信用保险、政治风险的出口信用保险。

4. 按出口合同性质

按出口合同性分为货物出口的出口信用保险、劳务输出的出口信用保险、建筑工程承包的出口信用保险。

（七）短期出口信用保险的适用范围

根据出口信用保险条款的规定，投保短期出口信用保险的出口合同必须同时具备以下三个条件：

（1）付款条件为商业信用方式；

（2）信用期不超过 180 天；

（3）出口产品全部或部分在中国生产或制造。

（八）短期出口信用保险的保险责任

承保被保险人发运货物后由于商业风险和政治风险引起的贷款损失。

（九）中长期出口信用保险

适用于信用期在 180 天至 5 年或 8 年之间的资本性或半资本性货物的出口项目。

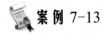 **案例 7-13**

发挥出口信用保险作用进一步防范外贸风险

随着金融危机蔓延至实体经济，境外商家拖欠货款、取消订单甚至破产等情况时有发生，出口收汇风险已成为中国外贸企业面临的最大外部风险。危机发生后，中国出口信用保险公司提供的保障和服务让不少投保企业绝处逢生，出口信用保险作为国家支持出口的金融工具，其功能作用进一步凸显。

2014 年年初，江苏一家知名高科技企业的两个美国客户突然破产，造成该企业营运资金周转出现问题。中国信保接到报损后迅速开展理赔，很快支付给该企业近 400 万美元赔款，帮其渡过了危机。

据了解，2014年，中国信保实际支付赔款总额达3.6亿美元。另有数据显示，2008年至2014年，中国信保向100多家企业支付赔款超过12亿美元，追回海外欠款近4亿美元。

北京大学林教授指出，信用保险具有促进出口、保障收汇、便利融资、开拓市场的作用，是国际通行的出口支持手段，在防范外贸风险方面的作用可以说是不可替代的。

但从总体上看，出口企业的风险防范意识特别是利用政策工具防范和转嫁风险的意识明显不足，绝大多数企业在面临恶化的信用环境和多变的市场条件时，还停留在依靠自身能力承担的层次，防范风险和抵御损失的能力令人担忧。由于保险意识不足等现实条件限制，出口信用保险在我国还有非常大的发展空间。

如何充分发挥出口信用保险作用、更好防范外贸风险，这一问题已经引起广泛关注。

受访的业界专家一致认为，发展出口信用保险离不开国家政府支持，长远来看，应完善出口信用保险制度建设，主要包括：加快出口信用保险的立法进程，继续加大政策支持力度，完善出口信用保险的风险补充机制，扩大出口信用保险业务规模和服务网点覆盖面等。

【评析】

业内人士表示，由于国际经济形势不容乐观，出口企业总体上仍将处于比较艰难的商业环境中。因此，稳健的业务发展战略、谨慎的业务规模、稳妥的支付手段、相对完备的合同条款和更为积极的风险防范措施，对于企业来说十分必要。

二、保证保险

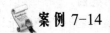 案例 7-14

雇员忠诚保证保险

2014年9月20日，某银行盘点查账时发现，9月份应入账的公路规费1832684元不知所终。而现金对账明细表、银企对账单均表明，该银行驻点公路稽征所代征公路规费的莲前支行柜员曾某，于2014年8月30日至2014年9月20日，分九笔挪用该资金，至今尚未归还。铁证如山，曾某不得不承认自己的罪行。早在2009年6月，曾某就开始挪用银行资金，借贷给亲戚使用至今。

但是，如此巨额挪用，怎么会曝光？原来曾某在担任银行支行柜员期间，被派驻到一家基层稽征所，提供上门收款服务，利用该职务便利，曾某采取了延迟入账时间的手段，并不断循环以后挪用的款项归还前次挪用的款项，一直将其擅自挪用造成的资金空档掩盖得严严实实。

纸终究包不住火，2014年9月21日案发后，曾某在单位工作人员的陪同下，向市公安局经济犯罪侦查支队投案自首。直至2015年6月被判刑8年入狱，曾某仍无法归还该款项。这1832684元，成了银行的坏账。

发现资金被挪用后，银行很庆幸自己投保了"雇员忠诚险"。据了解，2014年3月20日，保险公司向银行发出一份保险建议书，建议银行投保因雇员不忠诚而造成的损失，随后银行接受建议，双方于 2014 年 4 月 28 日签订了"雇员忠诚保险"合同。

保险条款中约定，在银行提交的各营业网点、各 ATM 机及上门收款点清单范围内，雇员发生携款潜逃、贪污、职务侵占、单独或与他人共谋抢劫、盗窃现金等不忠诚行为，造成的经济损失由保险公司负责赔偿，保险期限自 2014 年 5 月 1 日零时至 2015 年 4 月 30 日 24 时止。因为有这样一份保单，所以银行认为，员工不忠造成的坏账该由保险公司买单。

2014 年 7 月 8 日，银行向保险公司提交了财产保险出险通知书及索赔申请书等相关资料，要求保险公司依法予以理赔，但保险公司却认为：该事故不属于"雇员忠诚险"的承保责任范围。

合同签订后，银行依约交纳了保险费，但在事故发生后却遭拒赔，银行只得将保险公司告上法院。

保险公司也列出了拒赔的三大理由。首先，银行雇员曾某犯下的是"挪用资金罪"，并非保险条款规定的"携款潜逃、贪污和职务侵占"，其行为性质与保险条款的约定不符。其次，本案事故地点是一家基层稽征所，并非保险合同约定清单所列的"稽征处"。第三，曾某在保险期间内挪用的资金只是填补之前的资金空档，并没对银行造成损失；而早在 2009 年 6 月，曾某就挪用银行资金借贷他人，借钱的时间才是银行产生损失的时间，不在保险期间内。

但是，银行认为，条款中关于保险责任的陈述是对雇员不忠诚行为的描述，并非对刑法罪名的描述，例如刑法中也没有"携款潜逃罪"这样的罪名；而关于不忠诚行为，在保险学会的理解中包含了挪用等行为。而且，银行还认为，案发前银行并未发现曾某的不忠诚行为，2014 年 9 月 20 日案发时才造成损失，属于合同约定的保险期间范围。

主审法官认为，参照中国保险学会的定义，雇员的侵占和挪用等不诚实的行为均属于保险公司承保的雇员忠诚保险责任范围，本案合同中列举的保险责任，是指雇员的不忠诚行为，而不是雇员所犯刑罚的罪名。而承保地点范围的问题，鉴于事故地点"稽征所"隶属于"稽征处"，且在同一地点办公，应认定"稽征所"属于保险合同约定的"上门收款地点清单"范围内。查实其自 2014 年 8 月 30 日至 2014 年 9 月 20 日分九笔，挪用资金不能归还，故明确：发生保险事故的时间在保险期间内。

因此法院一审判决，保险公司应依约支付给银行保险金 1832684 元。随后，保险公司不服上诉，法院二审最终维持原判。

【评析】

本案雇员忠诚保证保险的合同条款是保险公司自己拟定，拟定赔偿规定存在歧义，因此，法院判决保险公司败诉。保险公司要吸取本案教训，提高保险合同拟定水平，避免类似事件再次发生。

（一）保证保险的概念

保证保险是被保证人（债务人）根据权利人（债权人）的要求，请求保险人担保自己信用的保险。

（二）保证保险的分类

（1）确实保证保险：合同保证保险、贷款保证保险、存款保证保险、司法保证保险、许可证保证保险。

（2）诚实保证保险：忠诚保证保险。

（三）保证保险与信用保险的区别

保证保险与信用保险的区别见表 7-1。

表 7-1　保证保险与信用保险的区别

保险名称	保证保险	信用保险
承保形式	保证书	保单
被保险人	义务人	权利人
作用	履行义务的凭证	转移风险

（四）合同保证保险概念及分类

1．合同保证保险的概念

合同保证保险又称契约保证保险，是指因被保险人不履行合同义务而造成权利人经济损失时，由保险人代被保证人进行赔偿的一种保险。

2．合同保证保险的分类

合同保证保险分为供应保证保险、投标保证保险、预付款保证保险、维修保证保险。

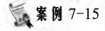 案例 7-15

丈夫生前签抵押住房合同　遗孀索百万保费获支持

丈夫被杀留下巨额房屋贷款，妻子孙女士替夫还清贷款后，得知丈夫生前曾与某保险公司签订保险合同，为此孙女士将该保险公司告上法庭，索百万赔款。最终，法院判决某保险公司向孙女士支付保险赔偿金 108.5 万元。

今年 46 岁的孙女士，原本有一个幸福的家庭。丈夫王某是某矿业集团的合伙人之一，拥有千万身家。孙女士则是一个全职太太，安心抚养两个孩子。2013 年 2 月，王某购买了一幢独立别墅，房屋总价 250 万元。在支付了 78 万元后，王某向银行抵押贷款 172 万元，借款期限为 60 个月，到 2018 年 3 月止。

2013 年 5 月，王某到某市谈一笔重要生意，孰料生意未成，遭人恶意报复，被杀害。

丈夫死后，孙女士承担了还贷责任，到 2015 年 1 月，将全部贷款本息清偿。银行在孙女士还清贷款后，退还了一份保单。孙女士感到莫名其妙，自己从来不知道丈夫生前购买过保险。原来，当初王某在向银行抵押贷款的同时，与某保险公司签订了一份《个人抵押住房综合保险合同》，保费 5000 余元，保险金额 172 万。合同约定，当被保险人意外死亡、丧失还贷能力时，保险公司将按保险金额的 100% 的偿付比例进行赔付。因此，孙女士获知其丈夫生前有保险，聘请了律师，诉至法院，要求该险公司承担还贷保证保险责任，赔付其 108.5 万元。

在庭审中，被告某保险公司辩称，还贷能力未丧失，保险事故并未构成，其不承担保险责任。

法院认为，本案的争议焦点在于保险事故是否发生？保险条款关于还贷保证责任保险约定的保险事故，表述为：被保险人在保险期限内因遭受意外伤害事故所致死亡或伤残，而丧失全部或部分还贷能力，造成连续三个月未履行或未完全履行《个人住房抵押借款合同》约定的还款责任。根据条款内容结合保险法规定，保险事故应当是指被保险人因承保危险丧失还贷能力。王某是借款合同的债务人，在王死亡情况下，其履行债务的行为能力已经终止，应认定其已丧失还贷能力。虽然借款合同的债务在王死亡后得到履行，但履行主体是孙女士，履行主体发生变化，保险公司称还贷能力未丧失，保险事故未构成，依据不足。据此法院依法作出上述判决。

【评析】

本案属于保险公司诡辩，法院驳回保险公司保险公司辩称，被保人还贷能力未丧失，保险事故并未构成。被保险人王某已死亡，哪能还有还贷能力未丧失。归还贷款的是王某妻子孙女士。保险公司处理赔款时，往往存在惜赔现象，作出不厚道的举措，使被保险人利益蒙受损失。

学习单元十　工程保险实务

一、工程保险概述

（一）工程保险的概念

工程保险是指以各种工程项目为主要承保对象的保险，其特征主要为：风险广泛集中；涉及较多的利害关系人；工程保险的内容相互交叉。

（二）工程保险的类型

工程保险分为建筑工程保险、安装工程保险、机器损坏险、船舶工程险、高科技工程险。

二、建筑工程保险

（一）使用范围

建筑工程保险是以建筑工程项目为保险标的的一种险种，适用于民用、工业用及公共事业用等所有建筑工程项目，为这些项目在建筑过程中的自然灾害和意外事故提供保障。

（二）所涉及的经济利益主体

建筑工程所涉及的经济利益主体包括：工程所有人；工程承包人；技术顾问；其他关

系方，如贷款银行、债权人等。

（三）保障对象

建筑工程保险的保障对象归纳起来分两种。

1. 物质损失部分的风险保障项目

（1）建筑工程，包括永久性和临时性工程及工地上的物料；

（2）业主提供的物料及项目；

（3）施工机具设备；

（4）安装工程项目；

（5）工地内现成的建筑物；

（6）场地清理费；

（7）所有人或承包人在工地上的其他财产。

2. 第三者责任部分的风险保障项目

建筑工程保险的第三者责任是指被保险人在工程保险期限内因意外事故造成工地及工地附近的第三者人身伤亡或财产损失，依法应负的赔偿责任。

（四）保险责任

1. 物质损失部分的保险责任

在保险期限内，保险单列明的工地范围内的保险财产，除外责任之外的任何自然灾害或意外事故造成的物质损失，保险人均负责赔偿。

2. 第三者责任部分的保险责任

承保建筑工程因意外事故造成工地及邻近地区第三者人身伤亡或财产损失而依法应由被保险人承担的赔偿责任及相关的法律费用、施救费用等。

知识总结

本项目阐述了财产保险的概念、含义和特征，重点介绍常用的财产保险险种理论和实务。掌握财产保险各险种的投保、承保、防灾、理赔等常识。

综合实训

◎ 实训目标

通过本章的实训，熟悉各种财产保险的操作，掌握财产保险的基础知识与实务技能。

实训内容

一、单项选择题

1. 家庭财产两全保险的保险费来源为（   ）。
   A. 保险储金
   B. 银行利息
   C. 保险公司的盈利部分
   D. 保险储金的利息

2. 李某投保了家庭财产保险，室内财产的保险金额为 20 万元。在保险期间李某家发生保险事故，室内财产遭受损失，其当时的实际价值为 22 万元，重置价值为 25 万元。当室内保险财产遭受全损和 15 万元部分损失时，保险公司应分别赔付的金额是（   ）。
   A. 20 万元和 15 万元
   B. 22 万元和 12 万元
   C. 20 万元和 12 万元
   D. 22 万元和 15 万元

3. 货物运输保险承保的货物若被转让，则保险合同（   ）。
   A. 效力终止
   B. 经被保险人背书后可同时转让
   C. 不得转让
   D. 须征得保险人同意后转让

4. 下列（   ）不属于科技工程保险。
   A. 海洋石油开发保险
   B. 航天工程保险
   C. 桥梁建筑工程保险
   D. 核能工程保险

5.《中华人民共和国保险法》对一般财产保险的保险利益时效的规定是（   ）。
   A. 在保险合同订立时应当具有保险利益
   B. 在保险事故发生时应当具有保险利益
   C. 从保险合同订立到保险合同终止始终具有保险利益
   D. 无时效规定

二、是非判断题

1. 企业财产保险中，固定资产的保险价值是出险时的实际价值，流动资产的保险价值是出险时的重置价值。   （   ）

2. 家庭财产两全保险规定：如果在保险期间不发生保险事故，则在保险期满时保险人将原缴保险储金全部退还被保险人；如果保险期间发生保险事故，则在保险期满时不退还保险储金。

3. 战争、劫持风险可作为飞机保险的附加险投保。   （   ）

4. 货物运输保险通常以不定值保险方式承保。   （   ）

5. 建筑工程保险在一张保险单下可以有多个被保险人，为了避免相互追究责任，往往都会附加共保交叉责任条款。如果被保险人之间发生相互责任事故，均由保险人赔偿，无须进行追偿。   （   ）

三、重要名词解释

1. 重置价值
2. 保险储金
3. 保险索赔

4. 责任保险

5. 账面价值

四、思考讨论题

1. 财产保险是如何分类的？

2. 请说明补偿原则的具体含义。

3. 代位求偿权实施的前提条件是什么？

4. 重复保险的分摊方法主要有哪些？请举例说明它们的计算方法。

5. 企业财产保险基本险与企业财产保险综合险的责任范围区别在哪里？

五、案例分析题

1. 李某于 2009 年 3 月 1 日向其所在地 A 保险公司投保了家庭财产保险及附加盗窃险，保额 5000 元，保期为一年。其后两个月，李某所在单位用福利基金为全体职工在 B 保险公司投保了家庭财产保险和附加盗窃险，李某的财产保额为 3000 元，保期为一年。

在保险后的第 5 个月的一天，李某家被盗。李某发现后立即向公安部门报案，并通知 A 保险公司和所在单位。经查勘现场发现，李某家两道门锁都被撬开，丢失物品有录像机一台，21 吋直遥彩色电视一台，收录机一台，高级毛料西装三套（其中一套挂在阳台上），现金 500 元，放在楼下门道内的自行车一辆，共计损失金额 7500 余元。

三个月后，公安局未能破案追回赃物，李某向保险公司索赔，正当 A 保险公司准备向李某赔付时接到一份匿名信，揭露李某的家庭财产投了重复保险。A 保险公司立即要求李某提供 B 保险公司的保单，李某拒绝提供。为此，发生民事赔偿纠纷，诉之法律。你认为保险公司的做法符合规定吗？法院会如何判决？

2. 某企业投保企业财产保险综合险，库存商品保险金额 100 万元，保险有效期间从 2012 年 10 月 1 日至 2013 年 9 月 30 日，计算保险赔款。

(1) 该企业于 2012 年 12 月 6 日发生火灾，库存商品损失金额为 60 万元，保险事故发生时企业财产的实际价值为 120 万元，则保险公司应赔偿多少？为什么？

(2) 该企业 2013 年 4 月 15 日因发生地震而造成财产损失 80 万元，保险事故发生时企业财产的实际价值为 120 万元，则保险公司应赔偿多少？为什么？

(3) 该企业 2013 年 8 月 12 日因暴雨导致仓库进水而造成库存商品 80 万元，保险事故发生时企业财产的实际价值为 80 万元，则保险公司应赔偿多少？为什么？

3. 王某向张某租借房屋，租期 10 个月。房租合同中写明，王某在租借期内应对房屋损坏负责，王某为此为所租借房屋投保火灾保险一年。租借期满后，王某按时退还了房屋。半个月后，房屋毁于火灾。如果王某在退房时将保险单私下转让给张某，那么王某是否能以被保险人身份向保险公司索赔？张某能否向保险公司提出索赔？

4. 某外贸企业从国外进口一批货物，与卖方交易采取的是离岸价格。按交易条件，应由买方投保，于是企业以这批尚未运抵取得的货物为保险标的投保海上货物运输保险。请问这种情况下保险公司是否承保？

Project 8
———
项目八

保险业务经营环节

学习目标

- 熟悉投保过程；
- 掌握保险展业和核保的概念、内容和程序；
- 掌握保险理赔的概念、原则和程序；
- 了解再保险基本知识；
- 了解保险基金的运用；
- 掌握保险展业要诀、能为投保人提供优质的投保服务。

技能目标

- 针对投保申请进行审核、决定是否承保；
- 能对理赔申请进行审核、决定是否赔偿并能计算赔偿金额；
- 能分析保险资金运用的原因和投向范围。

学习单元一　保险展业

　　展业是保险业经营中的一个重要环节，实际上就是指保险产品的营销。展业工作的好坏直接关系保险机构的业务质量和服务质量，同时直接影响保险业务经营的稳定性。所以，展业在保险经营活动中起主导作用。没有展业，保险公司的一切业务活动就无从谈起。

一、保险展业的概念

保险展业是指财产保险公司以目标客户为中心，以销售保险商品为最终目的的市场营销的活动和过程，即向目标客户提供保险商品和服务的活动和过程。

保险市场营销的内容包括保险销售系统和销售活动及其管理，保险市场调查和保险产品设计，保险代理人的招聘、订约和培训及保险售后服务等。保险展业是保险市场营销中最为重要的一个阶段，即销售的过程。

二、保险展业的意义

虽然保险展业只是财产保险公司业务经营中的一个环节，或者说是保险市场营销中的一个步骤，但是保险展业的意义十分重大。

（一）对于社会经济而言

1. 增强社会大众的风险管理意识

保险是风险管理的方式之一，保险展业可以宣传和普及社会大众对于风险的认知和防范，减少风险发生后带来的不必要的损失，并最大限度地把损失降到最低。

2. 提高整个社会的经济效益

保险公司作为风险管理的专业机构，具备比较先进的防灾防损技术。保险展业人员在展业过程中可及时地纠正企事业单位、机关团体和个人家庭存在的风险隐患。

3. 为社会经济的发展提供资金

保险公司可以通过保险展业积累大量的资金。在现代保险经营中，保险资金的运用和保险承保业务同样重要，财产保险公司对保险资金的运用，同时给社会经济的发展注入了新的活力。

（二）对于保险企业而言

1. 树立财产保险公司的良好形象

保险公司的展业活动主要是通过大规模的推广工作，扩大保险公司的影响，树立公司形象，宣传公司险种的优势，这些工作对于促使公众对保险公司及保险产品的认同具有重要意义。

2. 稳定财产保险公司的业务经营

保险公司经营的效果直接受到保险展业工作好坏的影响，因为保险展业做得越好，越符合大数法则的要求，风险发生时的损失概率就越稳定，并无限地趋近于保险公司测算出来的损失频率，保险公司经营的稳定性就会得以保障。

(三) 对于保险客户而言

1. 快捷高效地转移风险

保险展业能够使得保险客户更为方便快捷地享受现代化的保险服务，更为全面迅速地了解风险管理的专业知识，更为经济高效地转移自身面临的各种风险。

2. 全面可靠地获得补偿

加强展业工作可以建立雄厚的保险基金，保险机构通过展业把各种风险保了进来，一旦被保险人发生了灾害事故，就能及时得到保险经济补偿，从而迅速恢复经营、生产和生活。因此，准确及时地组织经济补偿，对于保障社会再生产的持续进行是至关重要的。

三、保险展业渠道

(一) 保险直接展业

1. 直接展业的概念

直接展业也称保险直销，是指保险金公司依靠自己的业务人员争取业务。依靠正式员工直接展业是我国财产保险发展的坚实基础，也是主要的展业形式。

保险投保是由要约和承诺两个环节组成的。一般意义上讲，要约是由投保人向保险人发出投保申请，即有保险需求的客户直接到保险公司的销售网点，与保险人直接联系、咨询购买保险产品。由于主动要约的客户保险观念较好，所以客户质量相对较高。

根据我国保险业发展的现状来看，客户主动要约的比例较小，更多的是保险公司主动登门展业，向客户宣传、销售保险产品，通过向客户进行反要约，促使潜在客户提出要约申请。保险公司面对的客户群包括个人、家庭、企事业单位、机关团体及其他组织，向他们推荐财产及相关责任的风险保障计划。

2. 直接展业的评价

直接展业的优点有：其一，保险展业人员代表公司与客户商谈相关保险事宜，拥有保险公司员工身份的展业人员更能代表公司信誉，获得客户的信任，排除客户疑虑，从而促成保单；其二，保险公司正式员工业务素质较高，可以减少欺诈和误导的现象；其三，相对个人代理人较低的留存率来说，保险公司的正式员工流动性较小，同时有良好的绩效考核制度，可以给客户带来优良的具有连续性的服务。

从另一个方面来说，保险展业也存在一些缺陷：其一，保险公司正式员工数量有限，业务范围无法进一步拓展，没有力量去开发个体客户群；其二，对市场变化很难作出合理预期，工作效率偏低。

从新中国成立后到 2001 年，财产保险公司主要依靠自身所属业务团队销售保险产品。因为 2001 年以前，国内财产保险市场主体较少，"人保""平安""太平洋"三足鼎立，占据国内保险市场的绝大多数份额，且一直是以法人团体业务为主要业务对象，法人业务占各家保险业务总收入的 90% 以上。这种业务格局导致各家保险公司基本形成了以直接展业为主的展业模式。

（二）保险间接展业

2001 年以后，国内保险市场上运用较多的是保险间接展业。除了中国人保财险在营销网络上能支撑直接展业和间接展业五五分成外，其他保险公司的间接展业都占很大的比重。很多保险公司的直接展业与间接展业的业务比例为三七分成、二八分成甚至一九分成。保险间接展业包括保险代理人展业和保险经纪人展业。

1. 保险代理人展业

保险代理人展业是指保险代理人受保险人委托，向保险人收取手续费，在保险人的授权范围内代表保险人接受保险业务、出立保单、代收保险费的一种保险展业方式。保险代理人可以分为个人代理人、兼业代理人和专业代理人三种形式。

（1）个人代理人。个人代理人是指根据保险人委托向保险人收取代理手续费，并在保险人授权的范围内代为办理保险业务的个人。个人代理人的业务范围包括代理销售保险单和代理收取保险费，他们不能同时为两家以上的保险公司代理业务。

个人代理人与保险公司的正式员工有所差别。个人代理人与公司签订的是代理合同而不是劳务合同，他们的薪酬主要来自业务提成。个人代理人展业方式灵活、人际关系广阔，为保险公司带来了大量的客户却不占用保险公司的人员编制。但是这种间接展业方式由于人员流动性大，直接影响后续服务。而且个人代理人管理存在问题，由于受利益驱使，个人代理人会诱导甚至是诱骗客户投保，从而引发客户与保险公司之间的纠纷。

1992 年，美国友邦保险公司在上海引进了个人代理人制度，取得了良好的效果，其他保险公司也纷纷扩大自己的个人代理人展业队伍。

（2）兼业代理人。兼业代理人是指受保险人委托，在从事自身业务的同时，指定专人为保险人代办保险业务的单位。兼业代理人往往具有各自的专业优势，可以大大降低保险公司的展业成本，但是他们只能代理与本行业相关的保险业务。

兼业代理人的另一个主要部分就是通过金融部门代理。银行、邮政储蓄、证券公司、信用社等金融机构与各行各业接触广泛，是保险公司重要的兼业代理人。

（3）专业代理人。专业代理人是指专门从事保险代理业务的保险代理公司，代理的业务范围包括代理销售保险单、代理收取保险费、代理保险和风险管理咨询服务及代理保险公司进行损失的勘查和理赔。专业代理人一般可以同时代理多家保险公司的业务，但是其经营区域有一定的限制，只能在核定的区域内代理保险。

综合来讲，保险代理人展业有利于保险公司降低保险成本，促进保险产品销售，通过建立有效的保险信息网扩大展业范围，增强其在保险市场中的竞争力。但是由于现有的保险代理人制度尚存在一定程度的缺陷，所以导致保险代理人为了自身的经济利益盲目展业，置保险公司于尴尬和被动的境地，其市场行为有待于进一步规范。

2. 保险经纪人展业

保险经纪人展业是指保险经纪人基于投保人的利益，为投保人与保险人订立保险合同提供中介服务，并依法收取佣金的单位。由于保险经纪人与保险代理人的地位不同，保险经纪人代表的是投保人的利益，更能赢得投保人的信赖。因此，利用保险经纪人展业不失为保险展业的一条重要途径。

在我国，这种展业方式从起步至今时间不长，但事实证明，这也是一种积极有效的保险展业方式。保险经纪人展业的优势在于保险经纪人一般都要通过国家的资格认证，其法律知识和专业知识都比代理人丰富，因此能够为投保人提供更优质的服务。而且不会给投保人在经济上增添额外的负担，因为保险经纪人和保险代理人一样，所得佣金是由保险人支付的。

四、保险展业策略

（一）营销展业理念

财产保险公司展业理念是在展业策略中所形成的一种文化现象，它是一个财产保险公司内独特的并得到员工认同和接受的价值准则、信念、期望、追求、态度、行为规范、历史传统乃至思想方法、办事准则等。优秀的展业理念是财产保险公司的"无形的资产"，是企业的精神和灵魂。例如，太平洋财产保险公司的展业理念是"平时注入一滴水，难时拥有太平洋"。在保险展业理念建设中，必须坚持以人为本，以为消费者提供优质服务为宗旨，根据消费者的需求组织产品开发和销售，增强社会对财产保险公司的信赖感、安全感。

（二）产品创新策略

根据各目标市场保险需求的差异性和层次性，搞好险种的分层开发，注意用不同的保险商品满足不同消费者的保险需求。在财产保险展业过程中，对不符合市场需求的旧险种进行大胆修改，在不违背大原则和公司整体利益的前提下，注意灵活变通险种，以便在市场竞争中占据主动。

（三）展业渠道策略

保险公司在完善传统销售渠道的同时，应该积极采用一些合适的新兴销售方式，例如：网络展业、保险社区展业及渗透展业等。这些新的销售方式由于具有成本低、交易方便快捷等优势，因而也被认为是未来增长最快的销售方式。以网络为例，调查表明目前美国约有 670 万消费者通过国际互联网选购财产保险产品，而根据美国独立保险人协会在 2005年的预测：未来 10 年内，商业保险交易的 31%和个人险种的 37%将通过网络方式进行。在我国，人保财险在 2005 年 4 月签出国内首张电子保单，开启了我国财产保险产品网络销售的时代。

（四）售后服务策略

能够把产品销售出去，仅仅是保险展业参与市场竞争的第一个层次的竞争，搞好售后服务不仅是决定企业是否能够从长远角度稳固占领市场的第二个层次的竞争，也是保证健康经营的主要环节。只有服务做好了，才能够进一步培养客户忠诚度，从这个意义上说，产险展业不是纯粹为销售，而是跟进承保、理赔、续保服务综合体。现代商战的胜利不在于你占领了多少商场，而在于你占据了多少消费者的心。因此，在保险展业过程中，必须不断创新服务方式，渗情于服务，化情于市场，用诚实与客户成为朋友。特别对一些保费金额较大的重要客户，要甘于提供超值服务，真正成为业务上的伙伴、生活上的朋友，以此保证业务稳固。

（五）人才竞争策略

保险市场的竞争归根到底是人才的竞争，包括展业人才。在财产保险市场群雄并起、保险产品差异不大时，是否拥有一支高素质的展业队伍决定了一家保险公司是否能在市场份额竞争中胜出。因此，在招聘展业人员时，财产保险公司在展业队伍建设上应量质并举，注重质量。在构建稳定的展业队伍方面，可借鉴国内有些保险公司"宽进严考核"的用人用工办法，防止队伍良莠不齐，充实展业队伍健康"血液"，增强展业队伍活力，走精兵之路，避免人海战术。同时要加强对展业队伍的培训，不仅要培训各种专业技能，还要进行职业道德方面的培训。在财产保险展业起步晚、展业队伍整体素质还不高的情况下，各保险公司必须制订翔实的人才培训计划：对于新入司的人员，着重进行基础知识及业务技巧的培训；对在岗人员，着重进行相关知识及工作心态的激励培训；对优秀业务人员，着重进行专家成长计划培训，将其培养成保险领域某一方面的"权威"；在展业队伍中形成梯级结构；对新设立的分支机构，保险个人展业应一步到位，走整体营销之路，对原有机构应当加快销售体制改革。

（六）科学激励策略

保险展业是受挫率极高、竞争异常激烈的行业。激励机制总体上讲是向人员提供"动力油"和"润滑油"。激励机制应包括业绩考核系统、报酬管理系统和工作环境系统。在业绩考核方面，制定好级别考核、业绩卡考核管理制度和表彰制度，通过经常性地组织业务竞赛等活动，增强员工的争上意识。在报酬管理系统方面，充分发挥手续费在结构调整中的杠杆作用，用手续费来调节效益险种与非效益险种发展方向，打破身份界限，实行"效率优先，绩效挂钩"的分配机制，在社会养老、医疗保险和住房公积金等方面，逐步缩小公司正式员工与个人代理人的差距。对在险种开发、市场竞争、团队发动、爱司敬业等方面有特殊贡献的个人或集体，公司随时进行表彰奖励。在工作环境系统方面，要千方百计为展业人员创造良好的内部、外部工作环境；让展业人员在公司与社会受到尊重、关怀、肯定和公平；让每位业务员在公司重大事情表决上，拥有管理人员同样的权利；尽可能地为展业创造愉快的工作氛围。

五、保险展业方法

保险的展业工作极富创造性，是一门综合了市场学、心理学、口才学、表演学等知识的综合学问，必须讲究方式方法，并不是一项任何人都能做、都会做的工作。只有做好展业准备，才能更好地进行展业宣传，只有保险宣传深入人心，才能争取更多的业务，为保险客户提供良好的展业服务。保险展业方法见表8-1。

表 8-1 保险的展业方法

展业方法	主要内容	期望效果
展业准备	1. 了解社会经济发展情况 2. 了解社会的保险状况 3. 熟悉业务和有关政策 4. 制订保险展业计划	了解财产保险市场 并制订保险展业计划
展业宣传	1. 保险知识普及 2. 借助媒体宣传 3. 针对准客户宣传	开发潜在市场客户群
展业服务	1. 动员准客户投保 2. 帮助准客户设计保单 3. 帮助保险客户防灾防损	争取业务并提供专业服务

(一) 保险展业准备

1. 了解社会经济发展情况

保险的基本职能是损失分摊,而这种职能是通过建立保险基金的方式实现的,所以保险是否能够良好运行,关键在于社会经济发展的状况。所以在开展保险业务的最初阶段了解社会经济发展情况对于进一步工作具有重要的作用。

2. 了解社会的保险状况

保险展业人员应对市场上的各种需求进行调查收集,全面掌握市场上的各种需求信息。信息是保险企业进行预测、决策的基础,所以保险展业人员对信息的收集一定要快、准、灵。在了解掌握市场信息过程中,应注意做好以下几方面的分析工作:

(1) 潜在市场分析。包括潜在客户的规模、保险需求及潜在的购买原因的定性与定量的科学分析。

(2) 市场占有率分析。掌握本公司与竞争对手市场占有率的状况,通过对市场占有率进行总体分析和结构性分析,寻求公司自身的市场取向与定位。

(3) 销售趋势分析。通过研究保险客户的购买行为及原因,掌握保险市场的需求变化及竞争对手推销策略的动态,调整保险公司自身的经营方向,找寻新的发展机会。

3. 熟悉业务和有关政策

保险展业人员必须熟悉各险种条款、费率规章、条款解释和实务办法及有关业务政策。同时还需掌握一般会计、法律、防灾和有关展业技术等知识。

4. 制订保险展业计划

在开展保险业务之前,应根据需要制订出符合本地实际的、切实可行的业务计划。包括各险种保费收入计划指标,各险种到期续保和开展新业务计划,扩大服务领域,开发新险种计划,建立代办网点,发展代办业务计划及防灾防损工作计划等,从而减少工作的盲目性，保证各项业务工作有计划地顺利完成。

（二）保险展业宣传

1．保险知识普及

《国务院关于保险业改革发展的若干意见》第十条提出：将保险教育纳入中小学课程，发挥新闻媒体的正面宣传和引导作用，普及保险知识，提高全民风险和保险意识。保险知识的普及是展业宣传最为基础的环节，虽然这种宣传方式无法在短期内带来业务的扩张，但是从长远来看，对于保险业的良性发展与保险市场的合理开发有着不可估量的作用。

2．借助媒体宣传

社会的不断进步带来生产力的提高，随之而来的是产品极大丰富的时代。买方主权改变了"酒香不怕巷子深"的传统观念，取而代之的是铺天盖地的广告宣传，通过各种媒体天天渲染我们的视听，媒体宣传的作用之大甚至可以创造需求。传统媒体包括报纸、杂志、广播、电视等；以互联网和通信网络为平台的新媒体包括视频播客、视频分享、视频搜索、宽频门户、网络电视、移动视频、手机电视等；此外还包括户外平面广告和车体广告等多种形式。例如："中国平安，平安中国""平时注入一滴水，难时拥有太平洋""首创安泰，一生关爱""创新百年，关爱永恒"等这些脍炙人口的广告创意通过不同形式的媒体给人们留下了深刻的印象。

3．针对准客户宣传

保险是一个关系到国计民生的行业，在兼顾社会效益的同时还要考虑经济效益的问题。针对那些有保险需求又符合保险条件的潜在客户就应该作具有针对性的宣传。在对其进行保险观念更新和保险知识普及的基础上，就客户的实际情况提供风险分析、保险方案推荐的宣传服务。

保险展业中有重点、有针对性地进行宣传是至关重要的。保险展业人员深入企事业单位要对不同对象进行口头宣传和书面宣传，除向单位的主要负责人宣传外，还要根据不同险别向有关部门负责人进行深入宣传。例如，企业财产保险主要向企业财务部门进行宣传，运输工具保险主要向单位的运输管理部门和财务部门进行宣传，货物运输保险重点向承运部门和远输管理部门负责人宣传，而家庭财产保险应该从工会、劳动部门、街道办事处、居民委员会负责人入手宣传。

（三）保险展业服务

1．动员准客户投保

大数法则要求保险公司只有最大限度地吸引面临同质风险的客户加入，才能够实现"人人为我，我为人人"的互助性原则。所以，动员准客户投保是整个保险经营中至关重要的一个环节。保险展业人员既要抓住时机，又不能过于急躁，以免造成保险市场需求恶化，人们排斥保险。我国保险经营过程中就曾经出过类似的问题，在一百个行业的民意调查中，保险被排在倒数第三。

2. 帮助准客户设计保单

保险公司是专门经营风险的机构，在保险方案的选择这个问题上保险展业人员要比客户更专业。因此在展业过程中，应根据保险客户的生产经营情况，设计最佳投保方案帮助其选择适当的险别，以较少的保费保障较多的财产，并保足保全，一旦发生意外灾害事故可以得到足额的经济赔偿。

3. 帮助保险客户防灾防损

保险展业不能片面地理解为只是一味地招揽业务，而必须在展业过程中对标的进行实地勘验。在勘验过程中，应针对标的的危险隐患和保户存在的不安全因素即时提出改进措施和意见，帮助保户改善安全生产状况。对于保险客户来说，虽然也希望在经历一场浩劫之后能够通过保险公司的赔偿恢复生产、重建家园，但是比损失后赔偿更为重要的是在损失发生前来自保险公司专业的防灾防损技术指导。比如保险公司积极与气象部门联系及时掌握暴雨、冰雹等异常气象信息，并向大型财产保险保户提供"通报、预防、后勤保障"等服务，使保户及早做好防范、抢险和救护准备。

4. 保单促成的技巧

保险展业的最终目的是促成签单，展业人员在促成保单时应注意以下细节和技巧。第一，坐在潜在客户的右边，方便说明保险条款。第二，事先准备好保单、收据，避免错过促成的最佳时机。第三，让客户有参与感，尽可能辅导客户自己填写投保单，准备一些互动话题。第四，注意仪表谈吐举止大方，签单前后始终如一，不喜形于色。第五，避免制造自己无法应对的问题，使自己陷入尴尬的境地。

促成的时机把握很重要，而且这种时机随时都有可能出现。保险展业人员应该在展业过程中仔细观察潜在客户的表情变化。例如，客户开始沉默思考；翻阅保险资料，查看费率表；将电视或广播的声音关小，开始关注和你的谈话；为你倒茶、招待你；客户提出问题，询问相关事宜，讨价还价等。

一旦潜在客户表现出购买欲望，就可以运用一些简单有效的方法促成保单。例如，在客户犹豫不决时，运用激将法促使其下定决心；若可以准确判断客户已经认同购买，就不需要再反复寻求客户的意见，主动拿出投保单辅导其填写，如果对方没有异议，就说明其默认投保；通过强调保障利益和优惠措施，促使客户下定决心投保；运用保险故事、生活中的实例或重大的风险事故，让客户体会到不投保的危险和损失，增加客户的紧迫感。

 案例 8-1

小张寻找保险客户

小张今年刚从大学毕业，为了找到一份理想的工作，既能赚到钱又能提升自己的实践能力，选择了从事保险销售工作，他认为，做保险业务员虽然辛苦，但接触的人多，学到的东西也多。经过保险专业培训后，小张被分配到营业部，面对的工作就是展业，寻找保险客户。他发现，在这个城市没有亲戚，也没有朋友，他所有的朋友都是刚刚从学校出来，不具备买保险的经济条件。每天保险晨会结束后，小李总是提着皮包，站在保险公司门口，不知道该往哪里去寻找保险客户。

请你帮助小张出出点子，解除小张的困惑。解除困惑有以下几点，供小张参考。

1. 制订一个准保险客户开发计划

计划是制订保险工作和营销目标的一项管理活动，例如，业务员制订月保险费目标、每日拜访计划、订立年销售目标等，明晰而具体的目标是小张销售保险获得成功的一步。

2. 客户开拓

客户开拓是指寻找符合条件的销售对象。理想的准客户通常具备四个条件：有保险需求；有支付保险费的能力；具有可保性；可接近。客户开拓方法主要有缘故法、陌生法、影响力中心法、链式开拓法等。

3. 接触前准备

接触前准备是指为正式与客户进行推销面谈而做的事前准备，如拟定拜访时间、设计着装、准备展业工具等。接触前做好充分的准备可以减少犯错的机会，提高成功的概率。

4. 接触

接触是指通过与客户沟通（面谈），激发其对保险的兴趣，并收集有关资料寻找购买点，为制作保险建议书寻找依据。

5. 商品说明

商品说明是指在进行保险说明时，用简明扼要且生活化的语言向客户介绍保险的功能，使客户了解保险商品的使用价值，强化客户对保险的兴趣。

6. 促成

促成是指运用适当的方法打动客户，帮助客户作出购买决定，并协助其完成相关的投保手续。促成是推销目的。

【评析】

这个案例是为基层保险公司业务员如何做保险，实现保险费收入提供的一条思路。

动员保险，实现保险费收入考核是基层保险公司的主要工作，通常情况下，保险业务员每月接受一次保险费收入的考核。保险费收入是考核保险业务员工作业绩的主要指标，因此，基层保险业务员要完成保险费收入的压力是相当沉重的。

学习单元二　保险承保

 案例 8-2

保险公司违反内部规定承保保单是否有效？

2013 年 11 月 2 日，孙某夫妇每人投保了 100 万元人寿保险并缴纳了保险费，11 月 3

日，保险公司同意承保并签发了正式保单，保单上约定承担保险责任的时间为 11 月 3 日零时。11 月 4 日，孙某夫妇在外出途中发生车祸，当场死亡，保单受益人孙某夫妇的父母向保险公司索赔。保险公司认为，根据该公司投保规定，人身保险合同金额巨大的，应当报总公司批准并且必须经过体检后方可承保，孙某夫妇违反了保险公司关于投保方面的规定，因此，该保单并没有发生法律效力。保险公司据此作出了拒赔决定。孙某夫妇的父母不服，向法院起诉，要求保险公司承担给付保险金的责任。

法院经审理认为，该案中的保险合同违反了保险公司的投保规定，因此，保险合同无效，保险公司将预收的保险费返还孙某夫妇的父母，驳回孙某夫妇父母的诉讼请求。

法院判决后，保险公司出于人道主义的考虑，给予了孙某夫妇的父母 80 万元的一次性通融赔付。孙某夫妇的父母表示接受并放弃了上诉。

【评析】

一、对该案的处理，存在两种不同的意见：第一种意见认为，企业内部的规定，只要不与法律、法规相抵触，就应当是有效的，可以作为判案的依据。该案中的保险合同违反了保险公司的投保规定，因此，保险合同无效，保险公司不承担给付保险金的责任。第二种意见认为，保险公司的内部规定投保人并不知晓，因此对投保人不具有约束力，该保险合同应为有效合同，保险公司应承担给付保险金的责任。

二、分析本案的关键问题在于确定保险公司的内部规定对投保人是否具有约束力。保险公司的内部规定是保险公司用以指导业务、规范内部管理的一系列规则和制度，比如核保规则、审批制度等，这些规定一般由保险公司的管理人员内部掌握。如果保险公司的内部规定已在保险合同中明确体现或者已明确告知了投保人，投保人已完全知晓，这些规定对投保人应当具有约束力。但是，如果这些规定并没有在保险合同中明确体现，也没有在订立保险合同时告知投保人，那么，这些规定对投保人应当不具有约束力。

三、《保险法》第 16 条规定，订立保险合同，保险人应当向投保人说明保险合同的条款内容。本案中关于巨额保险合同须经上级公司批准后才能发生效力及必须体检后才能承保等规定，保险公司并未在合同中注明，也没有告知孙某夫妇。从法理上讲，以投保人完全不知道的内部规定来约束其是不公平的。试想，本案因为孙某夫妇发生了保险事故，所以保险公司援引内部规定以达到拒赔的目的，反之，如果保险期满时孙某夫妇没有发生保险事故，保险公司是否会顺理成章地收取保险费，而不援引内部规定主张合同无效呢？由此可见，本案中保险公司的内部规定对孙某夫妇不具有约束力，不能作为判定保险合同无效的依据，保险公司应当承担保险责任。

一、保险承保的概念

保险承保是保险人对投保人所提出的投保申请进行审核，继而决定是否承保和如何承保的过程。承保环节是保险合同双方就保险条款进行实质性谈判的阶段，承保质量的高低直接影响到保险企业的生存与发展，是保险经营的一个重要环节，要约、承诺、核查、订费都属于承保业务环节。

二、保险承保的主要环节与程序

（一）核保

保险核保是指保险公司在对投保标的的信息全面掌握、核实的基础上，对可保风险进行评判与分类，进而决定是否承保、以什么样的条件承保的过程。核保的主要目标在于辨别保险标的的危险程度，并据此对保险标的进行分类，按不同标准进行承保、制定费率，从而保证承保业务的质量。核保工作的好坏直接关系到保险合同能否顺利履行，关系到保险公司的承保盈亏和财务稳定。因此，严格规范的核保工作是衡量保险公司经营管理水平高低的重要标志。

保险核保信息的来源主要有三个途径，即投保人填写的投保单、销售人员和投保人提供的情况、通过实际查勘获取的信息。

首先，投保单是核保的第一手资料，也是最原始的保险记录。保险人可以从投保单的填写事项中获得信息，以对风险进行选择。其次，销售人员实际上是一线核保人员，其在销售过程中获取了大量有关保险标的的情况，其寻找准客户和进行销售活动的同时实际上就开始了核保过程，可以视为外勤核保。所以必要时核保人员会向销售人员直接了解情况。另外，对于投保单上未能反映的保险标的物和被保险人的情况，也可以进一步向投保人了解。第三，除了审核投保单及向销售人员和投保人直接了解情况外，保险人还要对保险标的、被保险人面临的风险情况进行查勘，称为核保查勘。核保查勘可由保险人自己进行，有时也会委托专门机构和人员以适当方式进行。

 案例 8-3

错误保险单使用　造成拒赔的后果

2012 年 5 月 9 日某县幼儿园有房屋等资产，向某县保险公司投保。根据幼儿园法人单位的性质，其拥有的资产，应该投保企业财产保险，使用企业财产保险单。但是该保险公司经办人员刚刚从保险专业学校毕业，却使用家庭财产保险单签发。

【评析】

保险专业的毕业生签发幼儿园财产的保险单，应该使用企业财产保险单，不能使用家庭财产保险单，这是一起严重的签单错误，影响了投保人的索赔权益。因为不同的保险单，投保人享有的权利是不同的。这起保险单签单错误，被核保人员发现。

（二）作出承保决策

保险承保人员对通过一定途径收集的核保信息资料加以整理，并对这些信息经过承保选择和承保控制之后，可作出以下承保决策。

1. 正常承保

对于属于标准风险类别的保险标的，保险公司按标准费率予以承保。

2. 优惠承保

对于属于优质风险类别的保险标的，保险公司按低于标准费率的优惠费率予以承保。

3. 有条件地承保

对于低于正常承保标准但又不构成拒保条件的保险标的，保险公司通过增加限制性条件或加收附加保费的方式予以承保。例如，在财产保险中，保险人要求投保人安装自动报警系统等安全设施才予以承保；如果保险标的低于承保标准，保险人采用减少保险金额，或者使用较高的免赔额或较高的保险费率的方式承保。

4. 拒保

如果投保人投保条件明显低于保险人的承保标准，保险人就会拒绝承保。对于拒绝承保的保险标的，要及时向投保人发出拒保通知。

（三）缮制单证

对于同意承保的投保申请，要求签单人员缮制保险单或保险凭证，并及时送达投保人手中。缮制单证是保险承保工作的重要环节，其质量的好坏，关系到保险合同双方当事人的权利能否实现和义务能否顺利履行。

单证采用计算机统一打印，要求做到内容完整、数字准确、不错、不漏、无涂改。保单上注明缮制日期、保单号码，并在保单的正副本上加盖公、私章。如有附加条款，将其粘贴在保单的正本背面，加盖骑缝章。同时，要开具"交纳保费通知书"，并将其与保单的正、副本一起送复核员复核。

（四）复核签章

任何保险单均应按承保权限规定由有关负责人复核签发。它是承保工作的一道重要程序，也是确保承保质量的关键环节。复核时会审查投保单、验险报告、保险单、批单及其他各种单证是否齐全，内容是否完整、符合要求，字迹是否清楚，保险费计算是否正确等，力求准确无误。保单经复核无误后必须加盖公章，并由负责人及复核员签章，然后交由内勤人员清分发送。

（五）收取保费

交付保险费是投保人的基本义务，向投保人及时足额收取保险费是保险承保中的重要环节。为了防止保险事故发生后的纠纷，在签订保险合同中要对保险费交纳的相关事宜予以明确，包括保险费交纳的金额及交付时间及未按时缴费的责任。对于非寿险合同，合同中会特别约定并明确告知：如果投保人不能按时交纳保险费，保险合同将不生效，发生事故后保险人不承担赔偿责任；如果不足额交纳保险费，保险人将有限定地（如按照实交保费与应付保费的比例）承担保险责任。

由于寿险和非寿险的标的特征、业务性质不同，各自核保的要素各异，以下分别介绍。

三、财产保险的核保要素及风险单位划分

(一) 核保要素

在财产保险核保过程中，需要对有些因素进行重点风险分析和评估，并实地查勘。其中，主要的核保要素如下。

1. 保险标的物所处的环境

保险标的物所处的环境不同，直接影响其出险概率的高低及损失的程度。例如，对所投保的房屋，要检验其所处的环境是工业区、商业区还是居民区；附近有无如易燃、易爆的危险源；救火水源如何及与消防队的距离远近；房屋是否属于高层建筑，周围是否通畅，消防车能否靠近等。

2. 保险财产的占用性质

查明保险财产的占用性质，可以了解其可能存在的风险；同时要查明建筑物的主体结构及所使用的材料，以确定其危险等级。

3. 投保标的物的主要风险隐患和关键防护部位及防护措施状况

这是对投保财产自身风险的检验。认真检查投保财产可能发生风险损失的风险因素。例如，投保的财产是否属于易燃、易爆品或易受损物品；对温度和湿度的灵敏度如何；机器设备是否超负荷运转；使用的电压是否稳定；建筑物结构状况等。

对投保财产的关键部位重点检查。例如，建筑物的承重墙体是否牢固；船舶、车辆的发动机的保养是否良好。

严格检查投保财产的风险防范情况。例如有无防火设施、报警系统、排水排风设施；机器有无超载保护、降温保护措施；运输货物的包装是否符合标准；运载方式是否合乎标准等。

4. 是否有处于危险状态中的财产

正处在危险状态中的财产意味着该项财产必然或即将发生风险损失，这样的财产保险人不予承保。这是因为保险承保的风险应具有损失发生的不确定性。必然发生的损失，属于不可保风险。如果保险人予以承保，就会造成不合理的损失分布，这对于其他被保险人是不公平的。

5. 检查各种安全管理制度的制定和实施情况

健全的安全管理制度是预防、降低风险发生的保证，可减少承保标的损失，提高承保质量。因此，核保人员应核查投保方的各项安全管理制度，核查其是否有专人负责该制度的执行和管理。如果发现问题，会建议投保人及时解决，并复核其整改效果。倘若保险人多次建议投保方实施安全计划方案，但投保方仍不执行，保险人可调高费率，增加特别条款，甚至拒保。

6. 查验被保险人以往的事故记录

这一核保要素主要包括被保险人发生事故的次数、时间、原因、损失及赔偿情况。一

般从被保险人过去 3~5 年间的事故记录中可以看出被保险人对保险财产的管理情况，通过分析以往损失原因找出风险所在，督促被保险人改善管理，采取有效措施，避免损失。

7. 调查被保险人的道德情况

特别是对经营状况较差的企业，弄清是否存在道德风险。一般可以通过政府有关部门或金融单位了解客户的资信情况，必要时可以建立客户资信档案，以备承保时使用。

(二) 划分风险单位

风险单位是指一次风险事故可能造成保险标的损失的范围。一般地说，风险单位有四项构成条件：一是面临损失的价值；二是引发损失的风险事故；三是财务损失的影响程度；四是遭受损失的法律权益主体。在保险经营中，合理划分风险单位，不仅是必要的，而且对于保险公司评估风险、作出承保决策具有重要的意义。在保险实践中，风险单位的划分一般有三种形式。

1. 按地段划分风险单位

由于保险标的之间在地理位置上相毗连，具有不可分割性，当风险事故发生时，承受损失的机会是相同的，那么这一整片地段就被算成一个风险单位。

2. 按标的划分风险单位

与其他标的无相毗连关系，风险集中于一体的保险标的。如一架飞机。

3. 按投保单位划分风险单位

为了简化手续，对于一个投保单位，不需区分险别，只要投保单位将其全部财产足额投保，该单位就为一个风险单位。

四、人寿保险的核保要素及风险类别划分

(一) 核保要素

人寿保险的核保要素一般分为影响死亡率的要素和非影响死亡率的要素。非影响死亡率的要素包括保额、险种、缴费方式、投保人财务状况、投保人与被保险人及受益人之间的关系；影响死亡率的要素包括年龄、性别、职业、健康状况、体格、习惯、嗜好、居住环境、种族、家族、病史等。在寿险核保中重点考虑影响死亡率的要素。

1. 年龄和性别

年龄是人寿保险核保所要考虑的最重要的因素之一。因为死亡概率一般随着年龄的增加而增加，各种死亡原因在不同年龄段的分布是不一样的，而且不同年龄组各种疾病的发病率也不相同。因此，保险金给付的频数与程度有很大的差异。另外，性别对死亡率和疾病种类也有很大影响。有关统计资料表明，女性平均寿命要长于男性 4~6 年，各国生命表中的死亡概率的计算也充分反映了这一点。因此，性别因素也关系着保险人承担给付义务的不同。

2. 体格及身体情况

体格是遗传所致的先天性体质与后天各种因素的综合表现。体格包括身高、体重等。经验表明，超重会引起生理失调，导致各种疾病的发生。所以，超重使所有年龄的人都会增加死亡率，对中年人和老年人尤甚。为此，保险公司可编制一张按照身高、年龄、性别计算的平均体重分布表。体重偏轻一般关系不大，但核保人员应注意对近期体重骤减者要进行调查，以确定是否由疾病引起。除体格以外的身体情况也是核保的重要因素，如神经、消化、心血管、呼吸、泌尿、内分泌系统失常会引起较高的死亡概率。保险人应收集各种疾病引发死亡的统计资料，在不同时期引起死亡的疾病的排列顺序是不同的，目前癌症和心血管疾病是引起死亡的最主要原因。

3. 个人病史和家族病史

如果被保险人曾患有某种急性或慢性疾病，往往会影响其寿命，所以，在核保中一般除了要求提供自述的病史外，有时还需要医师或医院出具的病情报告。了解家族病史主要是了解家庭成员中有无可能影响后代的遗传性或传染性疾病，如糖尿病、高血压病、精神病、血液病、结核、癌症等。

4. 职业、习惯嗜好及生存环境

首先，疾病、意外伤害和丧失工作能力的概率在很大程度上受所从事的职业的影响。一些职业具有特殊风险，虽不会影响被保险人死亡概率的变化，但却会严重损害被保险人的健康而导致大量医疗费用的支出，如某些职业病。另外，有些职业会增加死亡概率或意外伤害概率，如高空作业工人、井下作业的矿工及接触有毒物质的工作人员等。其次，如果被保险人有吸烟、酗酒等不良嗜好或从事赛车、跳伞、登山、冲浪等业余爱好，核保人可以提高费率承保或列为除外责任，甚至拒绝承保。最后，被保险人的生活环境和工作环境的好坏，对其身体健康和寿命长短也有重要影响。如被保险人居住在某种传染性疾病高发的地区，他感染这种传染病的可能性就比其他人大得多；如果被保险人的工作地点与居住地点距离很远，其遭受交通事故伤害的可能性也就大了许多。

 案例 8-4

核保期间祸从天降

2013 年 10 月 5 日，投保人谢先生在听取代理人对其公司保险产品的介绍后，产生了投保意向。在代理人的协助下，谢先生当场填写了投保书和健康告知书，投保了 100 万保额的投连险和 200 万保额的附加意外伤害险。

10 月 6 日，保险公司向谢先生提交了盖有公司总经理印章的投保建议书；与此同时，谢先生根据建议书的内容，向保险公司缴纳了相当于首期保险费的款项 11944 元。保险公司向其出具了一份临时收款凭证。

由于此份保单属于大额保单，10 月 17 日，谢先生按照保险公司要求参加体检。10 月 18 日凌晨 1 时左右，谢先生在意外事故中遇害身亡。10 月 18 日，保险公司收到谢先生的体检报告后，通知谢先生办理财产的告知手续，此时方得知谢先生已身故。

随后，谢先生的母亲向保险公司提出了索赔申请。然而，保险公司经研究决定，由于合同尚未生效，所以本不应赔付。但从商业角度出发，给予通融赔付，即按照其主险保额，给予100万元的身故理赔金。

谢母不同意保险公司的理赔决定，另外要求保险公司赔付附加意外险200万元保额的赔偿金。遂诉至法庭。

一审判赔。一审法院经审理后认为，谢某填写的投保书中已经列明了投保人与保险公司的权利义务，且已缴付首期保费，已履行了其作为投保人在保险合同成立后应负的主要义务，因此，合同已经算作成立。

另外，该合同条款未约定保险公司何时同意承保及以何种方式同意承保，表述不清，实属不明确，依法应作出有利于被保险人的解释，应视为合同已经生效。而且，投保人谢某已依保险公司安排进行体检，已履行了健康告知义务。

基于以上理由，一审法院判决，保险公司应依照条款，向谢某的受益人赔付附加险保险金200万元。对于法院判决，保险公司不服，上诉至市中级人民法院。

二审否决。二审法院认为，保险合同订立需经过投保、核保、承保三个阶段，其中，投保书所能充分说明的是谢某向保险公司投保的事实，并不意味保险公司已经同意承保。从签订投保书至谢某遇害身亡，本案保险合同仍处于核保阶段，上诉人尚未作出同意承保的意思表示。

另外，根据《保险法》有关规定，在保险合同成立后，投保人才按照约定支付保险费，即保险合同的成立不以缴付保险费为必要条件，投保人缴付保险费与否，不影响保险合同的成立，所以，谢某向保险公司缴纳首期保费并不意味保险公司已作出承保的承诺。因此，谢某发生事故时，附加意外险合同尚未成立，保险公司不应承担责任。

鉴于上述原因，法院宣布撤回一审判决，驳回谢某家属关于保险公司赔付200万元保险金的诉讼请求。

【评析】

法院一审和二审对保险合同的解读是产生不同的判决结果。

(二) 风险类别划分

核保人员在审核了投保方所有有关的资料并进行体检以后，要根据被保险人的身体状况进行分类。在人寿保险中，由专门人员或指定的医疗机构对被保险人进行体检，实际测定被保险人的身体健康状况。体检后由医生提供的体检报告就是一种核保查勘结果。被保险人是否需要体检，一般是由其年龄和投保金额决定的，投保年龄越大、投保金额越高，体检的必要性就越大。根据体检结果，决定是否承保及按照什么条件或采用不同费率承保。

1. 标准风险

属于标准风险类别的人有正常的预期寿命，对他们可以使用标准费率承保。大多数被保险人面临的风险属于这类风险。

2．优质风险

属于这一风险类别的人，不仅身体健康，且有良好的家族健康史，无吸烟、酗酒等不良嗜好。对该类被保险人，在基本条件与标准相同的情况下，保险人在承保时可适当给予费率的优惠，即按照低于标准的费率予以承保。

3．弱体风险

属于弱体风险类别的人在健康和其他方面存在缺陷，致使他们的预期寿命低于正常的人，对他们应按照高于标准的费率予以承保。

4．不可保风险

属于该类风险的人有极高的死亡概率，以至承保人无法按照正常的大数法则分散风险，只能拒保。

 案例 8-5

保险公司经营作弊行为案例

某保险公司在 2012 年 12 月至 2014 年 5 月期间，利用应收保险费不入账，套取 128 万元作为小金库，违反财经纪律用于小集团利益。

经查，该保险公司对应收保险费都不入账，收到的应收保险费，进入小金库，该笔保险业务到期后，销毁保险单。发现有 91 笔商业车险和企业财产保险的应收账款不入账，已收到应收保费共计 95 万元。此案例反映保险公司经营存在严重问题。

> **【评析】**
>
> 2008 年 8 月 29 日，保监会下发《关于进一步规范财产保险市场秩序工作方案》（保监发〔2008〕70 号）文件，要求保监局及保险公司大力规范财产保险市场秩序，其中一项工作重点就是确保保险公司经营的业务财务基础数据真实可信，并对保费收入提出了据实全额入账的基本要求，要求各公司严格按照新会计准则及保费收入确认原则，在保费收入科目中全额、如实反映保费收入情况。严禁虚持应收保费、虚假批单退费、撕单埋单、阴阳单证、净保费入账、系统外出单、账外账等违法违规行为。

学习单元三　保险理赔

保险理赔，是指在保险标的发生保险事故而使被保险人财产受到损失或人身生命受到损害时，或保单约定的其他保险事故出现而需要给付保险金时，保险公司根据合同规定，履行赔偿或给付责任的行为，是直接体现保险职能和履行保险责任的工作。

《保险法》第 22、23 条规定，保险事故发生后，依照保险合同请求保险人赔偿或者给付保险金时，投保人、被保险人或者受益人应当向保险人提供其所能提供的与确认保险事故的性质、原因、损失程度等有关的证明和资料。

保险人依照保险合同的约定，认为有关的证明和资料不完整的，应当通知投保人、被保险人或者受益人补充提供有关的证明和资料。

保险人收到被保险人或者受益人的赔偿或者给付保险金的请求后，应当及时作出核定；对属于保险责任的，在与被保险人或者受益人达成有关赔偿或者给付保险金额的协议后十日内，履行赔偿或者给付保险金义务。保险合同对保险金额及赔偿或者给付期限有约定的，保险人应当依照保险合同的约定，履行赔偿或者给付保险金义务。

一、保险理赔的方式

保险公司在出险后依据保险合同约定向保户理赔有两种方式：赔偿和给付。

赔偿与财产保险对应，指保险公司根据保险财产出险时的受损情况，在保险额的基础上对被保险人的损失进行的赔偿。保险赔偿是补偿性质的，即它只对实际损失的部分进行赔偿，最多与受损财产的价值相当，而永远不会多于其价值。

而人身保险以人的生命或身体作为保险标的，因人的生命和身体是不能用金钱衡量的，所以，人身保险出险而使生命或身体所受到的损害，不是能用金钱赔偿得了的。故在出险时，保险公司只能在保单约定的额度内对被保险人或受益人给付保险金。即人身保险是以给付的方式支付保险金的。

二、保险理赔的程序

（一）立案查验

保险人在接到出险通知后，应当立即派人进行现场查验，了解损失情况及原因，查对保险单，登记立案。

 案例 8-6

法人单位的汽车错误投保企业财产保险，造成拒赔的后果

2013 年 8 月 3 日，有一家物资公司拟定一辆汽车等固定资产和库存商品参加保险，找到保险公司经办人员，他签发了一份企业财产保险单给该家物资公司，承保的标的物包括一辆汽车等固定资产和库存商品。事后，该汽车在保险期限内发生事故，碰撞路边一位行人致死亡。该单位向保险公司报案后，并向保险公司提出索赔。保险公司查阅承保档案，发现该汽车投保企业财产保险，可以按企业财产保险条款规定处理，对汽车碰撞事故不负责赔偿。投保人不服，告到法院。经法院审判，判定保险公司胜诉。

【评析】

单位的汽车作为企业固定资产来投保，发生事故只能按企业固定资产财产损失来处理赔款，企业财产保险条款不包括碰撞事故，因此，保险公司不负责赔偿。很多投保单位汽

车投保了企业财产保险后认为汽车也参加保险，这是错误的投保。针对这个问题，保险公司经办人员要提醒有汽车的法人单位，汽车要单列参加汽车保险（机动车辆保险），这样，碰撞事故造成损失要负责赔偿。

（二）审核证明和资料

保险人对投保人、被保险人或者受益人提供的有关证明和资料进行审核，以确定保险合同是否有效，保险期限是否届满，受损失的是否是保险财产，索赔人是否有权主张赔付，事故发生的地点是否在承保范围内等。

（三）核定保险责任

保险人收到被保险人或者受益人的赔偿或者给付保险金的请求，经过对事实的查验和对各项单证的审核后，应当及时作出自己应否承担保险责任及承担多大责任的核定，并将核定结果通知被保险人或者受益人。

（四）履行赔付义务

保险人在核定责任的基础上，对属于保险责任的，在与被保险人或者受益人达成有关赔偿或者给付保险金额的协议后十日内，履行赔偿或者给付保险金义务。保险合同对保险金额及赔偿或者给付期限有约定的，保险人应当依照保险合同的约定，履行赔偿或者给付保险金义务。

保险人按照法定程序履行赔偿或者给付保险金的义务后，保险理赔就告结束。如果保险人未及时履行赔偿或者给付保险金义务的，就构成一种违约行为，按照规定应当承担相应的责任，即"除支付保险金外，应当赔偿被保险人或者受益人因此受到的损失"，这里的赔偿损失，是指保险人应当支付的保险金的利息损失。为了保证保险人依法履行赔付义务，同时保护被保险人或者受益人的合法权益，法律明确规定，任何单位或者个人都不得非法干预保险人履行赔偿或者给付保险金的义务，也不得限制被保险人或者受益人取得保险金的权利。

三、保险理赔的原则

（一）重合同，守信用

保险合同所规定的权利和义务关系，受法律保护，因此，保险公司必须重合同、守信用，正确维护保户的权益。

（二）坚持实事求是

在处理赔案过程中，要实事求是地进行处理，根据具体情况，正确确定保险责任、给付标准、给付金额。

（三）主动、迅速、准确、合理

要让保户感觉到保得放心，赔得心服。

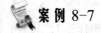 **案例 8-7**

保险公司理赔不及时产生的代价

2012 年 4 月 14 日，投保车辆为足额保险，因车库失火，导致车辆部分受损。经查勘，保险双方当事人于 2012 年 4 月 19 日达成协议，确认本车电器设备、方向盘、车头、内装饰等合计损失 10 万元。理赔中，保险公司按常规做法操作，即部分损失的车辆要送到指定的修理厂大修，需更换的电器配件价格为 2 万元。由于该车型属淘汰产品，所需配件很难找到，致使修理工作停滞一个多月。

2012 年 6 月，投保人提出，本车原按整车投保，现因配件不齐全，拖延至今仍不能恢复原状，要求保险公司按全损 25 万元赔偿，保险公司坚持按部分损失 10 万元赔偿，双方协商不成，投保人于 2012 年 8 月向法院起诉，要求按车辆全损赔偿，并赔偿相应的滞纳金。

法院受理此案进行了调解，双方终于达成履行部分损失的赔偿协议，法院以《民事调解书》结案，调解内容如下。保险公司一次性赔偿投保人车辆修理费用 18 万元。

> **【评析】**
>
> 本案事故发生后，保险公司理赔不及时，迟迟不结案，出现节外生枝，结果多赔 8 万元，对保险公司来说是一次教训。
>
> 《保险法》规定："保险人收到被保险人或受益人的赔偿或者给付保险金的请求后，应当及时作出核定；对属于保险责任的，在与被保险人或受益人达成有关赔偿或者给付保险金额的协议后 10 日内，履行赔偿或给付保险金义务。……保险人未及时履行前款规定义务的，除支付保险金外，应赔偿被保险人或者受益人因此受到损失。"

四、保险理赔的时效与依据

（一）保险理赔的时效

保险索赔必须在索赔时效内提出，超过时效，被保险人或受益人不向保险人提出索赔，不提供必要单证和不领取保险金，视为放弃权利。险种不同，时效也不同。人寿保险的索赔时效一般为 5 年；其他保险的索赔时效一般为 2 年。

索赔时效应当从被保险人或受益人知道保险事故发生之日算起。保险事故发生后，投保人、保险人或受益人首先要立即止险报案，然后提出索赔请求。

保户提出索赔后，保险公司如果认为需补交有关的证明和资料，应当及时一次性通知对方；材料齐全后，保险公司应当及时作出核定，情形复杂的，应当在 30 天内作出核定，并将核定结果书面通知对方；对属于保险责任的，保险公司在赔付协议达成后 10 天内支付赔款；对不属于保险责任的，应当自作出核定之日起 3 天内发出拒赔通知书并说明理由。保险人理赔审核时间不应超过 30 日，除非合同另有约定。而在达成赔偿或给付保险金协议后 10 日内，保险公司要履行赔偿或给付保险金义务。此外，核定不属于保险责任的，应当自核定之日起 3 日内发出拒赔通知书并说明理由。

（二）申请保险理赔需要的资料

索赔时应提供的单证主要包括：保险单或保险凭证的正本、已缴纳保险费的凭证、有关能证明保险标的或当事人身份的原始文本、索赔清单、出险检验证明、其他根据保险合同规定应当提供的文件。

其中出险检验证明经常涉及的文件如下。

因发生火灾而索赔的，应提供公安消防部门出具的证明文件。由于保险范围内的火灾具有特定性质——失去控制的异常性燃烧造成经济损失的才为火灾。短时间的明火，不救自灭的，因烘、烤、烫、烙而造成焦糊变质损失的，电机、电器设备因使用过度、超电压、碰线、弧花、走电、自身发热所造成其本身损毁的，均不属火灾。所以，公安消防部门的证明文件应当说明此灾害是火灾。

因发生暴风、暴雨、雷击、雪灾、雹灾而索赔的，应由气象部门出具证明。在保险领域内，构成保险人承担保险责任的这些灾害，应当达到一定的严重程度。例如，暴风要达到 17.2 米 / 秒以上的风速，暴雨则应当是降水量在每小时 16 毫米以上，12 小时 30 毫米以上，24 小时 50 毫米以上。

因发生爆炸事故而索赔的，一般应由劳动部门出具证明文件。因发生盗窃案件而索赔的，应由公安机关出具证明文件。该证明文件应当证明盗窃发生的时间、地点、失窃财产的种类和数额等。

因陆路交通事故而索赔的，应当由陆路公安交通管理部门出具证明材料，证明陆路交通事故发生的地点、时间及其损害后果。如果涉及第三者伤亡的，还要提供医药费发票、伤残证明和补贴费用收据等。如果涉及第三者的财产损失或本车所载货物损失的，则应当提供财产损失清单、发票及支出其他费用的发票或单据等。

因被保险人的人身伤残、死亡而索赔的，应由医院出具死亡证明或伤残证明。若死亡的，还须提供户籍所在地派出所出具的销户证明。如果被保险人依保险合同要求保险人给付医疗、医药费用时，还须向保险人提供有关部门的事故证明，医院的治疗诊断证明及医疗、医药费用原始凭证。

（三）保险理赔依据

理赔是保险公司履行合同义务的行为，它的依据是保险合同及保险相关法律、同业规定和国际惯例，其他任何理由或解释均不能作为理赔的依据。

保险理赔是指保险人依据海上保险合同或有关法律法规的规定，受理被保险人提出的海上保险赔偿请求，进行查勘、定损、理算和实行赔偿的业务活动，是保险法律制度中十分重要的一环，是保险人履行其义务的主要形式。为了使被保险人尽快获得经济补偿，保险人应积极主动地做好理赔工作。理赔遵循以海上保险合同为依据、遵守国际惯例和有关国际公约、及时和合理作出赔偿的原则。海上保险的理赔一般是从接受出险通知开始，经过查勘、检验或委托检验、核实案情、理算赔偿金额和支付赔偿六个阶段。根据我国《海商法》规定，"保险事故发生后，保险人向被保险人支付保险赔偿前，可以要求被保险人提供与确认保险事故性质和损失程度有关的证明和资料。"

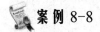 **案例 8-8**

为骗取 1250 万保险金男子杀死"替身"

该男子和两名同伙昨日在法院受审，当庭说杀人"没有理由"如此荒唐的人命案发生经过。

邱某某买了 1250 万元的人身保险后，雇来一名跟他体型相当的男子，又联合其他两人将被雇的男子杀死抛尸，造成邱某已死的假象，从而骗取保险金。

事后，有人在抛尸地点发现尸体并报警，死者口袋里有邱某放的护照而露馅，其妻最终承认，邱某没死，他为得到巨额保险而杀死了一名陌生人。

直到现在也没查到被邱某等人杀死的男子身份，邱某所谓愿意赔偿受害人家属一事无从谈起，而且即使赔偿，也不是减轻邱某罪行的理由。

邱某为了骗取 1250 万元的巨额保险费，到人才市场雇佣了一名跟他体型相当的年轻男子，并联合毛某、何某把该男子杀死，以造成自己已死亡的假象。还没来得及找保险公司理赔，邱某杀人案就败露了，他因犯故意杀人罪被一审法院判处死刑。毛某以一审量刑过高向法院提起上诉。

为骗保险金杀死"替身"掩盖真相

"你为什么要杀人？"审判长向邱某提问。邱某回答："没有理由。"

据指控，2007 年 3 月，邱某购买了 1250 万元的巨额人身保险。2007 年 11 月，他想从获得这笔保险金上打主意。当月 24 日，邱某在人才市场寻找目标，一名与他体貌、身高相似的彭姓男子进入视线。邱某说要招聘一名厨师，男子便跟着他走了。

当晚 8 点，邱某和毛某、何某告诉男子，说要把他安排到另外一处工厂工作，3 人带着男子上了一辆面包车。为方便下手，邱某坐在后排，毛某和男子坐在中排。车开出去 10 多分钟，毛某给邱某递了个眼色，邱某拿出事先准备好的绳子猛勒男子脖子，男子拼命挣扎，毛某用拳头猛击其面部、头部。男子的头部被死死摁住，很快便停止了挣扎，没了呼吸。

邱某将外套换到男子身上，将护照也放在男子的上衣口袋里。随后，3 人把男子尸体抛弃在路边排水沟内。邱用石头狂砸男子头部，以达到毁容目的。

护照露馅妻子证实丈夫是假死

邱某"死"后，他让家人找保险公司理赔，但保险公司要求出示邱某的死亡证明单、照片、医院的诊断书及警方的证明材料。理赔的事情一时没有着落，邱某的"尸体"却进入了民警视线。2007 年 12 月 12 日中午，有村民路过龙代路涵洞，发现路边沟里尸体后报警。

这时尸体已高度腐烂，但外衣口袋里的护照引起警方注意，护照主人名叫邱某。

民警找邱某的妻子李某和其弟弟，两人欲言又止。他们的反常行为引起民警怀疑，李某最终承认，邱某没死，他是为得到巨额保险而杀死了一名陌生人。李某弟弟说，邱某在 2007 年 10 月说骗保的事情可以做了，他需要躲起来报失踪。12 月 5 日，邱某说，他在殡仪馆里弄了一具尸体假冒他。12 月 13 日早上，李某接到警方通知辨认尸体的电话，高度腐烂的尸体让两人觉得事情蹊跷，猜测邱某很可能杀了人。

李某证实，她曾在电话里劝过邱某自首，但邱某拒绝。12 月 14 日，李某和弟弟向警方反映情况，民警陆续抓获了邱某、毛某和何某。

"赔偿"和"轻判"不能画等号

成都中院于 2009 年 1 月作出了一审判决。法院认为，邱某、毛某、何某为骗取保险金而杀害他人作为邱某的替身，其行为均已构成故意杀人罪，且系共同犯罪，应以故意杀人罪追究 3 人的刑事责任。最终，邱某、毛某、何某分别被判处死刑、死缓和无期徒刑。

昨日在庭审上，毛某辩称，他事先并不知道邱某骗保的事，也没有预谋通过何种方式杀死男子，杀害男子是邱某先动手的，他看到男子反抗才去帮忙。何某说，邱某曾找他商量骗保杀人计划，承诺给他的工厂投资 50 万元，另外给毛某五六万元，他为得到投资款决定铤而走险。

邱某没有对他杀人骗保的行为发表意见，只是说他愿意支付受害人家属赔偿款。但检方认为，直到现在也没有查到被邱某等人杀死的男子身份，所谓赔偿无从谈起。而且即使赔偿，也不是减轻邱某罪行的理由。

⫶【评析】

投保人为了骗取保险金，竟然以身试法，采用购买投保人做"替身"的方法，并用残忍的手段杀害"替身"。

（四）保险理赔的近因原则

近因原则是指造成保险标的损失的最直接、最有效的原因，这是保险理赔过程中必须遵循的原则，按照这一原则，当被保险人的损失是直接由于保险责任范围内的事故造成的，保险人才予以赔偿。也就是说，保险事故的发生与损失事实的形成，两者之间必须有直接因果关系的存在，才能构成保险赔偿的条件。

现实生活中，引发损失的原因多种多样，针对不同的导致损失的原因，在运用近因原则时也各不相同。但是常见的主要有以下两种。

1. 引发损失的原因单一

由单一原因引发损失的情况，在实际理赔过程中操作相对简单。实践中，理赔人员只需要判定这一原因是否属于保险责任即可，而投保人、被保险人及受益人也往往很少会有异议。比如，张某在走山路时不小心摔坏了腿，如果张某买了意外险，那么保险公司就应该给予张某相应的保险金，但是如果张某投保的是重疾险，那么保险公司不需理赔，这明显超越了重疾的承保范围。

2. 多种原因导致

损失理赔纠纷往往发生于多个原因导致的保险损失。其中两种情况最易产生分歧。第一种是多个原因造成保险损失，且每一个都是事故的近因，不过只有一些近因属于保险责任范围，另一部分超过了范围。对于保险公司来说，需要理赔的是责任范围内的保险损失，消费者也可以为这部分原因据理力争索要赔偿。另一种情况是多个造成损失的原因之间相互依存或存在因果关系，在判断近因时容易造成消费者和保险人之间的矛盾。

 案例 8-9

保险理赔难的五大原因

虽说国民对保险的认知程度也越来越高，但保险仍然是颇具争议的话题，比如人们常说的保险理赔难问题。那么保险理赔难究竟难在什么地方呢？果真是保险公司的问题吗？

保险专家指出，投保人与保险人之间其实就是因保险合同而建立起来的一种法律关系，理赔则是保险人对可能导致保险责任的人身保险合同约定事故进行核定并作出相应处理的行为，是保险人兑现保险合同承诺的过程。社会上所理解的"理赔难"，往往是有原因的。

原因一：投保人未如实告知。投保人在投保过程中故意或者过失未履行告知义务，未告知事项足以影响保险公司决定是否同意承保或者提高保险费率的，此种情况下发生事故保险公司一般不会赔付。

原因二：投保人对保险责任不清晰。保险合同约定了保障范围和金额，如果寿险理赔金额是依照投保时选择的保额进行给付，保额越高、保障范围越广，缴纳的保费也越多。再比如医疗险区分为按照医疗费用补偿和按照住院天数补偿两类，有的客户抱怨住院花费几万元，理赔才两三千元，其实他投保的是按住院天数补偿的医疗险，和医疗花费无关。

原因三：保险人在理赔程序及时限方面存在改进的地方。保险产品，购买的是对未来的保障，风险发生时的理赔环节才是保险价值的核心体现。由于理赔阶段的消费者一般正在遭遇危机，最希望能够及时获得保险补偿。但经过程序化、规范化的调查取证，然后给予补偿时，消费者已不能感受到保险的保障作用了。另外，消费者对保险公司理赔程序的不了解，也会对保险公司产生抱怨。

原因四：投保人不了解"责任免除"条款。保险合同中都会有免除保险人责任的条款，比如先天性疾病免责，即使投保后诊断为先天性疾病也是在免责范围，因为保险公司在设计险种费率时，已经将先天性疾病排除在外了。如"观察期"免责。健康保险不论长期保险、短期保险，一般都有免责期（或观察期、等待期）条款，免责期内发生事故不支付保险金。

原因五：保险人应指导被保险人收集资料。保险公司为防止有人提出无根据的或夸大的索赔，会要求被保险人在指定时间内提供损失证据并说明详细情节。比如被保险人出院后再到医院收集相关资料，尤其是居住农村的投保人需往返于城乡，很麻烦。当投保人报案时，保险公司就可以指导投保人在住院期间完成资料收集，避免了后期奔波之苦。

【评析】

可见，造成大量理赔难的保险案件，保险公司和投保人双方都应负相应责任，从某种意义上说，理赔难，实际是"难"在当事人没有充分沟通。

学习单元四　保险资金运用

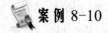**案例 8-10**

巴菲特走保险创富之路

保险业务为巴菲特提供了源源不断的巨额低成本保险资金，让他能够通过伯克希尔这家上市公司，大规模收购企业或投资股票。而在取得很高的投资回报后，巴菲特保险业务的资本实力大大增强，从而有更多的资金收购更多的企业或股票，更多的回报再带来更多的保险，如此形成一个良性的循环。

世界首富沃伦·巴菲特是世人皆知的企业家和金融投资家，被尊称为"一代股神"。然而，他还是一位鲜为人知的保险业巨头，并依靠源源不断的保险资金逐步登上世界首富的宝座。

天才的聚财金童

1930 年 8 月 30 日，沃伦·巴菲特出生于美国内布拉斯加州的奥马哈市。巴菲特从小就有强烈的赚钱欲望和投资意识，他钟情于股票和数字的程度远远超过了家族中的任何人。他满肚子都是挣钱的道儿：5 岁时就在家中摆地摊兜售口香糖；稍大后他带领小伙伴到球场捡大款用过的高尔夫球，然后转手倒卖，生意颇为红火；1941 年，他刚跨入 11 岁便跃身股海，购买了平生第一张股票；12 岁上中学时则利用课余做报童，还与伙伴合伙将弹子球游戏机出租给理发店老板挣取外快，并发誓要在 30 岁之前成为百万富翁；13 岁时，这个业余兼职的初中生每个月可挣到 175 美元，相当于当时一个标准白领的收入；14 岁时，拿出自己积攒的 1200 美元，买了一块 40 英亩的农场，当上了小地主。1947 年 6 月从高中毕业时，巴菲特已经递送了差不多 60 万份报纸，挣到了 5000 多美元。上大学时，他把自己的弹子球公司转手，卖了 1200 美元。

格雷厄姆的得意门生

1947 年，沃伦·巴菲特进入宾夕法尼亚大学攻读财务和商业管理。两年后，辗转考入哥伦比亚大学金融系，拜师于著名投资学理论学家本杰明·格雷厄姆。在格雷厄姆门下，巴菲特如鱼得水。格雷厄姆反对投机，主张通过分析企业的盈利情况、资产情况及未来前景等因素来评价股票。他传授给巴菲特丰富的知识和决窍，而天才的巴菲特很快成了格雷厄姆的得意门生。课余时间，他开着一辆老款福特车坚持送报赚钱。1949 年冬天，他开设了"巴菲特高尔夫球公司"，到次年 7 月，共销售了 220 打高尔夫球，从中赚了 1200 美元，此时他既是老板，又是经理人。大学毕业时巴菲特已攒下了 9800 美元，在当时算得上一个小小富翁。1951 年，21 岁的巴菲特学成毕业时，他的学习成绩获得最高 A$^+$，并已拥有 15 年的商业与管理经验。

"财华"横溢的千万富翁

大学毕业后，巴菲特在父亲的证券经纪公司做了三年经纪人，之后终于得到机会在格雷厄姆的投资公司工作了两年。在导师的言传身教下，巴菲特终于得到了价值投资的真谛，投资业绩大大改善，个人财富也从9800美元激增到14万美元。1956年春天，巴菲特回乡创业，创办了自己的投资公司。1957年，巴菲特掌管的资金达到30万美元，年末则升至50万美元。1962年，巴菲特合伙人公司的资本达到了720万美元，其中有100多万美元是属于他的。当时他将几个合伙人企业合并成一个"巴菲特合伙人有限公司"。最小投资额扩大到10万美元，有点像中国的私募基金或私人投资公司。1964年，巴菲特的个人财富达到400万美元，而此时他掌管的资金已高达2200万美元。1967年10月，巴菲特掌管的资金达到6500万美元。1968年，巴菲特公司的股票取得了它历史上最好的成绩：增长了59%，而道琼斯指数才增长了9%；巴菲特掌管的资金上升至1.04亿美元，其中属于他的有2500万美元。1968年5月，当股市一路凯歌时，巴菲特却考虑要隐退了。次年，他在股市高峰时逐渐清算了巴菲特合伙人公司的几乎所有股票，解散了该公司，也躲过了随后股市50%的暴跌。在1957—1969年的13年期间，他取得了30.4%的年平均收益率，远远超过了道琼斯8.6%的年均收益水平。其间，道琼斯工业指数虽下跌了5次，但巴菲特的合伙投资公司却从来没有发生过亏损。

依托保险业登上全球首富宝座

巴菲特自1965年开始执掌以保险为核心业务的伯克希尔哈撒韦公司。合伙公司解散后，他把大部分资金都悄悄投资到伯克希尔保险公司的股票上，巴菲特夫妇持股比例占40%以上。此后，巴菲特开始精心经营保险业务，并成为"未来几十年最重要的收入来源"。事实上，保险业务为巴菲特提供了源源不断的巨额低成本保险资金，让他能够通过伯克希尔这家上市公司大规模收购企业或投资股票。而在取得很高的投资回报后，巴菲特保险业务的资本实力大大增强，从而提供更多更好的保险业务，带来更多的保险资金，更多的资金带来更多的企业收购或股票投资，更多的回报再带来更多的保险，如此形成一个良性的循环。从而使巴菲特的伯克希尔公司的企业版图越来越大，公司业务范围逐步扩大到投资、新闻出版、能源、涂料、地毯、珠宝、家具等多个行业，最终形成规模巨大，总资产近3000亿美元，旗下拥有众多子公司的综合保险控股集团。仅旗下拥有的国际著名保险公司就有：伯克希尔哈撒韦保险公司、伯克希尔哈撒韦再保险公司、美国政府雇员保险公司、通用再保险公司。其中，伯克希尔哈撒韦保险公司位居2007年《财富》全球500强企业第33位，位居保险业第六位，当年营业额为985.39亿美元，实现利润110.15亿美元；通用再保险公司也位居全球再保险业第三名，当年营业额为78.35亿美元。集团的迅速扩张也使巴菲特成为名副其实的保险巨头，其个人财富越来越多。

良好的保险经营业绩推动了伯克希尔哈撒韦公司的股价从每股15美元一路上涨到惊人的每股13.65万美元，一直保持着全球最高股价纪录。据测算，从1965—2007年的31年间，伯克希尔哈撒韦公司的股价年度升幅为27.7%，远高于标普500指数的12.8%，取得了4008倍的投资收益率，远远超过同期美国标准普尔指数68倍的收益率。巴菲特作为公司的控股者，其个人财富也迅速增长到了2008年的620亿美元，从而登上世界首富的宝座。准确地说，巴菲特成为世界首富的关键就是融保险家、企业家、投资家三位于一体。

【评析】

巴菲特用大量的资金投入保险公司的股票上，精心研究保险公司的股票，获取较大的收益，为收购企业和购买其他股票提供资金来源。

一、保险投资的原则

随着资本主义经济发展，金融工具的多样化及保险业竞争的加剧，保险投资面临的风险性、收益性也同时提高，投资方式的选择范围更加广阔。1948 年英国精算师佩格勒（J. B. Pegler）修正贝利的观点，提出寿险投资的四大原则：获得最高预期收益；投资应尽量分散；投资结构多样化；投资应将经济效益和社会效益并重。

理论界一般认为保险投资有三大原则：安全性、收益性、流动性。

（一）安全性原则

保险企业可运用的资金，除资本金外，主要是各种保险准备金，它们是资产负债表上的负债项目，是保险信用的承担者。因此，保险投资应以安全为第一条件。安全性，意味着资金能如期收回，利润或利息能如数收回。为保证资金运用的安全，必须选择安全性较高的项目。为减少风险，要分散投资。

（二）收益性原则

保险投资的目的，是为了提高自身的经济效益，使投资收入成为保险企业收入的重要来源，增强赔付能力，降低费率和扩大业务。但在投资中，收益与风险是同增的，收益率高，风险也大，这就要求保险投资把风险限制在一定程度内，实现收益最大化。

（三）流动性原则

保险资金用于赔偿给付，受偶然规律支配。因此，要求保险投资在不损失价值的前提下，能把资产立即变为现金，支付赔款或给付保险金。保险投资要设计多种方式，寻求多种渠道，按适当比例投资，从量的方面加以限制。要按不同险种特点，选择方向。如人寿保险一般是长期合同，保险金额给付也较固定，流动性要求可低一些。国外人寿保险资金投资的相当部分是长期的不动产抵押贷款。财产险和责任险，一般是短期的，理赔迅速，赔付率变动大，应特别强调流动性原则。国外财产和责任保险资金投资的相当部分是商业票据、短期债券等。

在我国，保险公司的资金运用必须稳健，遵循安全性原则，并保证资产的保值增值。

二、保险投资资金来源

我国《保险管理暂行规定》明确指出："保险资金是指保险公司的资本金、保证金、营运金、各种准备金、公积金、公益金、未分配盈余、保险保障基金及国家规定的其他资金。"我国《保险公司管理规定》第七十七条规定："保险公司应当依法提取保证金。除清算时依法用于清偿债务外，保险公司不得擅自动用或处置保证金。"第七十八条规定："保险公司应当依法提取保险保障基金。保险保障基金依据中国保监会有关规定集中管理，统筹使用。"因此，从我国的保险法律法规来看，保险公司可以自由运用的资金主要有以下几项。

(一) 权益资产

权益资产是指资本金、公积金和未分配利润等保险公司的自有资金。

1．资本金

根据《中华人民共和国公司法》的规定，资本金是指在公司登记机关登记的全体股东实缴的出资额。它是投资人作为资本投入到企业中的各种资产的价值，又称注册资本。资本金按照投资主体可分为国家资本金、法人资本金、个人资本金及外商资本金。

2．公积金

公积金包含资本公积金和盈余公积金。资本公积金是在公司的生产经营之外，由资本、资产本身及其他原因形成的股东权益收入。股份公司的资本公积金，主要来源于股票发行的溢价收入、接受的赠与、资产增值、因合并而接受其他公司资产净额等。其中，股票发行溢价是上市公司最常见、最主要的资本公积金来源。盈余公积金是指企业按照规定从税后利润中提取的积累资金。盈余公积按其用途，分为法定盈余公积和公益金。法定盈余公积在其累计提取额未达到注册资本 50%时，均按税后利润 10%提取，公益金按 5%~10%提取。

3．未分配利润

未分配利润是企业未作分配的利润。它在以后年度可继续进行分配，在未进行分配之前，属于所有者权益的组成部分。从数量上来看，未分配利润是期初未分配利润加上本期实现和净利润，减去提取的各种盈余公积和分出的利润后的余额。

未分配利润有两层含义：一是留待以后年度处理的利润；二是未指明特定用途的利润。相对所有者权益的其他部分来说，企业对于未分配利润的使用有较大的自主权。

(二) 保险准备金

保险准备金是指保险人为保证其如约履行保险赔偿或给付义务，根据政府有关法律规定或业务特定需要，从保费收入或盈余中提取的与其所承担的保险责任相对应的一定数量的基金。为了保证保险公司的正常经营，保护被保险人的利益，各国一般都以保险立法的形式规定保险公司应提存的保险准备金，以确保保险公司具备与其保险业务规模相应的偿付能力。它包含下面三个方面。

1．未到期责任准备金

未到期责任准备金是指在会计年度决算时，对未到期保险单提存的一种准备金制度。之所以规定这种资金准备，是因为保险业务年度与会计年度是不一致的。比如投保人于 2009 年 10 月 1 日缴付一年的保险费，其中的 3 个月属于 2009 年会计年度，余下的 9 个月属于一个会计年度。这一保险单在下一会计年度的前 9 个月是继续有效的。因此，要在当年收入保险费中提存相应的部分作为下一年度的保险费收入，作为对该保险单的赔付资金来源。按我国保险精算规定：会计年度末未到期责任准备金按照本会计年度自留毛保费的50%提取。未到期责任准备金应在会计年度决算时一次计算提取，提取的计算方法有年平均估算法、季平均估算法和月平均估算法。

2．未决赔款准备金

未决赔款准备金也称赔款准备金，是根据在会计年度决算以前发生保险事故但尚未决定赔付或应付而未付的赔款，而从当年的保险费收入中提存的准备金。它是保险人在会计年度决算时，为该会计年度已发生保险事故应付而未付赔款所提存的一种资金准备。之所以提取未决赔款准备金，是因为赔案的发生、报案、结案之间存在着时间延迟，有时该延迟会长达几个会计年度。按照权责发生制和成本与收入配比的原则，保险公司必须预先估计各会计期间已发生赔案的情况，并提取未决赔款准备金。未决赔款准备金包括已发生已报案赔款准备金，已发生未报案赔款准备金和理赔费用准备金。

3．再保险准备金

保险准备金是保险公司用于承担保险责任或备付未来赔款的一项基金。其基金从保费收入或资产中按期提存。虽然保险准备金的来源是保费收入，但这种从保险费中提取的基金不是保险公司的资产，而是负债。在这种负债背后，必须有等值的资产作为后盾。财产保险和责任保险的准备金按提存的方式分为法定准备金和任意准备金两种。其中，法定准备金可分为未到期责任准备金和未决赔款准备金。

人身保险准备金的主要形式是责任准备金。人身保险准备金必须单独提存，以保证保险公司有足够偿付能力来履行赔偿和给付责任。再保险准备金实际上是保证金。

（三）保险保障基金

保险保障基金指保险机构为了有足够的能力应付可能发生的巨额赔款，从年终结余中所专门提存的后备基金。保险保障基金与未到期责任准备金及未决赔款准备金不同。未到期责任准备金和未决赔款准备金是保险机构的负债，用于正常情况下的赔款，而保险保障基金则属于保险机构的资本，主要是应付巨大灾害事故的特大赔款，只有在当年业务收入和其他准备金不足以赔付时方能运用。

为了保障被保险人的利益，支持保险公司稳健经营，保险公司应当按照保险法则的规定，从公司当年保费收入中提取 1%作为保险保障基金。该项基金提取金额达到保险公司总资产的 10%时可停止提取。保险保障基金应单独提取，专户存储于中国人民银行或中国人民银行指定的商业银行。保险保障基金应当集中管理，统筹使用。

（四）其他资金

在保险公司经营过程中，还存在其他用于投资的资金来源，如结算中形成的短期负债，这些资金虽然数额不大，而且需要在短期内归还，却可以作为一种补充的资金来源。

三、保险投资渠道

（一）存款

存款指存款人在保留所有权的条件下把资金或货币暂时转让或存储于银行或其他金融机构，或者是说把使用权暂时转让给银行或其他金融机构的资金或货币，是最基本也最重要的金融行为或活动，也是银行最重要的信贷资金来源。

（二）债券

债券是政府、金融机构、工商企业等机构直接向社会借债筹措资金时，向投资者发行，承诺按一定利率支付利息并按约定条件偿还本金的债权债务凭证。债券的本质是债务的证明书，具有法律效力。债券购买者与发行者之间是一种债权债务关系，债券发行人即债务人，投资者（或债券持有人）即债权人。债券是一种有价证券，是社会各类经济主体为筹措资金而向债券投资者出具的，并且承诺按一定利率定期支付利息和到期偿还本金的债权债务凭证。由于债券的利息通常是事先确定的，所以，债券又被称为固定利息证券。

（三）股票

股票是股份有限公司在筹集资本时向出资人发行的股份凭证。代表着其持有者（即股东）对股份公司的所有权。这种所有权是一种综合权利，如参加股东大会、投票表决、参与公司的重大决策、收取股息或分享红利等。同一类别的每一份股票所代表的公司所有权是相等的。每个股东所拥有的公司所有权份额的大小，取决于其持有的股票数量占公司总股本的比重。股票一般可以通过买卖方式有偿转让，股东能通过股票转让收回其投资，但不能要求公司返还其出资。股东与公司之间的关系不是债权债务关系。股东是公司的所有者，以其出资额为限对公司负有限责任，承担风险，分享收益。

（四）抵押贷款

抵押贷款指借款者以一定的抵押品作为物品保证向银行取得的贷款。它是银行的一种放款形式，抵押品通常包括有价证券、国债券、各种股票、房地产及货物的提单、账单或其他各种证明物品所有权的单据。贷款到期，借款者必须如数归还，否则银行有权处理其抵押品，作为一种补偿。

（五）寿险保单贷款

寿险保单具有现金价值。保险合同规定，保单持有人可以本人保单抵押向保险企业申请贷款，但需负担利息，这种贷款属保险投资性质。

（六）不动产投资

不动产投资资金用于购买土地、房屋等不动产。此项目的变现性较差，故只能限制在一定的比例之内。

（七）基础设施项目投资

其特点是投资大、收益长期稳定、管理简单，往往还能获得政府的支持并有良好的公众形象，能较好地满足保险基金使用周期长、回报要求稳定的特点。目前，我国的保险基金允许采用信托方式间接投资于交通、通信、能源、市政、环境保护等国家级重点基础设施项目。

具体做法是保险公司（作为委托人）将其保险资金委托给受托人，由受托人按委托人意愿以自己的名义设立投资计划，投资基础设施项目，为受益人利益或者特定目的进行管理或者处分。

（八）与金融机构的合作和往来

1．短期拆借与融资业务

拆借是指通过融资中介进行的一种场内的，有组织的竞价性的资金融通方式，这种规范的拆借业务风险小，流动性强，能获得比同期银行存款或国债高出 1~3 个百分点的收益。

2．委托资金运用

选择一些实力强、信誉好的非银行金融机构，如信托公司、投资基金公司等，与其建立长期合作关系，委托其运用资金。

（九）向为保险配套服务的企业投资

例如，为保险汽车提供修理服务的汽车修理厂；为保险事故赔偿服务的公证或查询公司等。

（十）海外投资

保险资金境外投资限于下列投资形式或者投资品种。

（1）商业票据、大额可转让存单、回购与逆回购协议等货币市场产品。
（2）银行存款、结构性存款、可转债等固定收益产品。
（3）股票、股票型基金、股权等权益类产品。
（4）《中华人民共和国保险法》和国务院规定的其他投资形式或者投资品种。

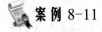 **案例 8-11**

险资投资获大权松绑　13 项新政揭开面纱

从改善行业形象到拓宽保险投资，保监会主席项俊波履新后的改革步伐越迈越大。

知情人士透露，2012 年 6 月 11 至 12 日，保险投资改革创新闭门讨论会在大连召开，13 项保险投资新政（征求意见稿）一一揭开面纱。

从开闸融资融券到金融衍生品，从开放银行、信托和证券理财市场到增加境外市场投资工具……业内所有能预期的投资渠道都将在此轮新政中渐次向保险资金放开。

业内人士认为，新政在给予保险机构更多投资自主权的同时，亦将决策权交予市场，这是一项系统性、前瞻性的制度改革与创新，对保险业创占整个市场投资高地具有里程碑意义。

拓宽渠道增加品种。多达 130 页的 13 项投资新政征求意见稿，让与会诸险企投资"掌门人"们大感意外。"项主席到任后，一直在大力推进拓宽险资投资品种和投资范围的工作，但没想到 13 个征求意见稿出来得这么快"。

按照一家保险公司副总的话来说，这 13 项新政中几乎已囊括了业内所有能预期的投资工具。除此前已曝光的增加无担保债券品种等外，还包括备受关注的拓宽保险资金境外投资品种及范围，拓宽境内股权和不动产投资范围等。

根据一位与会险企高管透露，保险资金境外投资的品种，将新增存托凭证、未上市企业股权、不动产、投资基金（证券、股权、房地产信托这三类投资基金）等，可投资境外地区也增加到较多发达市场和新兴市场。

至于股权和不动产新增品种，则主要有：直接投资方面，增加现代农业产业经营的重点龙头企业、《政府核准的投资项目目录》中经国务院主管部门核准的能源、资源企业的股权；间接投资方面，可投资农业发展、养老产业和保障房这三类基金。与此同时，投资比例也相应上调，投资未上市企业股权、未上市股权相关金融产品的比例分别由（不高于公司上季末总资产的）5%、4% 上调至 10%、8%，但两项合计不得高于 10%。

打通保险与银证信业务通道。"此次保险新政中的另一大亮点在于，打通了保险业和证券、基金、银行、信托行业在产品、渠道、托管等方面的业务通道，有助于改善和创新保险机构与非保险金融机构的盈利模式。"一位与会高管向记者透露。

具体包括：一方面，允许基金、券商加入受托管理保险资金的队伍，允许保险机构投资券商发起设立的集合资产管理计划、信托公司的集合资金信托计划、商业银行发起的信贷资产支持证券及保证收益型理财产品，一定程度上将促进商业银行、信托公司、证券公司和基金管理公司业务创新。

另一方面，保险机构将可以开展融资融券业务，可以参与境内、境外金融衍生品交易。根据征求意见稿，保险公司可以参与境内、境外金融衍生品交易，但仅限于对冲风险，不得用于投资。据一位与会高管透露，目前提上放开日程表的依次是股指期货、国债期货等。

而对于放开融资融券业务，意见稿中则明确规定，保险机构融入资金仅限于满足自身临时调剂头寸，不得用于非公开市场投资及保监会禁止的其他投资。且上季末偿付能力充足率小于 100% 的保险机构，不得融入资金。

更新理念减少审批。在业内人士看来，新政的出炉将给予保险机构更多投资自主权，一旦上述投资范围全部放开后，对于保险资金的投资运用将是重大利好，有助于增加保险资金投资的稳定性及可持续性，为保险机构创造新的竞争优势，保险机构的投资管理也将由此迈上一个新台阶。

而换一个角度来看，新政支持保险机构自主决策、自行投资、自担风险，将决策权完全交予市场，亦折射出保监会监管理念的更新。多位与会高管透露，"项主席上任后的监管思路很清晰，即放松管制、加强监管，唯有监管往后退，市场才能向前进。"

事实上，除拓宽保险投资渠道外，保监会逐渐减少行政审批，亦体现了其越发市场化的监管思路。一位知情人士透露称，"保监会目前的思路是用机制换审批，主动减少行政审批，取消重大投资以外的所有审批，建立风险资本约束机制。"

> **【评析】**
> 保险投资渠道越来越宽。

知识总结

本项目从保险公司运营的角度探讨保险经营管理的特征，初步掌握保险公司展业、承保、理赔等保险业务的流程和技巧；研究保险经营的收入及其运用；重点要求会经营，懂管理，善理财。

综合实训

实训目标

通过本项目的实训，认识保险展业、承保、理赔环节的重要性，掌握承保、理赔和资金运用的基础知识与实务技能。

实训内容

一、单项选择题

1. 人寿保险以外的其他保险的被保险人或者受益人对保险人请求赔偿或者给付保险金的权利，自其知道保险事故当日起（　　）内不行使即消失。

A. 一周　　　　　B. 一个月　　　　　C. 一年　　　　　D. 二年

2. 属于财产保险的核保要素的是（　　）。

A. 检查各种管理制度的制定和实施情况

B. 有无处于危险状态中的财产

C. 查验被保险人以往的工作记录

D. 调查被保险人的经济状况

3. 理想的准客户具备有保险需求、（　　）、具有可保性、可接近四个基本条件。

A. 文化程度高　　　　　　　　B. 年轻力壮

C. 有支付保险费的能力　　　　D. 对产品感兴趣

4. 保险公司通过保险代理人、保险经纪人等保险中介销售产品的方式被称为（　　）。

A. 直接展业　　　　　　　　B. 间接展业

C. 保险代理人展业　　　　　D. 保险经纪人展业

5. 保险人根据被保险人的身体状况划分风险类别，其中不包括（　　）。

A. 标准风险类别 　　　　　　　B. 优质风险类别
C. 弱体风险类别 　　　　　　　D. 财产风险类别

二、是非判断题

1. 保险理赔三项原则必须坚持实事求是。　　　　　　　　　　　（　　）

2. 依照《中华人民共和国保险法》规定，保险人收到赔偿或者给付保险金的请求和有关证明、资料之日起 10 日内，对其赔偿或者给付保险金的数额不能确定的，应当根据已有证明和资料可以确定的数额先予支付。　　　　　　　　　　　（　　）

3. 在订有失踪条款的人身意外伤害保险合同中，如果被保险人在约定的失踪期结束时仍下落不明，则保险人的处理意见是视同被保险人死亡，给付部分死亡保险金。
　　　　　　　　　　　　　　　　　　　　　　　　　　　　　（　　）

4. 发生保险事故后，如果索赔申请人不能亲自到保险公司办理，而是委托他人代为办理，则受托人必须提交的文件是申请人签署的《理赔授权委托书》。　　（　　）

5. 某企业就自身的 100 万元财产分别向甲乙两个保险公司投保 90 万元和 60 万元的企业财产保险。在保险期间发生火灾，该企业损失 50 万元，按照我国保险法的规定，甲公司应该承担的赔款是 45 万元。　　　　　　　　　　　　　　（　　）

三、重要名词解释

1. 展业
2. 承保
3. 理赔
4. 风险单位
5. 保险责任

四、思考讨论题

1. 居民投保了意外伤害险。他在林中打猎时从树上跌下受伤。他爬到公路边等待救助，夜间天冷，染上肺炎死亡。问保险公司是否承担给付责任？

2. 分析保险理赔的程序。

3. 很多人认为投保容易理赔难，你怎么看？

4. 保险公司的经营环节包括哪些？

5. 保险资金可以用到哪儿？

五、案例分析题

1. 在向客户介绍保险时，若客户提出拒绝，如"我没有钱""我很忙"等，此时应对的策略应是：赞美、认同＋反问＋正面回答，尽量避免与客户发生正面冲突。例如，当客户说"现在我的钱都用在了股票和生意上，抽不出来。我的老公和儿子都买了保险，我就算了"时，业务员应回答："太太，您真是一位既贤惠又有责任感的好妻子和好母亲。既然您已经在股市里和生意场上拼搏过，您应该知道什么是风险，风险并不会因为您老公和儿子有保险而放弃对您的'青睐'，您说对吗？"请您对这一则展业技巧的评价。

2. 陈某 11 岁的女儿常常生病，所以当保险营销员向陈某推销保险时，他答应为女儿投保。陈某于 2011 年 6 月 29 日主动到某寿险公司为其女儿投保重大疾病终身保险，免体检，保额合计 5 万元，约定缴费 20 年，受益人为陈某。在签订合同时，营销员向陈某详细介绍了该险种的相关知识和规定，并要求投保人在投保单上如实填写被保险人的健康状况，陈某对其女所患疾病隐瞒未填。2012 年 6 月 28 日，被保险人因病情加重住院治疗，被确诊为右额顶星形细胞瘤四级，并接受手术治疗。2012 年 9 月 2 日出院，同年 11 月 17 日治疗无效死亡。陈某向保险人索赔保险金，但仅提供出院介绍信一封，并声称被保险人此前从未就医。核赔人员展开调查，了解到投保人在投保前即已知晓被保险人患病的事实，据此作出了拒赔的决定。此案中谁要承担拒赔责任？

Project 9

项目九

保险与相关法律

学习目标

⊙ 了解保险法的内涵、特征与调整对象，保险与保险法的关系，我国保险法的构成以及国内外的保险立法情况；

⊙ 掌握《保险法》的适用范围；

⊙ 理解保险法与相关法律的关系。

技能目标

⊙ 理解保险是财务制度的安排，保险行为是一种法律行为，体现着法律关系，保险与保险法、相关法律的关系，保险经营应依法行使。

学习单元一　保险与保险法

从法学的角度分析，保险行为是一种法律行为，体现着法律关系，因而保险与法律之间存在着不可分割的内在联系，具有明显的法律性质。本章的中心内容是分析保险与保险法的关系、保险法及其体系结构及保险法与相关法律的关系。

一、保险法律关系及其特征

（一）保险法律关系的内涵

保险既是一种经济制度，同时也是一种法律关系。保险作为一种经济制度，具有确保经济生活的安定的作用，这是通过集合大量的经济单位，建立保险基金，对特定的风险事故造成的损失进行赔偿或给付保险金来实现的。作为经济制度只是保险的一方面，另一方面，保险是一种法律关系。

所谓法律关系，是指法律规范在调整人们行为过程中形成的权利和义务关系。法律关系是法律规范在现实生活中实现的，只有当人们按此法律规范的规定结成具体的权利和义务关系时，才构成法律关系。法律关系是一种意志关系，属于上层建筑范畴。法律关系的内容很多，包括经济的、政治的、文化的、家庭的等各种社会关系。法律关系是现实社会关系的思想形式，其实质都是经济关系的反映。不同的经济基础决定着不同类型的法律关系。保险关系作为一种法律关系，具体表现为以下四种社会关系。

第一，保险活动当事人之间的关系，即在保险人与投保人、被保险人、保险受益人之间因保险合同而形成的关系。保险人作为保险经营的主体，在为投保人或被保险人提供的服务中，同客户结成一定的行为关系。联结保险人与投保人、被保险人双方权利义务关系的纽带是保险合同。用保险合同的形式将双方的权利义务关系确定下来，这种关系属于契约行为的法律关系。这种法律关系是保险活动中最基础的关系。

第二，保险当事人与保险中介人之间的关系，即在保险人与保险代理人、保险经纪人、保险公估人之间因经营保险业务而形成的关系及保险代理人、保险经纪人、保险公估人与投保人或被保险人之间因其从事保险代理，或保险经纪，或保险公估活动而产生的关系。

第三，保险企业之间的关系。目前，我国保险市场上的保险企业，除了《中华人民共和国保险法》（以下简称《保险法》）规定的股份有限公司和国有独资公司两种形式外，还有外资保险公司、中外合资保险公司。随着改革开放的深入发展，还会出现一些其他所有制形式的保险公司，从而形成一种不同经济结构、不同层次、不同形式并存的保险市场格局。这些保险企业，不论其规模大小，实力强弱，在法律面前均处于平等地位。为了各自的经济利益，它们在保险经营活动中既存在相互竞争关系，又存在相互协作关系。

第四，国家对保险业实施监督管理而形成的管理与被管理的关系。具体地说，这种保险关系就是国家对保险业实施监督管理的保险监督管理部门对于在本国从事保险业务的保险业者和保险代理人、保险经纪人、保险公估人从事的保险中介业务实施监督管理而形成的管理与被管理关系。保险企业与保险管理机关之间的关系表现在两个方面：一是政府与企业之间的关系。政府实施宏观调控，根据保险市场的需要，决定是否批准新的保险企业；保险企业按照政府有关规定经营保险业务，自主经营，自负盈亏，自我发展。二是监督管理者与被监督管理者之间的关系。保险市场的竞争在所难免，为了保障保险企业的正常经营，促进保险事业的健康发展，客观上需要对保险市场进行管理，这种管理既包括经济手段的管理，也包括行政手段和法律手段的管理。在我国，由国务院保险监督管理部门依照我国《保险法》负责对保险企业实施监督管理。监督管理的内容包括保险公司的成立条件、保险经营规则、保险业务监管、保险公司的偿付能力监管和保险资金的运作等。保险企业在进行保险活动时，必须遵守和服从有关部门的监管，依法从事保险经营活动。

上述四种社会关系分别为有关的保险法律所规范，共同形成保险法律关系。但就法律关系的性质而言，保险活动当事人之间的关系、保险当事人与保险中介人之间的关系是一种民事法律关系，保险法律管理关系则是一种行政法律关系。

（二）保险法律的特征

如前所述，人与人之间的社会关系被一种具体的法律规范所调整，于是产生出一种具体的法律关系。在保险经济活动中，反映保险当事人和关系人之间的社会关系被保险法所调整而产生的法律关系，被视为保险法律关系。保险法律关系作为一种具体的法律关系，其特征在于：

1. 保险法律关系是一种特定的人与人之间的社会关系

保险业是一种社会公共事业，保险活动涉及的人既有保险供给者，又有保险消费者；既有保险经营者，又有保险管理者；既有作为保险人的保险直接经营者，又有作为保险中介人的保险间接经营者。由此构成一种关系复杂、范围广泛、具体而又特殊的人与人之间的社会关系。保险法律关系的社会性要求保险法必须充分体现社会利益，具体表现为：保险业法中规定对保险经营机构进行严格的监督管理；保险合同法中规定充分保护保险当事人的合法权益等。

2. 保险法律关系是一种以特定的权利和义务为其内容的社会关系

联结法律当事人的纽带是合同。合同以其双方的权利和义务关系，可区分为单务合同与双务合同。前者是指合同的一方只享有权利，合同的另一方仅负有义务；后者是指当事人双方均享有权利，同时又都承担义务，一方的权利就是另一方的义务，双方的权利和义务相对应。保险合同是一种双务合同。不同的双务合同，具有不同的权利和义务内容。保险合同双方当事人的权利和义务由双方协商确定。保险合同成立生效后，投保方与保险方均须履行约定的义务。

投保方的义务是支付保险费，保险方的义务是在保险期间内发生保险事故时，履行损失补偿或给付保险金等义务。不同的保险合同体现着不同的权利和义务关系。不同的权利和义务关系一般表现在范围的大小和数量的多少上。保险代理合同、保险经纪合同等，是保险合同的延伸，合同双方也具有相应的权利和义务。不过，这些合同的内容和形式，与一般保险合同有所区别。保险法律关系从整体上说，就是以单个保险合同具体规定的权利和义务为内容所组成的一种社会关系。没有一定的权利和义务的保险合同关系，就没有保险法律关系。

3. 保险法律关系是一种权利和义务对等的社会关系

保险法律关系与一般的损害赔偿的民事法律关系一样，赖以成立的合同均为有偿合同，但两者所遵循的原则不尽一致。一般损害赔偿的民事法律关系，赖以存在的有偿合同通行的原则是"等价有偿"，即给付与反给付相一致。而保险法律关系赖以存在的保险合同的有偿性，所强调的是合同双方的权利和义务之间的对应关系，并不要求双方所负的给付义务平衡一致。

除此之外，两者在补偿的性质上也有所区别。一般损害赔偿的民事法律关系是由当事人的行为所致，造成了对方当事人的财产或人身损害而必须承担的一种法律责任。然而，保险事故的发生并非保险人的行为所致，保险人不是因侵权或违约而承担赔偿责任。保险人承担损失补偿的责任，不是因为其"违约行为"的存在，而是其"履约行为"的表现。

具体地说，它是为了履行法律规定或保险合同确定的义务。保险人所负的义务只是损失的补偿。保险合同成立后，由保险事故造成的损失存在，保险人就对这种损失进行补偿，否则就不予补偿。保险人之所以承担保险事故造成的被保险人的损害补偿义务，是因为他在保险合同中享受了收取保险费的权利。因此，保险法律关系实际上是一种权利和义务对等关系。

二、保险法及其调整对象

（一）保险法的定义

保险法是以保险法律关系为调整对象的法律规范的总称。保险法的定义有狭义与广义之分。狭义的保险法仅指商业保险法。广义的保险法是指一切以保险为对象的法律规范的总和，既包括商业保险法，也包括社会保险法。保险法以其法律形式又可区分为形式意义上的保险法和实质意义上的保险法。形式意义上的保险法是指以"保险"命名的法律规范。实质意义上的保险法是指一切有关保险业的组织管理及其保险关系的法律规范。实质意义上的保险法不仅包括形式意义上的保险法，还包括其他法律、法规中有关保险的法律规范；不仅包括保险成文法，还包括保险不成文法。

（二）保险法的调整对象

所谓法律的调整对象，是指法律规范所调整的各种社会关系。不同的法律具有不同的调整对象。法律的调整对象不同，由此调整的社会关系的内容也不同。保险法的调整对象是保险法所规范的社会关系，简称保险关系。只有明确保险法所调整的特定对象，才能全面了解保险法的任务及保险法与其他法律的关系。

 案例 9-1

汽车保单未过户事故不赔偿

周先生将一已购买保险的车辆粤 XE2×××的小型普通客车转让给钟先生，钟先生并没有办理保险变更手续。随后，粤 XE2×××在云浮发生交通事故，造成一行人死亡，车主周先生需要赔偿被撞人家属 54000 多元。保险公司按照相关法律要求以第三者责任险代替交强险先行承担了交强险赔偿责任。因周先生在车辆过户时，并没有办理"被保险人"变更手续，基于《保险法》及第三者责任险保险合同约定，周先生与保险公司签订的保险合同失效。事故肇事方并没有与保险公司存在合同关系，保险公司成功追回已垫付的赔偿金。

📃【评析】

某保险公司车险理赔部负责人指出，依照保险法及保险原理，保险合同的被保险人必须对保险标的具有保险利益，而车辆过户后，原来的被保险人因为对车辆不再拥有实际控制权及使用权，对保险标的失去保险利益。如果没有办理"被保险人批改"手续，对于旧车主而言，因为无保险利益，保险合同无效而不具有索赔权利。对于新车主而言，因为不是被保险人，没有保险金请求权，也无法基于原来的保险合同向保险公司索赔。而如果双方在过户同时到保险公司对保单进行变更，将保险合同的被保险人由旧车主变更为新车主，那么，此时新车主就拥有了保险合同索赔的权利，保险合同继续有效。

保险活动涉及的社会关系包括保险活动当事人之间的关系，保险当事人与保险中介人之间的关系，保险企业之间的关系及国家对保险业实施的监督管理而形成的管理与被管理的关系。值得注意的是，保险法所规范的保险活动有其明确的法律规定性。正如我国《保险法》所规定的那样："本法所称保险，是指投保人根据合同约定，向保险人支付保险费，保险人对于合同约定的可能发生的事故因其发生所造成的财产损失承担赔偿保险金责任，或者当被保险人死亡、伤残、疾病或者达到合同约定的年龄、期限时承担给付保险金责任的商业保险行为。"根据这一规定可以看出，以《保险法》命名的保险法是商业保险法，它所调整的社会关系，是指在商业保险活动中所形成的。

商业保险是相对社会保险而存在的。商业保险与社会保险是两种经营性质不同的保险，需要不同的保险法加以调整。调整商业保险关系的法律为商业保险法，调整社会关系的法律为社会保险法。尽管两种法律的调整对象都是保险关系，但其内容则有着较大的不同。

三、保险与保险法的关系

（一）保险法是保险的直接法律基础和依据

保险不同于一般的贸易和商品交换，它需要有自己专门的立法来规范这种特殊商品的买卖活动。这不仅是因为保险在社会活动中占有重要位置，更重要的是因为保险有其自己的特殊性质。保险更需要由法律来规范保险当事人的行为，使保险人、被保险人及其他关系人的各自权利、义务和权益得到保障，最终达到保障社会经济生活稳定的目的。

世界各国通过专门制定调整保险法律关系的法律，使保险活动能在法律允许的范围内，按照法律规定的程序进行。保险这种法律行为在具体履行时还需依据相关的法律的规定进行。因此，从保险的诞生之日起，就已经和法律密不可分了。保险这种社会经济活动既要以法律为依据，又要受法律的制约。当保险关系当事人的合法权益受到侵犯时，可以得到法律的保护。因此，没有法律作为保险行为规范的实现条件，保险行为就无法实现。

从保险组织的建立到保险行为的产生，乃至保险活动的整个过程，都离不开法律。而保险法正是以保险关系为调整对象的一切法规的总称。保险法的内容既包括了调整国家对保险业监督管理过程中所形成的关系的法律规范，也包括了专门调整保险当事人基于保险合同而发生的关系的行为规范即保险合同法。这样，保险法就成为保险活动的直接法律基础，制约和规范保险活动的全过程。因此保险和保险法密不可分。

（二）保险的发展会使保险法不断完善

任何法律制度都是以长期的实践活动中形成的习惯和惯例为基础，加以修改，使之严谨，最后用文字固定下来的。因此，法律从实践中来，然后又约束实践行为，使实践活动有节制、有规律，从而达到使社会稳定的目的。

保险法也是随着商品经济的发展，为满足社会经济生活的需要而产生的。以海上保险的发展及海上保险法律为例：资本主义的产生和发展使海上贸易空前扩大，海上保险也随之迅速发展。有关保险的纠纷也越来越多，在这种情况下，海上贸易较发达的国家认为有必要制定相关的法令，以调整关系，统一规范。15 世纪前后，一些海上贸易比较发达的国家逐渐建立了一整套有关海上保险的法典。这对统一保险的做法，严格保险人与被保险人的权利义务，起了积极的作用。如公元 1468 年，意大利威尼斯颁布了保证履行保险保单义务和防止欺诈的法令。公元 1523 年，意大利佛罗伦萨在总结以往海上保险经验的基础上，制定了一部完整的海上保险条例，并规定了标准保单格式，这是保险合同法的前身。公元 1543 年，西班牙巴塞罗那法令明确规定了海上保险的承保和赔偿处理原则，以防止进行欺诈活动。公元 1556 年，西班牙国王菲力蒲二世颁布了有关管理保险经纪人的法令，最早确立了经纪人制度。公元 1563 年，比利时安特卫普通过了海上航运法令，它分成两部分，第一部分是海上航运法令，第二部分是海上保险及海上保险单格式，规定了保险业务的做法及防止欺诈赌博的条文。这个法令为当时的欧洲各地所采用。17 世纪初，欧洲各国的保险法令得到更全面的发展。公元 1681 年，法国国王路易十四颁布的海事法中，专章规定了海上保险。公元 1701 年，德国汉堡颁布了海损和保险条例。到了 1906 年，英国女王颁布了《1906 年海上保险法》，使海上保险法律制度更趋于成熟完善，该法也成为世界范围的海上保险法，乃至保险法律制度的基础和典范。海上保险法规的日益完善，更加促进了海上保险的发展，使海上保险业务越来越系统化、规范化、合法化。

从海上保险的发展促进海上保险法不断完善这一实例就可以说明保险的发展促进了保险法的不断完善。同时，随着时代的不断变革，经济的发展，保险的内容范围也在扩大、更新，原有的法规、条例中的有些内容已不再适合新时代的要求，同时又迫使对原有保险法规进行修改，将保险的更新行为通过颁布新法律或修改原有的保险法规定下来，使其能适应保险新发展的需要。我国保险方面的法规也是随着我国保险业的不断发展而逐渐制定的。随着我国保险业的进一步发展，保险活动内容将不断完善和更新，适应市场经济体制保险法律体系会逐步建立起来，而且会日趋完善。

学习单元二　保险法的体系结构及适用范围

一、保险法的体系结构

（一）保险法的一般体系结构

从立法技术方面考察，世界各国的保险立法大致有三种做法：一是制定单行保险法规，如英国、美国、德国、瑞士等；二是将保险法列入商法典，使之成为商法的内容之一，如法国、日本等；三是将保险法列入民法典，使之成为民法的一个组成部分，如独联体的前身苏联及东欧一些国家。然而，不管采用何种立法方式，保险法大都包括以下部分的内容，构成一个完整的体系。

1. 保险合同法

保险合同法亦称保险契约法，是关于保险合同当事人的权利义务，比如保险合同的主体资格、受益人的确定、保险合同订立和生效的条件、保险合同的基本条款、保险合同的变更和终止等规定的一种法律，包括财产保险合同和人身保险合同。我国虽然还没有法典形式的保险合同法，但 1981 年 12 月 13 日五届人大四次会议通过的《中华人民共和国经济合同法》，1983 年 9 月 1 日国务院发布的《中华人民共和国财产保险合同条例》，1995 年 6 月 30 日八届人大常委会第十次会议审议通过的《中华人民共和国保险法》及由国务院保险监督管理部门制定的各种保险条款，都比较完整地构成了我国保险合同法的内容。

 案例 9-2

货车超载发生事故后损失能否赔偿

2003 年 5 月 31 日凌晨 2 时，该车从横峰县拉煤经 320 国道运往衢州市，途经玉山县地段时，与进行换胎作业的乐平矿务局的赣 E74881 大货车发生追尾相撞，致换胎司机死亡。玉山交警认定华星公司驾驶员思想麻痹，疲劳驾驶和违章超载，负事故主要责任。经调解，华星公司承担了事故总损失的 80%，计 92000 余元。后华星公司向保险公司索赔，保险公司以华星公司超载（核定吨位 1.99 吨，实际装载 15 吨）为由，违反了保险条款第 25 条"保险车辆装载必须符合《道路交通管理条例》中有关机动车辆装载的规定"，并依据保险条款第 30 条规定"被保险人不履行该条义务，保险人有权拒赔"，向华星公司发出拒绝赔偿通知书。故华星公司向法院提起诉讼，要求保险公司赔偿已承担损失的 85%（不含不计免赔条款的 15%），计 78000 余元。

【评析】

第一种意见：该免责条款有效，保险公司拒赔有法律和合同依据。根据《保险法》有关规定，免责条款在保险合同中用黑体字加以明示，而且，投保人在投保单上对投保人声明中有关免责条款和被保险人义务事项加盖公章予以确认，可以证明保险公司履行了说明义务。作为企业法人，加盖公章后就应承担责任，无须经办人或负责人签名。由于投保人违反保险合同第 25 条、30 条，保险公司就可以拒赔。

第二种意见：该条款应当无效，保险公司应当按保险合同赔付条款进行赔偿。理由：根据《保险法》第 17 条规定，保险公司未向投保人明确说明免责条款，该条款不产生效力。虽然，投保单上注明了有关"对免责条款和被保险人义务均已了解，同意遵守"等字样，投保人也在上面盖章，但无经办人或法定代表人签名，不能证明保险人的"明确说明"。

第三种意见（笔者同意此意见）：该免责条款无效，但双方都违反合同，应各自承担相应的责任。理由：本案涉及的是格式条款的有关问题，格式条款是当事人为了重复使用而预先拟定，并在订立合同时未与对方协商的条款。采用格式条款订立合同的，提供格式条款的一方应当遵循公平原则确定当事人之间的权利和义务，并采取合理的方式提请对方注意免除或者限制其责任的条款，按照对方的要求，对该条款予以说明。《保险法》第 17条规定："保险合同中规定关于保险人责任免除条款的保险人在订立保险合同时应当向保险人明确说明，未明确说明的，该条款不产生效力。"投保人在投保前，应对保险条款逐条研究，并就有关事项询问保险经办人，保险经办人应明确说明。保险条款未给付华星公司，华星公司如何得知条款内容及免责条款，虽然华星公司在投保单上盖章，投保单也注明了有关免责条款的事项，但不能证明保险公司对免责条款的"明确说明"，故该免责条款未产生效力。《保险法》规定，被保险人应当维护保险标的的安全，遵守国家有关安全的规定，在正常核定的装载范围内进行作业。保险车辆的超载，保险标的的危险程度必然增加，被保险人应当及时通知保险人，保险人有权增加保费或解除合同。虽然保险公司未"明确说明"，免责条款无效，但华星公司由于违法而造成交通事故，违反了合同有关规定。所以案件的审理应考虑整个案件的事实，事故属多因一果，超载只是其中一个原因，双方都违反合同，按照《合同法》规定，并根据原因力的大小决定各自应承担的责任，本案中原因力有三种，故保险公司应在投保金额范围内赔偿损失的三分之二。

2. 保险特别法

保险特别法是相对保险合同法而存在的，是规范某一险种的保险关系或与保险有关的保险关系的法律和法规。在立法技术处理上，可以将保险特别法归于民商法中，如世界各国海商法中有关海上保险的规定。德国的与其国民保险相关的法规，法国的与其通俗保险相关的法规，英国的与其邮政保险相关的法规，美国的与其工业保险有关的法规，日本的与其简易生命保险相关的法规等，都属于保险特别法的范围。也可以将保险特别法以单独方式公布实施，如，有些国家的社会保险法、再保险经营条例、保险代理人或保险经纪人管理规定等，往往是作为保险特别法的形式出现的。

3. 保险业法

亦称保险事业法、保险事业监督法，是国家对保险业进行监督和管理的一种法律规范。保险业法的内容因国而异，不同的国家乃至同一国家的不同时期，有着不同的条款规定。然而，纵观当今各国保险业法，大都有以下几个方面的法律规定：

（1）保险企业的组织形式；
（2）保险企业的设立程序；
（3）保险企业的财务安排；
（4）保险企业的经营原则；
（5）保险企业的解散与清算；
（6）国家保险监督管理机构的监督管理职能等。

在立法技术处理方式上，有些国家将保险业法单独立法，如英国的保险公司法，日本的保险业法等；有些则是将保险业法纳入保险基本法范围，如我国的保险法等。

关于保险法的体系结构问题，除了上述"三分法"外，有的理论研究者提出了"五分法"，即保险法的体系由保险合同法、保险特别法、保险业法、涉外保险法和保险企业投资法五大部分构成。"五分法"的理论意义毋庸置疑，但在实践中并未能普及。"五分法"

的研究留待保险实践的发展再作探讨。

 案例 9-3

租借车辆发生事故后的保险理赔问题

2009 年 5 月 14 日，原告赵纬武为其所有的苏 AG3028 轿车在被告天平汽车保险股份有限公司江苏分公司处投保了车损险、三责险及不计免赔险，保险期限自 2009 年 5 月 15 日零时起至 2010 年 5 月 14 日 24 时止，使用性质为家庭自用，未指定驾驶人。2009 年 2 月 9 日，赵纬武将被保险车辆租借给李宏杨，月租金 4500 元。同年 3 月，李宏杨又将该车借给王安松使用，6 月 21 日，王安松驾驶该车发生交通事故，发生被保险车辆车损 5300 元、三责车辆车损 1.68 万元、拖车费 150 元，共计 22250 元，扣除已经在交强险部分处理的 2000 元，共计损失 20250 元。赵纬武向保险公司索赔，保险公司以赵纬武将非营运被保险车辆用于有偿租赁，改变了车辆的使用性质，增加了被保险车辆的危险程度为由，拒绝赔偿。赵纬武遂诉至法院，请求判令被告给付保险金 20250 元。

裁判

江苏省南京市鼓楼区人民法院经审理认为，原告未为被保险车辆办理营运手续，其将车辆租借给特定人使用，而王安松作为合格的驾驶人，与原告本人使用无本质区别。被告亦未能举证证明事故发生时被保险车辆的实际使用人王安松将被保险车辆用于商业营运，改变车辆用途，被保险车辆的危险程度并未因此而增加。因此，被告主张原告改变了车辆的用途，其不应承担赔偿责任的意见，没有事实和法律依据，应不予采纳。法院判决：天平保险公司赔付保险金 20250 元。

被告不服，提起上诉。2010 年 5 月 25 日，江苏省南京市中级人民法院判决：驳回上诉，维持原判。

▤【评析】

被保险人将车辆租借给有合格驾驶资格的第三人使用，如不能证明被保险车辆的用途发生了改变，且因此增加了保险标的的危险程度，第三人在使用车辆过程中发生交通事故的，保险公司应予理赔。

(二) 我国保险立法的体系结构

我国保险立法相对世界保险业发达的国家起步较晚，虽然进展很快，但体系有待完整，结构有待合理。作为保险基本法的《中华人民共和国保险法》出台前后，我国颁布过一些单项保险法规。这些法规有些属于保险合同法范畴。有些属于保险业法范畴，有些属于保险特别法范畴。《保险法》作为我国保险的基本法，融上述法规为一体，具有综合性、全面性、兼容性的特点，从而构成一种颇具特色的体系结构。

我国《保险法》分为 8 章，总计 158 条。其基本内容如下。

第一章：总则。本章是关于我国《保险法》的立法的原则性规定，其他各章的规定则是原则的具体化。当实践中遇到法律中没有具体规定的内容时，则应按照总则的原则进行操作。因此，总则在整个我国《保险法》中起一种统帅的作用。总则规定的内容为：①我国《保险法》的立法目的；②保险概念的法律界定；③我国《保险法》的适用范围；④我国《保险法》的基本原则；⑤保险业的经营机构；⑥保险业的监督管理机构。

第二章：保险合同。本章是关于一般保险合同、财产保险合同和人身保险合同内容的法律规定。

第三章：保险公司。本章是关于保险公司的组织形式及设立程序，保险公司的设立条件，保险公司设立的审批机构及程序，保险公司的变更、分立、解散条件及后果，保险金的提取办法及使用，保险公司破产的清偿顺序等方面的法律规定。

第四章：保险经营规则。本章主要对保险公司的业务范围、保险准备金、保险保障基金和保险公积金的含义及其使用原则、再保险作出了相应的规定。

第五章：保险业的监督管理。本章是关于商业保险的险种及其保险费率的制定机构，国务院保险监督管理部门的职权，保险公司的整顿程序，接管保险公司的条件及期限，保险公司向金融管理部门报送统计报表及有关资料的保存期限等方面的法律规定。

第六章：保险代理人和保险经纪人。本章分别对保险代理人和保险经纪人的概念、资格、业务范围、职责权限及登记程序等方面作出了法律规定。

第七章：法律责任。本章主要对以下四个方面的保险关系人的法律责任作出了明确的规定：①投保人、被保险人、受益人的违法及犯罪行为应承担的法律责任；②保险公司及其工作人员的违法及犯罪行为应承担的法律责任；③保险代理人、保险经纪人的违法及犯罪行为应承担的法律责任；④保险监督管理部门工作人员在监督管理工作中滥用职权、营私舞弊、玩忽职守的违法及犯罪行为应承担的法律责任。

第八章：附则。本章主要对海上保险、外资参股保险公司、外国保险公司在中国境内设立分公司、设立商业保险公司以外的其他保险公司的问题等作出了相应的规定。

二、保险法的适用范围

法律的适用范围，是指法律的效力范围，即法律在什么时间、什么地方、对哪些人有效。因此，法律的适用范围具体可以分为时间效力、空间效力和对人的效力。确定保险法的适用范围，对于正确贯彻、执行保险法具有十分重要的意义。

（一）保险法的时间效力

1．法律时间效力的含义

法律的时间效力是指法律在什么时候生效，在什么时候失效及法律对其生效以前的事件和行为有无溯及力的问题。法律的生效时间有法律自公布之日立即生效和法律公布之后经过一定的时期生效两种情况。

法律的失效时间有以下几种情况：旧法以新法明文宣布的旧法失效时间失效；原有法律自新法生效之时起自行失效；自法律本身规定的有效期届满之时起失效。法律的溯及力是指新的法律颁布之后，对其生效之前发生的法律事实、法律事件和法律行为是否适用的问题。如果不适用，该法就不具有溯及力；反之，则具有溯及力。

通常法律是不具有溯及力的，如果一部法律具有溯及力，应在该法律中作出明确的规定，如我国《刑法》规定的从旧兼从轻的原则。

2．保险法的时间效力

保险法的时间效力包括以下几个方面的内容：

（1）以国家公布之日为实施日，也有的国家在公布保险法的同时又另行规定生效时间。在日本，如果保险法没有规定生效日期，那么该法自公布之日起 20 日生效。我国《保险法》的生效采用的是另一种情况。该法规定："本法自 1995 年 10 月 1 日起施行。"保险法的公布时间与实施时间不一致，是因力公布之日尚不具备实施条件，需要留出一定的时间做法律的宣传、普及和其他施行前的准备工作。

（2）保险法的失效日期。一般地说，若法律未规定施行期的限制，则被视为不受时间的限制，直至其被明令废除而失效。废除原有法律的主要方式有：在新制定的法律中宣布过去生效的法律即行废止；通过发布命令废除业已生效的法律；在新制定的法律中声明凡与之相抵触的法律和法规不再有效；立法机关通过制定新法而废止原有的法律的全部内容或部分内容，即法律适用效力上的新法改旧法的原则。我国《保险法》的废止时间未作规定，留待以后的法律予以明确。

（3）保险法的溯及力。法律的溯及力一般有两种情况：一是法律的时间效力始于生效之日，终于失效之时，对于法律生效之前的事件和行为不适用该法律，法理上称为"不溯及既往"原则；二是如果法律追究生效之前的事件和行为，则称为"溯及既往"原则。一部法律是否具有溯及力，一般受具体历史条件影响，并由法律本身明确规定。我国《保险法》中没有该法具有溯及力的规定，表明我国的保险法与其他大多数法律一样，对其施行前发生在保险活动中的法律事实、法律事件和法律行为没有追溯的效力。这样，在 1995 年 10 月 1 日前发生的任何在保险法调整范围内的法律事实、法律事件和法律行为，都只能依据当时的有关规定进行处理。

（二）保险法的空间效力

1．法律空间效力的含义

法律的空间效力是指法律在什么地方发生约束力的问题。法律在地域上的适用范围与国家领土概念密切相关。领土是指国家行使主权的空间，即一个国家能够在其范围内行使主权的地球表面的特定部分及其底土和上空。领土分为领陆、领水、领空三个部分，上及高空，下及底土。领陆是指国家疆界以内的陆地。领水是指位于陆地疆界以内或者与疆界邻接的一定宽度的水域，包括河流、湖泊、内海、领海。如果以领海基线为界，领水被划分为内水与领海两个部分。领空是指领陆和领水之上的空间，其上限为空气空间与外层空间的分界处。此外，领土在延伸意义上还包括本国驻外国的使馆、领事馆及在本国领土之外的本国船只与航空器。在通常情况下，一个国家为了更方便地行使行政管理权，往往将其领土划分为不同的行政区域，在其不同的行政区域内建立地方政权，分别行使国家的一部分行政管理权。如根据《宪法》规定，全国分为省、自治区、直辖市，并且国家在必要时还可以设立特别行政区。由于实施法律是国家行使其主权的一种行为，因此，一个主权国家的法律原则在其所有的领土上都适用。通常的做法是，一部法律颁布时不必规定其领域的适用范围，而直接适用于该国家的全部领土之内。不过，法律的空间效力也有例外：一是由于世界上许多国家的法律体系都含有不同层次的法律规范，所以在法律适用其本国所有领土的原则下，有的法律规范由于受其制定机关的权力等级的限制只能适用于本国的特定区域。如我国的地方性法规，就只能在其制定机关的行政区域内适用。又如美国各州制定的法律也只能在该州范围内适用。二是，在法律的等级上本应在全部领土上适用的法律，但由于本国的宪法或其他宪法性法律的规定，被限制为只能在其部分领土内适用。

2. 保险法的空间效力

关于保险法的空间效力，不同的国家有着不同的规定。依照我国《保险法》规定："在中华人民共和国境内从事保险活动，适用本法。"按照这一规定，我国《保险法》的空间效力是，除依法设立的特别行政区外的全部中华人民共和国的领土范围。我国《保险法》不适用于特别行政区是法律空间效力的一种例外。本来由全国人民代表大会常务委员会审议通过的我国《保险法》与其他法律一样，都是在全国范围内适用的法律规范，但我国《宪法》规定："国家在必要时得设立特别行政区。在特别行政区内实行的制度按照具体情况由全国人民代表大会以法律的形式规定。"根据宪法的这一规定和历史所形成的客观情况，全国人民代表大会已经在 1990 年和 1993 年分别制定了《香港特别行政区基本法》和《澳门特别行政区基本法》。上述法律分别规定自中华人民共和国政府对其恢复行使主权时起，设立该地区为中华人民共和国的特别行政区，并且规定除在《基本法》附件中规定的特别行政区适用的全国性法律外，其他法律不适用于特别行政区。这样，在特别行政区成立以后，我国包括《保险法》在内的大部分法律都不在全部领土上适用。

（三）保险法对人的效力

1. 法律对人的效力的含义

法律对人的效力是指法律对哪些人适用的问题。法律所称的"人"，除了自然人以外，还有法律拟制的人，即法人。由于各国立法的原则不同，所以法律对人的效力的规定各有区别。概括起来讲有以下几种：

（1）属人主义原则。即法律对人的效力以国籍为标准，只适用于本国人，而不适用于外国人。

（2）属地主义原则。即法律对人的效力以地域为标准，不论本国人还是外国人，凡居住在本国领土上的一律适用本国法律。

（3）保护主义原则。即以保护本国利益为基础，不管是哪国人，也不论是在什么地方发生的行为，只要损害了本国的利益，就适用本国的法律。

（4）结合主义原则。这种原则不是单纯采用上述的某一原则，而是采用一种折中的办法，即以属地主义原则为主，以属人主义原则或以保护主义原则为辅，以此避免单纯采用某一种原则的局限性。

法律对人的效力与其调整的对象是密切关联的，在一国的法律关于对人的效力确定以后，每一部法律的调整对象就具体地决定了该法律适用于那一部分参加到这种社会关系中的人群。

2. 保险法对人的效力

依照我国《保险法》的规定，凡是"在中华人民共和国境内的从事保险活动，适用本法"。这一规定，不仅指明了我国《保险法》的空间效力，同时也指明了我国《保险法》的对人的效力。联系其他保险法理解，我国《保险法》对人的效力是参加到商业保险活动中的中华人民共和国境内的所有的人。具体地说有以下几种：

（1）国家负责保险监督管理的部门——中国保险监督管理委员会。

（2）在中国从事商业保险活动的、具有中国法人资格的保险公司，外国保险公司在中国设立的分公司及依法取得营业资格的保险代理人、保险经纪人和保险公估人等。

（3）参加依照《保险法》开办的商业保险的中国公民、外国公民和无国籍人等。

学习单元三　国内外保险立法

一、国外保险立法

在各国的法律体系中，保险法都是重要组成部分，由于各国保险立法受不同因素的影响，因此在形式及内容上存在着较大区别。国外的保险立法主要有以下几种类型。

（一）大陆法系国家的保险立法

大陆法系又称民法法系，是以《罗马法》为基础，以 1840 年《法国民法典》和 1990 年《德国民法典》为代表的法律制度体系。其中，保险立法又可分为法国式和德国式两个体系。属于法国法系的国家有法国、西班牙、比利时、葡萄牙、土耳其等国；属于德国法系的国家有德国、瑞士、奥地利、瑞典、丹麦、挪威、意大利等国。下面简要介绍几个主要国家的保险立法。

1. 法国法系国家的保险立法

法国法系的保险立法以法国的保险立法为其代表。法国是现代保险法的发源地，其保险立法首见于海上保险立法。1681 年，法国国王路易十四颁布的《海事条例》是一部以航海贸易为调整对象的海商法。其第六章规定了有关海上保险的内容，这也是后来各国的海上保险法属于海商法这种立法体例的始源。1807 年，拿破仑制定《商法典》，其中第二篇第九章海上保险中，规定了海上保险的内容。共分三节，第一节为保险合同的形式与标的，第二节为保险人和被保险人的义务，第三节为委付，共计 65 条。这是最早的一部完整的海上保险立法，对其他法国法系的国家的保险立法具有深远的影响。

至于陆上保险法，起初始于 1804 年《法国民法典》第一百九十六条关于射幸合同的规定。1904 年，开始参照原有的各种保险习惯、保险条款、保险判例、保险学说及外国的立法例，起草《保险合同法》，历时 30 年，经反复修改，于 1930 年公布实施。该法共分四章，第一章是关于保险的一般规定，包括总则，保险合同的证据，保险单的形式及转让，保险人和投保人的义务，保险合同的无效、解除、失效等内容；第二章为损害保险，包括总则、火灾保险、雹灾保险、家畜死亡保险、责任保险等项内容；第三章是人身保险，包括总则和人寿保险等项内容；第四章为程序规定。共计 86 条。该法除再保险外，对陆上保险的内容都作了相应的规定，可谓是一部比较完整的保险法典。从内容上看，该法多为强行规定。这部《保险合同法》经多次修订，至今仍在实施。

至于保险业监督管理的内容，则分别于 1904 年、1922 年、1938 年制定了相应的法规予以调整。1946 年 4 月 25 日，法国又颁布法规，以股份强制收买的方式，使主要的保险公司趋于国有化，而且还规定，只有股份有限公司订立的保险合同才能适用保险合同法。

2．德国法系国家的保险立法

（1）德国的保险立法。德国的保险立法较法国稍晚，而且在编制形式上也与法国有所不同。如，法国的民法典和商法典中都规定有保险合同的内容，而德国的民法典则未对保险合同加以规定。

德国的海上保险立法最早见于 1701 年颁布的《汉堡海损及保险条例》。1900 年公布实施的《德国商法典》第四篇海商法第十章关于航海危险的保险中，对海上保险作了具体规定。该法共分 7 节，第一节是总则；第二节是合同订立时的告知；第三节是被保险人基于保险合同的义务；第四节是危险的范围；第五节是损害的范围；第六节是损害的给付；第七节是保险合同的解除及保险费的返还。全部法律共计 120 条。陆上保险方面的法律于 1908 年 5 月 30 日颁布，1910 年施行的《保险合同法》中作了详细的规定。该法共分 5 章，第一章为各类保险合同适用的规定；第二章为损害保险；第三章为人寿保险；第四章是伤害保险；第五章为附则。共计 194 条。该法经多次修订，逐渐增加不许变更双方当事人利益的绝对的强制规定，现在仍然有效。至于保险业监督方面的法规，主要有 1901 年制定的《民营保险业监督法》、1913 年颁布的《再保险监督条例》及 1931 年公布实施的《私营保险公司和住房建造储蓄协会监督法》等。

（2）瑞士的保险立法。瑞士自 19 世纪中叶以后，就开始了制定统一的保险合同法的准备工作，1908 年其《保险合同法》终于出台。该法共分五章，第一章为总则；第二章为损害保险的特别规定；第三章为人寿保险的特别规定；第四章为强行规定；第五章为附则。共计 104 条。该法的最大特点在于对保险合同的强制性规定上，既有片面的强制性规定，又有全面的强制性规定。除再保险外，瑞士的《保险合同法》堪称最完善的保险合同法典，与前述的《德国保险合同法》一同被称为 20 世纪初陆上保险合同法典的先驱，对后世的保险立法有重大的影响。

（3）意大利的保险立法。意大利是海上保险的发源地，早在 1532 年，意大利就有《佛罗伦萨法令》，规定了海上保险的有关内容。《1882 年商法》对保险作了较为全面的规定，但它属于法国法系。后来，经过参考德国、法国、瑞士等国的最新立法例，综合国内外学说及惯例，于 1942 年制定了《民法典》，将原来商法典的内容也包括在内，在其法典的第四部债权第三篇各论第二十章保险中，规定了陆上保险的内容，全文由总则、损害保险、人寿保险、再保险、附则 5 节组成，共计 51 条。该法为力求体系化，不设各种保险合同的个别特殊规定，而将其内容包含在普通条款中，因此结构整齐，语言简练。在内容上，参照了德国和瑞士的保险合同法，有片面强制性规定。关于海上保险的内容，则规定于 1942

年《航海法典》第一部航海及内海的第五篇海上保险之中，共计 34 条。至于民营保险业的监管方面，则由 1923 年颁行的《民营保险业法》予以调整，虽历经修订，现在仍在施行。

大陆法系国家以成文法为基础，法、德两国的保险立法借鉴英国普通法和成文法的经验，在海上保险、保险合同、保险业法方面制定了一系列成文法。大陆法系国家把保险法列为商法的一部分，把海商法、票据法、公司法和保险法并称为"四大商法"。其中保险法和海商法有着较为密切的联系。在民商合一的国家，如意大利、瑞士，保险法是民法的一个组成部分。不管是民商合一还是民商分立，保险法与民法之间都有着千丝万缕的联系。因为民法中关于民事主体、民事法律行为、代理，特别是债和合同的一般原理，对保险合同都具有指导意义。正是因为这样一些原因，德国等国家在其保险合同的法律中较多地引入了一些民法的观念和内容。

（二）英美法系国家的保险立法

英美法系又称普通法系，是指在《盎格鲁—萨克斯习惯法》的基础上发展起来的法律制度体系。英美法系国家的立法以英国和美国为代表，包括澳大利亚、新西兰、加拿大及亚洲和非洲一些采用英语的国家和地区的立法。英美法系和大陆法系同为现代资本主义国家中最有影响、历史悠久的法系。与大陆法系的重要不同在于：英美法以判例法为主，以"遵守先例"为原则。另外，在立法及司法制度方面，也存在许多差异。近年来，在比较法学的促进下，两大法系频繁接触和交流，差异有缩小的趋势。

1. 英国的保险立法

英国的保险事业发展很早，但起初并无成文的保险立法，保险关系由习惯法和判例法加以调整。从 1756—1778 年，首席法官曼斯菲尔德根据 18 世纪以来的海上保险判例及国际惯例，编订了海上保险法草案，并于在职期间作出了一些著名的判例，为以后的保险立法奠定了基础。1906 年，英国颁行了《海上保险法》，对保险单的格式及其制定，全部损失和部分损失，共同海损和救助费用的确定等都作了详细的规定。在其附件中还附有劳埃德 S.G.保险单和保险单解释规则，被世界上许多国家作为保险立法的样本，对后世各国的海上保险立法产生了巨大影响。此后，英国又颁布了许多单行法，如 1923 的《简易人身保险法》，1966 年的《道路交通法》，1975 年的《投保人保护法》等，以调整各种保险关系。至于保险业法方面，有 1958 年的《保险公司法》和 1969 年的《公司法》（该法第二部分对保险业作了规定）。除成文法外，判例法仍为英国保险法的重要组成部分。

2. 美国的保险立法

美国和英国虽然同属英美法系国家，但由于立法体制不同，故其保险立法与英国并不一样。在美国，商事立法权属于各州，而不属于联邦议会，所以其保险法由各州制定，不存在全国统一的保险法律。从内容上看，各州制定的保险法大都是有关对保险人的保护及对保险业的监督、管理的规定。例如，各州法律对股份保险公司一般有最低资本和盈余的限制，而且对保险企业的列入资产负债表的资产内容、计算准备金的方法、投资的方向和比例、保险公司分红的方法等都有明确规定。为保护投保人利益，各州还对保险代理人和保险经纪人制定有关法规，禁止不合格的保险代理人经营保险业务；禁止保险代理人给予投保人佣金作为参加保险的引诱；禁止不正当的营业行为，如不公平的理赔、歧视某种被保险人等。州保险委员会有权阻止不正当的营业行为，情节严重者被吊销其营业执照。在美国各州的保险立法中，纽约州的保险法最为完整，该法共分十八章，计631条。主要包括保险官署的组织，保险公司的设立许可、撤销、合并及资产运用的管制，保险代理人与保险经纪人的许可及撤消，保险费率及保险费率计算机构的设置，保险公司的报告义务及定期检查，课税等项内容。

（三）日本国的保险立法

日本国的保险法基本上属于大陆法系中的德国法系，保险法主要由保险合同法和保险业法组成。日本的保险立法出现于19世纪末。明治维新之后，日本为发展本国经济，大量引进西方发达国家的先进制度和技术，保险事业随之兴旺起来。1879年，日本东京海上保险公司成立。随后，明治人寿保险公司和东京火灾保险公司亦先后创建。保险事业的兴起必然要求有相应的法律加以调整。1890年，日本制定的《日本商法典》，便对有关的内容加以规定。其第一编第十一章规定了陆上保险的内容，共分总则、火灾及震灾保险、土地产物保险、运输保险、人寿保险、病害保险及年金保险、民营保险监督七节。关于海上保险的内容则规定在该法的第二编第八章中。1899年，日本又重新制定商法典，在其第三编商行为第八章中，规定了陆上保险的内容。而海上保险则规定于第六编海商法第六章中。1938年日本对新商法典的第一编总则和第二编公司法的内容曾进行了彻底的修订，但有关保险的内容，只对条文的次序加以变动，并未作实质的修改。1900年，日本又颁布了《保险业法》，其中设有相互保险公司的规定。该法历经1926年、1934年、1935年和1939年多次修改，现行的《保险业法》为1995年修改、1996年1月1日生效的。该法由总则、股份公司、相互公司、印标、公司的管理、解散、清算、罚则八章及附则组成，全文共170条。该法对保险业的设立、保险业的经营范围、经营保险业的形式、保险的财务监督及保险公司的管理、解散、整顿、合并等内容作出了详细的规定。另外，日本还于1912年12月27日颁布《保险业法实施细则》，并相应地历经多次修改，沿用至今，从而对保险业进行全面的管理。1948年7月15日，日本颁布了《保险募集取缔法》，同日生效，该法对保险展业、保险代理人的管理作出了具体规定。同年10月22日颁布了《保险募集取缔法实施细则》。1948年7月29日，日本颁布了《损害保险费率团体法》，规定了对保险费率的管理。为了加强对日本保险业的保护和外国保险金业的管理，1949年6月1日，日本颁布了《外国保险人法》。1951年8月25日，又颁布了《外国保险人法实施细则》，以配合实施。1966年5月18日颁布了《地震保险法》，该法于同年6月1日生效，同时颁布了《地震保险法实施细则》。日本完备的保险立法带来了保险业管理的巨大成功，促进了日本保险业的发展。

（四）原苏联及东欧一些国家的保险立法

社会主义国家的保险立法最早产生于原苏联。十月革命以后，革命政权对原来的20家私营保险公司和3家外商保险公司实行国有化，使所有的保险业务都由国家经营。1921

年 10 月 6 日由列宁签署的《关于国家财产保险的法令》，是社会主义国家的第一部保险立法。它规定，无论乡村或城市，均组织国家、集体和个人的财产保险，承保火灾、牲畜死亡、农作物雹灾等自然灾害险及水陆运输险，并成立了国家保险总局和负责审查保险制度及保险法令的保险事务委员会。1925 年又颁布了《苏联国家保险条例》，明确规定所有保险业务均由国家专营，其他任何企事业单位均不得经营保险业务。在原苏联，其保险事业仅作为积聚资金，为国家财政服务的手段，因此，国家保险管理局与各加盟共和国及其基层保险机构的关系，与地方国家政权之间及国家对货币资金的计划集中和分配管理部门之间的关系，均由财政法来调整。行政法规定了保险机构的组织、体制和各级工作人员的权利与义务，而保险人与被保险人之间的关系，则由民法来调整。

受原苏联的影响，原东欧的一些社会主义国家也实行"国家保险制度"，并制定了相应的保险法，如 1971 年罗马尼亚颁布的《关于国家保险的法令》等。

1989 年以后，由于政局的变化，原苏联和东欧各国的保险立法随之发生了变化，一个与经济基础和保险市场相适应的新的保险法律体系正在建设之中。

二、我国的保险立法

1. 清朝末年

我国最早的保险立法活动始于清朝末年。先是于光绪二十九年（1903 年）由载振和伍廷芳等人起草《大清商律》，内容极为简陋。后来又聘请日本法学家志田钾太郎起草商律，于光绪三十四年（1908 年）完成了《大清商律草案》的编订。该草案共分总则、商行为、公司法、海商法、票据法五篇，在第二篇商行为第七、第八两章中规定了损害保险和生命保险的内容。但由于清政府的迅速垮台，该法未被公布实施即被搁置一旁。

2. 民国时期

南京国民党政府于 1928 年设立了立法院，开始编纂各种法典。1929 年 11 月，商法起草委员会完成《保险契约法草案》，经立法院修正通过时，改称《保险法》，于同年 12 月 30 日由国民党政府公布。该法共三章 82 条，分别为总则、损失保险（包括火灾保险和责任保险）、人身保险（包括人寿保险和伤害保险），但此法并未施行。1937 年又加以修正，将原法增至 98 条，但仍未施行。1935 年 7 月，国民党政府曾公布过《保险业法》，共分 7 章，分别为总则、保证金、保险公司、相互保险社、会计、罚则、附则，共计 80 条。两年后，即 1937 年国民党政府在对《保险业法》修正时又公布了《保险业法施行法》，但都未能施行。

关于海上保险的内容，在国民党政府于 1929 年公布，1931 年 1 月 1 日施行的《海商法》中加以规定。

3. 新中国成立后

新中国成立以后，为适应保险事业发展的需要，国家及时颁布了一些有关保险的法规。主要有：1951 年 2 月 3 日中央人民政府政务院通过的《关于实行国家机关、国营企业、合作社强制保险及旅客强制保险的决定》；1951 年 3 月 15 日政务院财经委员会主任陈云同志签署的《关于颁布财产强制保险条例》《船舶强制保险条例》《铁路车辆强制保险条例》《轮船旅客意外伤害强制保险条例》《铁路旅客意外伤害强制保险条例》《飞机旅客意外伤害强制保险条例》。此外，财政部于1953年6月20日和1957年4月6日还先后发布了《关于财产强制保险投保范围的通知》和《公民财产自愿保险办法》。这些法规在当时对规范保险行为，调整保险关系及促进保险业的发展，都起到了积极的作用。后来，由于保险业务的停办，保险立法也随之被搁置起来。

4. 中共中央十一届三中全会以后

中共中央十一届三中全会以后，我国的保险事业获得再生。我国在恢复保险业的同时，也加强了保险立法工作。1981年12月13日颁布的《中华人民共和国经济合同法》中，对财产保险作了原则性的规定。随后，1983年9月1日国务院发布了《中华人民共和国财产保险合同条例》。该条例共分五章，第一章总则，第二章保险合同的订立、变更和转让，第三章投保方的义务，第四章保险方的赔偿责任，第五章附则，共计23条。《财产保险合同条例》是根据《经济合同法》的规定而制定的，实质上是《经济合同法》关于保险合同的实施细则。同时它又是在总结我国保险业务的长期实践基础上，参照国际通行的惯例制定而成，符合当时的经济建设的需要。它的公布实施，为我国制定保险基本法奠定了基础，对于保险业的发展，具有重要的促进作用。另外，1992年11月7日通过，1993年7月1日施行的《中华人民共和国海商法》第十二章，规定了海上保险合同的内容，共分六节，计41条。这是我国保险合同法的重要组成部分。

国务院于1985年3月3日又发布了《中华人民共和国保险企业管理暂行条例》。该条例分为总则、保险企业的设立、中国人民保险公司、偿付能力和保险准备金、再保险、附则六章，共计24条。《保险企业管理暂行条例》是我国又一部重要的保险法规，其立法宗旨在于加强国家对保险企业的管理，维护被保险方的利益，发挥保险的经济补偿职能，促进保险事业的发展。如果将《财产保险合同条例》比作保险法的保险合同法，那么《保险企业管理暂行条例》则相当于保险业监督法。它的颁布与实行，标志着我国的保险立法又向前迈进了一大步。

与此同时，我国又先后出台了其中有保险立法内容的法律和法规，如，1985年3月颁布的《中华人民共和国涉外经济合同法》，1979年7月颁布的《中华人民共和国合资经营企业法》，1986年4月颁布的《中华人民共和国外资企业法》，1994年7月颁布的《中华人民共和国劳动法》，1980年8月出台的《广东省经济特区条例》等。另外，还出台了国务院办公厅、中国人民银行及有关部委的一系列"通知""办法"和"规定"等，如《关于加强保险事业管理的通知》《国营金融、保险企业成本管理办法》《保险代理机构管理暂行办法》《金融机构管理规定》和《上海外资保险机构暂行管理办法》等。

为了加强对保险业的监督管理，促进保险业的健康发展，1991年10月由中国人民银行牵头组成了《保险法》起草小组，研究、起草《保险法》。新中国第一部《中华人民共和国保险法》于1995年6月30日由第八届全国人大常务委员会第十四次会议审议通过，并于1995年10月1日起实施。该法采用了时下国际上较为通行的立法方式，将保险合同法与保险业法合为一体，其内容由总则、保险合同、保险公司、保险经营规则、保险业的监督管理、保险代理人和保险经纪人、法律责任及附则等章组成。与以往保险立法相比，该法增添了许多符合中国实际的新的内容和新规定。随后，为了认真贯彻落实《保险法》，使我国保险业尽快走上依法监管的轨道，又先后下发了《保险管理暂行规定》《保险代理人管理暂行规定》《关于审批保险机构有关问题的通知》，颁布了《中国人寿保险经验表》，修改了船舶保险、航空人身意外伤害保险、财产保险等条款和费率，并核准了一些新的保险条款和费率。这些规定、制度的建立和完善，对规范保险市场行为，落实保险监管职责，发挥了重要的保障作用，使保险监管工作步入了依法监管的轨道。

5. 我国加入世贸组织以后

2002 年 10 月 28 日，九届全国人大常委会第三十次会议通过了全国人大常委会关于修改保险法的决定。国家主席江泽民签署第 78 号主席令，公布了这个决定。全国人大常委会通过的关于修改保险法的决定共 38 条，这个决定自 2003 年 1 月 1 日起施行。

修改保险法是为了适应我国加入世贸组织的形势和需要，履行我国有关承诺，同时适应保险业内部结构和外部环境变化的实际情况，进一步加强对被保险人利益的保护，强化保险业的监督管理，支持保险业的改革和发展，促进保险业与国际接轨。

关于履行入世承诺，主要体现在对法定再保险的修改上。根据我国加入世贸组织谈判协议对保险业的承诺，法定分保将逐步取消。这次修改删去了每笔非寿险业务都必须有 20% 的法定分保的规定，只是原则规定保险公司应当按照监管机构的有关规定办理再保险。

加强对被保险人利益保护体现在以下两个层面：

（1）这次修改中所有关于加强保险监管的修改内容，都是为了促进保险公司稳健经营，确保偿付能力，这从根本上体现了保护被保险人利益的目的。

（2）一些修改内容直接体现了对被保险人利益的保护，如为了切实建立保险保障基金，授权保险监管机构制定保险保障基金管理使用的具体办法；强化了保险公司对保险代理人的管理责任；对保险代理人的展业行为提出了明确的规范要求；规定了保险公司对被保险人的个人隐私负有保密义务；明确了人身保险的被保险人在获得保险赔偿后仍享有向侵权的第三人请求赔偿的权利；强调了人寿保险公司在被撤销或破产时，转让人寿保险合同及准备金，应当维护被保险人利益等。

关于加强对保险业的监管体现在以下三个方面：

（1）突出了对保险公司偿付能力的监管，如明确要求保险监管机构对保险公司最低偿付能力实施监控，建立健全偿付能力监管指标体系；要求保险公司必须聘用保险监管机构批准的精算专业人员，建立精算报告制度；授权保险监管机构制定更加完善的保险责任准备金的提取和结转办法；要求保险公司不得提供虚假的财务和业务报告等。

（2）增加规定了监管机构对保险公司在金融机构存款的查询权，强化监管机构的监管检查手段。

（3）增加了对保险违法行为处罚的措施，加大了惩治力度等。

支持保险业的改革与发展主要体现在以下四个方面：

（1）关于保险条款费率管理制度。原《保险法》规定，主要保险险种的基本条款和费率由监管部门制定。这种制度不利于充分发挥市场机制的调节作用。新的《保险法》规定，保险条款费率由保险公司制定，其中关系社会公众利益、实行强制保险和新开发的人寿保险等的条款费率应当报监管机构审批，其他的报监管机构备案。同时，新的《保险法》授权监管机构制定审批备案的具体办法。

（2）关于财产保险公司的业务范围。原《保险法》规定，财产保险公司不能经营人身保险业务。但人身保险业务中，意外伤害保险和短期健康保险具有与财产保险相同的补偿性质和精算基础，多数国家允许非寿险公司经营这两个险种。这次修改参考了国际通行做法，规定财产保险公司经监管机构核定，可以经营意外伤害保险和短期健康保险业务。

（3）关于保险资金运用。原《保险法》规定保险资金的运用范围限于银行存款、买卖政府债券、金融债券和国务院规定的其他资金运用形式，同时禁止保险资金用于设立证券经营机构和向企业投资。考虑到目前我国资本市场还不规范、不成熟，保险投资的经验还比较缺乏，从降低投资风险，保证资金安全性的目的出发，新的《保险法》对原有的禁止性规定作了适当修改。这样，除了禁止设立证券经营机构和保险业以外的企业，在法律规定的范围内，经国务院批准，保险资金可以用于其他投资方式。

（4）关于保险代理。原《保险法》规定寿险代理人只能为一家寿险公司代理业务，这个规定符合当时我国寿险市场营销的实际状况。随着保险中介市场的发展，专业保险代理机构和银行等兼业代理机构成为保险的重要销售渠道。如果继续对所有寿险代理人代理保险公司的数量进行限制，就不能发挥这些机构代理人的优势，也容易形成保险代理市场的垄断。因此，新的《保险法》规定了个人代理人只能代理一家保险公司办理人寿保险业务，而没有限制机构代理人代理保险公司的数量。

促进保险业与国际接轨，体现在允许产险公司经营意外伤害保险和短期健康保险业务，监管机构不再制定保险条款费率，授权监管机构制定保险责任准备金提取和结转办法，要求监管机构建立健全偿付能力监管指标体系，要求保险公司建立精算报告制度等方面的修改，都参考了国际通行做法，为加快我国保险业与国际接轨的步伐创造了条件。

学习单元四　保险法与相关法律

一、保险法在法律体系中的地位

每个国家都会颁布诸多的法律规范，约束各方面的行为，促使各方面的活动合法有序，以促进国家经济发展和人民生活水平的提高。我国自新中国成立至今，除宪法之外，还颁布了许多法律以确保国民经济的正常发展，能够满足人民群众日益增长的物质文化的需要。为了对已颁布的法律有更明确的认识和了解，一般将国家现行的法律规范按其调整的社会关系及与之相适应的调整方法的不同作为基本分类标准。凡主要调整同一类社会关系并用同一种调整方法的法律规范的总和构成一个独立的法律部门。我国现有已形成的独立法律部门主要有宪法、民法、刑法、行政法、诉讼程序法、经济法、劳动法、环境法、军事法、组织法等。这些根据一定标准和原则分类并组成相互间具有内在的即规模性联系的不同法律部门的总和就形成了一个法律统一体——法律体系。简单地说，法律体系就是指一个国家现行生效的全部国内法。

保险法在法律体系中究竟处于什么样的位置呢？目前保险法学术界有两种观点：一种

认为保险法属于民法或商法法律部门的一个特别法，也是经济法调整的内容之一；而另一种观点则认为，保险关系虽源于民法，又具有经济法律关系的性质，但保险法调整的对象和内容范围与民法和经济法有很多不同之处。随着保险法的不断完善，又有其本身的特殊性和复杂性，保险法应作为一个独立的法律部门存在于一个国家的法律体系之中。

为进一步明确保险法在法律体系中的地位，首先应明确保险法所调整的对象是怎样的社会关系，然后就可以将保险法归类于法律体系中的某一法律部门或看作法律体系中又一独立的法律部门。从保险法制定的目的和调整的对象可以看出，保险法规范的是保险关系。明确了保险关系的性质和内容就不难确定保险法在法律体系中的地位了。

保险法调整的保险关系的性质和内容范围是随着保险业的发展和保险法规的完善而变化的。传统的保险法是一国的国内法，而且属私法性质的法律，即保险法所规范的是横向的平等主体间因保险合同产生的权利义务关系，也称债权债务关系。因此保险法调整的这种保险关系是一种民事法律关系，应属民法调整的法律范畴。在采取民商法合一制度的西方国家中，虽然保险行为属于商事行为的一种，规范保险行为的保险法应属商法范畴，但由于这些国家不承认商法的独立法律地位，所以都将保险法划分在民法范畴，属民法这一独立的法律部门而成为民法的特别法。凡在民法中无明确规定的均适用民法的相应规定；而采用民商法分立制度的西方国家，如法国、德国等将保险法同公司法、票据法、海商法及商行为法等均纳入商法范畴，属于商法这一独立的法律部门，所以，保险法在采取民商法分立的国家属于商法这一独立法律部门，而成为商法的特别法，同时也就将保险关系认定为商事法律关系。

我国虽没制定统一的商法典，但传统商法应包括的重要组成部分如公司法、票据法、海商法、保险法等都已具备，逐步会形成独立的、完善的商事法律部门。但目前，由于民法通则在我国的法律体系中的地位是最重要的，理论界认为保险活动（横向的平等主体间的活动即保险合同行为）应属于民事活动的一种。这种属于民事活动的保险活动是以保险合同建立起来的平等主体间的权利义务的履行为基础的。因此这种基于保险合同而建立的保险关系是一种具有权利义务关系内容的债权债务关系，而且应是民事法律关系的一种。因此，传统的专门调整这种保险合同法律关系的保险法应属民法特别法。又由于民法所规范的合同法律关系涉及国家经济生活且直接关系国民经济的建设和发展，因此，原属民法直接调整的具有经济活动性质的民事合同法律关系又从民法中独立出来而成为一种独立的经济法律关系所包括的内容。所以，有人认为保险法应属经济法范畴。其实，指的是保险合同法律关系属于经济法律关系的一种。其根据则是保险关系本身也体现着一种经济关系。

在我国，保险活动是作为一种经济补偿制度而存在的，它在整个国民经济中是一个不可缺少的组成部分。国家通过保险活动进行国民收入再分配。同时保险活动是国家对国民经济宏观调控的手段之一。而且，在我国进一步发挥金融、保险、税收等经济手段的宏观调控作用，是社会主义经济发展中必须解决的问题。由于保险制度的建立能保证生产、经营的持续进行，又能保障人民生活的安定，还可以为国家积累建设资金，因此，保险活动应属于国家经济生活的一部分，而专门规范保险活动的保险法规对健全国家的经济保障和补偿制度，促进国家现代化建设，保证其各种经济成分的正常发展有着不可忽视的作用。

从而保险理论界有一种观点认为保险法应为经济法律部门的一项单独法律规范。

需要指出的是，随着国家国民经济的不断发展，国家对经济领域的活动的干预越来越多，国家由适当干预到直接加以管理、监督保险业经营的全过程，目的就是为了保证民族保险业的稳定发展，使之能真正发挥其对国家经济建设所能起到的作用。世界主要国家越来越多地对保险业进行干预，其监督管理的内容也都是全方位的，包括了保险业经营的全过程，即保险公司的组织形式、设立、变更、终止、解散、业务范围、经营规则、保险公司与投保人、被保险人、受益人之间的保险合同行为规范，保险中介机构的保险关系的性质及其资格认定、行为准则、法律责任等。因此，保险法所调整的保险关系的性质和内容也随之发生了变化。

保险关系在原有合同法律关系的基础上增加了国家对保险业活动的监督管理法律关系的内容。这种法律关系与合同法律关系的性质是有本质区别的。前者是一种平等主体间的横向的权利义务关系，是具有私法性质的，规范该种法律关系的法律是属于私法性质的法律即保险私法，前述传统的保险法属保险私法即归因于此；后者是一种不平等主体间纵向的管理与被管理的法律关系，具有公法性质，规范该种法律关系的法律是属于公法性质的法律，即保险公法。

现代意义上的保险法已将原具有私法性质的保险企业内部组织关系的法律也归属于公法范畴，正是由于国家对保险业的干预内容范围扩大的原因。这样，保险法的性质就具有两重性。其一是具有私法性，指的是保险合同法，即保险私法；其二是具有公法性，指的是保险公法，包括社会保险法、保险企业组织法和国家对保险业的监督管理法。而保险法所调整的保险法律关系也从原来的单一性变成双重性质。即：现代意义上的保险关系的性质是两重性，既具有私法性质又具有公法性质。因此，保险关系的内容既包括保险合同法律关系，又包括社会保险法律关系、保险企业组织关系和国家对保险业监督管理法律关系。

由上可见，现代意义上的保险法在法律体系中的地位也有所变化，不能绝对地把保险法划分到民法或经济法律部门中去。因为，保险法律关系虽源于民法，但保险法律关系又因为其本身的特性、保险的本质及保险业的不断发展而渐渐独立于民法成为自成体系的法律关系。民法不能作为直接调整保险法律关系的法律，只是作为补充，起辅助作用。同时，保险法律关系虽在某一方面与经济法调整的法律关系有相似之处，保险活动也确实是国家经济活动的一种；但由于保险业的活动较一般经济活动要复杂、特殊，国家对其监督管理的手段和内容与其他经济活动不同。因此，经济法不能直接调整保险法律关系，而只能起辅助作用，即在保险法中没有明确规定的情况下才适用经济法。直接调整保险关系的法律只能是保险法本身。因此保险法学界的第二种观点认为保险法应成为法律体系中的独立的法律部门。

本书认为，随着经济的发展，保险业活动的规则要不断完善，国家对于保险活动的立法会进一步健全、系统和规范，保险法也应逐步发展成为法律体系中的一个区别于民法和经济法的特殊法律部分。规范保险活动的全过程的法律应首先是保险法，保险法若没有明确规定的，再适用民法或经济法等相关法律规范。这正体现了各种社会关系之间存在的既相互对立，又相互补充的辩证关系。

二、保险法与民法的关系

民法是调整一定范围财产关系和人身关系的法律规范的总称，主要规定由于经济利益而形成的权利和义务关系，是社会生活、经济条件在法律上的表现。在"民商合一"的国家中，保险法属于民法的范畴，保险法与民法的关系是特别法与普通法的关系，凡保险法无规定者，可适用于民法中的有关内容。在"民商分立"的国家里，保险法与票据法、海商法、公司法等组成商法典，保险法是商法的重要组成部分。在我国，保险法属于经济法的范畴，但《民法通则》中有关保险合同的规定与保险法有着密不可分的关系。由于民法与保险法有着特殊的关系，因此，要深入理解保险法律关系，首先要学习和领会民法中的有关规定，掌握民法的基本知识和基本理论。

 案例 9-4

人身保险医疗费是否可以重复理赔？

原告：李思佳，女，11 岁，学生，住湖北省宜昌市夷陵路。

法定代理人：李斌（系李思佳之父），男，38 岁，宜昌市工商局干部，住址同上。

被告：中国人寿保险股份有限公司宜昌西陵区支公司，住所地：宜昌市西陵一路。

代表人：高萍，该支公司经理。

原告李思佳因与被告中国人寿保险股份有限公司宜昌西陵区支公司（以下简称"西陵人保公司"）发生保险合同纠纷，由其父李斌作为法定代理人，向湖北省宜昌市西陵区人民法院提起诉讼。

原告李思佳诉称：2003 年 5 月，原告之母在被告西陵人保公司为原告购买学生平安保险一份（该保险附加意外伤害医疗保险），被告未按规定出具书面保险合同。原告在泰康人寿保险股份有限公司宜昌中心支公司（以下简称"泰康保险公司"）购买了相同类型的附加保险。2004 年 1 月 7 日，原告因发生交通事故受伤，共花去医疗费 1313.90 元。2004 年 3 月，原告持医疗费发票原件到泰康保险公司进行了理赔。后原告持医疗费发票复印件及病历原件到被告处要求理赔，被告却以必须持医疗费发票原件方可办理理赔手续为由至今不予理赔。请求判令被告向原告支付医疗保险金 1313.90 元。

【评析】

法院认定，根据《保险法》第二十三条第一款的规定，保险事故发生后，被保险人申请理赔，应当向保险人提供其所能提供的与确认保险事故的性质、原因、损失程度等有关的证明和资料，并未要求必须提供相关资料原件。因此，被告要求原告必须提供医疗费收据等资料原件方可理赔的答辩观点，缺乏法律依据，不予采纳。判决以下，医疗费赔偿属于人身保险，不属于财产保险，西陵人保公司赔偿 1313.90 元。

案例 9-5

离婚后财产保险的处理

秦玉刚与陈平原系夫妻关系。2010 年 1 月，双方因感情不和，经法院调解离婚，婚生子秦某由秦玉刚抚养。婚姻关系存续期间，陈平与中国人寿保险股份有限公司日照市岚山区支公司签订"国寿英才"少儿保险合同一份，约定被保险人其子秦某，保额 2 万元，年缴费 894 元，共 18 年；如退保，保险单现金价值 8122 元；保险合同到期后，秦某可于 2017 年 12 月 23 日领取成长金 6000 元，于 2021 年 12 月 23 日领取创业金 6000 元，于 2024 年 12 月 23 日领取婚嫁金 8000 元后保单责任终止。陈平已交纳 11 年的保险费共 9834 元。

> **【评析】**
>
> 在离婚后的财产纠纷案中，夫妻一方为未成年子女购买的人身保险，当投保人与被保险人不一致，在合同尚未到期且明确约定财产利益由被保险人享有的情况下，应当认定保险单现金价值为被保险人的个人财产，而不应作为夫妻共同财产进行分割。

三、保险法与海商法的关系

海商法是调整海上运输关系、船舶关系的法律规范的总称。在海上运输过程中，船舶所有人与其他各有关当事人必然发生权利义务关系，如海上运输货物的承运人、托运人及收货人之间发生的法律关系；船舶出租人与承租人之间发生的法律关系；因共同海损事故而发生的有关各方面的法律分摊关系；海上经营中保险人与被保险人发生的法律关系等。《中华人民共和国海商法》（简称《海商法》）专设一章"海上保险合同"，表明海上保险为海商法的一个重要组成部分。为此，我国《保险法》规定："海上保险适用海商法的有关规定；海商法未作规定的，适用本法的有关规定。"

四、保险法与行政法的关系

行政法是有关国家行政管理活动的总称。由于行政法调整对象具有复杂性，因此，行政法没有统一的法典形式，一般由众多的单行法规组成。行政即指国家事务的管理，用行政方法监督管理保险活动，是国家、政府采用的重要手段之一。我国《保险法》在"法律责任"一章中多处规定，对在保险活动中出现的尚不构成犯罪的违法行为视情节不同，分别加以罚款、行政处罚等处理措施，便属于行政法中"行政法律责任"的范畴。行政法是保障保险法贯彻实施的重要工具。

五、保险法与刑法的关系

刑法是关于犯罪与刑罚的法律规范的总称，是具体规定何谓犯罪及对犯罪施以何种刑罚的一种法律。刑法所调整的社会关系的范围比较广泛，凡是危害社会的行为达到犯罪程度者，均要依照刑法的有关规定进行处罚。在保险活动中，也会出现各种各样危害社会的犯罪行为，因此，各国保险法无不作出相应的规定，对那些在保险活动中出现的犯罪行为，必须依照刑法的有关规定，追究刑事责任。在这个意义上，刑法为保险法的实施提供了保障。刑法的有关规定构成了保险法概念的重要内容。

知识总结

本项目重点阐述保险与保险法、相关法律的关系，保险行为是一种法律行为，体现着法律关系。了解国内外保险立法的情况，帮助我们更好地以保险法律对待保险行为。

综合实训

实训目标

通过本项目的实训，了解保险法的内涵、特征与调整对象，保险与保险法的关系，保险行为是一种法律行为，我国保险法的构成及国内外的保险立法情况。

实训内容

一、单项选择题

1. 依照《民法通则》规定，对于"依照法律规定或者按照双方当事人约定，应当由本人实施的民事法律行为"的代理选择的规定是（   ）。

A. 不得选择代理　　　　　　　　B. 可以选择委托代理
C. 可以选择法定代理　　　　　　D. 可以选择指定代理

2. 保险销售从业人员在保险销售活动中，符合《保险销售从业人员监管办法》有关规定的行为是（   ）。

A. 欺骗投保人、被保险人或者受益人
B. 隐瞒与保险合同有关的重要情况
C. 阻碍投保人履行如实告知义务，或者诱导其不履行如实告知义务
D. 拒绝给予投保方保险合同约定以外的利益

3. 根据我国反不正当竞争法的规定，经营者违法本法规定，给被侵害的经营者造成损害的，应当承担损害赔偿责任，如果被侵害的经营者的损失难以计算的，则赔偿额应为（   ）。

A. 侵权人在侵权期间因侵权所获得的利润
B. 侵权人在侵权期间因侵权所减少的利润
C. 侵权人在侵权期间因侵权所支付的费用
D. 侵权人在侵权期间因侵权所少缴的税金

4. 为取得保险销售从业人员资格证书并符合有关规定的人员，在中国保险监督管理

委员会保险中介监督信息系统中办理执业登记的主体是（　　　）。

    A. 中国保监会   B. 中国保监会派出机构

    C. 中国保监会中介监管部   D. 保险公司、保险代理机构

    5. 保险标的因买卖、赠与、继承等民事法律行为将引起保险标的的所有权的转移，进而产生保险合同变更，该变更属于（　　　）。

    A. 保险合同主体的变更   B. 保险合同内容的变更

    C. 保险合同客体的变更   D. 保险合同形式的变更

二、是非判断题

1. 根据我国《保险法》的规定，保险公司应当建立保险代理人登记管理制度。

                                              （　　　）

2. 根据我国《保险法》的规定，保险事故是指保险合同约定的保险责任范围内的事故。

                                              （　　　）

3. 根据我国《保险法》的规定，保险人将其承担的保险业务，以分保形式，部分转移给其他保险人的，为共同保险。

                                              （　　　）

三、重要名词解释

1. 保险法

2. 保险合同法

3. 保险业法

4. 条例

5. 规章制度

四、思考讨论题

1. 简述保险法律法规。

2. 如何理解保险法律关系的含义？

3. 保险法的调整对象为何？

4. 简述保险法的体系结构。

5. 如何理解保险与保险法的关系？

五、案例分析题

1. 车上险了，保险公司却不赔。2004 年 7 月，郭良（化名）从永生工贸发展有限公司（以下简称"永生工贸"）（化名）买了一辆解放牌大货车，随后又把该车挂靠到了华跃汽车运输公司（以下简称"华跃公司"）（化名）名下，由司机小吴驾驶。此间，某保险公司与永生工贸口头约定，由永生工贸为某保险公司代收所销售车辆的保险费，扣除 30%~40% 手续费后，定期向保险公司交纳。

半个月后，小吴将 2004 年度的保险费 2 万元及第二年度续保的保证金 5000 元交给了永生工贸，永生工贸出具了收款收据。之后，华跃公司与保险公司签订了保险合同。合同中约定保险期限自 2004 年 9 月 11 日 0 时起至 2005 年 9 月 11 日 0 时止。投保的险种有车辆损失险 28 万元，第三者责任险 10 万元，玻璃破碎、座位险 14 万元，自燃损失险 14 万

元。

在 2004 年年末，小吴发生交通事故，经公安交警部门认定，小吴负此次交通事故的全部责任。2005 年 4 月，华跃公司按交警部门出具的调解书中确定的金额，赔偿了伤者医药费、误工费、护理费、住院伙食补助费、交通费、残疾赔偿金、衣物损失费等共计 12 万余元。根据上述赔偿的款项及数额，按照保险合同中约定的第三者责任险的保险金额为 10 万元，车损 1561 元，扣除免赔 20%，应得保险赔付 81248.80 元。

郭良和华跃公司在出险后，多次找保险公司申请理赔。但保险公司却说保险合同已经解除，拒绝赔付。

法院判了，检察院提出抗诉。华跃公司以为，作为保险合同的相对方，与保险公司签订了保险合同，又按时交了保险费，发生了意外，保险公司理应赔偿。

保险公司却认为，由于华跃公司和永生工贸不交纳保险费用，所以已用特快专递的形式通知华跃公司、永生工贸解除了保险合同，华跃公司的货车再发生交通意外，与保险公司不发生任何关系，拒绝赔偿。

双方各执一词，闹上了公堂，最终一审法院判决保险公司赔偿华跃公司第三者责任险金额和车辆损失两项合计 81248.80 元。

上诉期内，保险公司并没有提起上诉，上诉期满后，检察院却向法院提出了抗诉。检察院抗诉理由为：首先，华跃公司向法庭提供的保险单和保险公司留存的投保单记载的被保险人分别为华跃公司和永生工贸，此处存在矛盾；其次，保险公司收到保险费中没有该争议车辆的保险费，且保险公司已发出解除合同的通知。检察院认为法院认定事实的证据不足，适用法律错误。

法院再审：保险公司赔钱。法院经再审查明，某保险公司提交法庭质证的投保单记载的保险费和保险日期与双方诉争的保险合同上记载的保险费和保险日期不一，并不是同一法律关系，而该案诉争的是保险合同纠纷，应以保险合同为准。华跃公司是保险合同中的被保险人，享有法律上保险利益。华跃公司和永生工贸都否认收到过保险公司邮寄的解除保险合同的通知书，保险公司提交的特快专递邮寄证据，只能说明曾向华跃公司和永生工贸邮寄过邮件，但邮件内容无法确定，华跃公司和永生工贸收到与否无法确定，不符合适用证据推定原则的情况。据此，法院认为检察机关的抗诉理由不成立。再审判决维持了一审的裁判结果。

再审判决下达后，保险公司提起了上诉。法院认为，原审和再审认定的事实依法有据，适用法律正确，维持原审和再审判决确定的内容。

也许保险公司确实没有收到其受委托人代收华跃公司的保费，但这并不影响华跃公司与保险公司之间的保险合同的成立与履行。也许保险公司与其受委托人之间有着这样或那样意见分歧，但不能将委托合同相对方的矛盾、过错转嫁给他人。也许保险公司确实向两家公司邮寄了解除保险合同的通知，但合同相对方达成合意正在履行的、合法有效的合同，对合同双方均具有法律上的约束力。在市场经济、法制化的时代，其单方是无权利用通知的形式解除合法有效的合同的，向合同以外第三方邮寄解除合同的通知更是多此一举。在投保之初，保险人要求被保险人提前交纳了下一年度续保的保证金，这是保险人强加在被保险人头上的负担，是违反公平原则的，也是侵害一方利益的违法行为。请用所学的法律解读该起车辆索赔一波三折的现象。

2. 原告：长江生态科学院

被告：中国人民保险公司武汉市洪山区支公司

1991 年 7 月 4 日，长江生态科学院与保险公司洪山区支公司签订企业财产保险合同，约定：保险项目为坐落在卓刀泉、马湖的企业固定资产，保险金额按固定资产原值加成 80% 计算，为 1463 万元，保险费 3.052 万元。还特别约定：按固定资产估价承保，不包括汽车、拖拉机运输设备，机械设备存放露天处不负赔偿责任。自动化设备和机械设备附加盗窃险，保险金额为 143 万元，保险费 1430 元。保险责任期限自 1991 年 7 月 5 日零时起至 1992 年 7 月 4 日 24 时止。此前，即 1991 年 4 月 26 日，长江生态科学院向保险公司洪山区支公司交纳养鱼和树苗保险费各 1 万元，但长江生态科学院未填具投保单，双方也未签订保险合同。1991 年 6 月 30 日至 7 月 12 日，武汉地区降特大暴雨。7 月 5 日，长江生态科学院投保的鱼池及部分地面附属设施因内涝积水被淹，鱼池埂被水浸蚀和风浪淘刷受损。当日下午，长江生态科学院电话向保险公司洪山区支公司报险。同年 8 月 28 日，长江生态科学院提交了《赔偿申请书》《投保财产损失清单》《抗洪抢险费用清单》，要求按保险金额减估计残值作为损失金额的估损方式计算，赔偿其固定资产损失 675.396 万元，鱼苗、树苗损失 72 万元，施救费用 43.308 万元。保险公司洪山区支公司接报后，从同年 7 月 6 日起多次派员查看现场，认为暴雨期间造成的保险财产损失，属其保险责任，并于同年 9 月 21 日预赔了 10 万元，在理赔中要求长江生态科学院提交受损财产账册、单据和施救费用的单据、凭证，以核实损失。长江生态科学院认为合同约定是"估价承保"，无须提供上述证明资料，因此保险公司洪山区支公司拒赔。长江生态科学院于 1991 年 12 月向法院提起诉讼。法院委托湖北省水利勘测设计院对长江生态科学院报损的鱼池等固定资产的实际损失进行鉴定，鉴定结果：根据"水毁恢复工程量"，恢复工程所需资金为 18.24 万元。另，在法院审理期间，长江生态科学院以其投保的钢结构孵化棚于 1991 年 12 月 26 日被风雪损坏为由，要求保险公司洪山区支公司赔偿 8 万元。据武汉中心气象台出具的气象资料证明，当晚风力 3~4 级，积雪深度 5 公分，达不到风雪灾标准。

请你结合保险有关法律法规，妥善处理此案。

Project 10

项目十

保险市场

学习目标

⊙ 了解保险市场的含义、特征、种类、模式和组织形式等；

⊙ 了解保险市场的供给和需求；

⊙ 熟悉保险中介市场；

⊙ 了解国内保险市场和国际保险市场。

技能目标

⊙ 能分析保险产品供给与需求关系，能利用保险市场变化趋势，正确引导民众参加保险，打击保险市场违法乱纪行为，推动保险事业的发展；

⊙ 能理解保险代理人与保险经纪人在保险市场中所发挥的作用；

⊙ 保险经营管理是以保险市场为依托，对保险活动进行计划、组织、领导、控制、协调，以达到保险经营的目的。

学习单元一　保险市场概述

一、保险市场的概念

保险市场是市场的一种形式。由于市场有广义的市场和狭义的市场之分，保险市场也就有广义和狭义之分。狭义的保险市场是指保险商品交换的场所；广义的保险市场是指保险商品交换关系的总和。

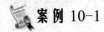

案例 10-1

四川有一个 60 多岁的老人特别溺爱自己养的宠物狗，这条狗是从外地买来的，花了19 万元。老人养狗过程中对宠物狗疼爱有加，狗也非常聪明伶俐，老人把它当作掌中宝。不过，好景不长，第三个年头，它生病了，老人到处求医，求医花销 15 万元，还是无法医好它的病，不久就离开人世，老人悲伤难过，痛不欲生。老人多日不吃饭也不喝水，身体即将崩溃，似乎要陪狗陪死。最终，老人突然作出决定，以高规格安葬。安葬场面非常热闹，安葬司仪按照安葬程序进行，有乐队来为狗吹吹打打，邀请 100 号人排起长队送葬。老人安葬狗花费 30 万元。世人评论，这条狗死得太值得了。

> **【评析】**
>
> 可以开辟宠物保险。根据调查，全国各地宠物市场很大，宠物保险大有可为。

二、保险市场的特点

（一）保险市场是直接的风险市场

这里所说的直接风险市场，是就交易对象与风险的关系而言。尽管任何市场都存在风险，交易双方都可能因市场风险的存在而遭受经济上的损失，但是，一般商品市场所交易的对象，其本身并不与风险联系，而保险市场所交易的对象是保险保障，即对投保人转嫁于保险人的各类风险提供保险保障，所以本身就直接与风险相关联。保险商品的交易过程，本质上就是保障人聚集与分散风险的过程。风险的客观存在和发展是保险市场形成和发展的基础和前提。"无风险，无保险"。也就是说，没有风险，投保人或者被保险人就没有通过保险市场购买保险保障的必要。所以，保险市场是一个直接的风险市场。

（二）保险市场是非即时清结市场

所谓即时清结市场是指市场交易一旦结束，供需双方立刻就能够确切知道交易结果的市场。不论是一般的商品市场，还是金融市场，都是能够即时清结的市场。而保险交易活动，风险的不确定性和风险的射幸性使交易双方都不可能确切地知道交易结果。因此，保险交易不能立刻结清。相反，在保险交易中还必须通过订立保险合同，来确定双方当事人的保险关系，并且依据保险合同履行各自的权利和义务。因此，保险单的签发，看似保险交易的完成，实质是保险保障的开始，最终的交易结果还要看双方约定的保险事故是否发生。所以，保险市场是非即时清结市场。

（三）保险市场是特殊的"期货"交易市场

由于保险的射幸性，保险市场所成交的任何一笔交易，都是保险人对未来风险事件发生所致经济损失进行补偿的承诺。而保险人是否履约，即是否对某一特定的对象进行经济补偿，则取决于保险合同约定的时间内是否发生约定的风险事故及这种风险事故造成的损失是否达到保险合同约定的补偿条件。只有在保险合同所约定的未来时间内发生保险事件，保险人才可能对被保险人进行经济补偿，这实际上交易的是一种"灾难期货"。因此，保险市场是一种特殊的"期货"市场。

三、保险市场的类型

（一）按保险业务承保的程序不同划分

按保险业务承保的程序不同可分为原保险市场和再保险市场。

（1）原保险市场：亦称直接业务市场，是保险人与投保人之间通过订立保险合同而直接建立保险关系的市场。

（2）再保险市场：亦称分保市场，是原保险人将已经承保的直接业务通过再保险合同转分给再保险人的方式形成保险关系的市场。

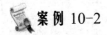 **案例** 10-2

原保险人的投保人向再保险公司要求赔付遭拒绝

保险公司与航空公司签订的飞机机身险合同约定每架飞机的保险金额为 4 500 万元。保险公司又与再保险公司订立了再保险合同，将机身保险金额的 40%分给了再保险公司。不久，航空公司一架在保飞机失事坠毁，航空公司向再保险公司要求其承担支付保险金责任，遭到了再保险公司的拒绝。

【评析】

再保险合同的存在虽是以原保险合同存在为前提，但两者却是各自独立的，再保险的权利义务与原保险的权利义务是相互独立的法律关系。因此，当保险事故发生后，投保人仅能基于原保险合同向原保险人要求赔付，再保险人也仅依再保险合同向原保险人承担责任。我国《保险法》明确规定："再保险接受人不得向原保险的投保人要求支付保险费。原保险的被保险人或受益人不得向再保险接受人提出赔偿或者给付保险金的请求。再保险分出人不得以再保险接受人未履行再保险责任为由，拒绝履行或延迟履行其原保险责任。"因此，航空公司应依据保险合同向保险公司提出赔付要求，而无权要求再保险公司赔偿。

（二）按照保险业务性质不同划分

按照保险业务性质不同可分为人身保险市场和财产保险市场。

（1）人身保险市场：是专门为社会公民提供各种人身保险商品的市场。

（2）财产保险市场：是从事各种财产保险商品交易的市场。

（三）按保险业务活动的空间不同划分

按保险业务活动的空间不同可分为国内保险市场和国际保险市场。

（1）国内保险市场：是专门为本国境内提供各种保险商品的市场，按经营区域范围又可分为全国性保险市场和区域性保险市场。

（2）国际保险市场：是国内保险人经营国外保险业务的保险市场。

（四）按保险市场的竞争程度不同划分

按保险市场的竞争程度不同可分为自由竞争型保险市场、垄断型保险市场、垄断竞争型保险市场。

（1）自由竞争型保险市场：是保险市场上存在数量众多的保险人、保险商品交易完全自由、价值规律和市场供求规律充分发挥作用的保险市场。

（2）垄断型保险市场：是由一家或几家保险人独占市场份额的保险市场，包括完全垄断和寡头垄断型保险市场。

（3）垄断竞争型保险市场：是大小保险公司在自由竞争中并存，少数大公司在保险市场中分别具有某种业务的局部垄断地位的保险市场。

学习单元二　保险市场构成要素

保险市场的构成要素如下：首先是为保险交易活动提供各类保险商品的卖方或供给方；其次是实现交易活动的各类保险商品的买方或需求方；再次就是具体的交易对象——各类保险商品。后来，保险中介方也渐渐成为构成保险市场不可或缺的因素之一。

一、保险市场的主体

（一）保险商品的供给方

保险商品的供给方是指在保险市场上，提供各类保险商品，承担、分散和转移他人风险的各类保险人。他们以各类保险组织形式出现在保险市场上，如国有形式、私营形式、合营形式、合作形式等。

（二）保险商品的需求方

保险商品的需求方是指在一定时间、一定地点等条件下，为寻求风险保障而对保险商品具有购买意愿和购买力的消费者的集合。保险商品的需求方就是保险营销学所界定的"保险市场"即"需求市场"，它由有保险需求的消费者、为满足保险需求的缴费能力和投保意愿三个主要因素构成。

（三）保险市场中介方

保险市场中介方既包括活动于保险人与投保人之间，充当保险供需双方的媒介，把保险人和投保人联系起来并建立保险合同关系的保险代理人和保险经纪人；也包括独立于保险人与投保人之外，以第三者身份处理保险合同当事人委托办理的有关保险业务的公证、鉴定、理算、精算等事项的人，如保险公证人（行）或保险公估人（行）、保险律师、保险理算师、保险精算师、保险验船师等。

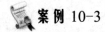 **案例 10-3**

投保人依靠保险经纪人维护自身权益

2010 年 2 月，某电厂为全体在职职工购买了某寿险公司的分红型团体年金保险。公司每年年初按在职职工工资总额的一定比例缴纳保险费，保险公司扣除管理费后将保险费全部计入职工的个人账户。在合同有效期内，保险公司承担给付养老金、死亡保险金、离职保险金的责任。保险合同对离职保险金的描述如下："被保险人在本合同约定的年金领取日前离职，保险人按个人账户中已归属该被保险人名下的账户余额一次性给付离职保险金，未归属被保险人的部分退还投保人或转入投保人账户，同时注销该被保险人的个人账户，保险人对该被保险人的保险责任终止。"

2013 年 8 月中旬，张某、李某两名职工先后办理了离职手续。2013 年 9 月底，张某、李某带上保险合同规定的资料和证明到保险公司申请离职保险金，保险公司核查后告诉张某和李某，他们的个人账户余额已经在 8 月底经原单位同意自动转成个人养老保险，投保人仍是原单位。张某和李某若想现在领取现金，只能办理退保手续领取保险单的现金价值，但是保险单的现金价值远远低于团体年金保险中其个人账户的账户余额。由于张某和李某对保险缺乏了解，为避免损失，二人委托一家保险经纪公司作为顾问协助处理该案。

保险经纪公司提出以下处理意见：张某、李某的原工作单位和保险公司在未征得他们同意的情况下，擅自将二人的账户余额转成个人养老保险，违反了"保险利益"原则。即：张某和李某已离职，且二人未同意将账户余额转成养老保险，可以认为原单位对张某和李某不具有保险利益，保险合同无效，保险公司应将保险费全额退回到张某和李某的个人账户，由张某和李某自己决定选择领取还是申请将个人账户余额作为保险费投保保险公司的其他个人保险。为此，保险公司应在收到张某、李某的申请时，按团体年金保险合同权益归属和离职保险金的相关规定向被保险人支付离职保险金。如果张某和李某愿意投保此保险公司的个人保险产品，原单位不能代劳，应当由本人作为投保人提出投保申请。

> **【评析】**
>
> 投保人、被保险人或受益人可能不具备保险专业知识和相应的法律、法规知识，从而处于相对弱势地位，不能有力地维护自己的权益。而依靠保险经纪人协助索赔，则能更大限度地维护自己的权益。

二、保险市场的客体

保险市场的客体是指保险市场上供求双方具体交易的对象，这个交易对象就是保险商品。保险商品是一种特殊形态的商品。

（一）保险商品的无形性

实物商品是有形商品，看得见，摸得着，其形状、大小、颜色、功能、作用一目了然，买者很容易根据自己的偏好，在与其他商品进行比较的基础上，作出买还是不买的决定。而保险产品则是一种无形商品，保户只能根据很抽象的保险合同条文来理解其产品的功能和作用。由于保险商品的这一特点，它一方面要求保单的设计在语言上简洁、明确、清晰、易懂；另一方面要求市场营销员具有良好的保险知识和推销技巧。否则，投保人是很难接受保险产品的。

（二）保险商品的"非渴求"性

非渴求性商品又称非寻求品，是消费者不知道或虽然知道但一般情况下也不会主动购买的商品。

（三）保险商品的灾难联想性

保险商品总是与未来可能发生的不幸相连的，因为通常是在被保险人发生如疾病、伤残、死亡等不幸事件时，才能得到保险金。对某些人来说，考虑保险本身就是一段不愉快的经历，往往当保户索赔时，他们也都正经历着精神或财务的压力。这也正是大多数人不愿意考虑购买保险的主要原因所在。因此，训练保险营销人员处理人际关系中可能发生的事是一项很艰巨的任务。

（四）保险商品的异质性

保险商品不可能像一般商品那样是标准化的，具有"同质性"。这是因为服务是一个复杂的动态过程，具有"异质性"即"易变性"。发生的时间、地点、方式等特定条件不同，差异性就会很大。不同的公司、不同的营销人员，即使提供同一种保险产品，消费者的感受也会不同，甚至是同一个营销人员提供服务，也不一定一成不变，因时间、地点、准保户等具体情况不同也会表现出相当大的差异。保险营销中，如何克服这种"异质性"，使消费者得到始终如一的服务，是保险营销市场的营销主体尤其需要关注的。

三、保险市场模式

（一）完全竞争模式

完全竞争型保险市场，是指一个保险市场上有数量众多的保险公司，任何公司都可以自由进出市场。任何一个保险人都不能够单独左右市场价格，而由保险市场自发地调节保险商品价格。在这种市场模式中，保险资本可以自由流动，价值规律和供求规律充分发挥作用。

国家保险管理机构对保险企业管理相对宽松，保险行业公会在市场管理中发挥重要作用。

一般认为完全竞争是一种理想的保险市场模式，它能最充分、最适度、最有效地利用保险资源。因而，保险业发展较早的西方发达国家多为这一类型。

（二）完全垄断模式

完全垄断型保险市场，是指保险市场完全由一家保险公司所操纵，这家公司的性质既可是国营的，也可是私营的。在完全垄断的保险市场上，价值规律、供求规律和竞争规律受到极大限制，市场上没有竞争，没有可替代产品，没有可供选择的保险人。因而，这家保险公司可凭借其垄断地位获得超额利润。

完全垄断模式还有两种变通形式：一种是专业型完全垄断模式；另一种是地区型完全垄断模式。

（三）垄断竞争模式

垄断竞争模式下的保险市场，大小保险公司并存，少数大保险公司在市场上取得垄断地位。竞争的特点表现为：同业竞争在大垄断公司之间、垄断公司与非垄断公司之间、非垄断公司彼此之间激烈展开。

（四）寡头垄断模式

寡头垄断型保险市场，是指在一个保险市场上，只存在少数相互竞争的保险公司。

在这种模式的市场中，保险业经营依然以市场为基础，但保险市场具有较高的垄断程度，保险市场上的竞争是国内保险垄断企业之间的竞争，形成相对封闭的国内保险市场。

四、保险市场机制

保险市场机制是指将市场机制一般应用于保险经济活动中所形成的价值规律、供求规律及竞争规律之间相互制约、相互作用的关系。

（一）价值规律在保险市场上的作用

价值规律对于保险费率的自发调节只能限于凝结在费率中的附加费率部分的社会必要劳动时间，对于保险商品的价值形成方面具有一定的局限性，只能通过要求保险企业改进经营技术，提高服务效率，来降低附加费率成本。

（二）供求规律在保险市场上的作用

保险市场上保险费率的形成，一方面取决于风险发生的频率，另一方面取决于保险商品的供求情况。保险市场的保险费率不是完全由市场的供求情况决定，相反，要由专门的精算技术予以确立。

（三）竞争规律在保险市场上的作用

在保险市场上，由于交易的对象与风险直接相关联，使得保险商品费率的形成并不完全取决于供求力量的对比，相反，风险发生的频率即保额损失率等才是决定费率的主要因素，供求仅仅是费率形成的一个次要因素。因此，一般商品市场价格竞争机制在保险市场上必然受到某种程度的限制。

五、保险市场供给

（一）市场供给的含义

保险市场供给是指在一定的费率水平上，保险市场上各家保险企业愿意并且能够提供的保险商品的数量。保险市场供给可以用保险市场上的承保能力来表示，它是各个保险企业的承保能力之总和。

保险供给的质既包括保险企业所提供的各种不同的保险商品品种，也包括每一具体的保险商品品种质量的高低。

保险供给的量既包括保险企业为某一保险商品品种提供的经济保障额度，也包括保险企业为全社会所提供的所有保险商品的经济保障总额。

（二）保险市场供给的主要因素

保险供给是以保险需求为前提的。因此，保险需求是制约保险供给的基本因素。在存在保险需求的前提下，保险市场供给受到以下因素的制约：保险费率；偿付能力；互补品、替代品的价格；保险技术；市场的规范程度；政府的监管。

（三）商品供给弹性

1. 保险商品供给弹性的含义

保险商品供给弹性通常指的是保险商品供给的费率弹性，即指保险费率变动所引起的保险商品供给量变动，它反映了保险商品供给量对保险费率变动的反应程度。一般用供给弹性系数来表示，其公式如下。

$$E_{s} = （\Delta S / S）/ （\Delta P / P）$$

式中　S——保险商品供给量；

　　　ΔS——保险商品供给量变动；

　　　ΔP——保险费率；

　　　P——保险费率变动。

保险商品供给与保险费率呈正相关关系。

2. 保险商品供给弹性的种类

供给无弹性，即 $E_{s}=0$，无论保险费率如何变动，保险商品供给量都保持不变；供给无限弹性，即 $E_{s}=\infty$，即使保险费率不再上升，保险商品供给量也无限增长；供给单位弹性，即 $|E_{s}|=1$，保险费率变动的比率与其供给量变动比率相同；供给富于弹性，即 $|E_{s}|>1$，表明保险商品供给量变动的比率大于保险费率变动的比率；供给缺乏弹性，即 $|E_{s}|<1$，表明保险商品供给量变动的比率小于保险费率变动的比率。

3. 保险商品供给弹性的特殊性

首先，保险商品供给弹性较为稳定。其次，保险商品供给弹性较大。

六、保险市场需求

（一）保险市场需求的含义

1. 保险需求

保险需求就是指在一定的费率水平上，保险消费者从保险市场上愿意并有能力购买的保险商品数量表（单）。它是消费者对保险保障的需求量，可以用投保人投保的保险金额总量来计量。

与一般需求的表现不同，保险需求的表现形式有两方面：一方面体现在物质方面的需求，即在约定的风险事故发生并导致损失时，它能够对经济损失予以充分的补偿；另一方面则体现在精神方面的需求，即在投保以后，转嫁了风险，心理上感到安全，从而消除了精神上的紧张与不安。然而，由于保险商品的特殊性所在，消费者除了要有投保欲望与缴费能力以外，保险利益的存在成为保险需求的首要前提。

2. 保险市场需求

保险市场需求是一个总括性集合性的概念，是在各种不同的费率水平上，消费者购买的保险商品数量表（单）。即在特定时间内，在不同的费率水平上，消费者保险需求的集合形成了保险市场需求。

（二）影响保险市场需求的主要因素

1. 风险因素

保险商品服务的具体内容是各种客观风险。风险因素存在的程度越高、范围越广，保险需求的总量也就越大；反之，保险需求量就越小。

2. 社会经济与收入水平

保险是社会生产力发展到一定阶段的产物，并且随着社会生产力的发展而发展。保险需求的收入弹性一般大于 1，即收入的增长引起对保险需求更大比例的增长。但不同险种的收入弹性不同。

3. 保险商品价格

保险商品的价格是保险费率。保险需求主要取决于可支付保险费的数量。保险费率与保险需求一般呈反比例关系，保险费率愈高，则保险需求量愈小；反之，则愈大。

4. 人口因素

人口因素包括人口总量和人口结构。保险业的发展与人口状况有着密切联系。人口总量与人身保险的需求成正比，在其他因素一定的条件下，人口总量越大，对保险需求的总量也就越多，反之就越少。人口结构主要包括年龄结构、职业结构、文化结构、民族结构。由于年龄风险、职业风险、文化程度和民族习惯不同，对保险商品需求也就不同。

5. 商品经济的发展程度

商品经济的发展程度与保险需求成正比，商品经济越发达，则保险需求越大；反之，则越小。

6. 强制保险的实施

强制保险是政府以法律或行政的手段强制实施的保险保障方式。凡在规定范围内的被保险人都必须投保，因此，强制保险的实施，人为地扩大了保险需求。

7. 利率水平的变化

利率水平的变化对储蓄型的保险商品有一定影响。虽然目前投资理财型保险占据了一定的保险市场份额，但是由于红利这一块没有固定的保证，所以也影响到客户对于投资理财型保险的需求。

（三）保险需求弹性

保险需求弹性是指保险需求对其影响因素变动的反应程度，通常用需求弹性系数来表示。

$$E_d = （\Delta D/D） / （\Delta f / f)$$

式中　D——保险需求；

　　　ΔD——保险需求的变动；

　　　F——影响保险需求的因素；

　　　Δf——影响保险需求的因素的变动。

1. 保险需求的费率弹性

保险需求的费率弹性是指由于保险费率的变动而引起的保险需求量的变动，它反映了保险需求对费率变动的反应程度。用公式表示如下。

$$E_p = （\Delta D/D） / （\Delta P/P)$$

式中　P——保险费率；

　　　ΔP——保险费率的变动。

保险需求与费率之间呈负相关关系。

当 $E_p = 0$ 时，称完全无弹性，即保险需求量不因费率的上升或下降而有任何变化，如强制保险；当 $|E_p| < 1$ 时，称缺乏弹性，即当该险种的费率下降时，保险需求的增加幅度小于费率下降的幅度，如大部分责任险；当 $|E_p| > 1$ 时，称富于弹性，即当该险种的费率下降时，保险需求量的增加幅度大于费率下降的幅度，如大部分的汽车保险；当 $|E_p| = 1$ 时，称单位弹性，即保险需求的变化与费率变化呈等比例；当 $|E_p| = \infty$ 时，称无限大弹性，即保险费率的微小变化就会引起保险需求量无限大的反应。

2. 保险需求的收入弹性

保险需求的收入弹性是指保险消费者货币收入变动所引起的保险需求量的变动，它反映了保险需求量对保险消费者货币收入变动的反应程度。用公式表示如下。

$$E_i = (\Delta D/D) / (\Delta I/I)$$

式中 I——货币收入；

ΔI——货币收入的变动。

一般来讲，保险需求的收入弹性大于一般商品。首先，保险商品特别是人身保险带有很大的储蓄性，随着消费者货币收入的增加，必然带动储蓄性保险需求量的增加。其次，人们的消费结构会随着货币收入的增加而变化，一些高额财产、文化娱乐、旅游等精神消费支出比例会由此而增大，而与其具有互补作用的保险会随着消费者货币收入的增加而增加。第三，对于大多数中低收入的消费者而言，保险尚属于奢侈品，当他们的货币收入增加时，必然会创造对保险商品的需求。

收入无弹性：$E_i = 0$；收入富于弹性：$|E_i| > 1$；收入缺乏弹性：$|E_i| < 1$；收入单位弹性：$|E_i| = 1$ 和收入负弹性：$E_i < 0$。

3. 保险需求的交叉弹性

保险需求的交叉弹性指相关的其他商品的价格变动引起的保险需求量的变动，它取决于其他商品对保险商品的替代程度和互补程度，反映了保险需求量对替代商品或互补商品价格变动的反应程度。用公式表示如下。

$$E_x = (\Delta D/D) / (\Delta P_g/P_g)$$

式中 P_g——替代商品或互补商品价格；

ΔP_g——替代商品或互补商品价格的变动。

一般而言，保险需求与替代商品的价格呈正方向变动，即交叉弹性为正，且交叉弹性愈大，替代性也愈大。保险需求与互补商品价格呈反方向变动，即交叉弹性为负。

4. 影响保险需求弹性的因素

一般而言，消费者对保险商品的需求愈强，其需求弹性愈小；保险商品的可替代程度越高，其需求弹性愈强；保险商品用途越广泛，其需求弹性越大；保险商品消费期限越长，其需求弹性越大；保险商品在家庭消费结构中占的支出比例越大，其需求弹性越大。

七、保险市场供求平衡

保险市场供求平衡，是指在一定费率水平下，保险供给恰好等于保险需求的状态，即保险供给与需求达到均衡点。也即当费率 P 不变时，$S = D$。

保险市场供求平衡受市场竞争程度的制约。市场竞争程度决定了保险市场费率水平的高低，因此，市场竞争程度不同，保险供求平衡的水平各异。而在不同的费率水平下，保险供给与需求的均衡状态也是不同的。保险市场有自动实现供求平衡的内在机制。

保险市场供求平衡包括供求的总量平衡与结构平衡两个方面，而且平衡还是相对的。所谓保险供求的总量平衡是指保险供给规模与需求规模的平衡。所谓保险供求的结构平衡是指保险供给的结构与保险需求的结构相匹配，包括保险供给的险种与消费者需求险种的适应性、费率与消费者缴费能力的适应性及保险产业与国民经济产业结构的适应性等。

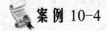 **案例** 10-4

友邦保险公司进入中国市场营销的 SWOT 分析

1. 友邦保险公司国内经营模式

目前市场上，中资寿险公司的中国人寿、平安、太平洋、泰康、新华均为全国性保险公司；其后新成立的中资及合资公司绝大部分亦为全国性公司，合资公司的中方公司为大型中央国企，外方公司则为世界顶尖级的著名保险公司。1992 年，友邦拿到了在华经营的第一张牌照。当时尚无合资的先例，友邦被批准以独资分公司的形式经营，避免出现了类似以后外资保险公司在中国设立机构必须要以股份不超过 50% 的合资企业的形式筹建。至 2006 年底，友邦已如法炮制了 5 家分公司和 3 家支公司，其中有 2 家在所属的省份成立了省公司。与国内其他保险公司不同的是，这些分支机构各自为战，具体发展计划由分支公司自行定夺。人事和财务方面，同样也由各分支公司独立运营及核算，业绩状况则直接向友邦所在的香港总部汇报。换句话说，每个分支公司几乎可以看作是一家独立在当地经营的小规模寿险公司，每个负责人都要为自己经营机构的盈亏状况直接负责。之所以选择这种有限的分支机构来精耕细作，其中一个主要原因是，抢占市场固然重要，但友邦更加注重经营能力的培养和盈利水平的提高，正如公司所奉行"股东利益第一"的经营哲学，"我们先来就是想要先赚钱"。

随着寿险营销在中国的飞速发展，代理人制也进入了高速发展时期。至 2003 年底，寿险代理人数量已达 130 多万人，营销保费收入 3010.99 亿元，占全国寿险业总保费收入的 80% 以上。友邦保险作为代理人制度的先驱，近年来采取的营销策略是走"精兵制"路线，打造"高素质、高技能、高绩效"的三高专业化代理人队伍和高端专业理财师队伍。这个策略因地制宜、因时制宜，为公司带来稳定而扎实的辉煌业绩和销售队伍。

2. 友邦保险公司市场竞争五力模型

如图 10-1 所示为友邦保险公司市场竞争五力模型。

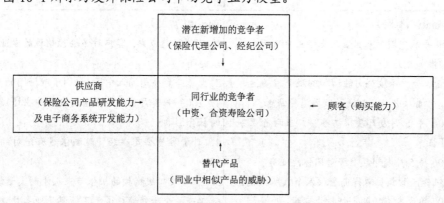

图10-1　友邦保险公司市场竞争五力模型

3．友邦保险公司具备的优势分析

首先友邦保险公司有着成熟的经营运作管理模式和有效的执行力。

其次受政策影响，友邦只能选择沿海地区经济发达城市，因此也就创造出一套有利于开发中高端客户的个人业务营销模式，即专业化行销。

再次公司有雄厚的资本实力和国际化市场经验，避免因短期效益而忽略长期利益。

最后友邦有强大的精算和产品设计开发能力，既可有力地支持市场需要，又能有效地控制风险。

4．友邦保险公司所处的劣势分析

一是经营地域受限。由于政策原因，友邦不能像中资寿险公司那样随心所欲在各地设立分支机构。

二是经营领域受限。同样是由于政策的原因，在很长的时间里，友邦不能开展团体业务，只能从事个人业务。

三是公司面临其营销模式在中小城市和欠发达地区市场的适应性问题和机构延伸、多渠道发展等问题。

四是公司本地化人才短缺。由于中国寿险业还处于发展的初级阶段，本地无法提供友邦需要的专业化、有国际眼光和经验的经营管理人才。

5．友邦在华营销战略 SWOT 分析

友邦在华营销战略 SWOT 分析见表 10-1。

表 10-1　友邦在华营销战略 SWOT 分析

Strength（长处）	Weakness（短处）
1．品牌忠诚度； 2．国际化市场成熟经验和管理运作模式； 3．雄厚的资本实力； 4．有利于开发中高端客户的个人业务营销模式，中高端优势已经显现； 5．进入中国本土的第一家外资公司经验实力剧增。	1．与中资、合资公司相比业务经营地域受限； 2．本地化人才短缺； 3．曾走高端客户群的"精兵制"路线面对同业的规模效益已受到挑战。
Opportunity（机会）	Threat（威胁）
1．2004 年底中国加入世贸后保险业加大开放（政策鼓励性加大）； 2．中资、合资保险公司的增加刺激了市场，大量合资公司涌入中国，加剧了市场消费需求； 3．2006 年 5 月友邦获得江苏、广东两省业务开展许可证； 4．2006 年 5 月友邦获准经营团体险业务； 5．免征保险营销员取得佣金收入个人所得税； 6．2007 年资本市场的良好投资环境。	1．市场日趋成熟，客户对保险营销员的专业度要求越高； 2．大量合资公司涌入中国，加剧了市场间的竞争； 3．2006 年 3 月重疾险风险对友邦冲击造成负面的社会影响； 4．外资独资公司在经营地域依然有绝对的受限性； 5．三级及四级机构的扩张带来人才的大量短缺； 6．单一的个险销售渠道已不能满足业务快速发展及同业竞争需求。

6. 友邦保险公司新形势下的营销战略

(1) 新形势下的营销战略。在过年的 15 年内，尽管有许多政策的限制，但友邦依靠自身独特的经营理念及方式取得了第一个阶段的成功。新环境下，市场竞争主体增加，政策有所放宽，机构格局改变，相应的营销战略也必须作出调整。2007 年的友邦处于一个全新的市场环境：2006 年保监会批准友邦经营团险业务，拿到了江苏省、广东省全省开展寿险业务的牌照，这意味着公司业务的经营领域和经营地域得到扩大；2007 年随着资本市场的持续火爆，分红、万能产品的生存压力正在加大。这必将引发公司实施新的营销战略措施。外资寿险公司在国内的团险业务被放开后，各家合资寿险公司一直进展缓慢，除了少数合资公司拿下中方股东的团险保单外，发展空间并不大。而友邦保险是个例外，自 2006 年 6 月友邦获批开展团体保险以来业绩斐然，取得了 20 个百分点的业绩增长。2007 年一季度全国范围内保费规模已达到 4000 万元，无论在规模或业务品质方面都有上佳表现。友邦资深副总裁及中国寿险业务负责人华毅安表示，目前团体险部已承保了 3500 个团体客户，覆盖员工 19.6 万人，其中有超过 10 家大型著名跨国公司，例如摩托罗拉、中外运敦豪、可口可乐、柯达、强生、美国运通银行、摩根斯坦利银行等。友邦保险公司在以飞速的扩张速度前进，面临新环境有更大的挑战，但也蕴藏着更多的发展机遇。

2006 年前的友邦中国区 8 个分支机构，因地制宜，独立经营，独立财务核算，具体发展计划由分支公司自行定夺，业绩状况直接向友邦在香港的总部汇报，这种方式的好处保证了友邦在中国市场上的灵活性，注重的是经营能力的培养和盈利水平的提高，精耕细作，差异化经营的成果正在显现。随着中国区机构的全面铺展，各自为战，均向友邦香港总部汇报的做法已不能适应下步发展的需要，如何进行机构的协调和管理是其面临的第一个挑战。江苏省、广东省分别在 2006 年的下半年成立了省公司，开始在省内各机构进行资源整合与共享。例如在广东省公司，一方面拓展新机构，另一方面各机构各部门在省公司内成立了有效的隶属关系，开展多渠道营销策略。

2006 年中 A 股市场重启以来，资金大举入市连带基金热销，保险公司产品销售压力不小。目前已有多家合资寿险如金盛保险、信诚人寿、中意人寿等热推投资连结型产品。友邦保险公司在新产品投放上却显得异常谨慎。例如广州首次销售新投连险产品的保险营销员只有四百名，都经过严格培训并考试通过后才能上岗；产品新款"财富通"投连险只有一个平衡组合投资账户，其中 50%资金投向债券型基金。目前友邦上海、广东、深圳、北京及江苏分公司均已获批新设增长组合投资账户，推出偏股型投资账户、追赶牛市收益不过是迟早的事情。新形势下，美国友邦保险公司副总裁、中国寿险业务负责人华毅安近日在接受媒体采访时提出以下发展战略。

15 年一转。2007 年，"回老家"15 年，友邦开始发力 7 大新渠道，谋划多元化销售平台。具体来说，友邦将在北京、上海、深圳三地集中进行深度挖掘，其中包括发展多元化渠道，以期尽快提升多元化产出在整体产出中的比例。未来的销售渠道除了营销员，还包括银行保险、团体保险、直接营销、电话营销、客户资源营销、职场保险及保险代理和经纪公司。

友邦左银保渠道上已有超过 20 个合作伙伴，其中包括中国银行、工商银行、农业银行等大型国有商业银行。"我们将把重点放在加强对合作伙伴在专业领域的培训上，并进一步发展高保障保险产品及保障和投资功能相结合的投资连接产品。"

4000 人增员计划。以个险起家的友邦保险，并不会因开展多元销售而减少对营销员渠道的投入。华毅安称，"营销员渠道仍是最重要的寿险发展渠道。"截至 2006 年 11 月，友邦中国地区营销员达 26185 人。"发展多元化渠道，并不是要将发展营销员渠道的资源转移过去，而是投入新的资源。"华毅安称。营销员由单纯的"多"转向更"精"。目前，友邦每年资助培养精算人员的费用达 45 万元。2007 年，友邦在五大业务区建立并加强财务策划师（FP）团队，"截至 2006 年底，我们已有 934 名财务策划师"。

在广度拓展上，友邦将集中于刚刚获得牌照的广东和江苏省内，2007 年计划延伸营销服务部到广东省的二级城市。2006 年友邦新增了 18 个营销服务部，现共计 76 个营销服务部，2007 年将再增开 10 家市级营销服务部，"这意味着我们对人员的需求也将大幅增加，2007 年计划增员至 3 万人，5 至 7 年内计划增员至 10 万人"。

同时，鉴于目前监管机构对集团内开展交叉销售的政策有所松动，华毅安说，友邦将争取让代理人销售一些非寿险产品，以更好地利用 AIG 内部的客户资源。

（2）提出发展中解决问题的新办法。过去 15 年内因地制宜，精耕细作的战略让友邦经过这些年的精心经营，已在三大经济发达地区初步形成三足鼎立之势，即在珠三角基本建立了以广州为基地的南部集团；在长三角初步建立了以上海为基地的东部集团；在渤海湾开始搭建以北京以基地的北部集团。目前经营状态良好，各项 KPI 经营指标明显优于同城竞技的寿险公司，为下步的扩张奠定了坚实的基础。但我们必须正视第二阶段扩张经营中出现的更多问题。机构的协调与管理是第一个挑战，尽管友邦已有考虑设立中国总部，但作为目前担任友邦中国区总公司的上海，无论从人力配备还是技术方面都显得势单力薄，还不能起到统领全国机构的作用。例如培训，各机构均有自己的培训体系和教材，制式化培训未能统一；再如 FP 计划，各项高级主管培训课程，机构相关项目负责人往往采取本位主义，不愿与兄弟公司分享成熟的培训体系（包括培训方式、培训教案等）。

其他类似的本位主义现象在公司过于包容的文化氛围下，即使是高级主管也不能运用行政权力予以干涉，而这种短视的行为也造成这些高层主管缺乏经营管理的整体全局观念和视野，某种程度上也是公司文化中"管好你自己的三分半亩田"狭隘观念的偏激体现。因此，友邦扩大市场增加分支机构，整合资源节约成本，首先要建立强大的总公司体系且投入相当的人力及物力成本，并对原有的工作文化给予正确引导。

如果总公司资源不够，可以从各分支机构抽调一些极具经验和能力的人组成相关部门，研发各类项目；加强总公司及省级分公司的权威，各机构负责人必须抛开本位主义的思想，从总公司接受最核心的信息并在分支机构传承，一定程度上令公司的文化及政令保持较好的持续性及稳定性；分支机构更多的是经营执行，将总公司归纳开发的经验运用到实践中，减少过多的行政后援工作，从而节约成本。

机遇亦是挑战，应对机构在扩张中出现的问题要从根本解决，市场竞争已经从初期的规模扩张转向更为本质的人才竞争，高端人才、专业人才严重短缺，后备队伍捉襟见肘，这是发展寿险企业面临的共同问题。

【评析】

分析友邦保险公司采取客户策略、营销策略、业务策略等组合策略，立足上海、广东、深圳、北京及江苏等的优势，逐步发展壮大保险业务。

学习单元三 保险市场组织

一、保险市场的一般组织形式

(一) 国营保险组织

国营保险组织是由国家或政府投资设立的保险经营组织。它们可以由政府机构直接经营，也可以通过国家法令规定某个团体来经营，称该种组织形式为间接国营保险组织。由于各国的社会经济制度不同，在有些保险市场上，国营保险组织完全垄断了一国的所有保险业务，这是一种完全垄断型国营保险组织。这样的国营保险组织往往是"政企合一"组织，既是保险管理机关，又是经营保险业务的实体。而在有些国家，为了保证国家某种社会政策的实施，则将某些强制性或特定保险业务专门由国营保险组织经营，这是一种政策型国营保险组织。另外，在许多国家，国营保险组织同其他组织形式一样，可以自由经营各类保险业务，并可与之展开平等竞争，同时还要追求公司最大限度的利润。这是一种商业竞争型的国营保险组织。

(二) 私营保险组织

私营保险组织是由私人投资设立的保险经营组织。它多以股份有限公司的形式出现。保险股份有限公司是现代保险企业制度下最典型的一种组织形式。

(三) 合营保险组织

合营保险组织包括两种形式。一种是政府与私人共同投资设立的保险经营组织，属于公私合营保险组织形式，公私合营保险组织通常也是以股份有限公司的形式出现，并具有保险股份有限公司的一切特征。另一种是本国政府或组织与外商共同投资设立的合营保险组织，我国称为中外合资保险经营组织形式。

(四) 合作保险组织

合作保险组织是由社会上具有共同风险的个人或经济单位，为了获得保险保障，共同集资设立的保险组织形式。

在西方国家的保险市场上，合作保险组织分为消费者合作保险组织与生产者合作保险组织。前者是由保险消费者组织起来并为其组织成员提供保险的组织，它既可以采取公司形式如相互保险公司，也可以采取非公司形式如相互保险社与保险合作社。后者则多半是由医疗机构或人员为大众提供医疗与健康服务组织起来的，如美国的蓝十字会和蓝盾医疗保险组织。

(五) 行业自保组织

行业自保组织是指某一行业或企业为本企业或本系统提供保险保障的组织形式。

二、几种典型的保险市场组织形式

（一）保险股份有限公司

1．保险股份有限公司的特点

（1）股份有限公司是典型的资合公司，公司的所有权与经营权相分离，利于提高经营管理效率，增加保险利润，进而扩展保险业务，使风险更加分散，经营更加安全，对被保险人的保障更强。

（2）股份有限公司通常发行股票（或股权证）筹集资本，比较容易筹集大额资本，使经营资本充足，财力雄厚，有利于业务扩展。

（3）保险股份有限公司采取确定保险费制，比较符合现代保险的特征和投保人的需要，为业务扩展提供了便利条件。

2．保险股份有限公司的组织机构

所谓组织机构就是保险公司为了达到有效经营管理目的，确定各个部门及其组成人员的职责及不同职责间的相互关系，从而使全体参加者既要有明确的分工，又要通力合作的一种形式。

（1）股东大会。

（2）董事会。

（3）监事会。

（4）经理。

（二）相互保险公司

相互保险公司是由所有参加保险的人自己设立的保险法人组织，是保险业特有的公司组织形式。与股份保险公司相比较，相互保险公司具有以下特点。

（1）相互保险公司的投保人具有双重身份。

（2）相互保险公司是一种非营利性公司。

（3）相互保险公司的组织机构类似于股份公司。

（三）相互保险社

相互保险社是同一行业的人员为了应付自然灾害或意外事故造成的经济损失而自愿合起来的集体组织。与保险合作社及相互保险公司相比较，相互保险社具有以下特征。

（1）参加相互保险社的成员之间互相提供保险。

（2）相互保险社无股本，其经营资本的来源仅为社员缴纳的分担金，一般在每年年初按暂定分摊额向社员预收，在年度结束计算出实际分摊额后，再多退少补。

（3）相互保险社保险费采取事后分摊制，事先并不确定。

（4）相互保险社的最高管理机构是社员选举出来的管理委员会。

（四）保险合作社

保险合作社是由一些对某种风险具有同一保障要求的人，自愿集股设立的保险组织。

保险合作社与相互保险社的差异如下。

首先，保险合作社是由社员共同出资入股设立的，加入保险合作社的社员必须缴纳一定金额的股本。社员即为保险合作社的股东，其对保险合作社的权利以其认购的股金为限。而相互保险社却无股本。

其次，只有保险合作社的社员才能作为保险合作社的被保险人，但是社员也可以不与保险合作社建立保险关系。而相互保险社的社员之间是为了一时目的而结合的，如果保险合同终止，双方即自动解约。

再次，保险合作社的业务范围仅局限于合作社的社员，只承保合作社社员的风险。

最后，保险合作社采取固定保险费制，事后不补缴。而相互保险社保险费采取事后分摊制，事先并不确定。

（五）劳合社

劳合社是当今世界上最大的保险垄断组织之一，它是伦敦劳埃德保险社的简称。劳合社并不是一个保险公司，它仅是个人承保商的集合体，其成员全部是个人，各自独立、自负盈亏，进行单独承保，并以个人的全部财力对其承保的风险承担无限责任。

劳合社的成员经过劳合社组织严格审查批准，最先只允许具有雄厚财力且愿意承担无限责任的个人为承保会员，但是早在 1995 年劳合社就制定了长达 48 页的计划纲要，其中一点是将过去的劳合社进行改造，接纳一些实力雄厚的法人团体入社。

知识总结

认识保险市场，理解保险市场，把握保险市场，发展保险市场。

综合实训

实训目标

通过本项目的实训，认识保险市场的作用，理解保险业务经营环节是在保险市场中运作的。

实训内容

一、单项选择题

1. 保险市场的主体不包括（　　）。

A. 保险商品的供给方　　　　　B. 保险商品的需求方

C. 保险市场的中介方　　　　　D. 保险市场的监管方

2. 保险产品供给与需求关系的总和被称为（　　）。

A. 保险供给量　　　B. 保险需求量　　　C. 保险市场　　　　D. 保险交易量

3. 保险需求与替代商品有关，当储蓄利率上升时，保险需求（　　　）。

A. 上升　　　　　　B. 不变　　　　　　C. 下降　　　　　　D. 平行

4. 一般，互补品和替代品的价格将影响到保险产品的需求。如果替代品的价格大幅度上升，那么，保险需求量将（　　　）。

A. 下降　　　　　　B. 上升　　　　　　C. 不变　　　　　　D. 不能确定

二、是非判断题

1. 保险市场的主体指的是保险监督管理部门。　　　　　　　　　　　（　　　）

2. 保险产品是一种无形的服务，并且是一种在未来有可能提供的服务。（　　　）

3. 保险需求与保险费率及消费者收入均是正相关关系。　　　　　　　（　　　）

4. 投保人与保险标的之间不存在利害关系是不能鉴定保险合同的。　　（　　　）

5. 根据大数法则的要求，保额损失率指标必须要有保险事故发生比较正常的连续三年以上的资料。　　　　　　　　　　　　　　　　　　　　　　　　　　　（　　　）

6. 保险是以补偿损失为己任，社会福利是以改善和提高公民的生活为宗旨。（　　　）

三、重要名词解释

1. 保险市场

2. 保险市场供给

3. 保险市场需求

4. 保险需求弹性

5. 劳合社

四、思考讨论题

1. 保险市场具备哪些特点？

2. 简述保险市场构成要素。

3. 影响保险市场需求总量的因素有哪些？

4. 影响保险市场供给总量的因素有哪些？

5. 保险合作社与相互保险公司之间有何区别？

五、案例分析题

1. 有一家大型货物经销集团，旗下有很多分公司，所经营的货物品种很多，经营范围系国内，货物销售给买家过程中，买家在收到货物之前经常又会转手给他人。该集团想投保货物运输保险，但对办理保险的手续一无所知。请你告诉该单位申请国内货物运输保险应考虑哪些事项。

2. 家庭财产房屋坐落在蓄洪区、行洪区或处在江河岸边、低洼地区及防洪堤以外当地常年警戒水位线以下的房屋或房屋比较破旧，屋主忽视其管理、维修，而且长年无人居住的整幢房屋或处于危险状态下的财产。请分析保险公司保不保上述财产，为什么？

Project 11
项目十一

保险监督管理

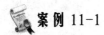 **学习目标**

- ◎ 了解保险监管的目的；
- ◎ 了解保险监管的机构；
- ◎ 掌握保险监管方式的内容。

技能目标

- ◎ 保监会主要监管专业保险公司的偿付能力和市场行为；
- ◎ 监管方法有现场检查和非现场检查；
- ◎ 维护保险市场秩序，必须接受监管。

案例 11-1

保险业不正当竞争行为受处罚

1998 年春节前夕，上海的有些街道上散发着一种介绍某保险公司"家家乐健康卡"的宣传广告，该宣传广告称花 699 元购买家家乐健康金卡，便可以在发生意外伤害时获得 2 万元赔付，并可以报销住院医疗费用 1 万元；花 399 元购买家家乐健康银卡，便可以在发生意外伤害时获得 6000 元赔付，并可以报销住院医疗费用 4000 元。除此之外，金卡和银卡的持卡人还享有包括免费送药上门、免费体检、上门看病、陪诊陪床、代挂门诊及专家号、全年免费健康咨询、就诊接送等服务。买卡人无年龄限制，如果持卡人既买了卡又发展了下家，还能得到丰厚的回报。这份广告所承诺的优厚回报，一时间引起许多人的兴趣。

由于该保险公司声称与多家保险公司及医院、药店等 300 多家企事业单位具有合作关系，持卡人只要交纳购卡费，就可以享受保险公司和多家医疗服务机构的医疗保险和医疗服务。于是，有人向几家保险公司核实此事，几家保险公司异口同声地否认。当有关人员向保监会核实家家乐健康卡是否经过审批时，保监会有关部门答复对此事毫不知晓。1999年 3 月，该公司因超范围经营、发布虚假广告、欺骗消费者等行为被有关部门查处。

【评析】

本案中某保险公司销售的所谓健康卡，实际上是一种保险产品，其通过广告形式，宣传根本不可能兑现的承诺，以此招徕消费者，扰乱了保险市场的正常竞争秩序，干扰了其他保险公司的正常经营活动，若听之任之，则保险业的公平竞争的法律环境无法建立。因此，有关行政主管部门根据我国的《反不正当竞争法》对"虚假宣传行为"的处罚决定，追究该保险公司的不正当竞争行为的行政责任，给予其行政处罚。

学习单元一　保险业监督管理概述

一、保险监督管理的概念

保险监督管理是指政府的保险监督管理部门为了维护保险市场秩序，保护被保险人及社会公众的利益，对保险业实施的监督和管理。保险监督管理制度通常由两大部分构成：一是国家通过制定有关保险法规，对本国保险业进行宏观指导与管理；二是国家专司保险监督管理职能的机构依据法律或行政授权对保险业进行行政管理，以保证保险法规的贯彻执行。

（一）保险监督管理的主体

大致分为两种情况：
（1）部分国家的保险监督管理机关是财政部，在财政部设立专门的部门从事保险监督管理；
（2）有的国家设立独立的保险监督管理机关。
中国保险监督管理委员会成立于 1998 年 11 月。

（二）保险监督管理行为的性质

一方面，保险监督管理是以法律和政府行政权力为根据的强制行为。
另一方面，在市场经济体制下，保险监督管理的性质实质上属于国家干预保险经济的行为。

（三）保险监督管理的领域、内容和对象

保险监督管理的范围仅限于商业保险领域。保险监督管理的内容是保险经营活动。保

险产品的核心概念是保险保障。现代保险公司的保险产品是通过三个层次来体现的：

（1）核心产品"保险保障"；

（2）与此相关的保险公司为业务处理提供的直接服务；

（3）为顾客的问题而提供的其他服务，可以称为"功能保险"。保险监督管理的对象是保险产品的供给者和保险中介。

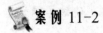 **案例 11-2**

保险经营作弊问题之一

某保险公司勾结投保人，利用投保人获赔的机会，扩大定损，先多赔给投保人，然后把多赔的部分转入保险公司指定的小金库。经查该保险公司从 2009—2014 年期间共作案 45 个案件，多赔 800 多万元，作为小集团的利益。

【评析】

保险公司为什么有意多赔款呢？因为保险理赔核算是保险整个系统内核算，某家保险公司多赔款不影响该家保险公司的效益，保险公司还是存在"吃大锅饭"的弊端。

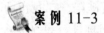 **案例 11-3**

保险经营作弊问题之二

某保险公司应收保险费转入小金库，直接冲销应收保险费。在 2010 年 2 月至 2013 年 8 月期间，利用应收保险费不入账，收到应收保险费后进入小金库，套取 350 万的保险费，用于小集团利益。

经查，该保险公司对应收保险费都不入账，收到的应收保险费，进入小金库，该笔保险业务到期后，保险责任就终止了，不需存在赔偿问题，心安理得地销毁保险单。有的保险公司成为保险系统里的"蛀虫"。经查，发现有 121 笔商业车险和企业财产保险的应收账款不入账，已收到应收保费共计 350 万元。此案例反映保险公司经营存在严重问题，必须加强监管。

【评析】

2008 年 8 月 29 日，保监会下发《关于进一步规范财产保险市场秩序工作方案》（保监发〔2008〕70 号）文件，要求保监局及保险公司大力规范财产保险市场秩序，其中一项工作重点就是确保保险公司经营的业务财务基础数据真实可信，并对保费收入提出了据实全额入账的基本要求，要求各公司严格按照新会计准则及保费收入确认原则，在保费收入科目中全额、如实反映保费收入情况。严禁虚挂应收保费、虚假批单退费、撕单埋单、阴阳单证、净保费入账、系统外出单、账外账等违法违规行为。

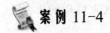 **案例** 11-4

保险经营作弊问题之三

保险公司业务员倒签保险单。有一家保险公司业务员获知有一部车辆发生事故造成严重损失，但该车未续保，超过 10 天时间，投保人允诺该车获得赔款后，按赔款的 50%返还给该业务员。该业务员因利益冲昏头脑，铤而走险，签发了倒签保险单，使该车辆如意获得赔偿。

【评析】

倒签保险单的保险业务是违法的，要追究刑事责任。

（四）保险监督管理的依据

保险监督管理的依据是有关的法律、行政法规、规章和规范性文件。

二、保险监督管理的必要性

保险监督管理的必要性一方面在于保险市场运行可能出现"市场失灵"；另一方面在于保险经营的特殊性。"市场失灵"的问题主要表现有：一是市场功能有缺陷；二是市场竞争有失灵；三是市场调节本身具有一定的盲目性；四是市场信息的不对称性，导致市场失灵。

（一）保险经营的公共性

一方面表现为保险公司的投保人或被保险人是社会上的千家万户；另一方面保险公司能否持续经营将会广泛、长期地影响到其客户的绝大部分利益。

（二）保险经营的负债性

所谓负债性，是指保险公司通过收取保险费建立保险基金来履行其赔偿或给付职能。

（三）保险合同的特殊性

特殊性主要表现在保险合同是双务合同；保险合同是附合性与约定性并存的合同；保险合同是要式合同；保险合同是有偿合同；保险合同是诚实信用合同；保险合同是保障性合同。

（四）保险交易过程的特殊性

特殊性主要表现在保险公司的生产和销售是在一起的；保险产品消费者在购买保险产品时具有一定的条件，即投保人不仅具有支付能力，而且对保险标的应具有保险利益，不是随便可以买保险的；在保险交易中，总是先向众多的被保险人收取保费，保险事故发生才向个别被保险人支付赔款或给付保险金；保险交易过程时期远远大于一般企业的交易过程，对于大部分财产保险而言，保险期限是一年的时间，对于大部分人身保险则可能是 5 年、10 年，甚至几十年的时间，保险交易过程期限的变长，显然将增加保险经营风险。

三、保险监督管理的目的

（一）维护保险市场秩序

（1）维护被保险人的合法权益。
（2）维护公平竞争的市场秩序。
（3）维护保险体系的整体安全与稳定。
（4）促进保险业健康发展。

（二）保护被保险人的利益

由于被保险人对保险机构、保险中介机构和保险产品的认知程度极为有限，现实与可行的办法就是通过法律和规则，对供给者的行为进行必要的制约，还有一些强制的信息披露要求，让需求者尽量知情。同时也鼓励需求者自觉掌握尽量多的信息和专业知识，提高判断力，并且应当对自己的选择和判断承担相应的风险。显然监管本身并不是目的，而是防止被保险人的利益可能因不知情而受到保险机构和保险中介公司的恶意侵害。

四、保险监督管理的原则

（一）依法监督管理的原则

保险监督管理部门必须依照有关法律或行政法规实施保险监督管理行为。保险监督管理行为是一种行政行为，不同于民事行为。凡法律没有禁止的，民事主体就可以从事民事行为；对于行政行为，法律允许做的或要求做的，行政主体才能做或必须做。保险监督管理部门不得超越职权实施监督管理行为，同时，保险监督管理部门又必须履行其职责，否则属于失职行为。

（二）独立监督管理原则

保险监督管理部门应独立行使保险监督管理的职权，不受其他单位和个人的非法干预。当然，保险监督管理部门实施监督管理行为而产生的责任（如行政赔偿责任）也由保险监督管理部门独立承担。

（三）公开性原则

保险监督管理需体现透明度，除涉及国家秘密、企业商业秘密和个人隐私以外的各种监管信息应尽可能向社会公开，这样既有利于保险监督管理的效率，也有利于保险市场的有效竞争。

（四）公平原则

保险监督管理部门对各监督管理对象要公平对待，必须采用同样的监管标准，创造公平竞争的市场环境。

（五）保护被保险人利益原则

保护被保险人利益和社会公众利益是保险监督管理的根本目的，同时也是衡量保险监督管理部门工作的最终标准。

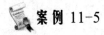 **案例 11-5**

保险产品营销问题之一

2010 年 5 月某个体户投保针织品 50 万元，已经是第 3 年头投保财产保险，这次保险是保险公司营销上门办理的，因投保人工作很忙，交了现金保险费 300 元后，保险营销代填保险投保单，保险期限从 2010 年 5 月 3 日至 2011 年 5 月 2 日。之后该投保人再也没有收到保险单。到了 9 月 13 日晚一场大火烧毁 60 万元针织品物资和投保单。事故发生后，投保人及时向保险公司报案，但保险公司以找不到该户保险的底单（保险单附本）为由，答复说，该投保人没有保险。

> **【评析】**
>
> 因为投保单烧毁了，投保人找不到保险营销员，到底投保人没有续保还是保险营销员收了保险费没有上交，都是一个谜。针对这起事件，不管怎么说，保险公司对保险单副本的管理要求规范。

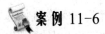 **案例 11-6**

保险产品营销问题之二

2008 年 3 月份，福建一位女士投保生死两全保险，保险金额 6 万元，投保时保险营销员知晓该女士患有红斑狼疮疾病，这种疾病，保险有明文规定该疾病不能保险，但该营销员把该女士申请的保险保了下来，之后，该病经常发作，到 2013 年 9 月该女士发病医治无效死亡。其丈夫向保险公司索赔，保险公司调查了解到是因为红斑狼疮疾病引起死亡的，认定是除外责任，不能赔偿。其丈夫不服，向法院诉讼，法院判决保险公司赔诉。

> **【评析】**
>
> 保险许多业务赔偿的纠纷，大部分是保险营销员引起的，因为保险营销员没有很好地执行保险承保有关规定，因此加强保险营销员业务水平的管理是保险公司当务之急。

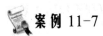 **案例 11-7**

保险产品营销问题之三

保险营销员销售保险产品时忽悠投保人。2000 年 5 月，罗女士听说某保险公司新推出投资连结保险，既有保障功能，又兼有理财功能，心里十分认可，正好自己的邻居高某在保险公司做保险代理人，于是罗女士找到高某，为自己投保了该险种，每年需缴纳保费10000元。不久，罗女士所在企业经营困难，其收入降低了许多，保费负担难以承受。因此，罗女士想退保。到保险公司办理退保手续时，她发现退保所得到的退保费不足所缴纳保险费的一半。罗女士不解，自己的钱存银行后支取的还有利息，投在保险公司后退保时不仅不给利息，反倒要扣除一多半的保费？为此，罗女士起诉至法院，以保险代理人有欺诈行为及投保的保费超出了自己的经济承受能力为由，要求全部退还保险费。

法院经审理认为，双方签订的保险合同合法有效，双方当事人均应按合同规定认真履行，投保人要求解除保险合同时不足一年，按照合同规定，保险公司应扣除手续费后退还保险费。故驳回了罗女士的诉讼请求。

【评析】

保险公司是按照规定退还保险费的，做法是正确的，法院判决也是正确的，问题出在保险营销员身上，动员投保人投保时，质疑保险的好处有夸大其词，但不告诉投保人退保时的不利方面，这是保险营销员常用的手法。

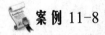 **案例** 11-8

保险产品营销问题之四

保险营销员销售保险产品时误导投保人购买保险。2008年11月8日，刘先生拿着4万元现金去一家银行存款，他打算将这笔现金做一个"五年定期"。

轮到他到柜面办理业务时，一位保险营销员走过来说，"有一款理财产品，只要投资4年，收益丰厚，远超五年定期存款利率水平"。

只要投资4年，收益还超过五年定期利率水平，这对家境并不宽裕的刘先生来说颇具吸引力。看到刘先生在定存和购买寿险产品的选择中发生了动摇，营销员展开"喋喋不休的攻势"，信誓旦旦地对刘先生许诺："肯定没有风险，资金投资国家大型基础设施项目；只要超过四年，收益轻松超越五年定期；如果不到4年，可以退保，只扣除部分利息；超过4年，时间越长，收益率越高。"

"耳根子比较软"的刘先生终究没有招架住营销员的推销，将原本打算做定期的4万元，一次性购买了该公司的万能型两全保险。

眼见4年即将到期，今年4月份，刘先生打电话查询，得到的回答令他大吃一惊。"到3月底，利息才4000多元。截至4月30日，本息合计也仅44175.72元。"

"亏大了！"刘先生算了一笔账，2008年他购买这款保险产品时，五年定存利息是5.13%，存款满五年有1万多元的利息，可是这款保险，至今才4175.72元的利息，且增长缓慢，到今年满期，远远不能和当时许诺的收益相比。

当初承诺的高利率为何转眼间"老母鸡变鸭"？

记者查询产品公告发现，这款产品根本不是营销员所宣扬的"投资于大型基础设施项目"，而是投向"中国保监会允许的金融产品"。

这些金融产品包括股票、基金、国债、金融债、企业债、央行票据、短期融资券、基础设施投资债券计划、资产支持证券等。该产品的最低保证年收益 2.5%，并不是"远超五年定期存款利率"，在最低保证利率之上的投资收益率与公司在资本市场上的运作水平有关。

保险公司总经理助理王某告诉记者，在 2008 年初，该保险产品收益率超过当时的五年定期收益率，营销员很可能是参考过往数据为刘先生做的利率演示。

但营销员并未说明，演示利率和实际利率毫无关联，高收益的演示利率并非预测，也不意味着实际利率能实现此水平。

走熊的股市和并不出挑的投资运作能力，导致该产品从 2008 年 10 月之后再未攀上 5% 的利率。保险公司网站上公布的该产品利率结算公告显示，2008 年 11 月至今，该款产品最高利率 4.5%，最低利率 3.9%，但在大多数月份，其年化利率在 4% 左右。

【评析】

如果当初营销员说明，未来收益存在不确定性，那他就一定不会购买，可正是营销员隐瞒了这一重要风险信息，且言之凿凿"收益率超过五年定期"，才让他上了当。

（六）不干预监督管理对象的经营自主权的原则

保险监督管理对象是自主经营、自负盈亏的独立企业法人，在法律、法规规定的范围内，独立决定自己的经营方针和政策。保险监督管理部门对监督管理对象享有实施监督管理的权利，负有实施监督管理的职责，但不得干预监督管理对象的经营自主权，也不对监督管理对象的盈亏承担责任。

五、保险监督管理的方式与监督管理目标模式

（一）公告管理

公告管理亦称公示主义，是政府对保险市场进行监督管理的多种方式中最为宽松的一种。

（二）规范管理

规范管理亦称准则主义，目前有不少国家采用这种方式。

（三）实体管理

实体管理亦称批准主义，由瑞士创立，与上述两种管理方式相比最为严格、具体。

目前世界各国的监督管理模式大致分为三种，一种是重点监督管理保险公司的偿付能力，如英国。一种模式是主要监督管理保险公司的市场行为，如日本。还有一种是既监督管理市场行为又监督管理偿付能力，如美国。

国际保险监督官协会提出一种新的监督管理模式，即把公司治理结构与偿付能力和市场行为监督管理并列的模式。保监会对保险公司的监督管理，实行的是偿付能力监督管理

和市场行为监督管理并重的模式，并逐步过渡到以偿付能力监督管理作为主要监督管理内容的监督管理模式。

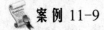 **案 例** 11-9

中国保险监督管理委员会简介

中国保险监督管理委员会（简称"中国保监会"）成立于 1998 年 11 月 18 日，是国务院直属事业单位。根据国务院授权履行行政管理职能，依照法律、法规统一监督管理全国保险市场，维护保险业的合法、稳健运行。2003 年，国务院决定，将中国保监会由国务院直属副部级事业单位改为国务院直属正部级事业单位，并相应增加职能部门、派出机构和人员编制。中国保险监督管理委员会内设 16 个职能机构，并在全国各省、直辖市、自治区、计划单列市设有 35 个派出机构。各派出机构根据中国保监会的授权履行辖区内保险业的行政管理职能，依照国家有关法律、法规和方针、政策，统一监督管理保险市场，维护保险业的合法、稳健运行，引导和促进保险业全面、协调、可持续发展。

【评析】

中国保险监督管理委员会，是监管各专业保险公司的行政机关。

学习单元二　保险监督管理内容

保险监督管理的内容主要包括两大方面：一是偿付能力的监督管理；二是市场行为的监督管理。

一、偿付能力监督管理

（一）偿付能力概念

1. 偿付能力与偿付能力额度

偿付能力是指保险公司偿付其到期债务的能力。偿付能力大小以偿付能力额度表示。偿付能力额度等于保险人的认可资产与实际负债之间的差额。

2. 保险公司的实际偿付能力

保险公司的偿付能力一般分为保险公司的实际偿付能力和保险公司最低偿付能力。保险公司的实际偿付能力即在某一时点上保险公司认可资产与认可负债的差额。

3. 保险公司最低偿付能力

保险公司最低偿付能力是指由保险法或保险监督管理机构颁布有关管理规定来规定的，保险公司必须满足的偿付能力要求。如果保险公司认可资产与负债的差额低于这一规定的金额，即被认为是偿付能力不足。

（二）保险公司偿付能力监督管理

1．影响偿付能力的因素

影响保险公司偿付能力的因素有：资本额和盈余；定价和产品；投资；再保险；保险准备金；资产负债匹配；与子、支公司的交易；公司管理。

偿付能力是整个保险监督管理的一个核心内容。

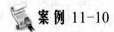 **案例** 11-10

投保人诈骗保险赔款，影响保险偿付能力之一

2013 年 7 月，福建省某保险公司承保一辆货车，续保期限超过 1 天，发生交通事故，造成单方面严重损失。投保人比较聪明，向保险报案说，车辆事故是前一天发生的，因此事故发生在保险期限内，按规定保险公司应予以赔偿。

> **【评析】**
>
> 因为此事故发生在偏僻山区，没有摄像且保险公司也无法取到具体事故时间证据，只好按投保人的报案时间予以定损。

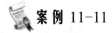 **案例** 11-11

投保人诈骗保险赔款，影响保险偿付能力之二

江苏有一市民为其哥哥高额投保人身保险，为骗取保险金，向保险公司报案，谎称其哥哥在田间劳作因打雷被雷电击死，然后把其哥哥藏在较远的山洞里，天天给他送饭吃。他向保险公司报案后，拟定假现场，并准备了棺材，制造了送葬场景，骗取保险公司提供的保险金。

> **【评析】**
>
> 人身保险高额保险金额，骗赔案件常有发生，保险公司应特别关注假赔案。

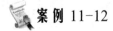 **案例** 11-12

投保人诈骗保险赔款，影响保险偿付能力之三

浙江有一家汽车修理厂，每天接到很多需要修理的汽车，这些汽车都是有保险的，但属于正常损坏，保险公司不用赔偿。而汽车修理厂却利用这一机会，把这些正常损坏的车辆当作事故车辆，勾结保险公司理赔人员，以事故车辆向保险公司报案，进行索赔，索赔时盖上私刻的假公章，赔款都进入修理厂指定的账户。案发后经查，该汽车修理厂索赔 80

起案件，获得骗款金额为 870 万元。

> **【评析】**
>
> 内外勾结，骗取保险金的案件屡见不鲜。

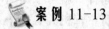 **案例** 11-13

投保人诈骗保险赔款，影响保险偿付能力之四

广东省发生一起 6 辆车连环碰撞事故，车辆严重损失，损失率达 60% 以上，但驾驶员却安然无恙，经公安部门调查，此案是人为事故，目的是骗取保险公司的赔款。

> **【评析】**
>
> 加强理赔案件监管，杜绝骗赔案件的发生。

2．偿付能力评估的含义与内容

（1）预防性的保险偿付能力指标监督管理。

（2）强制性的偿付能力额度监督管理。财产保险公司应具备的最低偿付能力额度为下述两项中数额较大的一项：第一，最近会计年度公司自留保费减营业税及附加后 1 亿元人民币以下部分的 18% 和 1 亿元人民币以上部分的 16%；第二，公司最近 3 年平均综合赔款金额 7000 万元以下部分的 26% 和 7000 万元以上部分的 23%。

3．偿付能力不足处理

包括责令保险公司补充资本金、办理再保险、转让业务、停止接受新业务、调整资产结构等措施直至对保险公司接管。

4．偿付能力监督管理体系

一个完善的偿付能力监督管理体系包括：完整准确的数据收集系统、合适的偿付能力边际、资产负债的适当评估及风险预警体系。美国的偿付能力监督管理体系较为典型，它包括三个部分：保险监督管理信息系统（IRIS）、财务分析和偿付能力跟踪系统（FAST）和法定风险准备金监控（RBC）。保险监督管理信息系统由两个阶段组成，第一个阶段是统计阶段，第二个阶段是分析阶段。

二、市场行为监督管理

保险市场行为监督管理的核心是保险费率监督管理。

1．保险机构监督管理

（1）对保险人的组织形式的限制。保险人以何种组织形式进行经营，各个国家和地区根据本国国情均有特别规定。根据我国《保险法》第七十条的规定，保险公司应当采取股份有限公司或国有独资公司的组织形式。随着我国保险业的不断发展，行业自保和互助合

作保险等保险组织形式已相继出现,《国务院关于保险业改革发展的若干意见》(国发〔2006〕23 号)明确规定:"规范行业自保、互助合作保险等保险组织形式,整顿规范行业或企业自办保险行为,并统一纳入保险监管。"

(2)保险公司申请设立的许可。目前在保险市场准入的处理原则上,各国大致有两种制度,一种是登记制,即申请人只要符合法律规定进入保险市场的基本条件,就可以提出申请,经政府主管机关核准登记后进入市场。对于符合条件的申请,政府主管机关必须予以登记。另一种是审批制,即申请人不仅必须符合法律规定的条件,而且还必须经政府主管机关审查批准后才能进入市场。对于符合条件的申请,主管机关不一定予以批准。我国对保险市场的准入采用的是审批制。

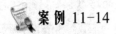 **案例 11-14**

人民保险公司被法院强制执行赔付 17 万元

一起交通事故造成丁女士七级伤残,经法院调解,被告肇事车主依调解书如期赔偿了经济损失,但作为第三人的外地保险公司却在有执行能力的情况下拒绝给付 17 万保险赔偿金。

北京市朝阳区法院日前就这起道路交通事故人身损害赔偿案对中国人民财产保险股份有限公司长春市西安大路支公司在北京的办事机构进行了强制执行。执行中发现,保险公司异地承揽业务存在诸多缺陷,亟须整顿。

据悉,丁女士于 2006 年 12 月 1 日上班途中被一大货车撞伤,肇事车辆曾向中国人民财产保险股份有限公司长春市西安大路支公司投保了第三者责任险。丁女士将肇事车主龚某与中国人民财产保险股份有限公司这家支公司诉至朝阳法院。经法院主持,三方达成调解协议,由第三人中国人民财产保险股份有限公司长春市西安大路支公司于 2007 年 12 月 31 日前一次性向原告支付保险赔偿金 17 万元;被告龚某一次性向原告支付经济损失 1.8 万元等。

但被执行人中国人民财产保险股份有限公司长春市西安大路支公司在约定期限内未按照生效调解书履行义务。日前,法院执行法官赶赴这家公司在朝阳区一小区居民楼内的办公地点进行搜查。共搜查到现金 5800 余元,并将电脑等办公设备进行了查封。

法官发现,中国人民财产保险股份有限公司长春市西安大路支公司系登记设立于吉林省长春市的保险公司分支机构,其为跨行政区划于北京招揽保险业务,此办事机构不具备现金储备等理赔必要能力,无直接审批理赔权限,在理赔中增加了当事人的审批环节和时间成本,而中国人民财产保险股份有限公司对其长春市西安大路支公司的上述情况则缺乏有效监管。

另据了解,外地保险公司在北京从事保险承揽业务并不少见,其市场主要在北京的保险公司不愿涉足的领域,比如发生事故的概率较大、赔付金额较高的大货车保险,同时,外地保险公司的费率可能低于北京,因此在北京有一定的市场。

2003 年 2 月,常山县华星汽车运输公司(以下简称"华星公司")到太平洋财产保险责任股份有限公司上饶市中心支公司(以下简称"保险公司")对浙 HC2931 中型自卸车投保了车辆损失险、第三责任险等 5 个险种，投保金额为 20 万元，保险公司核保后只给付华星公司保险单和保险卡，车辆出险后，才将保险条款给付华星公司。

【评析】

通过法律途径，对保险市场行为进行监管。

我国对保险公司实行较为严格的审批制度，根据保险法及《保险公司管理规定》，设立保险公司需经过申请、筹建和开业 3 个阶段。

（3）保险公司停业解散的监督管理。政府对保险企业监督管理的基本目的是为了保证保险公司合规经营，以保障被保险人的合法权益。如发现保险公司存在某些违反保险法规的行为时，可以责令保险公司限期改正。若保险公司在限期内未改正，保险监督管理机关可以决定对保险公司进行整顿。对于违法、违规行为严重的公司，保险监督管理机关可对其实行接管。被接管公司已资不抵债的，经保险监管机关批准可依法宣告破产。

（4）外资保险企业的监督管理。对外资保险企业的监督管理取决于各国社会制度、经济发展水平和民族保险业发展程度等因素。一般发达国家对外资保险企业限制较少，而发展中国家为维护本国利益，对外资保险企业的开业条件、经营业务范围、投资方向及纳税等都有严格要求。

2. 经营范围的监督管理

经营范围的监督管理主要表现在两个方面：一是保险人可否兼营保险以外的其他业务，非保险人可否兼营保险或类似保险的业务，即兼业问题；二是同一保险企业内部，是否可以同时经营性质不同的保险业务，即兼营的问题。

3. 保险条款的监督管理

保险条款是保险人与投保人关于保险权利与义务的约定，是保险合同的核心内容。

对于保险条款的监督管理，主要是通过保险条款的审批和备案进行操作。具体方式有以下几种：

（1）由保险监督管理部门制定，经营该项保险业务的保险公司必须执行该条款。

（2）由保险公司自行拟定条款，报经保险监督管理部门审批或备案。

（3）由保险公司拟定并使用，但在使用后一定时间内，需报保险监督管理部门备案，保险监督管理部门在接到备案后对条款进行审查，如发现条款中有法律禁止项，或有危害社会公共利益项或显失公平项，则有权要求保险公司修改该条款，或终止执行该条款。

（4）法律允许的，由保险同业协会依法制定条款。

我国保险法修改以前主要采职的是第一种方式，2002 年修改后的保险法赋予了保险公司制定某些保险条款的权限，在一些保险合同中允许采用第二种方式，体现了保险合同自由订立的原则。

4. 保险费率的监督管理

保险费率的监督管理方式大致可以分为强制费率、规章费率、事先核定费率、事先报批费率、事后报批费率和自由竞争费率等。

5. 再保险的监督管理

对再保险业务进行监督管理，有利于保险公司及时分散风险，保持经营稳定，限制保险费外流，保护本国保险业的发展。

保险公司应当按照保险监督管理机构的有关规定办理再保险。保险公司需要办理再保险分出业务的，应当优先向中国境内的保险公司办理，坚持优先国内分保原则。

6. 资金运用的监督管理

保险公司的资产按用途的不同，可以分为两大类：一是投资性的资产，其目的在于保值增值；另一类资产属于保险公司营业用等资产。

保险资金的运用应遵循投资的基本原则：安全性原则、多样性原则、流动性原则和收益性原则。

目前，我国保险资金运用的形式与规定如下。

（1）银行存款。

（2）买卖政府债券。

（3）买卖金融债券。

（4）买卖中央企业债券。

（5）长期大额协议存款。

（6）投资银行次级债券、银行次级定期债务。

（7）买卖证券投资基金。

（8）债券回购。

（9）保险外汇资金境外运用。

（10）直接股票投资。

学习单元三　保险监督管理方法

中国保监会对保险机构的监督管理，采取现场监督管理与非现场监督管理相结合的方式。

一、现场检查

现场检查是指保险监督管理机构及其分支机构派出监督管理小组到各保险机构进行实地调查。现场检查有定期检查和临时检查两种，临时检查一般只对某些专项进行检查，定期检查要对被检查机构作出综合评价。现场检查的重点是被检查保险机构内部控制制度和治理结构是否完善，财务统计信息是否真实准确，保险投诉是否确实合理。

为保证现场检查管理的质量，保险监督管理机构要建立清楚的、与检查频率和范围有关的规定，同时制定必要的检查程序和处理方法，以确保工作的严格进行，保证既定指标和检查结果相统一。现场检查一般分为检查准备阶段、检查实施阶段、报告与处理阶段、执行决定与申诉阶段、后续检查阶段五个阶段。

二、非现场检查

非现场检查是指保险监督管理部门审查和分析保险机构各种报告和统计报表，依据报告和报表检查保险机构法律法规和监督管理要求的执行情况。

现场检查与非现场检查这两种方法各有其优势和特点。一般来说，非现场检查方法限于反映一个时点信息，它完全依赖资产负债表等报表的真实性和准确性。

知识总结

重点探讨保险会主要监管专业保险公司的偿付能力和市场行为的主要内容；监管采取现场检查和非现场检查方式，纠正专业保险公司在保险市场经营中出现的偏差；专业保险公司必须接受保监会的监督；打击保险市场违法乱纪行为。

综合实训

◎ 实训目标

通过本项目的实训，了解保险监管的主要内容，理解保险市场经营中出现的问题时，必须接受保监会的监管。

实训内容

一、单项选择题

1. 对于保险销售从业人员资格证书登记事项发生变更的，向颁发单位申请变更资格证书手续的主体是（　　）。

A. 资格证书持有人

B. 资格证书持有人所在保险公司或者保险代理机构

C. 中国保监会派出机构

D. 省级保险行业协会

2. 保险监管的方式不包括（　　）。

A. 公示监管　　　B. 现场监管　　　C. 实体监管　　　D. 准则监管

3. 对于保险销售从业人员资格证书被依法撤销的，应当依法注销该资格证书的单位是（　　）。

A. 各级保险行业协会　　　　　B. 中国保监会

C. 中国保监会保险中介监管部　　　D. 中国保监会派出机构

4. 保险监管手段当中最为严厉的是（　　）。

A. 稽核　　　　　B. 行政处罚　　　　C. 接管　　　　　D. 整顿

5. 保险公司、保险代理机构发现保险销售从业人员在保险销售中存在违法违规行为的，应当立即予以纠正，并报告给（　　）。

A. 中国保监会派出机构　　　　　　B. 中国保监会中介监管部

C. 中国保监会人身保险监管部　　　D. 中国保监会消费者权益保护局

二、是非判断题

1. 实体监管方式又称规范监管方式，是指由政府制定出一系列有关保险经营的基本准则，要求保险人共同遵守，并对执行情况进行监督。　　　　　　　　　　　（　　）

2. 接管是一种更为严格的监督手段，接管组织可对被接管的保险公司直接采取必要的强制措施。　　　　　　　　　　　　　　　　　　　　　　　　　　　　（　　）

3. 根据我国《保险法》的规定，保险监督管理机构依法履行职责，并可以进入涉嫌违法行为发生场所调查取证。　　　　　　　　　　　　　　　　　　　　　　（　　）

4. 根据我国《保险法》的规定，保险公司因违法经营被吊销经营保险业务许可证，由国务院保险监督管理机构依法撤销，但不对外公布。　　　　　　　　　　　（　　）

5. 根据我国《保险法》的规定，保险监督管理机构无权查阅复制保险公司与被调查事件有关的财产权登记等资料。　　　　　　　　　　　　　　　　　　　　（　　）

三、重要名词解释

1. 保险监管

2. 业务监管

3. 偿付能力

4. 独立监管

5. 市场行为

四、思考讨论题

1. 简述保险监管的特征。

2. 简述保险监管的现实意义。

3. 简述保险公司监管的目标。

4. 简述偿付能力监管。

5. 简述保险监督管理方法。

五、案例分析题

1. 2009 年 9 月，吴某向河南保监局投诉，反映到邮政储蓄银行存款，受业务员误导，购买保险产品。经调查，具体情况是：2009 年 7 月，吴某受儿子委托准备把家中 2 张活期存款的钱取出 100 万元办理一张定期 3 年的存款。吴某到邮政储蓄银行某分理处办理定期存款时，柜台的业务员告知："银行近期推出一款新型的理财产品，收益高于 3 年期定期存款利息，非常划算。"柜员带领吴某到大厅理财专柜了解情况。专柜的理财人员高某告知："该理财产品存 100 万元，送 100 万元保险；10 年翻一番，收益 100 万元。"吴某咨询期限问题："这些钱近3年不用，能办3年的吗？"高某称："3年也可以。收益不低于20万元。"吴某咨询提前支取问题，高某称能取。随后，吴某以儿子张某名义办理投保手续。高某告知："近期会有回访，回访人员询问张某是否知晓此事或者别的问题，你回答知道或是就行了。"数日后，吴某接到了回访电话，按照高某事先交代的话术，都回答"是"或者"知道"。8月份，儿子张某询问定期存款的事，吴某拿出"理财产品"，张某不认可，两人到邮政储蓄要隶退保后办理定期存款，邮政和保险公司未满足其要求。问邮政储蓄的销售行为是否违反保险监管的规定，是否会受到保险监管部门处罚？

2．保险监管关于"电话回访违规行为负有直接责任"的问题。

中国保险监督管理委员会行政处罚决定书（保监罚〔2011〕1号）

当事人：××××人寿保险有限公司（以下简称"保险公司"）

住所：××××××

法定代表人：马××

当事人：夏××（Bernd Scharrer），时任副总经理

当事人：肖×，时任集中运营部区域服务经理

身份证号：×××××××

住址：××××××

2010年3月，我会对保险公司进行了现场检查。检查过程中发现，2009年11月，保险公司对其新单回访标准话术进行了修改，修改后的话术仍然与我会《人身保险新型产品信息披露管理办法》（2009年10月1日起实施，以下简称《办法》）要求不符，一是投连、万能险话术中未明确提示犹豫期内可以享有的退保权益，未向投保人确认其是否知悉保险责任和责任免除事项，未明确确认投保人是否知悉费用扣除项目及扣除的比例或者金额；二是分红险话术中未明确提示犹豫期内可以享有的退保权益。

该项修改工作由代管电话回访的区域服务经理肖×主持，通过邮件在公司内部进行沟通讨论，并以邮件形式报告给主管运营的副总经理夏××，夏××未对此提出异议，新话术于12月7日正式上线。保险公司标准回访话术违规直接导致了其实际完成的电话回诱不符合监管要求。经统计，2009年10月1日至2010年3月31日，保险公司累计完成22168件新型人身保险产品电话回访。

上述违法事实及相关人员责任，有现场检查确认书、现场检查会谈笔录、新单回访录音及书面记录、夏××及肖×的工作说明书等证据在案证明，足以认定。

我们认为，保险公司的上述行为违反了《保险法》第一百一十六条第十三项及《人身保险新型产品信息披露管理办法》第二十四条、第二十九条、第三十三条的规定，依照《保险法》第一百六十二条的规定，我会决定对其予以罚款30万元人民币的行政处罚。

夏××作为主管运营（含电话回访业务）的副总经理，在《办法》实施后，没有及时采取相应管理措施使电话回访符合《办法》要求；在修改新单回访标准话术时，夏××通过邮件知悉新标准话术内容，但未对不合规话术上线提出异议，对电话回访违规行为负有直接责任。依照《保险法》第一百七十三条的规定，我会决定对夏××予以警告，并处罚款5万元人民币的行政处罚。

肖×直接主持了新单回访标准话术的修改工作，对电话回访违规行为负有直接责任，

但考虑到肖×是 2009 年 9 月临时接受任务为他人代管电话回访工作，且在检查期间较为配合，在后期公司整改中表现积极，依照《保险法》第一百七十三条及《行政处罚法》第二十七条的规定，我会决定对肖×予以警告。

当事人应当在接到本处罚决定书之日起 15 日内将罚款缴至中国保险监督管理委员会（开户银行：××银行××××支行，账号×××××××），并将注有当事人名称的付款凭证复印件送中国保险监督管理委员会人身保险监管部备案。逾期，将每日按罚款数额的 3% 加处罚款。

当事人如对本处罚决定不服，可在收到本处罚决定书之日起 60 日内向中国保险监督管理委员会申请行政复议，也可在收到本处罚决定书之日起 3 个月内直接向有管辖权的人民法院提起行政诉讼。复议和诉讼期间，上述决定不停止执行。请你对电话营销违规行为进行评论。

Appendix1

附录一

中华人民共和国保险法

目 录

第一章 总则

第一条 为了规范保险活动，保护保险活动当事人的合法权益，加强对保险业的监督管理，维护社会经济秩序和社会公共利益，促进保险事业的健康发展，制定本法。

第二条 本法所称保险，是指投保人根据合同约定，向保险人支付保险费，保险人对于合同约定的可能发生的事故因其发生所造成的财产损失承担赔偿保险金责任，或者当被保险人死亡、伤残、疾病或者达到合同约定的年龄、期限等条 件时承担给付保险金责任的商业保险行为。

第三条 在中华人民共和国境内从事保险活动，适用本法。

第四条 从事保险活动必须遵守法律、行政法规，尊重社会公德，不得损害社会公共利益。

第五条 保险活动当事人行使权利、履行义务应当遵循诚实信用原则。

第六条 保险业务由依照本法设立的保险公司以及法律、行政法规规定的其他保险组织经营，其他单位和个人不得经营保险业务。

第七条 在中华人民共和国境内的法人和其他组织需要办理境内保险的，应当向中华人民共和国境内的保险公司投保。

第八条 保险业和银行业、证券业、信托业实行分业经营、分业管理，保险公司与银行、证券、信托业务机构分别设立。国家另有规定的除外。

第九条 国务院保险监督管理机构依法对保险业实施监督管理。

国务院保险监督管理机构根据履行职责的需要设立派出机构。派出机构按照国务院保险监督管理机构的授权履行监督管理职责。

第二章 保险合同

第一节 一般规定

第十条 保险合同是投保人与保险人约定保险权利义务关系的协议。

投保人是指与保险人订立保险合同，并按照合同约定负有支付保险费义务的人。

保险人是指与投保人订立保险合同，并按照合同约定承担赔偿或者给付保险金责任的保险公司。

第十一条 订立保险合同，应当协商一致，遵循公平原则确定各方的权利和义务。

除法律、行政法规规定必须保险的外，保险合同自愿订立。

第十二条 人身保险的投保人在保险合同订立时，对被保险人应当具有保险利益。

财产保险的被保险人在保险事故发生时，对保险标的应当具有保险利益。

人身保险是以人的寿命和身体为保险标的的保险。

财产保险是以财产及其有关利益为保险标的的保险。

被保险人是指其财产或者人身受保险合同保障，享有保险金请求权的人。投保人可以为被保险人。

保险利益是指投保人或者被保险人对保险标的具有的法律上承认的利益。

第十三条 投保人提出保险要求，经保险人同意承保，保险合同成立。保险人应当及时向投保人签发保险单或者其他保险凭证。

保险单或者其他保险凭证应当载明当事人双方约定的合同内容。当事人也可以约定采用其他书面形式载明合同内容。

依法成立的保险合同，自成立时生效。投保人和保险人可以对合同的效力约定附条件或者附期限。

第十四条 保险合同成立后，投保人按照约定交付保险费，保险人按照约定的时间开始承担保险责任。

第十五条 除本法另有规定或者保险合同另有约定外，保险合同成立后，投保人可以解除合同，保险人不得解除合同。

第十六条 订立保险合同，保险人就保险标的或者被保险人的有关情况提出询问的，投保人应当如实告知。

投保人故意或者因重大过失未履行前款规定的如实告知义务，足以影响保险人决定是否同意承保或者提高保险费率的，保险人有权解除合同。

前款规定的合同解除权，自保险人知道有解除事由之日起，超过三十日不行使而消灭。自合同成立之日起超过二年的，保险人不得解除合同；发生保险事故的，保险人应当承担赔偿或者给付保险金的责任。

投保人故意不履行如实告知义务的，保险人对于合同解除前发生的保险事故，不承担赔偿或者给付保险金的责任，并不退还保险费。

投保人因重大过失未履行如实告知义务，对保险事故的发生有严重影响的，保险人对于合同解除前发生的保险事故，不承担赔偿或者给付保险金的责任，但应当退还保险费。

保险人在合同订立时已经知道投保人未如实告知的情况的，保险人不得解除合同；发生保险事故的，保险人应当承担赔偿或者给付保险金的责任。

保险事故是指保险合同约定的保险责任范围内的事故。

第十七条 订立保险合同，采用保险人提供的格式条款的，保险人向投保人提供的投保单应当附格式条款，保险人应当向投保人说明合同的内容。

对保险合同中免除保险人责任的条款，保险人在订立合同时应当在投保单、保险单或者其他保险凭证上作出足以引起投保人注意的提示，并对该条款的内容以书面或者口头形式向投保人作出明确说明；未作提示或者明确说明的，该条款不产生效力。

第十八条 保险合同应当包括下列事项：

（一）保险人的名称和住所；

（二）投保人、被保险人的姓名或者名称、住所，以及人身保险的受益人的姓名或者名称、住所；

（三）保险标的；

（四）保险责任和责任免除；

（五）保险期间和保险责任开始时间；

（六）保险金额；

（七）保险费以及支付办法；

（八）保险金赔偿或者给付办法；

（九）违约责任和争议处理；

（十）订立合同的年、月、日。

投保人和保险人可以约定与保险有关的其他事项。

受益人是指人身保险合同中由被保险人或者投保人指定的享有保险金请求权的人。投保人、被保险人可以为受益人。

保险金额是指保险人承担赔偿或者给付保险金责任的最高限额。

第十九条 采用保险人提供的格式条款订立的保险合同中的下列条款无效：

（一）免除保险人依法应承担的义务或者加重投保人、被保险人责任的；

（二）排除投保人、被保险人或者受益人依法享有的权利的。

第二十条 投保人和保险人可以协商变更合同内容。

变更保险合同的，应当由保险人在保险单或者其他保险凭证上批注或者附贴批单，或者由投保人和保险人订立变更的书面协议。

第二十一条 投保人、被保险人或者受益人知道保险事故发生后，应当及时通知保险人。故意或者因重大过失未及时通知，致使保险事故的性质、原因、损失程度等难以确定的，保险人对无法确定的部分，不承担赔偿或者给付保险金的责任，但保险人通过其他途径已经及时知道或者应当及时知道保险事故发生的除外。

第二十二条 保险事故发生后，按照保险合同请求保险人赔偿或者给付保险金时，投保人、被保险人或者受益人应当向保险人提供其所能提供的与确认保险事故的性质、原因、损失程度等有关的证明和资料。

保险人按照合同的约定，认为有关的证明和资料不完整的，应当及时一次性通知投保人、被保险人或者受益人补充提供。

第二十三条 保险人收到被保险人或者受益人的赔偿或者给付保险金的请求后，应当及时作出核定；情形复杂的，应当在三十日内作出核定，但合同另有约定的除外。保险人应当将核定结果通知被保险人或者受益人；对属于保险责任的，在与被保险人或者受益人达成赔偿或者给付保险金的协议后十日内，履行赔偿或者给付保险金义务。保险合同对赔偿或者给付保险金的期限有约定的，保险人应当按照约定履行赔偿或者给付保险金义务。

保险人未及时履行前款规定义务的，除支付保险金外，应当赔偿被保险人或者受益人因此受到的损失。

任何单位和个人不得非法干预保险人履行赔偿或者给付保险金的义务，也不得限制被保险人或者受益人取得保险金的权利。

第二十四条 保险人依照本法第二十三条的规定作出核定后，对不属于保险责任的，应当自作出核定之日起三日内向被保险人或者受益人发出拒绝赔偿或者拒绝给付保险金通知书，并说明理由。

第二十五条 保险人自收到赔偿或者给付保险金的请求和有关证明、资料之日起六十日内，对其赔偿或者给付保险金的数额不能确定的，应当根据已有证明和资料可以确定的数额先予支付；保险人最终确定赔偿或者给付保险金的数额后，应当支付相应的差额。

第二十六条 人寿保险以外的其他保险的被保险人或者受益人，向保险人请求赔偿或者给付保险金的诉讼时效期间为二年，自其知道或者应当知道保险事故发生之日起计算。

人寿保险的被保险人或者受益人向保险人请求给付保险金的诉讼时效期间为五年，自其知道或者应当知道保险事故发生之日起计算。

第二十七条 未发生保险事故，被保险人或者受益人谎称发生了保险事故，向保险人提出赔偿或者给付保险金请求的，保险人有权解除合同，并不退还保险费。

投保人、被保险人故意制造保险事故的，保险人有权解除合同，不承担赔偿或者给付保险金的责任；除本法第四十三条规定外，不退还保险费。

保险事故发生后，投保人、被保险人或者受益人以伪造、变造的有关证明、资料或者其他证据，编造虚假的事故原因或者夸大损失程度的，保险人对其虚报的部分不承担赔偿或者给付保险金的责任。

投保人、被保险人或者受益人有前三款规定行为之一，致使保险人支付保险金或者支出费用的，应当退回或者赔偿。

第二十八条　保险人将其承担的保险业务，以分保形式部分转移给其他保险人的，为再保险。

应再保险接受人的要求，再保险分出人应当将其自负责任及原保险的有关情况书面告知再保险接受人。

第二十九条　再保险接受人不得向原保险的投保人要求支付保险费。

原保险的被保险人或者受益人不得向再保险接受人提出赔偿或者给付保险金的请求。

再保险分出人不得以再保险接受人未履行再保险责任为由，拒绝履行或者迟延履行其原保险责任。

第三十条　采用保险人提供的格式条款订立的保险合同，保险人与投保人、被保险人或者受益人对合同条款有争议的，应当按照通常理解予以解释。对合同条款有两种以上解释的，人民法院或者仲裁机构应当作出有利于被保险人和受益人的解释。

第二节　人身保险合同

第三十一条　投保人对下列人员具有保险利益：

（一）本人；

（二）配偶、子女、父母；

（三）前项以外与投保人有抚养、赡养或者扶养关系的家庭其他成员、近亲属；

（四）与投保人有劳动关系的劳动者。

除前款规定外，被保险人同意投保人为其订立合同的，视为投保人对被保险人具有保险利益。

订立合同时，投保人对被保险人不具有保险利益的，合同无效。

第三十二条　投保人申报的被保险人年龄不真实，并且其真实年龄不符合合同约定的年龄限制的，保险人可以解除合同，并按照合同约定退还保险单的现金价值。保险人行使合同解除权，适用本法第十六条第三款、第六款的规定。

投保人申报的被保险人年龄不真实，致使投保人支付的保险费少于应付保险费的，保险人有权更正并要求投保人补交保险费，或者在给付保险金时按照实付保险费与应付保险费的比例支付。

投保人申报的被保险人年龄不真实，致使投保人支付的保险费多于应付保险费的，保险人应当将多收的保险费退还投保人。

第三十三条　投保人不得为无民事行为能力人投保以死亡为给付保险金条件的人身保险，保险人也不得承保。

父母为其未成年子女投保的人身保险，不受前款规定限制。但是，因被保险人死亡给付的保险金总和不得超过国务院保险监督管理机构规定的限额。

第三十四条 以死亡为给付保险金条件的合同，未经被保险人同意并认可保险金额的，合同无效。

按照以死亡为给付保险金条件的合同所签发的保险单，未经被保险人书面同意，不得转让或者质押。

父母为其未成年子女投保的人身保险，不受本条第一款规定限制。

第三十五条 投保人可以按照合同约定向保险人一次支付全部保险费或者分期支付保险费。

第三十六条 合同约定分期支付保险费，投保人支付首期保险费后，除合同另有约定外，投保人自保险人催告之日起超过三十日未支付当期保险费，或者超过约定的期限六十日未支付当期保险费的，合同效力中止，或者由保险人按照合同约定的条件减少保险金额。

被保险人在前款规定期限内发生保险事故的，保险人应当按照合同约定给付保险金，但可以扣减欠交的保险费。

第三十七条 合同效力依照本法第三十六条规定中止的，经保险人与投保人协商并达成协议，在投保人补交保险费后，合同效力恢复。但是，自合同效力中止之日起满二年双方未达成协议的，保险人有权解除合同。

保险人依照前款规定解除合同的，应当按照合同约定退还保险单的现金价值。

第三十八条 保险人对人寿保险的保险费，不得用诉讼方式要求投保人支付。

第三十九条 人身保险的受益人由被保险人或者投保人指定。

投保人指定受益人时须经被保险人同意。投保人为与其有劳动关系的劳动者投保人身保险，不得指定被保险人及其近亲属以外的人为受益人。

被保险人为无民事行为能力人或者限制民事行为能力人的，可以由其监护人指定受益人。

第四十条 被保险人或者投保人可以指定一人或者数人为受益人。

受益人为数人的，被保险人或者投保人可以确定受益顺序和受益份额；未确定受益份额的，受益人按照相等份额享有受益权。

第四十一条 被保险人或者投保人可以变更受益人并书面通知保险人。保险人收到变更受益人的书面通知后，应当在保险单或者其他保险凭证上批注或者附贴批单。

投保人变更受益人时须经被保险人同意。

第四十二条 被保险人死亡后，有下列情形之一的，保险金作为被保险人的遗产，由保险人依照《中华人民共和国继承法》的规定履行给付保险金的义务：

（一）没有指定受益人，或者受益人指定不明无法确定的；

（二）受益人先于被保险人死亡，没有其他受益人的；

（三）受益人依法丧失受益权或者放弃受益权，没有其他受益人的。

受益人与被保险人在同一事件中死亡，且不能确定死亡先后顺序的，推定受益人死亡在先。

第四十三条 投保人故意造成被保险人死亡、伤残或者疾病的，保险人不承担给付保险金的责任。投保人已交足二年以上保险费的,保险人应当按照合同约定向其他权利人退还保险单的现金价值。

受益人故意造成被保险人死亡、伤残、疾病的,或者故意杀害被保险人未遂的,该受益人丧失受益权。

第四十四条 以被保险人死亡为给付保险金条件的合同,自合同成立或者合同效力恢复之日起二年内,被保险人自杀的,保险人不承担给付保险金的责任,但被保险人自杀时为无民事行为能力人的除外。

保险人依照前款规定不承担给付保险金责任的,应当按照合同约定退还保险单的现金价值。

第四十五条 因被保险人故意犯罪或者抗拒依法采取的刑事强制措施导致其伤残或者死亡的,保险人不承担给付保险金的责任。投保人已交足二年以上保险费的,保险人应当按照合同约定退还保险单的现金价值。

第四十六条 被保险人因第三者的行为而发生死亡、伤残或者疾病等保险事故的,保险人向被保险人或者受益人给付保险金后,不享有向第三者追偿的权利,但被保险人或者受益人仍有权向第三者请求赔偿。

第四十七条 投保人解除合同的,保险人应当自收到解除合同通知之日起三十日内,按照合同约定退还保险单的现金价值。

第三节 财产保险合同

第四十八条 保险事故发生时,被保险人对保险标的不具有保险利益的,不得向保险人请求赔偿保险金。

第四十九条 保险标的转让的,保险标的的受让人承继被保险人的权利和义务。

保险标的转让的,被保险人或者受让人应当及时通知保险人,但货物运输保险合同和另有约定的合同除外。

因保险标的转让导致危险程度显著增加的,保险人自收到前款规定的通知之日起三十日内,可以按照合同约定增加保险费或者解除合同。保险人解除合同的,应当将已收取的保险费,按照合同约定扣除自保险责任开始之日起至合同解除之日止应收的部分后,退还投保人。

被保险人、受让人未履行本条第二款规定的通知义务的,因转让导致保险标的的危险程度显著增加而发生的保险事故,保险人不承担赔偿保险金的责任。

第五十条 货物运输保险合同和运输工具航程保险合同,保险责任开始后,合同当事人不得解除合同。

第五十一条 被保险人应当遵守国家有关消防、安全、生产操作、劳动保护等方面的规定,维护保险标的的安全。

保险人可以按照合同约定对保险标的的安全状况进行检查,及时向投保人、被保险人提出消除不安全因素和隐患的书面建议。

投保人、被保险人未按照约定履行其对保险标的的安全应尽责任的,保险人有权要求增加保险费或者解除合同。

保险人为维护保险标的的安全,经被保险人同意,可以采取安全预防措施。

第五十二条 在合同有效期内，保险标的的危险程度显著增加的，被保险人应当按照合同约定及时通知保险人，保险人可以按照合同约定增加保险费或者解除合同。保险人解除合同的，应当将已收取的保险费，按照合同约定扣除自保险责任开始之日起至合同解除之日止应收的部分后，退还投保人。

被保险人未履行前款规定的通知义务的，因保险标的的危险程度显著增加而发生的保险事故，保险人不承担赔偿保险金的责任。

第五十三条 有下列情形之一的，除合同另有约定外，保险人应当降低保险费，并按日计算退还相应的保险费：

（一）据以确定保险费率的有关情况发生变化，保险标的的危险程度明显减少的；

（二）保险标的的保险价值明显减少的。

第五十四条 保险责任开始前，投保人要求解除合同的，应当按照合同约定向保险人支付手续费，保险人应当退还保险费。保险责任开始后，投保人要求解除合同的，保险人应当将已收取的保险费，按照合同约定扣除自保险责任开始之日起至合同解除之日止应收的部分后，退还投保人。

第五十五条 投保人和保险人约定保险标的的保险价值并在合同中载明的，保险标的发生损失时，以约定的保险价值为赔偿计算标准。

投保人和保险人未约定保险标的的保险价值的，保险标的发生损失时，以保险事故发生时保险标的的实际价值为赔偿计算标准。

保险金额不得超过保险价值。超过保险价值的，超过部分无效，保险人应当退还相应的保险费。

保险金额低于保险价值的，除合同另有约定外，保险人按照保险金额与保险价值的比例承担赔偿保险金的责任。

第五十六条 重复保险的投保人应当将重复保险的有关情况通知各保险人。

重复保险的各保险人赔偿保险金的总和不得超过保险价值。除合同另有约定外，各保险人按照其保险金额与保险金额总和的比例承担赔偿保险金的责任。

重复保险的投保人可以就保险金额总和超过保险价值的部分，请求各保险人按比例返还保险费。

重复保险是指投保人对同一保险标的、同一保险利益、同一保险事故分别与两个以上保险人订立保险合同，且保险金额总和超过保险价值的保险。

第五十七条 保险事故发生时，被保险人应当尽力采取必要的措施，防止或者减少损失。

保险事故发生后，被保险人为防止或者减少保险标的的损失所支付的必要的、合理的费用，由保险人承担；保险人所承担的费用数额在保险标的的损失赔偿金额以外另行计算，最高不超过保险金额的数额。

第五十八条 保险标的发生部分损失的，自保险人赔偿之日起三十日内，投保人可以解除合同；除合同另有约定外，保险人也可以解除合同，但应当提前十五日通知投保人。

合同解除的，保险人应当将保险标的的未受损失部分的保险费，按照合同约定扣除自保险责任开始之日起至合同解除之日止应收的部分后，退还投保人。

第五十九条　保险事故发生后，保险人已支付了全部保险金额，并且保险金额等于保险价值的，受损保险标的的全部权利归于保险人；保险金额低于保险价值的，保险人按照保险金额与保险价值的比例取得受损保险标的的部分权利。

第六十条　因第三者对保险标的的损害而造成保险事故的，保险人自向被保险人赔偿保险金之日起，在赔偿金额范围内代位行使被保险人对第三者请求赔偿的权利。

前款规定的保险事故发生后，被保险人已经从第三者取得损害赔偿的，保险人赔偿保险金时，可以相应扣减被保险人从第三者已取得的赔偿金额。

保险人依照本条第一款规定行使代位请求赔偿的权利，不影响被保险人就未取得赔偿的部分向第三者请求赔偿的权利。

第六十一条　保险事故发生后，保险人未赔偿保险金之前，被保险人放弃对第三者请求赔偿的权利的，保险人不承担赔偿保险金的责任。

保险人向被保险人赔偿保险金后，被保险人未经保险人同意放弃对第三者请求赔偿的权利的，该行为无效。

被保险人故意或者因重大过失致使保险人不能行使代位请求赔偿的权利的，保险人可以扣减或者要求返还相应的保险金。

第六十二条　除被保险人的家庭成员或者其组成人员故意造成本法第六十条第一款规定的保险事故外，保险人不得对被保险人的家庭成员或者其组成人员行使代位请求赔偿的权利。

第六十三条　保险人向第三者行使代位请求赔偿的权利时，被保险人应当向保险人提供必要的文件和所知道的有关情况。

第六十四条　保险人、被保险人为查明和确定保险事故的性质、原因和保险标的的损失程度所支付的必要的、合理的费用，由保险人承担。

第六十五条　保险人对责任保险的被保险人给第三者造成的损害，可以依照法律的规定或者合同的约定，直接向该第三者赔偿保险金。

责任保险的被保险人给第三者造成损害，被保险人对第三者应负的赔偿责任确定的，根据被保险人的请求，保险人应当直接向该第三者赔偿保险金。被保险人怠于请求的，第三者有权就其应获赔偿部分直接向保险人请求赔偿保险金。

责任保险的被保险人给第三者造成损害，被保险人未向该第三者赔偿的，保险人不得向被保险人赔偿保险金。

责任保险是指以被保险人对第三者依法应负的赔偿责任为保险标的的保险。

第六十六条　责任保险的被保险人因给第三者造成损害的保险事故而被提起仲裁或者诉讼的，被保险人支付的仲裁或者诉讼费用以及其他必要的、合理的费用，除合同另有约定外，由保险人承担。

第三章　保险公司

第六十七条　设立保险公司应当经国务院保险监督管理机构批准。

国务院保险监督管理机构审查保险公司的设立申请时，应当考虑保险业的发展和公平竞争的需要。

第六十八条 设立保险公司应当具备下列条件：

（一）主要股东具有持续盈利能力，信誉良好，最近三年内无重大违法违规记录，净资产不低于人民币二亿元；

（二）有符合本法和《中华人民共和国公司法》规定的章程；

（三）有符合本法规定的注册资本；

（四）有具备任职专业知识和业务工作经验的董事、监事和高级管理人员；

（五）有健全的组织机构和管理制度；

（六）有符合要求的营业场所和与经营业务有关的其他设施；

（七）法律、行政法规和国务院保险监督管理机构规定的其他条件。

第六十九条 设立保险公司，其注册资本的最低限额为人民币二亿元。

国务院保险监督管理机构根据保险公司的业务范围、经营规模，可以调整其注册资本的最低限额，但不得低于本条第一款规定的限额。

保险公司的注册资本必须为实缴货币资本。

第七十条 申请设立保险公司，应当向国务院保险监督管理机构提出书面申请，并提交下列材料：

（一）设立申请书，申请书应当载明拟设立的保险公司的名称、注册资本、业务范围等；

（二）可行性研究报告；

（三）筹建方案；

（四）投资人的营业执照或者其他背景资料，经会计师事务所审计的上一年度财务会计报告；

（五）投资人认可的筹备组负责人和拟任董事长、经理名单及本人认可证明；

（六）国务院保险监督管理机构规定的其他材料。

第七十一条 国务院保险监督管理机构应当对设立保险公司的申请进行审查，自受理之日起六个月内作出批准或者不批准筹建的决定，并书面通知申请人。决定不批准的，应当书面说明理由。

第七十二条 申请人应当自收到批准筹建通知之日起一年内完成筹建工作；筹建期间不得从事保险经营活动。

第七十三条 筹建工作完成后，申请人具备本法第六十八条规定的设立条件的，可以向国务院保险监督管理机构提出开业申请。

国务院保险监督管理机构应当自受理开业申请之日起六十日内，作出批准或者不批准开业的决定。决定批准的，颁发经营保险业务许可证；决定不批准的，应当书面通知申请人并说明理由。

第七十四条 保险公司在中华人民共和国境内设立分支机构，应当经保险监督管理机构批准。

保险公司分支机构不具有法人资格，其民事责任由保险公司承担。

第七十五条 保险公司申请设立分支机构，应当向保险监督管理机构提出书面申请，并提交下列材料：

（一）设立申请书；

（二）拟设机构三年业务发展规划和市场分析材料；

（三）拟任高级管理人员的简历及相关证明材料；

（四）国务院保险监督管理机构规定的其他材料。

第七十六条 保险监督管理机构应当对保险公司设立分支机构的申请进行审查，自受理之日起六十日内作出批准或者不批准的决定。决定批准的，颁发分支机构经营保险业务许可证；决定不批准的，应当书面通知申请人并说明理由。

第七十七条 经批准设立的保险公司及其分支机构，凭经营保险业务许可证向工商行政管理机关办理登记，领取营业执照。

第七十八条 保险公司及其分支机构自取得经营保险业务许可证之日起六个月内，无正当理由未向工商行政管理机关办理登记的，其经营保险业务许可证失效。

第七十九条 保险公司在中华人民共和国境外设立子公司、分支机构，应当经国务院保险监督管理机构批准。

第八十条 外国保险机构在中华人民共和国境内设立代表机构，应当经国务院保险监督管理机构批准。代表机构不得从事保险经营活动。

第八十一条 保险公司的董事、监事和高级管理人员，应当品行良好，熟悉与保险相关的法律、行政法规，具有履行职责所需的经营管理能力，并在任职前取得保险监督管理机构核准的任职资格。

保险公司高级管理人员的范围由国务院保险监督管理机构规定。

第八十二条 有《中华人民共和国公司法》第一百四十六条规定的情形或者下列情形之一的，不得担任保险公司的董事、监事、高级管理人员：

（一）因违法行为或者违纪行为被金融监督管理机构取消任职资格的金融机构的董事、监事、高级管理人员，自被取消任职资格之日起未逾五年的；

（二）因违法行为或者违纪行为被吊销执业资格的律师、注册会计师或者资产评估机构、验证机构等机构的专业人员，自被吊销执业资格之日起未逾五年的。

第八十三条 保险公司的董事、监事、高级管理人员执行公司职务时违反法律、行政法规或者公司章程的规定，给公司造成损失的，应当承担赔偿责任。

第八十四条 保险公司有下列情形之一的，应当经保险监督管理机构批准：

（一）变更名称；

（二）变更注册资本；

（三）变更公司或者分支机构的营业场所；

（四）撤销分支机构；

（五）公司分立或者合并；

（六）修改公司章程；

（七）变更出资额占有限责任公司资本总额百分之五以上的股东，或者变更持有股份有限公司股份百分之五以上的股东；

（八）国务院保险监督管理机构规定的其他情形。

第八十五条 保险公司应当聘用专业人员，建立精算报告制度和合规报告制度。

第八十六条 保险公司应当按照保险监督管理机构的规定，报送有关报告、报表、文件和资料。

保险公司的偿付能力报告、财务会计报告、精算报告、合规报告及其他有关报告、报表、文件和资料必须如实记录保险业务事项，不得有虚假记载、误导性陈述和重大遗漏。

第八十七条 保险公司应当按照国务院保险监督管理机构的规定妥善保管业务经营活动的完整账簿、原始凭证和有关资料。

前款规定的账簿、原始凭证和有关资料的保管期限，自保险合同终止之日起计算，保险期间在一年以下的不得少于五年，保险期间超过一年的不得少于十年。

第八十八条 保险公司聘请或者解聘会计师事务所、资产评估机构、资信评级机构等中介服务机构，应当向保险监督管理机构报告；解聘会计师事务所、资产评估机构、资信评级机构等中介服务机构，应当说明理由。

第八十九条 保险公司因分立、合并需要解散，或者股东会、股东大会决议解散，或者公司章程规定的解散事由出现，经国务院保险监督管理机构批准后解散。

经营有人寿保险业务的保险公司，除因分立、合并或者被依法撤销外，不得解散。

保险公司解散，应当依法成立清算组进行清算。

第九十条 保险公司有《中华人民共和国企业破产法》第二条规定情形的，经国务院保险监督管理机构同意，保险公司或者其债权人可以依法向人民法院申请重整、和解或者破产清算；国务院保险监督管理机构也可以依法向人民法院申请对该保险公司进行重整或者破产清算。

第九十一条 破产财产在优先清偿破产费用和共益债务后，按照下列顺序清偿：

（一）所欠职工工资和医疗、伤残补助、抚恤费用，所欠应当划入职工个人账户的基本养老保险、基本医疗保险费用，以及法律、行政法规规定应当支付给职工的补偿金；

（二）赔偿或者给付保险金；

（三）保险公司欠缴的除第（一）项规定以外的社会保险费用和所欠税款；

（四）普通破产债权。

破产财产不足以清偿同一顺序的清偿要求的，按照比例分配。

破产保险公司的董事、监事和高级管理人员的工资，按照该公司职工的平均工资计算。

第九十二条 经营有人寿保险业务的保险公司被依法撤销或者被依法宣告破产的，其持有的人寿保险合同及责任准备金，必须转让给其他经营有人寿保险业务的保险公司；不能同其他保险公司达成转让协议的，由国务院保险监督管理机构指定经营有人寿保险业务的保险公司接受转让。

转让或者由国务院保险监督管理机构指定接受转让前款规定的人寿保险合同及责任准备金的，应当维护被保险人、受益人的合法权益。

第九十三条 保险公司依法终止其业务活动，应当注销其经营保险业务许可证。

第九十四条 保险公司，除本法另有规定外，适用《中华人民共和国公司法》的规定。

第四章 保险经营规则

第九十五条 保险公司的业务范围：

（一）人身保险业务，包括人寿保险、健康保险、意外伤害保险等保险业务；

（二）财产保险业务，包括财产损失保险、责任保险、信用保险、保证保险等保险业务；

（三）国务院保险监督管理机构批准的与保险有关的其他业务。

保险人不得兼营人身保险业务和财产保险业务。但是，经营财产保险业务的保险公司经国务院保险监督管理机构批准，可以经营短期健康保险业务和意外伤害保险业务。

保险公司应当在国务院保险监督管理机构依法批准的业务范围内从事保险经营活动。

第九十六条 经国务院保险监督管理机构批准，保险公司可以经营本法第九十五条规定的保险业务的下列再保险业务：

（一）分出保险；

（二）分入保险。

第九十七条 保险公司应当按照其注册资本总额的百分之二十提取保证金，存入国务院保险监督管理机构指定的银行，除公司清算时用于清偿债务外，不得动用。

第九十八条 保险公司应当根据保障被保险人利益、保证偿付能力的原则，提取各项责任准备金。

保险公司提取和结转责任准备金的具体办法，由国务院保险监督管理机构制定。

第九十九条 保险公司应当依法提取公积金。

第一百条 保险公司应当缴纳保险保障基金。

保险保障基金应当集中管理，并在下列情形下统筹使用：

（一）在保险公司被撤销或者被宣告破产时，向投保人、被保险人或者受益人提供救济；

（二）在保险公司被撤销或者被宣告破产时，向依法接受其人寿保险合同的保险公司提供救济；

（三）国务院规定的其他情形。

保险保障基金筹集、管理和使用的具体办法，由国务院制定。

第一百零一条 保险公司应当具有与其业务规模和风险程度相适应的最低偿付能力。保险公司的认可资产减去认可负债的差额不得低于国务院保险监督管理机构规定的数额；低于规定数额的，应当按照国务院保险监督管理机构的要求采取相应措施达到规定的数额。

第一百零二条 经营财产保险业务的保险公司当年自留保险费，不得超过其实有资本金加公积金总和的四倍。

第一百零三条 保险公司对每一危险单位，即对一次保险事故可能造成的最大损失范围所承担的责任，不得超过其实有资本金加公积金总和的百分之十；超过的部分应当办理再保险。

保险公司对危险单位的划分应当符合国务院保险监督管理机构的规定。

第一百零四条 保险公司对危险单位的划分方法和巨灾风险安排方案，应当报国务院保险监督管理机构备案。

第一百零五条 保险公司应当按照国务院保险监督管理机构的规定办理再保险，并审慎选择再保险接受人。

第一百零六条 保险公司的资金运用必须稳健,遵循安全性原则。

保险公司的资金运用限于下列形式:

(一)银行存款;

(二)买卖债券、股票、证券投资基金份额等有价证券;

(三)投资不动产;

(四)国务院规定的其他资金运用形式。

保险公司资金运用的具体管理办法,由国务院保险监督管理机构依照前两款的规定制定。

第一百零七条 经国务院保险监督管理机构会同国务院证券监督管理机构批准,保险公司可以设立保险资产管理公司。

保险资产管理公司从事证券投资活动,应当遵守《中华人民共和国证券法》等法律、行政法规的规定。

保险资产管理公司的管理办法,由国务院保险监督管理机构会同国务院有关部门制定。

第一百零八条 保险公司应当按照国务院保险监督管理机构的规定,建立对关联交易的管理和信息披露制度。

第一百零九条 保险公司的控股股东、实际控制人、董事、监事、高级管理人员不得利用关联交易损害公司的利益。

第一百一十条 保险公司应当按照国务院保险监督管理机构的规定,真实、准确、完整地披露财务会计报告、风险管理状况、保险产品经营情况等重大事项。

第一百一十一条 保险公司从事保险销售的人员应当品行良好,具有保险销售所需的专业能力。保险销售人员的行为规范和管理办法,由国务院保险监督管理机构规定。

第一百一十二条 保险公司应当建立保险代理人登记管理制度,加强对保险代理人的培训和管理,不得唆使、诱导保险代理人进行违背诚信义务的活动。

第一百一十三条 保险公司及其分支机构应当依法使用经营保险业务许可证,不得转让、出租、出借经营保险业务许可证。

第一百一十四条 保险公司应当按照国务院保险监督管理机构的规定,公平、合理拟订保险条款和保险费率,不得损害投保人、被保险人和受益人的合法权益。

保险公司应当按照合同约定和本法规定,及时履行赔偿或者给付保险金义务。

第一百一十五条 保险公司开展业务,应当遵循公平竞争的原则,不得从事不正当竞争。

第一百一十六条 保险公司及其工作人员在保险业务活动中不得有下列行为:

(一)欺骗投保人、被保险人或者受益人;

(二)对投保人隐瞒与保险合同有关的重要情况;

(三)阻碍投保人履行本法规定的如实告知义务,或者诱导其不履行本法规定的如实告知义务;

(四)给予或者承诺给予投保人、被保险人、受益人保险合同约定以外的保险费回扣

或者其他利益;

（五）拒不依法履行保险合同约定的赔偿或者给付保险金义务;

（六）故意编造未曾发生的保险事故、虚构保险合同或者故意夸大已经发生的保险事故的损失程度进行虚假理赔，骗取保险金或者牟取其他不正当利益;

（七）挪用、截留、侵占保险费;

（八）委托未取得合法资格的机构从事保险销售活动;

（九）利用开展保险业务为其他机构或者个人牟取不正当利益;

（十）利用保险代理人、保险经纪人或者保险评估机构，从事以虚构保险中介业务或者编造退保等方式套取费用等违法活动;

（十一）以捏造、散布虚假事实等方式损害竞争对手的商业信誉，或者以其他不正当竞争行为扰乱保险市场秩序;

（十二）泄露在业务活动中知悉的投保人、被保险人的商业秘密;

（十三）违反法律、行政法规和国务院保险监督管理机构规定的其他行为。

第五章　保险代理人和保险经纪人

第一百一十七条　保险代理人是根据保险人的委托，向保险人收取佣金，并在保险人授权的范围内代为办理保险业务的机构或者个人。

保险代理机构包括专门从事保险代理业务的保险专业代理机构和兼营保险代理业务的保险兼业代理机构。

第一百一十八条　保险经纪人是基于投保人的利益，为投保人与保险人订立保险合同提供中介服务，并依法收取佣金的机构。

第一百一十九条　保险代理机构、保险经纪人应当具备国务院保险监督管理机构规定的条　件，取得保险监督管理机构颁发的经营保险代理业务许可证、保险经纪业务许可证。

第一百二十条　以公司形式设立保险专业代理机构、保险经纪人，其注册资本最低限额适用《中华人民共和国公司法》的规定。

国务院保险监督管理机构根据保险专业代理机构、保险经纪人的业务范围和经营规模，可以调整其注册资本的最低限额，但不得低于《中华人民共和国公司法》规定的限额。

保险专业代理机构、保险经纪人的注册资本或者出资额必须为实缴货币资本。

第一百二十一条　保险专业代理机构、保险经纪人的高级管理人员，应当品行良好，熟悉保险法律、行政法规，具有履行职责所需的经营管理能力，并在任职前取得保险监督管理机构核准的任职资格。

第一百二十二条　个人保险代理人、保险代理机构的代理从业人员、保险经纪人的经纪从业人员，应当品行良好，具有从事保险代理业务或者保险经纪业务所需的专业能力。

第一百二十三条　保险代理机构、保险经纪人应当有自己的经营场所，设立专门账簿记载保险代理业务、经纪业务的收支情况。

第一百二十四条　保险代理机构、保险经纪人应当按照国务院保险监督管理机构的规定缴存保证金或者投保职业责任保险。

第一百二十五条　个人保险代理人在代为办理人寿保险业务时，不得同时接受两个以上保险人的委托。

第一百二十六条 保险人委托保险代理人代为办理保险业务，应当与保险代理人签订委托代理协议，依法约定双方的权利和义务。

第一百二十七条 保险代理人根据保险人的授权代为办理保险业务的行为，由保险人承担责任。

保险代理人没有代理权、超越代理权或者代理权终止后以保险人名义订立合同，使投保人有理由相信其有代理权的，该代理行为有效。保险人可以依法追究越权的保险代理人的责任。

第一百二十八条 保险经纪人因过错给投保人、被保险人造成损失的，依法承担赔偿责任。

第一百二十九条 保险活动当事人可以委托保险公估机构等依法设立的独立评估机构或者具有相关专业知识的人员，对保险事故进行评估和鉴定。

接受委托对保险事故进行评估和鉴定的机构和人员，应当依法、独立、客观、公正地进行评估和鉴定，任何单位和个人不得干涉。

前款规定的机构和人员，因故意或者过失给保险人或者被保险人造成损失的，依法承担赔偿责任。

第一百三十条 保险佣金只限于向保险代理人、保险经纪人支付，不得向其他人支付。

第一百三十一条 保险代理人、保险经纪人及其从业人员在办理保险业务活动中不得有下列行为：

（一）欺骗保险人、投保人、被保险人或者受益人；

（二）隐瞒与保险合同有关的重要情况；

（三）阻碍投保人履行本法规定的如实告知义务，或者诱导其不履行本法规定的如实告知义务；

（四）给予或者承诺给予投保人、被保险人或者受益人保险合同约定以外的利益；

（五）利用行政权力、职务或者职业便利以及其他不正当手段强迫、引诱或者限制投保人订立保险合同；

（六）伪造、擅自变更保险合同，或者为保险合同当事人提供虚假证明材料；

（七）挪用、截留、侵占保险费或者保险金；

（八）利用业务便利为其他机构或者个人牟取不正当利益；

（九）串通投保人、被保险人或者受益人，骗取保险金；

（十）泄露在业务活动中知悉的保险人、投保人、被保险人的商业秘密。

第一百三十二条 本法第八十六条第一款、第一百一十三条的规定，适用于保险代理机构和保险经纪人。

第六章 保险业监督管理

第一百三十三条 保险监督管理机构依照本法和国务院规定的职责，遵循依法、公开、公正的原则，对保险业实施监督管理，维护保险市场秩序，保护投保人、被保险人和受益人的合法权益。

第一百三十四条　国务院保险监督管理机构依照法律、行政法规制定并发布有关保险业监督管理的规章。

第一百三十五条　关系社会公众利益的保险险种、依法实行强制保险的险种和新开发的人寿保险险种等的保险条款和保险费率，应当报国务院保险监督管理机构批准。国务院保险监督管理机构审批时，应当遵循保护社会公众利益和防止不正当竞争的原则。其他保险险种的保险条款和保险费率，应当报保险监督管理机构备案。

保险条款和保险费率审批、备案的具体办法，由国务院保险监督管理机构依照前款规定制定。

第一百三十六条　保险公司使用的保险条款和保险费率违反法律、行政法规或者国务院保险监督管理机构的有关规定的，由保险监督管理机构责令停止使用，限期修改；情节严重的，可以在一定期限内禁止申报新的保险条款和保险费率。

第一百三十七条　国务院保险监督管理机构应当建立健全保险公司偿付能力监管体系，对保险公司的偿付能力实施监控。

第一百三十八条　对偿付能力不足的保险公司，国务院保险监督管理机构应当将其列为重点监管对象，并可以根据具体情况采取下列措施：

（一）责令增加资本金、办理再保险；

（二）限制业务范围；

（三）限制向股东分红；

（四）限制固定资产购置或者经营费用规模；

（五）限制资金运用的形式、比例；

（六）限制增设分支机构；

（七）责令拍卖不良资产、转让保险业务；

（八）限制董事、监事、高级管理人员的薪酬水平；

（九）限制商业性广告；

（十）责令停止接受新业务。

第一百三十九条　保险公司未依照本法规定提取或者结转各项责任准备金，或者未依照本法规定办理再保险，或者严重违反本法关于资金运用的规定的，由保险监督管理机构责令限期改正，并可以责令调整负责人及有关管理人员。

第一百四十条　保险监督管理机构依照本法第一百四十条的规定作出限期改正的决定后，保险公司逾期未改正的，国务院保险监督管理机构可以决定选派保险专业人员和指定该保险公司的有关人员组成整顿组，对公司进行整顿。

整顿决定应当载明被整顿公司的名称、整顿理由、整顿组成员和整顿期限，并予以公告。

第一百四十一条　整顿组有权监督被整顿保险公司的日常业务。被整顿公司的负责人及有关管理人员应当在整顿组的监督下行使职权。

第一百四十二条　整顿过程中，被整顿保险公司的原有业务继续进行。但是，国务院保险监督管理机构可以责令被整顿公司停止部分原有业务、停止接受新业务，调整资金运用。

第一百四十三条　被整顿保险公司经整顿已纠正其违反本法规定的行为，恢复正常经营状况的，由整顿组提出报告，经国务院保险监督管理机构批准，结束整顿，并由国务院保险监督管理机构予以公告。

第一百四十四条　保险公司有下列情形之一的，国务院保险监督管理机构可以对其实行接管：

（一）公司的偿付能力严重不足的；

（二）违反本法规定，损害社会公共利益，可能严重危及或者已经严重危及公司的偿付能力的。

被接管的保险公司的债权债务关系不因接管而变化。

第一百四十五条　接管组的组成和接管的实施办法，由国务院保险监督管理机构决定，并予以公告。

第一百四十六条　接管期限届满，国务院保险监督管理机构可以决定延长接管期限，但接管期限最长不得超过二年。

第一百四十七条　接管期限届满，被接管的保险公司已恢复正常经营能力的，由国务院保险监督管理机构决定终止接管，并予以公告。

第一百四十八条　被整顿、被接管的保险公司有《中华人民共和国企业破产法》第二条规定情形的，国务院保险监督管理机构可以依法向人民法院申请对该保险公司进行重整或者破产清算。

第一百四十九条　保险公司因违法经营被依法吊销经营保险业务许可证的，或者偿付能力低于国务院保险监督管理机构规定标准，不予撤销将严重危害保险市场秩序、损害公共利益的，由国务院保险监督管理机构予以撤销并公告，依法及时组织清算组进行清算。

第一百五十条　国务院保险监督管理机构有权要求保险公司股东、实际控制人在指定的期限内提供有关信息和资料。

第一百五十一条　保险公司的股东利用关联交易严重损害公司利益，危及公司偿付能力的，由国务院保险监督管理机构责令改正。在按照要求改正前，国务院保险监督管理机构可以限制其股东权利；拒不改正的，可以责令其转让所持的保险公司股权。

第一百五十二条　保险监督管理机构根据履行监督管理职责的需要，可以与保险公司董事、监事和高级管理人员进行监督管理谈话，要求其就公司的业务活动和风险管理的重大事项作出说明。

第一百五十三条　保险公司在整顿、接管、撤销清算期间，或者出现重大风险时，国务院保险监督管理机构可以对该公司直接负责的董事、监事、高级管理人员和其他直接责任人员采取以下措施：

（一）通知出境管理机关依法阻止其出境；

（二）申请司法机关禁止其转移、转让或者以其他方式处分财产，或者在财产上设定其他权利。

第一百五十四条　保险监督管理机构依法履行职责，可以采取下列措施：

（一）对保险公司、保险代理人、保险经纪人、保险资产管理公司、外国保险机构的代表机构进行现场检查；

（二）进入涉嫌违法行为发生场所调查取证；

（三）询问当事人及与被调查事件有关的单位和个人，要求其对与被调查事件有关的事项作出说明；

（四）查阅、复制与被调查事件有关的财产权登记等资料；

（五）查阅、复制保险公司、保险代理人、保险经纪人、保险资产管理公司、外国保险机构的代表机构以及与被调查事件有关的单位和个人的财务会计资料及其他相关文件和资料；对可能被转移、隐匿或者毁损的文件和资料予以封存；

（六）查询涉嫌违法经营的保险公司、保险代理人、保险经纪人、保险资产管理公司、外国保险机构的代表机构以及与涉嫌违法事项有关的单位和个人的银行账户；

（七）对有证据证明已经或者可能转移、隐匿违法资金等涉案财产或者隐匿、伪造、毁损重要证据的，经保险监督管理机构主要负责人批准，申请人民法院予以冻结或者查封。

保险监督管理机构采取前款第（一）项、第（二）项、第（五）项措施的，应当经保险监督管理机构负责人批准；采取第（六）项措施的，应当经国务院保险监督管理机构负责人批准。

保险监督管理机构依法进行监督检查或者调查，其监督检查、调查的人员不得少于二人，并应当出示合法证件和监督检查、调查通知书；监督检查、调查的人员少于二人或者未出示合法证件和监督检查、调查通知书的，被检查、调查的单位和个人有权拒绝。

第一百五十五条 保险监督管理机构依法履行职责，被检查、调查的单位和个人应当配合。

第一百五十六条 保险监督管理机构工作人员应当忠于职守，依法办事，公正廉洁，不得利用职务便利牟取不正当利益，不得泄露所知悉的有关单位和个人的商业秘密。

第一百五十七条 国务院保险监督管理机构应当与中国人民银行、国务院其他金融监督管理机构建立监督管理信息共享机制。

保险监督管理机构依法履行职责，进行监督检查、调查时，有关部门应当予以配合。

第七章 法律责任

第一百五十八条 违反本法规定，擅自设立保险公司、保险资产管理公司或者非法经营商业保险业务的，由保险监督管理机构予以取缔，没收违法所得，并处违法所得一倍以上五倍以下的罚款；没有违法所得或者违法所得不足二十万元的，处二十万元以上一百万元以下的罚款。

第一百五十九条 违反本法规定，擅自设立保险专业代理机构、保险经纪人，或者未取得经营保险代理业务许可证、保险经纪业务许可证从事保险代理业务、保险经纪业务的，由保险监督管理机构予以取缔，没收违法所得，并处违法所得一倍以上五倍以下的罚款；没有违法所得或者违法所得不足五万元的，处五万元以上三十万元以下的罚款。

第一百六十条 保险公司违反本法规定，超出批准的业务范围经营的，由保险监督管理机构责令限期改正，没收违法所得，并处违法所得一倍以上五倍以下的罚款；没有违法所得或者违法所得不足十万元的，处十万元以上五十万元以下的罚款。逾期不改正或者造成严重后果的，责令停业整顿或者吊销业务许可证。

第一百六十一条 保险公司有本法第一百一十六条规定行为之一的，由保险监督管理机构责令改正，处五万元以上三十万元以下的罚款；情节严重的，限制其业务范围、责令停止接受新业务或者吊销业务许可证。

第一百六十二条 保险公司违反本法第八十四条规定的，由保险监督管理机构责令改正，处一万元以上十万元以下的罚款。

第一百六十三条 保险公司违反本法规定，有下列行为之一的，由保险监督管理机构责令改正，处五万元以上三十万元以下的罚款：

（一）超额承保，情节严重的；

（二）为无民事行为能力人承保以死亡为给付保险金条件的保险的。

第一百六十四条 违反本法规定，有下列行为之一的，由保险监督管理机构责令改正，处五万元以上三十万元以下的罚款；情节严重的，可以限制其业务范围、责令停止接受新业务或者吊销业务许可证：

（一）未按照规定提存保证金或者违反规定动用保证金的；

（二）未按照规定提取或者结转各项责任准备金的；

（三）未按照规定缴纳保险保障基金或者提取公积金的；

（四）未按照规定办理再保险的；

（五）未按照规定运用保险公司资金的；

（六）未经批准设立分支机构的；

（七）未按照规定申请批准保险条款、保险费率的。

第一百六十五条 保险代理机构、保险经纪人有本法第一百三十一条规定行为之一的，由保险监督管理机构责令改正，处五万元以上三十万元以下的罚款；情节严重的，吊销业务许可证。

第一百六十六条 保险代理机构、保险经纪人违反本法规定，有下列行为之一的，由保险监督管理机构责令改正，处二万元以上十万元以下的罚款；情节严重的，责令停业整顿或者吊销业务许可证：

（一）未按照规定缴存保证金或者投保职业责任保险的；

（二）未按照规定设立专门账簿记载业务收支情况的。

第一百六十七条 违反本法规定，聘任不具有任职资格的人员的，由保险监督管理机构责令改正，处二万元以上十万元以下的罚款。

第一百六十八条 违反本法规定，转让、出租、出借业务许可证的，由保险监督管理机构处一万元以上十万元以下的罚款；情节严重的，责令停业整顿或者吊销业务许可证。

第一百六十九条 违反本法规定，有下列行为之一的，由保险监督管理机构责令限期改正；逾期不改正的，处一万元以上十万元以下的罚款：

（一）未按照规定报送或者保管报告、报表、文件、资料的，或者未按照规定提供有关信息、资料的；

（二）未按照规定报送保险条款、保险费率备案的；

（三）未按照规定披露信息的。

第一百七十条 违反本法规定，有下列行为之一的，由保险监督管理机构责令改正，处十万元以上五十万元以下的罚款；情节严重的，可以限制其业务范围、责令停止接受新业务或者吊销业务许可证：

（一）编制或者提供虚假的报告、报表、文件、资料的；

（二）拒绝或者妨碍依法监督检查的；

（三）未按照规定使用经批准或者备案的保险条款、保险费率的。

第一百七十一条 保险公司、保险资产管理公司、保险专业代理机构、保险经纪人违反本法规定的，保险监督管理机构除分别依照本法第一百六十条至第一百七十条的规定对该单位给予处罚外，对其直接负责的主管人员和其他直接责任人员给予警告，并处一万元以上十万元以下的罚款；情节严重的，撤销任职资格。

第一百七十二条 个人保险代理人违反本法规定的，由保险监督管理机构给予警告，可以并处二万元以下的罚款；情节严重的，处二万元以上十万元以下的罚款

第一百七十三条 外国保险机构未经国务院保险监督管理机构批准，擅自在中华人民共和国境内设立代表机构的，由国务院保险监督管理机构予以取缔，处五万元以上三十万元以下的罚款。

外国保险机构在中华人民共和国境内设立的代表机构从事保险经营活动的，由保险监督管理机构责令改正，没收违法所得，并处违法所得一倍以上五倍以下的罚款；没有违法所得或者违法所得不足二十万元的，处二十万元以上一百万元以下的罚款；对其首席代表可以责令撤换；情节严重的，撤销其代表机构。

第一百七十四条 投保人、被保险人或者受益人有下列行为之一，进行保险诈骗活动，尚不构成犯罪的，依法给予行政处罚：

（一）投保人故意虚构保险标的，骗取保险金的；

（二）编造未曾发生的保险事故，或者编造虚假的事故原因或者夸大损失程度，骗取保险金的；

（三）故意造成保险事故，骗取保险金的。

保险事故的鉴定人、评估人、证明人故意提供虚假的证明文件，为投保人、被保险人或者受益人进行保险诈骗提供条 件的，依照前款规定给予处罚。

第一百七十五条 违反本法规定，给他人造成损害的，依法承担民事责任。

第一百七十六条 拒绝、阻碍保险监督管理机构及其工作人员依法行使监督检查、调查职权，未使用暴力、威胁方法的，依法给予治安管理处罚。

第一百七十七条 违反法律、行政法规的规定，情节严重的，国务院保险监督管理机构可以禁止有关责任人员一定期限直至终身进入保险业。

第一百七十八条 保险监督管理机构从事监督管理工作的人员有下列情形之一的，依法给予处分：

（一）违反规定批准机构的设立的；

（二）违反规定进行保险条款、保险费率审批的；

（三）违反规定进行现场检查的；

（四）违反规定查询账户或者冻结资金的；

（五）泄露其知悉的有关单位和个人的商业秘密的；

（六）违反规定实施行政处罚的；

（七）滥用职权、玩忽职守的其他行为。

第一百七十九条 违反本法规定，构成犯罪的，依法追究刑事责任。

第八章 附则

第一百八十条 保险公司应当加入保险行业协会。保险代理人、保险经纪人、保险公估机构可以加入保险行业协会。

保险行业协会是保险业的自律性组织，是社会团体法人。

第一百八十一条 保险公司以外的其他依法设立的保险组织经营的商业保险业务，适用本法。

第一百八十二条 海上保险适用《中华人民共和国海商法》的有关规定；《中华人民共和国海商法》未规定的，适用本法的有关规定。

第一百八十三条 中外合资保险公司、外资独资保险公司、外国保险公司分公司适用本法规定；法律、行政法规另有规定的，适用其规定。

第一百八十四条 国家支持发展为农业生产服务的保险事业。农业保险由法律、行政法规另行规定。

强制保险，法律、行政法规另有规定的，适用其规定。

第一百八十五条 本法自 2009 年 10 月 1 日起施行。

中华人民共和国消费者权益保护法

（1993 年 10 月 31 日第八届全国人民代表大会常务委员会第四次会议通过；根据 2009 年 8 月 27 日第十一届全国人民代表大会常务委员会第十次会议《关于修改部分法律的决定》第一次修正；根据 2013 年 10 月 25 日第十二届全国人民代表大会常务委员会第五次会议《关于修改〈中华人民共和国消费者权益保护法〉的决定》第二次修正）

第一章 总则

第一条 为保护消费者的合法权益，维护社会经济秩序，促进社会主义市场经济健康发展，制定本法。

第二条 消费者为生活消费需要购买、使用商品或者接受服务，其权益受本法保护；本法未作规定的，受其他有关法律、法规保护。

第三条 经营者为消费者提供其生产、销售的商品或者提供服务，应当遵守本法；本法未作规定的，应当遵守其他有关法律、法规。

第四条 经营者与消费者进行交易，应当遵循自愿、平等、公平、诚实信用的原则。

第五条 国家保护消费者的合法权益不受侵害。

国家采取措施，保障消费者依法行使权利，维护消费者的合法权益。

国家倡导文明、健康、节约资源和保护环境的消费方式，反对浪费。

第六条　保护消费者的合法权益是全社会的共同责任。

国家鼓励、支持一切组织和个人对损害消费者合法权益的行为进行社会监督。

大众传播媒介应当做好维护消费者合法权益的宣传,对损害消费者合法权益的行为进行舆论监督。

第二章 消费者的权利

第七条　消费者在购买、使用商品和接受服务时享有人身、财产安全不受损害的权利。

消费者有权要求经营者提供的商品和服务,符合保障人身、财产安全的要求。

第八条　消费者享有知悉其购买、使用的商品或者接受的服务的真实情况的权利。

消费者有权根据商品或者服务的不同情况,要求经营者提供商品的价格、产地、生产者、用途、性能、规格、等级、主要成份、生产日期、有效期限、检验合格证明、使用方法说明书、售后服务,或者服务的内容、规格、费用等有关情况。

第九条　消费者享有自主选择商品或者服务的权利。

消费者有权自主选择提供商品或者服务的经营者,自主选择商品品种或者服务方式,自主决定购买或者不购买任何一种商品、接受或者不接受任何一项服务。

消费者在自主选择商品或者服务时,有权进行比较、鉴别和挑选。

第十条　消费者享有公平交易的权利。

消费者在购买商品或者接受服务时,有权获得质量保障、价格合理、计量正确等公平交易条件,有权拒绝经营者的强制交易行为。

第十一条　消费者因购买、使用商品或者接受服务受到人身、财产损害的,享有依法获得赔偿的权利。

第十二条　消费者享有依法成立维护自身合法权益的社会组织的权利。

第十三条　消费者享有获得有关消费和消费者权益保护方面的知识的权利。

消费者应当努力掌握所需商品或者服务的知识和使用技能,正确使用商品,提高自我保护意识。

第十四条　消费者在购买、使用商品和接受服务时,享有人格尊严、民族风俗习惯得到尊重的权利,享有个人信息依法得到保护的权利。

第十五条　消费者享有对商品和服务以及保护消费者权益工作进行监督的权利。

消费者有权检举、控告侵害消费者权益的行为和国家机关及其工作人员在保护消费者权益工作中的违法失职行为,有权对保护消费者权益工作提出批评、建议。

保险销售从业人员监管办法

（保监会令〔2013〕第 2 号　2013 年 1 月 6 日）

第一章　总则

第一条　为了加强对保险销售从业人员的管理，保护投保人、被保险人和受益人的合法权益，维护保险市场秩序，促进保险业健康发展，制定本办法。

第二条　本办法所称保险销售从业人员是指为保险公司销售保险产品的人员，包括保险公司的保险销售人员和保险代理机构的保险销售人员。

第三条　中国保险监督管理委员会（以下简称中国保监会）根据法律和国务院授权，对保险销售从业人员实行统一监督管理。

中国保监会派出机构在中国保监会授权范围内依法履行监管职责。

第四条　保险销售从业人员应当符合中国保监会规定的资格条件，取得中国保监会颁发的资格证书，执业前取得所在保险公司、保险代理机构发放的执业证书。

第五条　保险销售从业人员从事保险销售，应当遵守法律、行政法规和中国保监会的有关规定。

第二章　从业资格

第六条　从事保险销售的人员应当通过中国保监会组织的保险销售从业人员资格考

试（以下简称资格考试），取得《保险销售从业人员资格证书》（以下简称资格证书）。

第七条 报名参加资格考试的人员，应当具备大专以上学历和完全民事行为能力。

有下列情形之一的，不予受理报名申请：

（一）隐瞒有关情况或者提供虚假材料的；

（二）隐瞒有关情况或者提供虚假材料，被宣布考试成绩无效未逾 1 年的；

（三）违反考试纪律情节严重，被宣布考试成绩无效未逾 3 年的；

（四）以欺骗、贿赂等不正当手段取得资格证书，被依法撤销资格证书未逾 3 年的；

（五）被金融监管机构宣布禁止在一定期限内进入行业，禁入期限未届满的；

（六）因犯罪被判处刑罚，刑罚执行完毕未逾 5 年的；

（七）法律、行政法规和中国保监会规定的其他情形。

第八条 参加资格考试的人员，考试成绩合格，且无本办法第七条第二款规定情形的，自申请资格证书之日起 20 个工作日内，由中国保监会颁发资格证书。

第九条 有下列情形之一的，由中国保监会注销资格证书：

（一）资格证书被吊销的；

（二）资格证书被依法撤销的；

（三）法律、行政法规和中国保监会规定的其他情形。

第十条 资格证书有下列情形之一的，其持有人应当向中国保监会办理变更、换发或者补发：

（一）登记事项发生变更的；

（二）损毁影响使用的；

（三）遗失的。

第十一条 中国保监会派出机构可以根据当地实际，适当调整辖区内资格考试报考人员的学历要求，有关办法由中国保监会另行制定。

降低学历要求取得资格证书的，从业地域不得超出该中国保监会派出机构辖区。

第十二条 中国保监会派出机构向中国保监会备案后，可以对县级以下农村基层地区的报考人员以及民族自治地区的少数民族报考人员实行资格考试特殊政策。

第三章 执业管理

第十三条 保险公司、保险代理机构应当为取得资格证书且无本办法第七条第二款规定情形的人员在中国保监会保险中介监管信息系统（以下简称信息系统）中办理执业登记，并发放《保险销售从业人员执业证书》（以下简称执业证书）。

执业登记事项发生变更的，保险公司、保险代理机构应当及时在信息系统中予以变更，并在 3 个工作日内换发执业证书。

第十四条 执业证书应当包括下列内容：

（一）名称及编号；

（二）持有人的姓名、性别、身份证件号码、照片；

（三）资格证书名称及编号；

（四）持有人所在保险公司或者保险代理机构名称；

（五）业务范围和执业地域；

（六）发证日期；

（七）持有人所在保险公司或者保险代理机构投诉电话；

（八）执业证书信息查询电话和网址。

第十五条 保险公司、保险代理机构不得向下列人员发放执业证书：

（一）未持有资格证书的人员；

（二）未在信息系统中办理执业登记的人员；

（三）已经由其他机构办理执业登记的人员。

第十六条 保险公司、保险代理机构不得委托未持有资格证书及本机构发放的执业证书的人员从事保险销售。

第十七条 执业证书持有人的执业地域不得超出资格证书规定的从业地域范围。

第十八条 有下列情形之一的，保险公司、保险代理机构应当在 5 个工作日内收回执业证书，并在信息系统中注销执业登记：

（一）保险销售从业人员离职的；

（二）保险销售从业人员的资格证书被注销的；

（三）保险销售从业人员因其他原因终止执业的；

（四）保险公司、保险代理机构停业、解散或者因其他原因无法继续经营的。

第十九条 保险销售从业人员应当在保险公司、保险代理机构的授权范围内从事保险销售。

保险销售从业人员从事保险销售，应当出示执业证书，保险代理机构的保险销售从业人员还应当告知客户所代理的保险公司名称。

第四章 管理责任

第二十条 保险公司、保险代理机构应当建立保险销售从业人员的管理档案，及时、准确、完整地登记保险销售从业人员的基本资料、培训情况、业务情况等内容。

第二十一条 保险公司、保险代理机构应当对保险销售从业人员进行培训，使其具备基本的执业素质和职业操守。培训内容至少应当包括业务知识、法律知识及职业道德。

保险公司委托保险代理机构销售保险产品，应当对保险代理机构的保险销售从业人员进行培训。培训内容至少应当包括本公司保险产品的相关知识。

保险公司、保险代理机构可以委托行业组织或者其他机构组织培训。

第二十二条 保险公司、保险代理机构不得发布有关保险销售从业人员收入或者其他利益的误导性广告，不得以购买保险产品作为发放执业证书的条件。

第二十三条 保险公司、保险代理机构发现保险销售从业人员在保险销售中存在违法违规行为的，应当立即予以纠正，并向中国保监会派出机构报告。

第二十四条 保险公司、保险代理机构应当规范保险销售从业人员的销售行为，严禁保险销售从业人员在保险销售活动中有下列行为：

（一）欺骗投保人、被保险人或者受益人；

（二）隐瞒与保险合同有关的重要情况；

（三）阻碍投保人履行如实告知义务，或者诱导其不履行如实告知义务；

（四）给予或者承诺给予投保人、被保险人或者受益人保险合同约定以外的利益；

（五）利用行政权力、职务或者职业便利以及其他不正当手段强迫、引诱或者限制投保人订立保险合同，或者为其他机构、个人牟取不正当利益；

（六）伪造、擅自变更保险合同，或者为保险合同当事人提供虚假证明材料；

（七）挪用、截留、侵占保险费或者保险金；

（八）委托未取得合法资格的机构或者个人从事保险销售；

（九）以捏造、散布虚假信息等方式损害竞争对手的商业信誉，或者以其他不正当竞争行为扰乱保险市场秩序；

（十）泄露在保险销售中知悉的保险人、投保人、被保险人的商业秘密及个人隐私；

（十一）在客户明确拒绝投保后干扰客户；

（十二）代替投保人签订保险合同；

（十三）违反法律、行政法规和中国保监会的其他规定。

保险销售从业人员有前款规定行为之一的，由中国保监会责令改正，可以对相关保险公司采取向社会公开披露、对高级管理人员监管谈话等监管措施。

第二十五条 保险公司应当要求保险代理机构提供销售本公司保险产品的保险销售从业人员的基本资料、培训情况等内容。

第二十六条 保险公司发现保险代理机构及其保险销售从业人员销售其保险产品存在违法违规行为的，应当立即予以纠正。保险代理机构及其保险销售从业人员拒不改正的，保险公司应当立即终止与保险代理机构的委托代理关系，并向中国保监会派出机构报告。

第二十七条 任何机构、个人不得扣留或者变相扣留他人的资格证书。

第五章 法律责任

第二十八条 以欺骗、贿赂等不正当手段取得资格证书的，依法撤销资格证书，由中国保监会给予警告，并处 1 万元以下的罚款。

第二十九条 为他人提供虚假报名材料，代替他人参加资格考试，或者协助、组织他人在资格考试中作弊的，由中国保监会给予警告，并处 1 万元以下的罚款。

第三十条 伪造、变造、转让或者租借资格证书、执业证书的，由中国保监会给予警告，并处违法所得一倍以上三倍以下的罚款，但最高不超过 3 万元，没有违法所得的，处 1 万元以下的罚款。

第三十一条 未取得资格证书和执业证书的人员从事保险销售的，由中国保监会责令改正，依据法律、行政法规对该人员及相关保险公司、保险代理机构给予处罚；法律、行政法规未作规定的，由中国保监会对相关保险公司、保险代理机构给予警告，并处违法所得一倍以上三倍以下的罚款，但最高不超过 3 万元，没有违法所得的，处 1 万元以下的罚款；对该人员给予警告，并处 1 万元以下的罚款。

第三十二条 保险公司、保险代理机构违反本办法第十三条、第十五条、第十八条、第二十条至第二十三条、第二十七条规定的，由中国保监会责令改正，给予警告，并处违法所得一倍以上三倍以下的罚款，但最高不超过 3 万元，没有违法所得的，处 1 万元以下的罚款。

第三十三条 保险销售从业人员违反本办法第十七条、第十九条和第二十七条规定的，由中国保监会责令改正，给予警告，并处违法所得一倍以上三倍以下的罚款，但最高不超过 3 万元，没有违法所得的，处 1 万元以下的罚款。

第三十四条 保险销售从业人员有本办法第二十四条规定行为之一的，由中国保监会依照法律、行政法规对该保险销售从业人员及相关保险公司、保险代理机构给予处罚；法律、行政法规未作规定的，对相关保险公司、保险代理机构给予警告，并处违法所得一倍以上三倍以下的罚款，但最高不超过 3 万元，没有违法所得的，处 1 万元以下的罚款；对该保险销售从业人员给予警告，并处 1 万元以下的罚款。

第三十五条 保险公司违反本办法第二十五条、第二十六条规定的，由中国保监会责令改正，逾期不改正的，给予警告，并处 1 万元以下的罚款。

第六章 附 则

第三十六条 本办法自 2013 年 7 月 1 日起施行。中国保监会 2006 年 7 月 1 日颁布的《保险营销员管理规定》（保监会令〔2006〕3 号）同时废止。

第三十七条 再保险公司不适用本办法。

第三十八条 本办法由中国保监会负责解释。

Appendix4
附录四

机动车交通事故责任强制保险条例

（2006年3月21日中华人民共和国国务院令第462号公布；根据2012年3月30日《国务院关于修改〈机动车交通事故责任强制保险条例〉的决定》第一次修订；根据2012年12月17日《国务院关于修改〈机动车交通事故责任强制保险条例〉的决定》第二次修订）

目 录

第一章　总则

第一条 为了保障机动车道路交通事故受害人依法得到赔偿，促进道路交通安全，根据《中华人民共和国道路交通安全法》、《中华人民共和国保险法》，制定本条例。

第二条 在中华人民共和国境内道路上行驶的机动车的所有人或者管理人，应当依照《中华人民共和国道路交通安全法》的规定投保机动车交通事故责任强制保险。

机动车交通事故责任强制保险的投保、赔偿和监督管理，适用本条例。

第三条 本条例所称机动车交通事故责任强制保险，是指由保险公司对被保险机动车发生道路交通事故造成本车人员、被保险人以外的受害人的人身伤亡、财产损失，在责任限额内予以赔偿的强制性责任保险。

第四条 国务院保险监督管理机构（以下称保监会）依法对保险公司的机动车交通事故责任强制保险业务实施监督管理。

公安机关交通管理部门、农业（农业机械）主管部门（以下统称机动车管理部门）应当依法对机动车参加机动车交通事故责任强制保险的情况实施监督检查。对未参加机动车交通事故责任强制保险的机动车，机动车管理部门不得予以登记，机动车安全技术检验机构不得予以检验。

公安机关交通管理部门及其交通警察在调查处理道路交通安全违法行为和道路交通事故时，应当依法检查机动车交通事故责任强制保险的保险标志。

第二章　投保

第五条 保险公司经保监会批准，可以从事机动车交通事故责任强制保险业务。

为了保证机动车交通事故责任强制保险制度的实行，保监会有权要求保险公司从事机动车交通事故责任强制保险业务。

未经保监会批准，任何单位或者个人不得从事机动车交通事故责任强制保险业务。

第六条 机动车交通事故责任强制保险实行统一的保险条款和基础保险费率。保监会按照机动车交通事故责任强制保险业务总体上不盈利不亏损的原则审批保险费率。

保监会在审批保险费率时，可以聘请有关专业机构进行评估，可以举行听证会听取公众意见。

第七条 保险公司的机动车交通事故责任强制保险业务，应当与其他保险业务分开管理，单独核算。

保监会应当每年对保险公司的机动车交通事故责任强制保险业务情况进行核查，并向社会公布；根据保险公司机动车交通事故责任强制保险业务的总体盈利或者亏损情况，可以要求或者允许保险公司相应调整保险费率。

调整保险费率的幅度较大的，保监会应当进行听证。

第八条 被保险机动车没有发生道路交通安全违法行为和道路交通事故的，保险公司应当在下一年度降低其保险费率。在此后的年度内，被保险机动车仍然没有发生道路交通安全违法行为和道路交通事故的，保险公司应当继续降低其保险费率，直至最低标准。被保险机动车发生道路交通安全违法行为或者道路交通事故的，保险公司应当在下一年度提高其保险费率。多次发生道路交通安全违法行为、道路交通事故，或者发生重大道路交通事故的，保险公司应当加大提高其保险费率的幅度。在道路交通事故中被保险人没有过错的，不提高其保险费率。降低或者提高保险费率的标准，由保监会会同国务院公安部门制定。

第九条 保监会、国务院公安部门、国务院农业主管部门以及其他有关部门应当逐步建立有关机动车交通事故责任强制保险、道路交通安全违法行为和道路交通事故的信息共享机制。

第十条　投保人在投保时应当选择具备从事机动车交通事故责任强制保险业务资格的保险公司，被选择的保险公司不得拒绝或者拖延承保。

保监会应当将具备从事机动车交通事故责任强制保险业务资格的保险公司向社会公示。

第十一条　投保人投保时，应当向保险公司如实告知重要事项。

重要事项包括机动车的种类、厂牌型号、识别代码、牌照号码、使用性质和机动车所有人或者管理人的姓名（名称）、性别、年龄、住所、身份证或者驾驶证号码（组织机构代码）、续保前该机动车发生事故的情况以及保监会规定的其他事项。

第十二条　签订机动车交通事故责任强制保险合同时，投保人应当一次支付全部保险费；保险公司应当向投保人签发保险单、保险标志。保险单、保险标志应当注明保险单号码、车牌号码、保险期限、保险公司的名称、地址和理赔电话号码。

被保险人应当在被保险机动车上放置保险标志。

保险标志式样全国统一。保险单、保险标志由保监会监制。任何单位或者个人不得伪造、变造或者使用伪造、变造的保险单、保险标志。

第十三条　签订机动车交通事故责任强制保险合同时，投保人不得在保险条款和保险费率之外，向保险公司提出附加其他条件的要求。

签订机动车交通事故责任强制保险合同时，保险公司不得强制投保人订立商业保险合同以及提出附加其他条件的要求。

第十四条　保险公司不得解除机动车交通事故责任强制保险合同；但是，投保人对重要事项未履行如实告知义务的除外。

投保人对重要事项未履行如实告知义务，保险公司解除合同前，应当书面通知投保人，投保人应当自收到通知之日起5日内履行如实告知义务；投保人在上述期限内履行如实告知义务的，保险公司不得解除合同。

第十五条　保险公司解除机动车交通事故责任强制保险合同的，应当收回保险单和保险标志，并书面通知机动车管理部门。

第十六条　投保人不得解除机动车交通事故责任强制保险合同，但有下列情形之一的除外：

（一）被保险机动车被依法注销登记的；

（二）被保险机动车办理停驶的；

（三）被保险机动车经公安机关证实丢失的。

第十七条　机动车交通事故责任强制保险合同解除前，保险公司应当按照合同承担保险责任。

合同解除时，保险公司可以收取自保险责任开始之日起至合同解除之日止的保险费，剩余部分的保险费退还投保人。

第十八条　被保险机动车所有权转移的，应当办理机动车交通事故责任强制保险合同变更手续。

第十九条　机动车交通事故责任强制保险合同期满，投保人应当及时续保，并提供上一年度的保险单。

第二十条　机动车交通事故责任强制保险的保险期间为 1 年，但有下列情形之一的，投保人可以投保短期机动车交通事故责任强制保险：

（一）境外机动车临时入境的；

（二）机动车临时上道路行驶的；

（三）机动车距规定的报废期限不足 1 年的；

（四）保监会规定的其他情形。

第三章　赔偿

第二十一条　被保险机动车发生道路交通事故造成本车人员、被保险人以外的受害人人身伤亡、财产损失的，由保险公司依法在机动车交通事故责任强制保险责任限额范围内予以赔偿。

道路交通事故的损失是由受害人故意造成的，保险公司不予赔偿。

第二十二条　有下列情形之一的，保险公司在机动车交通事故责任强制保险责任限额范围内垫付抢救费用，并有权向致害人追偿：

（一）驾驶人未取得驾驶资格或者醉酒的；

（二）被保险机动车被盗抢期间肇事的；

（三）被保险人故意制造道路交通事故的。

有前款所列情形之一，发生道路交通事故的，造成受害人的财产损失，保险公司不承担赔偿责任。

第二十三条　机动车交通事故责任强制保险在全国范围内实行统一的责任限额。责任限额分为死亡伤残赔偿限额、医疗费用赔偿限额、财产损失赔偿限额以及被保险人在道路交通事故中无责任的赔偿限额。

机动车交通事故责任强制保险责任限额由保监会会同国务院公安部门、国务院卫生主管部门、国务院农业主管部门规定。

第二十四条　国家设立道路交通事故社会救助基金（以下简称救助基金）。有下列情形之一时，道路交通事故中受害人人身伤亡的丧葬费用、部分或者全部抢救费用，由救助基金先行垫付，救助基金管理机构有权向道路交通事故责任人追偿：

（一）抢救费用超过机动车交通事故责任强制保险责任限额的；

（二）肇事机动车未参加机动车交通事故责任强制保险的；

（三）机动车肇事后逃逸的。

第二十五条救助基金的来源包括：

（一）按照机动车交通事故责任强制保险的保险费的一定比例提取的资金；

（二）对未按照规定投保机动车交通事故责任强制保险的机动车的所有人、管理人的罚款；

（三）救助基金管理机构依法向道路交通事故责任人追偿的资金；

（四）救助基金孳息；

（五）其他资金。

第二十六条　救助基金的具体管理办法，由国务院财政部门会同保监会、国务院公安部门、国务院卫生主管部门、国务院农业主管部门制定试行。

第二十七条 被保险机动车发生道路交通事故，被保险人或者受害人通知保险公司的，保险公司应当立即给予答复，告知被保险人或者受害人具体的赔偿程序等有关事项。

第二十八条 被保险机动车发生道路交通事故的，由被保险人向保险公司申请赔偿保险金。保险公司应当自收到赔偿申请之日起 1 日内，书面告知被保险人需要向保险公司提供的与赔偿有关的证明和资料。

第二十九条 保险公司应当自收到被保险人提供的证明和资料之日起 5 日内，对是否属于保险责任作出核定，并将结果通知被保险人；对不属于保险责任的，应当书面说明理由；对属于保险责任的，在与被保险人达成赔偿保险金的协议后 10 日内，赔偿保险金。

第三十条 被保险人与保险公司对赔偿有争议的，可以依法申请仲裁或者向人民法院提起诉讼。

第三十一条 保险公司可以向被保险人赔偿保险金，也可以直接向受害人赔偿保险金。但是，因抢救受伤人员需要保险公司支付或者垫付抢救费用的，保险公司在接到公安机关交通管理部门通知后，经核对应当及时向医疗机构支付或者垫付抢救费用。

因抢救受伤人员需要救助基金管理机构垫付抢救费用的，救助基金管理机构在接到公安机关交通管理部门通知后，经核对应当及时向医疗机构垫付抢救费用。

第三十二条 医疗机构应当参照国务院卫生主管部门组织制定的有关临床诊疗指南，抢救、治疗道路交通事故中的受伤人员。

第三十三条 保险公司赔偿保险金或者垫付抢救费用，救助基金管理机构垫付抢救费用，需要向有关部门、医疗机构核实有关情况的，有关部门、医疗机构应当予以配合。

第三十四条 保险公司、救助基金管理机构的工作人员对当事人的个人隐私应当保密。

第三十五条 道路交通事故损害赔偿项目和标准依照有关法律的规定执行。

第四章　罚则

第三十六条 未经保监会批准，非法从事机动车交通事故责任强制保险业务的，由保监会予以取缔；构成犯罪的，依法追究刑事责任；尚不构成犯罪的，由保监会没收违法所得，违法所得 20 万元以上的，并处违法所得 1 倍以上 5 倍以下罚款；没有违法所得或者违法所得不足 20 万元的，处 20 万元以上 100 万元以下罚款。

第三十七条 保险公司未经保监会批准从事机动车交通事故责任强制保险业务的，由保监会责令改正，责令退还收取的保险费，没收违法所得，违法所得 10 万元以上的，并处违法所得 1 倍以上 5 倍以下罚款；没有违法所得或者违法所得不足 10 万元的，处 10 万元以上 50 万元以下罚款；逾期不改正或者造成严重后果的，责令停业整顿或者吊销经营保险业务许可证。

第三十八条 保险公司违反本条例规定，有下列行为之一的，由保监会责令改正，处 5 万元以上 30 万元以下罚款；情节严重的，可以限制业务范围、责令停止接受新业务或者吊销经营保险业务许可证：

（一）拒绝或者拖延承保机动车交通事故责任强制保险的；

（二）未按照统一的保险条款和基础保险费率从事机动车交通事故责任强制保险业务的；

（三）未将机动车交通事故责任强制保险业务和其他保险业务分开管理，单独核算的；

（四）强制投保人订立商业保险合同的；

（五）违反规定解除机动车交通事故责任强制保险合同的；

（六）拒不履行约定的赔偿保险金义务的；

（七）未按照规定及时支付或者垫付抢救费用的。

第三十九条 机动车所有人、管理人未按照规定投保机动车交通事故责任强制保险的，由公安机关交通管理部门扣留机动车，通知机动车所有人、管理人依照规定投保，处依照规定投保最低责任限额应缴纳的保险费的 2 倍罚款。

机动车所有人、管理人依照规定补办机动车交通事故责任强制保险的，应当及时退还机动车。

第四十条 上道路行驶的机动车未放置保险标志的，公安机关交通管理部门应当扣留机动车，通知当事人提供保险标志或者补办相应手续，可以处警告或者 20 元以上 200 元以下罚款。

当事人提供保险标志或者补办相应手续的，应当及时退还机动车。

第四十一条 伪造、变造或者使用伪造、变造的保险标志，或者使用其他机动车的保险标志，由公安机关交通管理部门予以收缴，扣留该机动车，处 200 元以上 2000 元以下罚款；构成犯罪的，依法追究刑事责任。

当事人提供相应的合法证明或者补办相应手续的，应当及时退还机动车。

第五章 附则

第四十二条 本条例下列用语的含义：

（一）投保人，是指与保险公司订立机动车交通事故责任强制保险合同，并按照合同负有支付保险费义务的机动车的所有人、管理人。

（二）被保险人，是指投保人及其允许的合法驾驶人。

（三）抢救费用，是指机动车发生道路交通事故导致人员受伤时，医疗机构参照国务院卫生主管部门组织制定的有关临床诊疗指南，对生命体征不平稳和虽然生命体征平稳但如果不采取处理措施会产生生命危险，或者导致残疾、器官功能障碍，或者导致病程明显延长的受伤人员，采取必要的处理措施所发生的医疗费用。

第四十三条 挂车不投保机动车交通事故责任强制保险。发生道路交通事故造成人身伤亡、财产损失的，由牵引车投保的保险公司在机动车交通事故责任强制保险责任限额范围内予以赔偿；不足的部分，由牵引车方和挂车方依照法律规定承担赔偿责任。

第四十四条 机动车在道路以外的地方通行时发生事故，造成人身伤亡、财产损失的赔偿，比照适用本条例。

第四十五条 中国人民解放军和中国人民武装警察部队在编机动车参加机动车交通事故责任强制保险的办法，由中国人民解放军和中国人民武装警察部队另行规定。

第四十六条 机动车所有人、管理人自本条例施行之日起 3 个月内投保机动车交通事故责任强制保险；本条例施行前已经投保商业性机动车第三者责任保险的，保险期满，应当投保机动车交通事故责任强制保险。

第四十七条 本条例自 2006 年 7 月 1 日起施行。

Appendix5

附录五

保险代理人资格证书考试真题一

一、单选题

1. 丁某投保了保险金额为 80 万元的房屋火灾保险。一场大火将保险房屋全部焚毁，而火灾发生时该房屋的房价已跌至 65 万元，那么，丁某应得的保险赔款（不考虑折旧）为（C）

A. 80 万元   B. 67.5 万元   C. 65 万元   D. 60 万元

2. 人身意外伤害保险所承保的"意外伤害"应当具备的条件包括（D）等。

A. 非本意的、内生的和忽然的   B. 非本意的、外来的和可预见的

C. 本意的、非外来的和忽然的   D. 非本意的、外来的和忽然的

3. 被保险人从事剧烈体育活动，一般应经过特别约定才能承保，原因是（A）。

A. 遭受意外伤害的概率太大   B. 风险过大

C. 伤害后果不能确定   D. 保费负担有失公平

4. 风险的基本特征之一是不确定性，具体表现为（A）。

A. 风险是否发生、发生的时间以及产生的结果具有不确定性

B. 风险是否发生具有确定性，而发生时间以及产生结果具有不确定性

C. 风险产生的结果具有确定性，而风险是否发生以及发生的时间具有不确定性

D. 风险发生的时间具有确定性，而风险是否发生以及产生的结果具有不确定性

5. 在人寿保险定价方法中，积累公式法可通过反复试验来实现。其目的是（C）。

A. 使得保费假设与公司的成本目标更为接近

B. 使得保费假设与公司的收入目标更为接近

C. 使得保费假设与公司的利润目标为更接近

D. 使得保费假设与公司的负责目标更为接近

6. 影响国内货物运输保险费率厘定的主要因素有（A）等。

A. 运输工具　　　B. 运输人员　　　C. 运输时间　　　D. 运输区域

7. 依照《民法通则》规定，对于"依照法律规定或者按照双方当事人约定，应当由本人实施的民事法律行为"的代理选择的规定是（A）

A. 不得选择代理　　　　　　　B. 可以选择委托代理

C. 可以选择法定代理　　　　　D. 可以选择指定代理

8. 某日天降大雨并伴有炸雷，炸雷击断某住户房屋后面的一颗大树，大树压倒房屋，房屋倒塌导致该住户的电视机损坏。该电视机损坏的近因是（C）。

A. 大树压倒房屋　　　　　　　B. 大树的折断

C. 炸雷的雷击　　　　　　　　D. 房屋的倒塌

9. 既能解决被保险人经济困难，又能满足人们投资需求的人身保险，属于（A）。

A. 具有投资功能的人身保险产品　　B. 具有储备功能的人身保险产品

C. 具有分配功能的人身保险产品　　D. 具有调节功能的人身保险产品

10. 保险销售从业人员在保险销售活动中，符合《保险销售从业人员监管办法》有关规定的行为是（D）。

A. 欺骗投保人、被保险人或者受益人

B. 隐瞒与保险合同有关的重要情况

C. 阻碍投保人履行如实告知义务，或者诱导其不履行如实告知义务

D. 拒绝给予投保方保险合同约定以外的利益

11. 根据我国反不正当竞争法的规定，经营者违法本法规定，给被侵害的经营者造成损害的，应当承担损害赔偿责任，如果被侵害的经营者的损失难以计算的，则赔偿额应为（A）

A. 侵权人在侵权期间因侵权所获得的利润

B. 侵权人在侵权期间因侵权所减少的利润

C. 侵权人在侵权期间因侵权所支付的费用

D. 侵权人在侵权期间因侵权所少缴的税金

12. 在分红保险中，定价的精算假设一般比较保守。就利率因素来看，"保守"变现为（B）

A. 增大预定利率　　　　　　　B. 减小预定利率

C. 增大实际利率　　　　　　　D. 减小实际利率

13. 张某投保了机动车第三者责任险和附加不计免赔额，保单载明责任限额 20 万元。第一次发生保险事故，保险公司赔付 15 万元，之后又发生保险事故，核定保险责任范围内损失金额 25 万元，保险公司应赔付（A）

A. 5 万元　　　　　B. 10 万元　　　　　C. 20 万元　　　　　D. 25 万元

14. 在各国疾病保险条款中，都规定有一个观察期，常见的观察期为（C）

A. 10 天　　　　　B. 30 天　　　　　C. 180 天　　　　　D. 二年

15. 在万能保险中，保单周期（通常一个月为一周期）不断重复，一旦现金价值不足以支付死亡给付分摊额及费用，又没有新的保费交纳时，该保单就（B）

A. 解除　　　　　B. 失效　　　　　C. 终止　　　　　D. 自动贷款

16. 王某，男，35 岁，现投保 5 年期定期寿险一份，保险金额为 100000 元。假设死亡给付发生在期末，利率为 2%，35 岁那年的自然保费是 98 元。则王某 35 岁那年死亡率为（C）

A. 0.0100　　　　　B. 0.0180　　　　　C. 0.0010　　　　　D. 0.0005

17. 采用保险协议书形式订立的保险合同，如果因保险合同含义不清而发生争议，并非保险人一方的过错，其不利后果的承担者应是（D）

A. 保险人　　　　　B. 投保人　　　　　C. 被保险人　　　　　D. 保险人和被保险人

18. 职业责任保险承保的标的是（C）

A. 各种专业技术人员的失职责任　　　　　B. 各种专业技术人员的疏忽责任

C. 各种专业技术人员的职业责任　　　　　D. 各种专业技术人员的过失责任

19. 为取得保险销售从业人员资格证书并符合有关规定的人员，在中国保险监督管理委员会保险中介监督信息系统中办理执业登记的主体是（D）

A. 中国保监会　　　　　B. 中国保监会派出机构

C. 中国保监会中介监管部　　　　　D. 保险公司、保险代理机构

20. 投保人投保家庭财产盗窃保险时，保证在家中无人时一定关好门窗，从保证形式来看，该保证属于（B）

A. 确认保证　　　　　B. 承诺保证　　　　　C. 明示保证　　　　　D. 默示保证

21. 在公众责任保险中，如果因承担公众经济赔偿责任而由被保险人对第三者的财产依法应负赔偿责任的，在规定的免赔额以下，则赔偿的承担者是（A）

A. 被保险人　　　　　B. 保险人　　　　　C. 受害人　　　　　D. 第三者

22. 2012 年 4 月 5 日李先生为本人投保了一年期的人身意外伤害保险及附加意外伤害医疗保险，保险金额分别为 100 万元、10 万元、。2012 年 8 月 7 日、2012 年 12 月 4 日分别因工伤事故致残，经有关部门鉴定，李先生的两次事故的残疾程度分别为 40%、100%。保险公司两次给付的残疾保险金分别应是（C）

A. 40 万元、100 万元　　　　　B. 50 万元、110 万元

C. 40 万元、60 万元　　　　　D. 44 万元、66 万元

23. 在保险销售的准保护开拓环节中，利用已有的关系，如亲朋关系、工作关系、商务关系等从熟人那里开始推销，是准保户开拓的一条捷径，这一方法被称为（C）

A. 陌生拜访　　　　　B. 连锁介绍　　　　　C. 缘故开拓　　　　　D. 电话联络

24. 当被保险人的损失由第三者造成时，保险人在赔偿后，如果被保险人未经保险人的同意而放弃对第三者请求赔偿的权利，则结果是（B）

A. 该行为有效　　　　　B. 该行为无效

C．该行为部分无效　　　　　　　　D．该行为部分有效

25．根据我国消费者权益保护法的规定，经营者不允许消费者挑选商品或服务的销售行为属于侵害销售者（A）

A．自主选择的权利　　　　　　　　B．公平交易的权利

C．人身和财产安全不受伤害的权利　D．知情权

26．保险公司、保险代理机构发现保险销售从业人员在保险销售中存在违法违规行为的，应当立即予以纠正，并报告给（A）

A．中国保监会派出机构　　　　　　B．中国保监会中介监管部

C．中国保监会人身保险监管部　　　D．中国保监会消费者权益保护局

27．我国保险销售从业人员资格考试的统一组织者是（D）

A．保险公司　　　B．保险行业协会　　　C．国家人事部　　　D．中国保监会

28．保险标的因买卖、赠与、继承等民事法律行为将引起保险标的所有权的转移，进而产生保险合同变更，该变更属于（A）

A．保险合同主体的变更　　　　　　B．保险合同内容的变更

C．保险合同客体的变更　　　　　　D．保险合同形式的变更

29．对于保险销售从业人员资格证书登记事项发生变更的，向颁发单位申请变更资格证书手续的主体是（A）

A．资格证书持有人

B．资格证书持有人所在保险公司或者保险代理机构

C．中国保监会派出机构

D．省级保险行业协会

30．在贷款信用保险业务中，投保人是（C）

A．购买方　　　B．借款方　　　C．贷款方　　　D．监管方

31．就解释效力而言，国家最高权力机关的常设机关——全国人大常委会对保险法的解释属于（C）

A．行政解释　　　B．仲裁解释　　　C．立法解释　　　D．司法解释

32．专业化保险销售流程包含的环节之一是（B）

A．保险核保　　　　　　　　　　　B．设计并介绍保险方案

C．保险核赔　　　　　　　　　　　D．保单签发

33．在分红保险中，按照保险合同约定享有保险合同利益及红利请求权的人称为（B）

A．保单留置人　　　B．保单持有人　　　C．被保险人　　　D．受益人

34．王某将自己价值 10 万元的财产投保了一份保险金额为 5 万元的家财保险，在保险期间王某家发生火灾导致室内财产损失 8 万元。对此，保险公司应该赔偿王某的赔款额为（C）

A．10 万元　　　B．8 万元　　　C．5 万元　　　D．4 万元

35．某企业就自身的 100 万元财产分别向甲乙两个保险公司投保 90 万元和 60 万元的企业财产保险。在保险期间发生火灾，该企业损失 50 万元，按照我国保险法的规定，甲公司应该承担的赔款是（C）

A. 50万元　　　　B. 45万元　　　　C. 30万元　　　　D. 20万元

36. 保险人接受被保险人提出的委付，并按保险金额全数赔付后，依法对保险标的所取得的权利是（C）

A. 保管权　　　　B. 使用权　　　　C. 所有权　　　　D. 占有权

37. 对于保险销售从业人员资格证书被依法撤销的，应当依法注销该资格证书的单位是（B）

A. 各级保险行业协会　　　　　　B. 中国保监会
C. 中国保监会保险中介监管部　　D. 中国保监会派出机构

38. 在寿险契约保全中，客户申请保单借款，险别转换等所涉及的寿险契约保全额具体内容属于（A）

A. 合同权益行使　　　　　　　　B. 保险关系转移
C. 合同内容变更　　　　　　　　D. 保险金和退保金的给付

39. 根据我国反不正当竞争法的规定，政府及其所属部门利用行政权利限制商品在地区之间正常流通，对其采取的惩处措施是（C）

A. 罚款　　　　　　　　　　　　B. 赔偿被侵权人的损失
C. 由上级机关责令其改正　　　　D. 没收所得

40. 我国林木保险的保险标的包括（D）等

A. 原始林　　　　B. 自然林　　　　C. 进口林木　　　　D. 人工栽培的人工林

41. 依照《民法通则》规定，对于无权代理的民事行为，如果未经追认，造成第三人损失时，应当承担民事责任的是（A）

A. 被代理人　　B. 行为人　　　　C. 第三人　　　　D. 行为人和第三人

42. 当人身保险合同中没有指定受益人时，被保险人身故保险金的给付申请权归于（C）

A. 投保人的法定继承人　　　　　B. 保险人选定的继承人
C. 被保险人的法定继承人　　　　D. 任何人的法定继承人

43. 物上代位权的取得一般是通过委付实现的，委付针对的保险标的损失状态是（C）

A. 部分损失　　B. 实际全损　　　C. 推定全损　　　D. 协议全损

44. 根据《保险销售从业人员监管办法》的有关规定，代替他人参加资格考试的，由中国保险监督管理委员会给予警告，并处（A）

A. 1万元以下的罚款　　　　　　B. 3万元以上的罚款
C. 5万元以上的罚款　　　　　　D. 10万元以上的罚款

45. 根据我国消费者权益保护法的规定，消费者在接受服务时，当期合法权益受到损害时，可以行使的权利是（A）

A. 向服务者要求赔偿　　　　　　B. 向消费者协会要求赔偿
C. 向中介人要求赔偿　　　　　　D. 向工商管理部门要求赔偿

46. 从本质上看，保险销售人员的职业道德是（D）

A. 保险销售从业人员的法律规范
B. 保险销售从业人员的专业技能
C. 思想道德在保险代理职业生活中的具体体现

D．社会道德在保险代理职业生活中的具体体现

47．王某以其妻李某为被保险人，向 A 寿险公司和 B 寿险公司分别投保定期寿险和终身寿险，保险金额分别为 30 万元和 50 万元。李某指定他们的儿子小王为唯一受益人。现因第三者的过失导致李某死亡，则保险人承担给付责任的情况为（C）

A．A 寿险公司给付 30 万元后取得向第三者追偿的权利

B．B 寿险公司给付 50 万元后取得向第三者追偿的权利

C．A、B 寿险公司共计给付 80 万元且不得向第三者追偿

D．A、B 寿险公司共计给付 80 万元后取得向第三者追偿的权利

48．根据我国反不正当竞争法的规定，如果经营者的合法权益受到不正当竞争行为的损害，经营者可以采取的措施是（D）

A．将侵权者的侵权所得收缴　　　　B．直接截留侵权者的经营收益

C．采取同样的手段予以回击　　　　D．向人民法院提起诉讼

49．在死亡保险中，以死亡给付保险金条件，且保险期限不限定的人寿保险称为（C）

A．定期寿险　　　B．年金保险　　　C．终身寿险　　　D．两全保险

50．在我国，一般情况下以被保险人死亡为给付保险金条件的合同，自合同成立或者合同效力恢复之日起二年内，被保险人自杀的，且自杀时被保险人并非无民事行为能力人，保险人承担责任的情况是（B）

A．承担给付保险金的责任　　　　B．不承担给付保险金的责任

C．承担给付保险金额 50%的责任　　D．承担给付保险金额 80%的责任

51．根据我国有关法律、法规和司法解释，如果签定的保险合同内容不合法，将导致的结果是（B）

A．保险合同被变更　　　　　　B．保险合同无效

C．保险合同被解除　　　　　　D．保险合同终止

52．在财产保险中，海上运输货物保险的保险期限确定依据是（C）

A．一年或者一年以内　　　　　B．承担风险的时间限制

C．承担风险的空间限制　　　　D．承担风险的区间限制

53．发生保险事故后，如果索赔申请人不能亲自到保险公司办理，而是委托他人代为办理，则受托人必须提交的文件是（D）

A．申请人填写的《出险通知书》

B．申请人填写的《索赔申请书》

C．申请人签署的《出险通知授权委托书》

D．申请人签署的《理赔授权委托书》

54．人寿保险核保时，以下属于影响死亡率要素的是（D）

A．险种　　　B．缴费方式　　　C．投保人财务状况　　　D．身体健康状况

55．按照我国企业财产基本险和综合险条款规定，珠宝店的珠宝属于（D）

A．可保财产　　B．不可保财产　　C．加费特约可保财产　　D．不加费特约可保财产

56．同一公司不同险种的死亡率经验（A）

A．有所不同　　　B．基本相同　　　C．完全一致　　　D．差异很大

57. 人身保险的保险金额是由投保人与保险人双方在法律允许的范围与条件下，协商约定后确定的，采取这种确定方式的原因是（A）

A．人的生命价值不能用货币来计量　　B．人身保险受到人的年龄约束

C．人身伤害常涉及第三方　　D．人身保险的医疗费用是不确定的

58. 保险公司委托保险代理机构销售保险产品，应当对保险代理机构的保险销售从业人员进行培训。培训内容至少应当包括（D）

A．该公司的经营理念　　B．该公司的文化价值

C．该公司员工的职业操守　　D．该公司保险产品的相关知识

59. 团体人寿保险对每个被保险人的保险金额按照统一的规定确定，其方法之一是分别制定每类被保险人的保险金额。这种方式下所依据的标准是（D）

A．身体状况、身高和服务年限等　　B．工作环境、体重和服务年限等

C．学历高低、爱好和服务年限等　　D．工资水平、职位和服务年限等

60. 保险销售从业人员离职、资格证书被注销或因其他原因终止执业的，保险公司、保险代理机构应当在（C）内收回执业证书，并注销相关执业登记。

A．1个工作日　　B．2个工作日　　C．5个工作日　　D．10个工作日

61. 在失能收入损失保险中，免责期间可能中断，如果被保险人在短暂恢复后（一般限定为6个月以内）再度失能，则确定免责期的方法是（C）

A．以两段失能期间中较短的一个计算免责期

B．以两段失能期间中较长的一个计算免责期

C．将两段失能期间合并相加计算免责期

D．将两段失能期间合并相减计算免责期

62. 在普通型人寿保险中，保险期满若被保险人仍生存则无任何价值返还的险种是（D）

A．终身死亡保险　　B．生死两全保险

C．定期生存保险　　D．定期死亡保险

63. 在寿险理赔中，保险人理赔计算时应补款的项目是（D）

A．客户有借款时的本金及利息

B．客户有预付赔款时的预付赔款金额

C．客户在宽限期内出险的欠交保险费

D．客户未领取的满期保险金、红利和利差

64. 在诉讼时效期间的最后六个月内，如果发生不可抗力不能行使请求权的，《民法通则》对此种情况下的诉讼时效的规定是（B）

A．不受诉讼时效限制　　B．诉讼时效中止

C．诉讼时效终止　　D．诉讼时效重新计算

65. 根据《保险销售从业人员监管办法》的有关规定，保险公司，保险代理机构发现保险销售从业人员在保险销售中存在违法违规行为不立即予以纠正的，中国保险监督管理委员会责令改正，给予警告，并处违法所得一倍以上三倍以下的罚款，但最高不超过（C）。

A．1万元　　B．2万元　　C．3万元　　D．5万元

66．在风险管理中，损失指的是（A）

A．经济损失　　　　B．精神打击　　　　C．政治迫害　　　　D．折旧

67．在我国，投资连结保险产品的特点之一是（B）

A．保单价值根据该保单在某一投资账户中占有的单位数及其单位价值确定

B．保单价值根据该保单在每一投资账户中占有的单位数及其单位价值确定

C．保单价值根据该保单在某一投资账户中占有的单位数及其账户总价值确定

D．保单价值根据该保单在每一投资账户中占有的单位数及其账户总价值确定

68．在订有失踪条款的人身意外伤害保险合同中，如果被保险人在约定的失踪期结束时仍下落不明，则保险人的处理意见是（A）

A．视同被保险人死亡，给付死亡保险金

B．视同被保险人死亡，给付部分死亡保险金

C．视同被保险人生存，不给付任何死亡保险金

D．视同被保险人生存，再过一个失踪期后决定是否给付死亡保险金

69．我国《民法通则》规定的民事责任包括（B）

A．过失责任和无过失责任　　　　B．侵权责任和违约责任

C．侵权责任和契约责任　　　　　D．违约责任和契约责任

70．某一定保险合同的保险金额为 100 万元，在发生保险事故导致全损时，该保险标的的市场价值为 80 万元，对此保险公司的赔付金额是（B）

A．64 万元　　　　B．80 万元　　　　C．90 万元　　　　D．100 万元

71．根据《民法通则》的规定，公民下落不明满二年，利害关系人可向人民法院申请（A）

A．失踪宣告　　　　B．死亡宣告　　　　C．逃亡宣告　　　　D．暂时失踪宣告

72．在保险合同中，保险利益的载体是（C）

A．保险利益　　　　B．保险对象　　　　C．保险标的　　　　D．保险价值

73．社会公德是指适用于社会公共领域中的道德规范或者道德要求，其突出的特点是（B）

A．具有社会强制性质　　　　B．具有社会公共性质

C．具有社会服从性质　　　　D．具有社会禁止性质

74．某企业投保企业财产保险综合险，固定资产保险金额为 70 万元，在保险期间内由于遭到洪水，固定资产全部损失，出险时固定资产的保险价值为 100 万元，保险人对该损失的赔款是（C）

A．0 万元　　　　B．49 万元　　　　C．70 万元　　　　D．100 万元

75．在我国，保险法律允许财产险公司经营的人身保险业务包括（B）

A．短期健康保险和企业年金保险　　　　B．短期健康保险和意外伤害保险

C．长期健康保险和企业年金保险　　　　D．长期健康保险和意外伤害保险

76．保险代理人与保险经纪人的区别之一是法律地位不同。其中，保险经纪人的民事法律责任承担者是（A）

A．保险经纪人　　　B．保险人　　　　C．被保险人　　　　D．投保人

77．在寿险理赔中，理赔人员对索赔案件作出给付、拒付、豁免处理和对给付保险金额进行计算的过程被称为（B）

A．理算　　　　　B．核定　　　　　C．评估　　　　　D．调查

78．王某通过房屋抵押向甲银行贷款购买了一套价值 100 万元的房屋，王某自付 30万元，贷款 70 万元。一年后王某偿还贷款 20 万元。那么，此时银行对房屋的保险利益额度是（D）

A．100 万元　　　B．80 万元　　　C．70 万元　　　D．50 万元

79．依法成立的保险合同对当事人双方产生约束力的状态被称为（B）

A．保险合同成立　　　　　　　B．保险合同生效

C．保险合同作用　　　　　　　D．保险合同静止

80．在人身意外伤害保险中，如果意外伤害构成了保险责任，且意外伤害导致被保险人原有的疾病发作，进而加重后果，造成被保险人死亡或残疾，则表明意外伤害与被保险人死亡、残疾之间的因果关系是（A）

A．意外伤害是死亡或残疾的主因　　B．意外伤害是死亡或残疾的次因

C．意外伤害是死亡或残疾的副因　　D．意外伤害是死亡或残疾的诱因

81．在各种合同终止原因中，最普遍、最基本的保险合同终止原因是（B）

A．因履行而终止　　　　　　　B．因期限届满而终止

C．因保险标的灭失而终止　　　D．因死亡而终止

82．符合中国保险监督管理委员会派出机构的规定，降低学历要求取得保险销售从业人员资格证书者，其从业地域范围为（C）

A．所在省级区域　　　　　　　B．所在保险公司、保险代理机构经营区域

C．该派出机构辖区　　　　　　D．所在市级区域

83．保险保障活动运行中所要求的风险大量性条件，一方面是基于风险分散的技术要求，另一方面是（D）

A．要求符合监管部门的规定

B．为了体现经营的盈利目标

C．为了体现社会福利政策

D．概率论和大数法则原理在保险经营中的运用

84．保险客户服务时保险经营的重要环节之一，保险客户服务的目标是（B）

A．实现社会效益最大化　　　　B．实现客户满意最大化

C．实现业务结构合理化　　　　D．实现效益增长快速化

85．在长期人寿保险合同中，保险人一般将现金价值列在保险单上，那么，有权解除保险合同并领取现金价值的人是（C）

A．被保险人　　　B．受益人　　　C．投保人　　　D．继承人

86．职业道德是从事一定职业的人们在其特定的工作或劳动中逐渐形成比较稳定的道德观念，行为规范和习俗，用以调节职业集团与社会各方面的关系。这说明职业道德具有

明显的（B）

    A．时代性特点   B．实践化特点   C．具体化特点   D．职业性特点

    87．附解除条件的民事法律行为，在解除条件不成立时，该民事法律行为（D）

    A．开始生效   B．自始无效   C．失效   D．继续有效

    88．在人寿保险的定价假设中，平均保额的计算可以划分为几个区间段，实务中一般每段的保额上限是下限的 2~2.5 倍，因此，这一段的品均保额可能表示为（A）

    A．保险下限的 1.5~1.75 倍   B．保额下限的 2.5~2.75 倍

    C．保额下限的 3.5~3.75 倍   D．保额下限的 4.5~4.75 倍

    89．在我国，投资连结保险产品可以收取多项费用。其中，投保人承担的保单风险保额的保障成本称为（C）

    A．保单管理费   B．资产管理费   C．风险保险费   D．保险手续费

    90．在分红保险中，当采用固定死亡率时，其不列入分红保险账户的收支项目包括（B）等

    A．佣金支出   B．风险保额给付   C．附加保费收入   D．管理费用支出

二、判断题

    1．根据我国《保险法》的规定，保险公司应当建立保险代理人登记管理制度（对）

    2．根据我国《保险法》的规定，在中华人民共和国境内的法人和其他组织需要办理境外保险的，应当向中华人民共和国境内保险公司投保（对）

    3．根据我国《保险法》的规定，保险事故是指保险合同约定的保险责任范围内的事故（对）

    4．根据我国《保险法》的规定，在人身保险合同中，投保人不得为无民事行为能力人投保以死亡为给付保险金条件的人身保险，保险人也不得承保。（对）

    5．根据我国《保险法》的规定，被整顿、被接管的保险公司的总经理有非法行为时，经保险监督管理机构批准可以依法向人民法院申请对该保险公司破产清算（错）

    6．根据我国《保险法》的规定，投保人故意不履行如实告知义务的，保险人对于保险合同解除前发生的保险事故，承担赔偿或者给付保险金的责任，但不退还保险费（错）

    7．根据我国《保险法》的规定，保险监督管理机构依法履行职责，并可以进入涉嫌违法行为发生场所调查取证（错）

    8．根据我国《保险法》的规定，保险代理人是根据保险人的委托，向保险人收取佣金，并在保险人授权的范围内代为办理保险业务的机构或者个人（对）

    9．根据我国《保险法》的规定，因保险经营的特殊性，保险公司应按规定提取和结算责任准备金，但可以不提取公积金（错）

    10．根据我国《保险法》的规定，保险公司对每一危险单位，即对一次保险事故可能造成的最大损失范围所承担的责任，不得超过其实有资本金加公积金总和的百分之十，超过部分，应当拒保（错）

保险代理人资格证书考试真题二

一、单选题

1. 保险人在签发正式保险单之前发出的临时保险凭证叫做（C）

A. 保险证　　　　B. 投保单　　　　C. 暂保单　　　　D. 保险单

2. 在非寿险的理赔中，保险人审核保险责任的内容之一是（B）

A. 损失是否发生在投保人指定的地点

B. 损失是否发生在保单所载明的地点

C. 损失是否发生在被保险人指定的地点

D. 损失是否发生在代理人指定的地点

3. 某保险合同采用相对免赔额赔偿方法，规定相对免赔额为 100 元。如果被保险人的实际损失为 500 元，则保险人支付给被保险人的赔偿金额为（D）

A. 100 元　　　　B. 200 元　　　　C. 400 元　　　　D. 500 元

4. 在风险管理中，主体可以采取主动放弃，从根本上消除特定的风险单位和中途放弃某些既存的风险单位。这一方式被称为（C）

A. 转移　　　　B. 预防　　　　C. 避免　　　　D. 抑制

5. 根据我国反不正当竞争法的规定，当事人对监督检查部门作出的处罚决定不服可以向上一级主管机关申请复议。申请复议的期间应该为（A）

A. 自收到处罚决定之日起 15 日内

B. 自收到处罚决定之日起 30 日内

C. 自收到处罚决定之日起 60 日内

D. 自收到处罚决定之日起 90 日内

6. 根据我国的机动车辆保险的规定，车辆损失保险的责任免除包括（D）等。

A. 保险车辆遭受洪水造成本车损失　　B. 保险车辆遭受地震造成本车损失

C. 保险车辆遭受雷击造成本车损失　　D. 保险车辆在行驶中平行坠落造成本车损失

7. 保险销售从业人员执业证书持有人的执业地域范围为（D）。

A. 持有人的户籍所在地

B. 持有人的工作所在地

C. 持有人所在保险公司的经营区域

D. 持有人的保险销售从业人员资格证书规定的从业地域范围

8. 《保险销售从业人员监管办法》中的保险销售从业人员是指为（C）销售保险产品的人员。

A. 保险公估机构　　　　　　　　B. 保险经纪机构

C. 保险公司　　　　　　　　　　D. 保险咨询服务公司

9. 保险销售从业人员在执业之前取得的《保险销售从业人员资格证书》意味着取得了（D）。

A. 保险经纪从业的基本资格　　　　B. 保险公估从业的基本资格

C. 保险监管从业的基本资格　　　　D. 保险销售从业的基本资格

10．在财产保险中，即使发生保险事故，保险人也不负赔偿责任的情况是（B）。

A. 投保人对保险标的具有保险利益

B. 投保人对保险标的已丧失保险利益

C. 保险人对保险标的具有保险利益

D. 保险人对保险标的已丧失保险利益

11．根据中国保监会制定的《保险代理从业人员职业道德指引》，在我国保险销售从业人员职业道德主体部分7个道德原则中包括（B）等。

A. 客观公正原则　　　　　　　　　B. 客户至上原则

C. 独立执业原则　　　　　　　　　D. 友好合作原则

12．家庭财产两全保险与普通家庭财产保险不同的方面主要是（B）。

A. 保险财产　　　B. 保险责任　　　C. 保险金额　　　D. 保险费交纳方式

13．保险销售从业人员离职、资格证书被注销或因其他原因终止执业的，保险公司、保险代理机构应当在（C）内收回执业证书，并注销相应执业登记。

A. 1个工作日　　　B. 2个工作日　　　C. 5个工作日　　　D. 10个工作日

14．根据《保险销售从业人员监管办法》的有关规定，受理保险销售从业人员资格考试报名申请时必须满足的条件之一是（D）。

A. 因犯罪被判处刑罚，刑罚执行完毕刚满1年

B. 因犯罪被判处刑罚，刑罚执行完毕刚满2年

C. 因犯罪被判处刑罚，刑罚执行完毕刚满3年

D. 因犯罪被判处刑罚，刑罚执行完毕刚满5年

15．甲保险公司与乙保险公司以某企业的固定资产1000万元的财产为保险标的，并以甲保险公司的名义签发1000万元的财产损失险保单，其中乙保险公司承保了500万元的财产损失保险，这一保险方式属于（C）。

A. 原保险　　　B. 再保险　　　C. 共同保险　　　D. 重复保险

16．在财产保险的核保中，保险人通常要对投保人投保的财产是否属于易燃、易爆品或易受损物品；对温度和湿度的灵敏度如何；机器设备是否超负荷运转；使用的电压是否稳定；建筑物结构状况等进行认真检查。保险人考虑的这一核保要素属于（A）。

A. 保险财产的占用性质

B. 投保标的物的主要风险隐患

C. 保险标的物所处的环境

D. 投保人的安全管理制度的制定和实施情况

17．在保险活动中，常见的重复投保、超额投保和不足额投保问题不会出现在（C）。

A. 财产保险中　　　　　　　　　　B. 机动车辆保险中

C. 人寿保险中　　　　　　　　　　D. 海上保险中

18．依照《中华人民共和国民事诉讼法》的有关规定，因保险合同纠纷提起的诉讼，其管辖法院通常是被告所在地或（C）。

A．投保人所在地　　　　　　　　　B．被保险人所在地

C．保险标的的人民法院所在地　　　D．保险公司所在地

19．依据保险营销原理，下列保险活动中属于保险营销活动的是（B）。

A．保险费率的合理厘定　　　　　　B．社保资金运用

C．保险法律制定　　　　　　　　　D．保险行业自律

20．王某投保人身意外伤害保险一份，保险期限为2003年1月1日至2004年1月1日，且合同规定的责任期限为180天。假如王某于2003年2月3日遭受意外伤害事故，并于2003年5月17日被鉴定为中度伤残。则保险人对此事故的正确处理意见是（A）。

A．承担保险责任　　　　　　　　　B．不承担保险责任

C．部分承担保险责任　　　　　　　D．有条件承担保险责任

21．保险是一种经济保障活动。实现保险保障的最终手段是（D）。

A．采取提供实物的形式　　　　　　B．采取财政核销的形式

C．采取国家保障的形式　　　　　　D．采取货币支付的形式

22．在长期护理保险保单中，保险人可以在保单更新时提高保险费率，但提高保险费率的基本要求是（A）。

A．必须一视同仁地对待同样风险情况下的所有被保险人

B．必须一视同仁地对待不同风险情况下的所有被保险人

C．必须明显区别地对待同样风险情况下的所有被保险人

D．必须明显地一致对待不同风险情况下的所有被保险人

23．在人寿保险定价方法中，积累公式法可通过反复试验来实现。其目的是（C）。

A．使得保费假设与公司的成本目标更为接近

B．使得保费假设与公司的收入目标更为接近

C．使得保费假设与公司的利润目标更为接近

D．使得保费假设与公司的负债目标更为接近

24．在人身意外伤害保险中，国家通过颁布法律、行政法规、地方性法规等强制施行的人身意外伤害保险称为（D）。

A．国家意外伤害保险　　　　　　　B．地方意外伤害保险

C．行政意外伤害保险　　　　　　　D．强制意外伤害保险

25．保险合同对当事人双方诚信的要求远远高于其他合同，其主要原因是（D）。

A．保险标的的不确定性　　　　　　B．保险合同双方地位的不平等

C．保险合同的复杂性　　　　　　　D．保险双方信息的不对称性

26．在咨询服务中，保险销售人员一定要提醒顾客阅读保险条款，尤其对责任免除条款的含义与内容一定要做到（A）。

A．明确解释与说明　　　　　　　　B．明确列明于保险建议书中

C．仅就投保人的询问准确回答　　　D．仅就被保险人的询问准确回答

27．根据我国家庭财产保险的规定，对于房屋及室内附属设备采用的赔偿方式是（A）。

A．比例赔偿方式　　　　　　　　　B．限额赔偿方式

C．定额赔偿方式　　　　　　　　　D．第一危险赔偿方式

28. 在寿险核保中，由于弱体风险类别的人在健康和其他方面存在缺陷，致使他们的预期寿命低于正常的人，保险人对他们所采取的承保方式是（C）。

A. 拒保   B. 按照标准费率承保

C. 按照高于标准的费率予以承保   D. 按照低于标准的费率承保

29. 现代商业保险的要素之一是（A）。

A. 可保风险的存在   B. 可保损失的存在

C. 投机保险的存在   D. 遭受重大损失的必然性的存在

30. 在投资连结保险中，其投资风险的承担方式是（A）。

A. 完全由投保人承担   B. 完全由受益人承担

C. 完全由保险人承担   D. 由投保人和保险人共同承担

31. 下面属于委托代理终止的情况是（D）。

A. 代理人取得新的代理权限

B. 被代理人取消代理人的一些代理权限

C. 被代理人取消代理人的代理范围

D. 被代理人取消对代理人的委托

32. 在赊销信用保险业务中，投保人一般是（B）。

A. 购买方   B. 制造商   C. 使用方   D. 监管方

33. 根据《保险销售从业人员监管办法》的有关规定，保险销售从业人员执业证书不包括的内容是（B）。

A. 持有人所在保险公司或者保险代理机构名称

B. 持有人所在保险公司或者保险代理机构工号

C. 执业证书名称及编号

D. 保险销售从业人员资格证书名称编号

34. 在某企业投保企业财产保险综合险，流动资产的保险金额为 100 万，在保险期内由于遭到泥石流而发生部分损失，损失金额为 80 万元，施救费用 50 万元。如果出险时流动资产的保险价值为 100 万元，那么保险人对该损失的赔款是（D）。

A. 50 万元   B. 80 万元

C. 100 万元   D. 130 万元

35. 根据我国消费者权益保护法的规定，消费者有权要求经营者提供的商品和服务符合（C）。

A. 国际最新标准的要求   B. 消费者个性化得要求

C. 保障人身和财产安全的要求   D. 低价格、高质量的要求

36. 根据我国消费者权益保护法的规定，消费者协会履行的职能之一是（B）。

A. 参与生产企业的年度生产计划的制定

B. 受理经营者的投诉，并对投诉事项进行调查、调解

C. 参与销售企业市场开拓计划的制定

D. 就损害消费者合法权益的行为，支持受损害的消费者提起诉讼

37. 根据《民法通则》的规定，未成年人李某的父母已经死亡的，下面成为李某的监

护人的是（B）。

    A．李某尚未满 16 周岁的姐姐   B．李某所在地的居委会

    C．李某患有严重精神病的叔叔   D．人民法院

38．王某通过房屋抵押向银行贷款购买了一套价值 100 万元的房屋，王某自付 30 万元，贷款 70 万元。一年后王某偿还贷款 20 万元。那么，此时银行对房屋的保险利益额度是（D）。

    A．100 万元   B．80 万元   C．70 万元   D．50 万元

39．根据《保险销售从业人员监管办法》的有关规定，保险公司、保险代理机构对保险销售从业人员进行的培训，可以委托的单位包括（A）。

    A．行业组织或者其他机构   B．监管部门

    C．竞争对手   D．生产性企业

40．保险保障活动运行中所要求的风险大量性条件，一方面是基于风险分散的技术要求，另一方面是（D）。

    A．要求符合监管部门的规定

    B．为了体现经营的盈利目标

    C．为了体现社会福利政策

    D．概率论和大数法则原理在保险运营中的运用

41．保险费率厘定的公平性原则的含义是指（D）。

    A．各个保险人赚取的利润要尽量一致

    B．各个保险人收取的保险费要尽量一致

    C．各个被保险人承担的保险费要尽量一致

    D．投保人缴纳的保险费应与其保险标的的风险状况相适应

42．战争中敌机投弹引起火灾，给投保财产险的被保险人造成财产损失，如果战争风险属于除外风险，火灾属于保险风险，那么保险人对该被保险人的损失应该采取的正确处理方式是（A）。

    A．不予赔偿   B．部分赔偿   C．全部赔偿   D．比例赔偿

43．在人身保险合同中，保险人对投保人投保时的保险利益规定是（A）。

    A．只考虑投保人对被保险人有无保险利益

    B．只考虑投保人对被保险人的保险利益量

    C．只考虑投保人对被保险人的保险利益质

    D．只考虑投保人对被保险人的保险利益持续期间

44．具有民事权利能力和民事行为能力，依法独立享有民事权利和承担民事义务的组织是（D）。

    A．自然人   B．监护人   C．合伙人   D．法人

45．在重大疾病保险中，如果被保险人罹患保单所列重大疾病，被保险人可以将死亡保额的一定比例作为重大疾病保险金提前领取，用于医疗或手术费用等开支，身故时由受益人领取剩余部分。这种类型的重大疾病保险属于（C）。

    A．独立主险型重大疾病保险   B．附加给付型重大疾病保险

C．提前给付型重大疾病保险　　　　　D．比例给付型重大疾病保险

46．在保险合同变更的各种情况中，由于保险人的变动而引起的保险合同变更属于（A）。

A．保险合同主体变更　　　　　B．保险合同内容变更

C．保险合同客体变更　　　　　D．保险合同效力变更

47．某人投保普通家庭财产保险，保险金额为 10 万元，其中房屋及其室内装潢的保险金额为 5 万元，在保险期限内发生火灾，造成房屋及其室内装潢部分损失 9500 元，并且有 500 的残值。其中出险时房屋及其室内装潢的价值为 5 万元。那么，如果不考虑其他因素，保险公司的赔偿金额是（C）。

A．4500 元　　　　B．5000 元　　　　C．9000 元　　　　D．9500 元

48 在长期护理保险中，其免责期与保险费之间的关系是（B）。

A．免责期越短，保险费越低　　　　B．免责期越短，保险费越高

C．免责期越长，保险费越高　　　　D．免责期长短与保险费高低无关

49．保险公司、保险代理机构发放保险销售从业人员执业证书的对象包括（B）。

A．未持有保险销售从业人员资格证书的人员

B．持有保险销售从业人员资格证书的人员

C．已经由其他保险公司办理执业登记的人员

D．已经由其他保险代理机构办理执业登记的人员

50．根据我国机动车辆保险条款的规定，下面情况属于车辆损失保险保险责任的有（D）等。

A．非被保险人直接允许的驾驶人员使用保险车辆造成的本车损失

B．没有年检的保险车辆的损失

C．人工直接供油、烘烤造成的本车损失

D．外界物体倒塌、空中运行物体坠落、行驶中平行坠落造成的本车损失

51．在家庭财产保险中，一被保险人的房屋应电线老化发生了火灾，在抢救过程中有人趁乱偷走了被保险人家中的珠宝。造成的被保险人珠宝丢失的近因是（B）。

A．火灾　　　　　　　　B．偷窃

C．被保险人的疏忽　　　　D．造成火灾原因的电线老化

52．如果寿险合同的被保险人在宽限期内出险，保险人在理赔计算时，应扣除的款项是（C）。

A．被保险人的债权人提出的偿债金额

B．投保人的预交保险费

C．投保人欠交得保险费

D．保单未满期保险金

53．准保护开拓的途径之一是让与保险销售人员相识的人把我们带到不相识的人群中去。这一方法被称为（D）。

A．中心影响　　　B．核心影响　　　C．缘故开拓　　　D．连锁介绍

54．构成人身意外伤害保险保险责任的必要条件之一是被保险人在责任期限内（A）。

A．死亡或残疾　　　B．生存或失业　　　C．生病或年老　　　D．健康或生存

55．在人寿保险定价的积累公式法中，很多情况下可以就保费变化对利润产生的影响进行计算，从而在对一个实验保费进行计算后直接解出能够达到期望利润指标的（B）。

A．最初保费　　　　B．最终保费　　　C．期中保费　　　　D．平均保费

56．健康保险中都规定有免赔额条款，其中，全年免赔额扣除的对象是（B）。

A．每月赔款总计　　　　　　　　　B．每年赔款总计

C．每季度赔款总计　　　　　　　　D．每半年赔款总计

57．在住院保险中，住院时间长短与住院费用高低之间的一般关系是（A）。

A．住院时间越长，住院费用越高

B．住院时间越长，住院费用越低

C．住院时间越短，住院费用越高

D．住院时间长短与住院费用高低无关

58．发生保险事故后，如果索赔申请人不能亲自到保险公司办理，而是委托他人代为办理，则受托人必须提交的文件是（D）。

A．申请人填写的《出险通知书》

B．申请人填写的《索赔申请书》

C．申请人签署的《出险通知授权　委托书》

D．申请人签署的《理赔授权委托书》

59．为取得保险销售从业人员资格证书并符合有关规定的人员发放保险销售从业人员执业证书的单位是（A）。

A．中国保监会　　　　　　　　　　B．中国保监会派出机构

C．中国保监会中介监管部　　　　　D．保险公司、保险代理机构

61．在死亡保险中，以死亡为给付保险金条件，且保险期限为固定年限的人寿保险称为（A）。

A．定期寿险　　　　B．年金保险　　　C．终身寿险　　　　D．两全保险

62．在妊娠意外伤害保险中，当被保险人在保险期限内多次遭受意外伤害时，保险人对意外伤害造成死亡的赔付限制是（B）。

A．以残疾程度为限　　　　　　　　B．以保险金额为限

C．以保险利益为限　　　　　　　　D．以保险责任为限

63．在人身意外伤害保险中，如果意外伤害构成了保险责任，且意外伤害导致被保险人原有的疾病发作，进而加重后果，造成被保险人死亡或残疾，则表明意外伤害与被保险人死亡、残疾之间的因果关系是（A）。

A．意外伤害是死亡或残疾的主因　　B．意外伤害是死亡或残疾的次因

C．意外伤害是死亡或残疾的副因　　D．意外伤害是死亡或残疾的诱因

64．保险合同的解释原则中，按照保险条款通常的文字含义并结合上下文解释的原则，被称为（C）。

A．意图解释原则　　　　　　　　　B．补充解释原则

C．文义解释原则　　　　　　　　　D．批注优于正文原则

65．在人寿保险经营过程中，与均衡保险定期保险相比，保费递增定期保险的退保率所表现出来的规律是（C）。

　　A．均衡保费定期保险的退保率高于保费递增定期保险的退保率

　　B．均衡保费定期保险的退保率等于保费递增定期保险的退保率

　　C．均衡保费定期保险的退保率低于保费递增定期保险的退保率

　　D．均衡保费定期保险的退保率高于或等于保费递增定期保险的退保率

66．对于保险销售从业人员资格证书损毁影响使用的，向颁发单位办理换发资格证书手续的主体是（A）。

　　A．资格证书持有人

　　B．资格证书持有人所在的保险公司或者保险代理机构

　　C．中国保监会派出机构

　　D．省级保险行业协会

67．根据我国消费者权益保护法的规定，销售商出售的商品不具备商品应当具备的使用性能，并在出售时也未作说明时，应当承担的责任是（B）。

　　A．行政责任　　　B．民事责任　　　C．刑事责任　　　D．合同责任

68．当保险公司采用增额红利分配方式时，其合同终止时的红利分配方式是（D）。

　　A．间接红利分配方式　　　　　　B．简易红利分配方式

　　C．直接红利分配方式　　　　　　D．现金红利分配方式

69．调整保险代理人代理行为的主要法律有（B）。

　　A．保险法和公司法　　　　　　B．保险法和合同法

　　C 保险法和劳动法　　　　　　D．保险法和民法

70．终身重大疾病保险的"终身保障"形式之一是指定一个"极限"年龄，当被保险人健康生存至这个年龄时，保险合同终止。当合同终止时，保险人承担的义务是（D）

　　A．退还投保人已经缴纳的全部保险费

　　B．退还该保险合同积累的全部现金价值

　　C．退还该保险合同已经提存的责任准备金

　　D．给付与重大疾病保险金额相等的保险金

71．在寿险契约保全中，客户申请保单借贷、险别转换等所涉及的寿险契约保全的具体内容属于（A）

　　A．合同权益行使　　　　　　B．保险关系转移

　　C．合同内容变更　　　　　　D．保险金和退保金的给付

72．影响国内货物运输保险费率厘定的主要因素有（C）等

　　A．货物性质　　　B．运输人员　　　C．运输时间　　　D．运输区域

73．陈某在寿险公司投保了人身意外伤害保险，被保险人是其妻子。以下可获取该保单理赔金的情形是（A）

　　A．陈某被路边塌下的展示架打伤造成残疾

　　B．陈妻在爬山时意外跌落山谷造成残疾

　　C．陈妻在上班途中，被身边突然驶过的小轿车撞倒，擦伤了手臂

D．陈某因工作需要到施工工地视察，因没有戴安全帽被跌落的石板砸伤头部

74．依据我国反不正当竞争法，监督检查部门工作人员监督检查不正当竞争行为时，应当出示的证明材料是（A）

    A．检查证件   B．身份证

    C．被侵权者的授权书   D．侵权实际发生的证明材料

75．如果风险事故的发生与损失之间的因果关系由于另外新的独立的原因介入而中断，而新的独立原因属被保风险，则保险人对损失的正确处理方式是（C）

    A．不予赔偿   B．部分赔偿   C．予以赔偿

76．在健康保险实务中，保险人对初次投保健康保险的被保险人都要规定一个等待期（或观察期）。则保险人作出这种规定的合理依据是（A）

    A．推定被保险人在观察期内的患病为投保之前就存在的

    B．推定被保险人在观察期内的患病为投保之后刚产生的

    C．推定被保险人在观察期内的患病为观察期内就存在的

    D．推定被保险人在观察期内的患病为观察期后刚产生的

77．按照我国企业财产基本险和综合险条款规定，某企业被有关部门定为危险的库房属于（B）

    A．可保财产   B．不可保财产

    C．加费特约可保财产   D．不加费特约可保财产

78．依据我国反不正当竞争法，监督检查部门在监督检查不正当竞争行为时，有权行使职权进行监督检查的行为有（B）等

    A．销毁与不正当竞争行为有关的财物

    B．按照规定程序询问被检查的经营者、利害关系人、证明人

    C．拘役与不正当竞争行为有关的责任人

    D．转移与不正当竞争行为有关的财物

79．分红保险分配给保户的保单红利来源于保单盈余，而保单盈余的来源包括（A）

    A．利差益   B．利差损   C．汇兑益   D．汇兑损

80．在从事自身业务的同时，根据保险人的委托，向保险人收取保险佣金，在保险人授权的范围内代办保险业务的单位，被称为（A）

    A．保险兼业代理机构   B．专业保险代理机构

    C．综合保险代理机构   D．个人保险代理机构

81．保险理赔是保险公司操作的重要环节，以上属于理赔中应于遵循的原则是（B）

    A．积极、主动、便利、快捷   B．主动、迅速、准确、合理

    C．及时、准确、效用、利润   D．主动、迅速、效应、效益

82．在保险合同的争议处理中，通过法院对另一方当事人提出权益主张，由人民法院依法定程序解决争议、进行裁决的争议处理方式是（A）

    A．诉讼   B．仲裁   C．协商   D．辩解

83．在万能保险中，投保人为了解决因灵活的缴费方式导致容易失效的缺点而采取的措施是（B）

A. 拒绝签发其银行账户每月预先授权提款单据

B. 同意签发其银行账户每月预先授权提款单据

C. 反对签发其银行账户每月预先授权提款单据

D. 不予签发其银行账户每月预先授权提款单据

84. 根据我国有关法律、法规和司法解释，未成年人父母以外的投保人，为无民事行为能力人订立的以死亡为保险金给付条件的保险合同，将导致的结果是（B）

A. 保险合同被变更　　　　　　　B. 保险合同无效

C. 保险合同被解除　　　　　　　D. 保险合同终止

85. 根据《保险销售从业人员监管办法》的有关规定，可以不列入保险销售从业人员管理档案登记范围的事项是（C）

A. 基本资料　　　B. 培训情况　　　C. 过去经历　　　D. 业务情况

86. 储蓄与保险一样，都具有以现在的剩余资金做未来所需准备的特点。但是与保险不同的是，储蓄行为的性质属于（C）

A. 互助行为　　　B. 他助行为　　　C. 自助行为　　　D. 群体行为

87. 在人寿保险费率厘定过程中，通常考虑的定价假设包括（A）等

A. 平均保额　　　B. 最高保额　　　C. 最低保额　　　D. 个别保额

88. 在保险公司核赔部门受理客户索赔申请，进行登记和编号，使得案件进入正式的处理阶段的过程被称为（B）

A. 报案　　　　　B. 立案　　　　　C. 初审　　　　　D. 核定

89. 在健康保险中，保险人以因意外伤害、疾病导致收入中断或减少为给付保险金条件的保险属于（A）

A. 失能收入损失保险　　　　　　B. 疾病损失保险

C. 伤害补偿保险　　D. 利益保证保险

90. 根据《民法通则》的规定，向人民法院请求保护民事权利的诉讼时效期限为（B）

A. 一年　　　　　B. 二年　　　　　C. 四年　　　　　D. 二十年

二、判断题

1. 根据我国《保险法》的规定，保险人将其承担的保险业务，以分保形式，部分转移给其他保险人的，为共同保险（错）

2. 根据我国《保险法》的规定，按照以死亡为给付保险金条件的合同所签发的保险单，未经被保险人书面同意，只可以质押，不得转让（错）

3. 根据我国《保险法》的规定，保险公司分支机构具有法人资格，其民事责任由保险公司分支机构承担（错）

4. 根据我国《保险法》的规定，保险公司因违法经营被吊销经营保险业务许可证，由国务院保险监督管理机构依法撤销，但不对外公布（错）

5. 根据我国《保险法》规定，保险公司在中华人民共和国境内设立分支机构，经公司董事会批准即可（错）

6. 根据我国《保险法》规定，中国保险学会依法对保险业实施监督管理（错）

7. 根据我国《保险法》规定，在人身保险合同中，投保人解除合同，保险人应当自收到解除合同之日起十日内，按照合同约定退还保险单的现金价值（错）

8. 根据我国《保险法》规定，再保险接受人不得向原保险的投保人要求支付保险费（对）

9. 根据我国《保险法》规定，保险公司若要变更公司或者分支机构的营业场所，由保险公司董事会决定即可（错）

10. 根据我国《保险法》规定，保险公司应当妥善保管的有关业务经营活动的完整账本，原始凭证及有关资料的保管期限，所有保险合同自生效之日起计算，不得少于五年（错）

保险代理人资格证书考试真题三

一、单选题

1. 保单贷款是投保人以保险单作质押向保险人申请的货款。保险人决定发放贷款数额时的参考标准是（C）
   A. 保单保险金额　　　　　　　　　B. 保险期限长短
   C. 保单现金价值　　D. 所缴保费总额

2. 通常，财产保险的保险期限为（A）
   A. 一年或者一年以内　　　　　　　B. 一年或者一年以上
   C. 一年以上五年以内　　　　　　　D. 一年或者不确定

3. 按照性质划分，企业财产保险属于（C）
   A. 定额保险　　　B. 定值保险　　　C. 不定值保险　　　D. 第一损失保险

4. 对于效力中止的人寿保险合同，投保人提出复效时，必须履行程序的首要环节是（A）
   A. 提出投保申请　　　　　　　　　B. 提出交费申请
   C. 提出变动申请　　D. 提出复效申请

5. 根据《保险销售从业人员监管办法》的有关规定，受理保险销售从业人员资格考试报名申请时必须满足的条件之一是（D）
   A. 因犯罪被判处刑罚，刑罚执行完毕刚满 1 年
   B. 因犯罪被判处刑罚，刑罚执行完毕刚满 2 年
   C. 因犯罪被判处刑罚，刑罚执行完毕刚满 3 年
   D. 因犯罪被判处刑罚，刑罚执行完毕刚满 5 年

6. 社会保险与商业保险的共同点之一是（D）
   A. 经营主体相同　　　　　　　　　B. 经营性质相同
   C. 承保方式相同　　　　　　　　　D. 数理基础相同

7. 在商业保险的全残定义中，那种导致被保险人不能从事任何职业的完全残疾称为（B）
   A. 推定全残　　　　B. 绝对全残　　　C. 列举式全残　D 、原职业全残

8. 根据《民法通则》的规定，未成年人李某的父母已经死亡的，下面可以在为李某的监护人的是（B）
   A. 李某尚未满 16 周岁的姐姐　　　B. 李某所在地的居委会
   C. 李某患有严重精神病的叔叔　　　D. 人民法院

9. 根据《民法通则》的规定，出售质量不合格的商品未声明的诉讼时效期限为（A）
   A. 一年　　　　B. 二年　　　　C. 四年　　　　D. 二十年

10. 根据我国反不正当竞争法的规定，经营者假冒他人的注册商标，将受到相应处罚，

其处罚依据是（D）

    A.《中华人民共和国商标法》、《中华人民共和国合同法》的规定

    B.《中华人民共和国民法通则》、《中华人民共和国产品质量法》的规定

    C.《中华人民共和国经济法》、《中华人民共和国产品质量法》的规定

    D.《中华人民共和国商标法》、《中华人民共和国产品质量法》的规定

11. 就解释效力而言，国家最高权利机关的常设机关——全国人大常委会对保险法的解释属于（C）

    A. 行政解释   B. 仲裁解释   C. 立法解释   D. 司法解释

12. 根据人身意外害保险的承保条件（D）

    A. 高龄者不可以投保，被保险人需体检

    B. 高龄者不可以投保，被保险人不必体检

    C. 高龄者可以投保，被保险人需体检

    D. 高龄者可以投保，被保险人不必体检

13. 根据《保险销售从业人员监管办法》的有关规定，保险公司、保险代理机构对保险销售从业人员进行培训的目标是（B）

    A. 使其具备基本的执业素质和职业兴趣

    B. 使其具备基本的业务能力和职业道德

    C. 使其具备基本的执业素质和职业操守

    D. 使其具备基本的业务能力和发展目标

14. 保险公司、保险代理机构发现保险销售从业人员在保险销售中存在违法违规行为的，应当立即予以纠正，并报告给（A）

    A. 中国保监会派出机构   B. 中国保监会中介监管部

    C. 中国保监会人身保险监管部   D. 中国保监会消费者权益保护局

15. 在人寿保险合同的可抗辩期内，保险人行使可抗辩权的具体方式是（D）

    A. 主张保险合同无效或描绘给付保险金

    B. 主张保险合同有效但拒绝给付保险金

    C. 主张保险合同无效但退还保单现金价值

    D. 主张保险合同无效但是退还所交保险费

16. 承包人因承包合同的订立、变更和终止，致使保险标的使用权发生变更而引起的保险合同变更属于（B）

    A. 保险合同主体的变更   B. 保险合同内容的变更

    C. 保险合同客体的变更   D. 保险合同形式的变更

17. 属于我国目前开办的生长期农作物保险的险种有（B）

    A. 麦场夏粮火灾保险   B. 烟叶种植保险

    C. 小麦产量保险   D. 烤烟水灾保险

18. 保险销售从业人员在执业活动中应遵守所属机构的管理规定，这所诠释的是职业道德原则中的（A）

    A. 守法遵规原则   B. 诚实信用原则

C. 勤勉尽责原则 　　　　　　　　　　D. 专业胜任原则

19. 在人寿保险的定价假设中，平均保额的计算可以划分为几个区间段。实务中一般每段的保额上限是下限的 2~2.5 倍，因此，这一段的平均保额可能表示为（A）

A. 保额下限的 1.5~1.75 倍 　　　　　B. 保额下限的 2.5~2.75 倍

C. 保额下限的 3.5~3.75 倍 　　　　　D. 保额下限的 4.5~4.75 倍

20. 接受保险人的委托，向保险人收取佣金，并在保险人授权的范围内代为办理保险业务的机构和个人，被称为（C）

A. 保险中介人　　B. 保险公估人　　C. 保险代理人　　D. 保险经纪人

21. 一般来说，保险销售人员在为客户设计保险方案时应遵循的首要原则是（B）

A. 高损失频率优先原则 　　　　　　B. 高额损失优先原则

C. 低损失频率优先原则 　　　　　　D. 低额损失优先原则

22. 在农业保险中，对利用水域进行人工养殖的水产物因遭受自然灾害和意外事故而造成经济损失时，提供经济补偿的一种保险是（D）

A. 养殖保险　　B. 海水养殖保险　　C. 淡水养殖保险　　D. 水产养殖保险

23. 在我国的人寿保险合同中，不可抗辩条款适用的情况是（B）

A. 欠交保费的情况 　　　　　　　　B. 年龄误告的情况

C. 违反保证的情况 　　　　　　　　D. 故意欺诈的情况

24. 保险保障活动运行中所要求的风险大量性条件，一方面是基于风险分散的技术要求，另一方面是（D）

A. 要求符合监管部门的规定

B. 为了体现经营的赢利目标

C. 为了体现社会福利政策

D. 概率论和大数法则原理在保险经营中的运用

25. 在寿险核保中，寿险公司指定的医疗机构对被保险人进行体检后，所出具的报告是（C）

A. 代理人提供的风险分析报告 　　　B. 投保人填写的询问回答书

C. 医生提供的体检报告 　　　　　　D. 保险人提供的保单

26. 中国保险监督管理委员会派出机构对特殊区域的报考人员实行保险销售从业人员资格考试政策，需经中国保险监督管理委员会（C）

A. 批准　　　　B. 同意　　　　C. 备案　　　　D. 审核

27. 《保险销售从业人员监管办法》中的保险销售从业人员是指为（C）销售保险产品的人员。

A. 保险公估机构 　　　　　　　　　B. 保险经纪机构

C. 保险公司 　　　　　　　　　　　D. 保险咨询服务公司

28. 根据我国《民法通则》，公民具有民事权利能力的期间为（A）

A. 从出生到死亡 　　　　　　　　　B. 从 14 周岁开始到死亡

C. 从 16 周岁到死亡 　　　　　　　D. 从 18 周岁开始到死亡

29. 采用保险协议书形式订立的保险合同，如果因保险合同含义不清而发生争议，并

非保险人一方的过错，其不利后果的承担者应是（D）

　　A．保险人　　　　　B．投保人　　　　　C．被保险人　　　　D．保险人和被保险人

30．根据《保险销售从业人员监管办法》的有关规定，保险销售从业人员执业证书不包括的内容是（A）

　　A．工作场所　　　　　　　　　　B．业务范围

　　C．执业地域　　　　　　　　　　D．执业证书信息查询电话

31．保险公司核赔部门受理客户索赔申请，进行登记和编号，使案件进入正式的处理阶段的过程被称为（B）

　　A．报案　　　　　　B．立案　　　　　　C．初审　　　　　　D．核定

32．在人寿保险经营过程中，险种初期现金价值与退保率之间的关系是（A）

　　A．险种初期现金价值越高，退保率越高

　　B．险种初期现金价值越高，退保率越低

　　C．险种初期现金价值越低，退保率越高

　　D．险种初期现金价值高低，与退保率无关

33．人身保险的保险金额是由投保人与保险人双方在法律允许的范围与条件下，协商约定后确定的。采取这种确定方式的原因是（A）

　　A．人的生命价值不能用货币来计价　　B．人身保险受到人的年龄约束

　　C．人身伤害常涉及第三方　　　　　　D．人身保险的医疗费用是不确定的

34．保险公司和消费者彼此进行直接交易的销售渠道被称为（B）

　　A．间接销售渠道　　　　　　　　B．直接销售渠道

　　C．宽销售渠道　　　　　　　　　D．窄销售渠道

35．在万能保险中，保单持有人在交纳一定量的首期保费后，可以按照自己的意愿选择任何时候交纳任何数量的保费，有时甚至可以不再交费。但这样做的前提条件是（B）

　　A．该保单的现金价值足以支付保单的相关费用

　　B．该保单的现金价值足以支付保单的风险保费

　　C．该保单的已交保费足以支付保单的相关费用

　　D．该保单的已交保费足以支付保单的风险保费

36．影响国内货物运输保险费率厘定的主要因素有（A）等。

　　A．运输方式　　　B．运输人员　　　C．运输时间　　　D．运输区域

37．由于保险标的的种类、存放地点、占用性质、航程的变更引起保险费率的变化，保险人要求调整保险费率，从而引起保险合同变更。这一变更属于（B）

　　A．保险合同主体的变更　　　　　　B．保险合同内容的变更

　　C．保险合同客体的变更　　　　　　D．保险合同关系人的变更

38．在我国企业财产保险中，固定资产保险价值的确定方法是（C）

　　A．按照账面原值确定　　　　　　　B．按照账面原值加成确定

　　C．按照出险时的重置价值确定　　　D．按照评估后的市场价确定

39．在农业保险中，果树保险具体分为（C）

　　A．初果期果树保险和盛果期果树保险

B. 盛果期果树保险和衰老期果树保险

C. 果树产量保险和果树死亡保险

D. 果树病虫害保险和果树死亡保险

40. 王某投保人身意外伤害保险一份，保险金额为 50 万元，保险期限为 2001 年 1 月 1 日至 2002 年 1 月 1 日，且合同规定的责任期限为 180 天。王某于 2001 年 3 月 1 日遭受意外伤害事故，于 2001 年 6 月 1 日治疗结束，并被鉴定为中度伤残，伤残程度为 45%，则保险人对此事的理赔意见是（C）

A. 承担保险责任，给付保险金 50 万

B. 承担保险责任，给付保险金 27.5 万

C. 承担保险责任，给付保险金 22.5 万

D. 不承担保险责任，因责任期限未届满

41. 在投资连结保险中，如果投资连结保险的死亡保险金额是按照保险金额和资账户价值之和确定的则死亡保险金额的变化规律是（B）

A. 随投资账户价值波动而不断变化，且净风险保额不断变化

B. 随投资账户价值波动而不断变化，但净风险保额保持不变

C. 不因投资账户价值波动而变化，而且净风险保额保持不变

D. 不因投资账户价值波动而变化，但是净风险保额不断变化

42. 某企业投保企业财产保险基本险，固定资产保险金额为 70 万元，在保险期内由于遭到火灾，固定资产全部损失，出险时固定资产的保险价值为 100 万元，保险人对该损失的赔款是（A）

A. 0 万元　　　　B. 49 万元　　　　C. 70 万　　　　D. 100 万元

43. 学生李某，年满 18 周岁，损坏他人物品，造成经济损失 500 万元。那么，按照《民法通则》的规定，处理该损失的正确方式是（D）

A. 李某和其父母均不承担损失，受害人自担

B. 李某和其父母各担一半损失

C. 李某的父母承担全部损失

D. 李某承担损失，但其父母可以垫付

44. 依据保险营销原理，下列保险活动中属于保险营销活动的是（B）

A. 保险费率的合理厘定　　　　　　B. 社保资金运用

C. 保险法律制定　　　　　　　　　D. 保险行业自律

45. 当法律规定的解除情形出现时，合同当事人可以解除保险合同，这一合同解除形式属于（A）

A. 法定解除　　B. 约定解除　　C. 协商解除　　D. 裁决解除

46. 在下雪天气，运输公司实行停业这一具体的风险管理方式属于（C）

A. 抑制　　B. 预防　　C. 避免　　D. 自留

47. 在长期护理保险中，其免责任期与保险费之间的关系是（B）

A. 免责期越短，保险费越低　　　　B. 免责期越短，保险费越高

C. 免责期越长，保险费越高　　　　D. 免责期长短与保险费高低无关

48．根据《保险销售从业人员监管办法》的有关规定，保险公司不要求保险代理机构提供销售本公司保险产品的保险销售从业人员的基本资料、培训情况等内容，由中国保险监督管理委员会责令改正，逾期不改正的，给与警告，并处（A）

  A．1万元以下罚款   B．2万元以上的罚款

  C．3万元以上罚款   D．5万元以上罚款

49．因保险销售从业人员资格证遗失而向颁发单位办理补发资格证书手续的主体是（C）

  A．资格证书持有人

  B．资格证书持有人所在的保险公司或者保险公司代理机构

  C．中国保监会派出机构

  D．省级保险行业协会

50．保险代理人进行代理活动的名义是（B）

  A．以投保人的名义   B．以保险人的名义

  C．以被保险人的名义   D．以保险代理人的名义

51．根据我国消费者权益保护法的规定，如果经营者提供的商品存在缺陷时，其应当承担的责任是（B）

  A．行政责任   B．民事责任   C．刑事责任   D．合同责任

52．根据我国反不正当竞争法的规定，政府及其所属部门利用行政权利限制商品在地区之间正常流通，对其采取的惩处措施是（C）

  A．罚款   B．赔偿被侵权人的损失

  C．由上级机关责令其改正   D．没收所得

53．在健康保险实务中，保险人对初次投保健康保险的被保险人都要规定一个等待期（或观察期）。则保险人作出这种规定的合理依据是（D）

  A．推定被保险人在观察期内的患病为投保之前就存在的

  B．推定被保险人在观察期内的患病为投保之后刚产生的

  C．推定被保险人在观察期后的患病为观察期内就存在的

  D．推定被保险人在观察期后的患病为观察期后刚产生的

54．中国保险监督管理委员会派出机构向中国保险监督管理委员会备案后，可对农村基层地区保险销售从业人员资格考试报考人员实行特殊政策的范围是（A）

  A．所在辖区   B．省级以下   C．市级以下   D．县级以下

55．合伙人应该对出资数额、债务承担等事项订立协议，其协议形式应该是（C）

  A．君子协议   B．口头协议   C．书面协议   D．虚拟协议

56．如果家庭财产综合险的费率是2‰，那么购买10万元的家庭财产保险的保险费是（A）

  A．200元   B．1000元   C．2000元   D．20000元

57．适用于社会公共领域中的道德规范或者道德要求，通常被称为（C）

  A．执业规范   B．职业道德   C．社会公德   D．职业操守

58．依据我国反不正当竞争法，监督检查部门在监督检查不正当即竞争行为时，有权

行使职权进行监督检查的行为有（B）等。

A．销毁与不正当竞争行为有关的财物

B．必要时责令被检查的经营者说明与不当竞争行为有关的商品的来源和数量

C．拘役与不正当竞争行为有关的责任人

D．转移与不正当竞争行为有关的财物

59．保险人针对提前给付型产品存在的因领取重大疾病保险金而导致死亡保障降低的不足而设计的重大疾病保险属于（B）

A．比例给付型重大疾病保险　　　　B．回购式选择重大疾病保险

C．附加给付型重大疾病保险　　　　D．独立主险重大疾病保险

60．如果自然保费计算公式为：某年龄自然保费×（1+利率）=保额×此年龄死亡率。则其死亡给付发生时间的假设为（C）

A．假设死亡给付发生在期初　　　　B．假设死亡给付发生在期中

C．假设死亡给付发生在期末　　　　D．假设死亡给付发生在死亡之前

61．国内货物运输保险中，主要陆运运输工具包括（A）

A．火车、汽车和驿运　　　　　　　B．沿海内河的轮船、机动船和非机动船

C．飞机运输、邮包运输　　　　　　D．直达运输、联运和集装箱运输

62．在财产保险的承保中，如果保险标的低于承保标准，但又并非不可保时，保险人通常选择的承保条件是（C）

A．增加保险金额　　　　　　　　　B．降低费率

C．提高的保险费率　　　　　　　　D．拒保

63．根据我国消费者权益保护法的规定，消费者协会的性质是（C）

A．经营性经济实体　　　　　　　　B．保护消费者权益的行政性组织

C．保护消费者权益的社会团体　　　D．经营者为与消费者协调而成立的中介组织

64．风险因素是风险事故发生的潜在原因。对人而言，风险因素是指（D）

A．收入　　　　B．住处　　　　C．民族　　　　D．年龄

65．在寿险核保中，由于优质风险类别的人不仅身体健康，且有良好的家庭健康史，无吸烟、酗酒等不良嗜好，保险人对他们所采取的承保方式是（B）

A．拒保　　　　　　　　　　　　　B．按照标准费率承保

C．按照高于标准的费率予以承保　　D．按照低于标准的费率予以承保

66．厘定保险费率遵循的适度性原则所强调的"适度性"针对的对象是（B）

A．单个保险业务　　　　　　　　　B．整体保险业务

C．单个保险公司　　　　　　　　　D．大多数保险公司

67．在万能保险中，保险人主要提供两种死亡给付保险方式（习惯上称为 A 方式和 B 方式），即（A）

A．均衡给付方式和直接随保单现金价值的变化而改变的方式

B．波动给付方式和间接随保单现金价值的变化而改变的方式

C．递增给付方式和直接随保单账户资产的变化而改变的方式

D．递减给付方式和间接随保单账户资产的变化而改变的方式

68. 保险在一定条件下分担了单位和个人所不能承担的风险，从而形成了一种经济互助关系。由此体现的保险特征是（C）

A．商品性　　　　B．客观性　　　　C．互助性　　　　D．法律性

69. 在推定全损的情况下，保险人支付保险赔款后，在取得保险标的的全部所有权的条件下，保险人在处理标的物时所获得的利益如果超过所支付的赔偿金额，对超过部分的正确处理方式是（A）

A．归保险人　　　B．归被保险人　　C．归第三者　　　D．由保险双方比例分享

70. 根据《保险销售从业人员监管办法》的有关规定，保险销售从业人员扣留或者变相扣留他人的保险销售从业人员资格证书，由中国保险监督管理委员会责令改正，给予警告，没有违法所得的，可处（B）

A．0.5 万元以下的罚款　　　　　　B．1 万元以下的罚款

C．3 万元以上的罚款　　　　　　D．5 万元以上的罚款

71. 在人身意外伤害保险中，如果意外伤害构成了保险责任，且意外伤害导致被保险人原有的疾病发作，进而加重后果，造成被保险人死亡或残疾，则表明意外伤害与被保险人死亡、残疾之间的因果关系是（A）

A．意外伤害是死亡或残疾的主因　　B．意外伤害是死亡或残疾的次因

C．意外伤害是死亡或残疾的副因　　D．意外伤害是死亡或残疾的诱因

72. 保单贷款是投保人以保险单作质押向保险人申请的货款，合同约定的贷款期届满时，投保人应（D）

A．归还贷款本金　　　　　　　　　B．支付贷款利息

C．抵销现金价值　　　　　　　　　D．归还贷款本息

73. 物上代位权的取得一般是通过委付实现的。委付针对的保险标的损失状态是（C）

A．部分损失　　　B．实际全损　　　C．推定全损　　　D．协议全损

74. 在风险管理中，单位或个人通过订立保险合同，将其面临的财产风险、人身风险和责任风险等转嫁给保险管理技术被称为（B）

A．财务型非保险转移　　　　　　　B．账务型保险转移

C．控制型非保险转移　　　　　　　D．控制型保险转移

75. 在分红保险中，当采用固定死亡率时，其不列入分红保险账户的收支项目包括（C）等。

A．佣金支出　　　　　　　　　　　B．附加保费收入

C．死亡保费收入　　　　　　　　　D．管理费用支出

76. 某定期死亡保险的被保险人死亡时，保险人发现其投保年龄小于实际年龄（假定该被保险人的死亡原因属于保险责任），则保险人通常运用正确处理方式是（B）

A．增加保险金给付额　　　　　　　B．减少保险金给付额

C．退还多收保险费　　　　　　　　D．收取少交保险费

77. 在长期人寿保险中，保险单缴费达到一定时间后，逐年积存相当数额的责任准备金并随着时间的延伸而不断增加，其结果是形成了（B）

A．保险单的资产价值　　　　　　　B．保险单的现金价值

C．保险单的负债数额　　　　　　　　　　D．保险单的权益金额

78．某企业就自身的 100 万元财产分别向甲乙两个保险公司投保 90 万元和 60 万元的企业财产保险。在保险期间发生火灾，该企业损失 50 万元。按照我国保险法的规定，甲公司应该承担的赔款是（C）

A．50 万元　　　　　B．45 万元　　　　　C．30 万元　　　　　D．20 万元

79．根据全体国民或者以特定地区人口的死亡统计数据编制的生命表称为（D）

A．特殊生命表　　　B．地区生命表　　　C．经验生命表　　　D．国民生命表

80．在财产保险的核保中，保险人通常要对投保人所投保的财产救火水源如何以及与消防队的距离远近过行检验。保险人考虑的这一核保要素属于（C）

A．保险财产的占用性质　　　　　　　　　B．投保标的的市场价值
C．保险标的的物所处的环境　　　　　　　D．投保人的安全管理制度的制定和实施情况

81．从事保险销售的人员需要通过的保险销售从业人员资格考试的组织者是（A）

A．中国保监会　　　　　　　　　　　　　B．中国保监会派出机构
C．中国保监会保险中介监管部　　　　　　D．保险公司或者保险代理机构

82．在人寿保险定价方法中，个人长期寿险业务第一年费用支出特性所导致的第一年利润特征为（A）

A．第一年利润是负值　　　　　　　　　　B．第一年利润是正值
C．第一年利润是均值　　　　　　　　　　D．第一年利润等于零

83．被照合同的性质分类，保险合同的种类分为（C）

A．补偿性保险合同与给付性保险合同

B．定值保险合同和定量保险合同

C．定值保险合同和不定值保险合同

D．个别保险合同和集体保险合同

84．甲保险公司与乙保险公司以某企业的固定资产 1000 万元的财产为保险标的，并以甲保险公司的名义签发了 1000 万元的财产损失险保单。其中乙保险公司承保了 500 万元的财产损失保险。这一保险方式属于（C）

A．原保险　　　　　B．再保险　　　　　C．共同保险　　　　D．重复保险

85．某人投保了人身意外伤害保险，在回家的路上被汽车撞伤送往医院，在其住院治疗期间因突发心肌梗塞而死亡。那么，该被保险人死亡的近因是（A）

A．被汽车撞倒　　　　　　　　　　　　　B．心肌梗塞
C．被汽车撞倒和心肌梗塞　　　　　　　　D．被汽车撞倒导致的心肌梗塞

86．我国机动车辆保险条款规定"被保险人必须对保险车辆妥善保管 、使用、保养，使之处于正常技术状态"。从保证形式看，该保证属于（A）

A．确认保证　　　　　B．事实保证　　　　C．明示保证　　　　D．默示保证

87．保险客户服务中保险人帮助寿险投保人填写投保单、对保险条款进行准确解释、免费体检、保单包装与送达、为客户办理自动缴费手续等服务活动属于（B）

A．售前服务　　　　　B．售中服务　　　　C．附加服务　　　　D．售后服务

88．在我国，投资连结保险产品的特点之一是（B）

A. 保单价值根据该保单在某一投资账户中占有的单位数及其单位价值确定

B. 保单价值根据该保单在每一投资账户中占有的单位数及其单位价值确定

C. 保单价值根据该保单在某一投资账户中占有的单位数及其账户总值确定

D. 保单价值根据该保单在每一投资账户中占有的单位数及其账户总值确定

89. 保险合同成立后，因法定的或约定的事由发生，使合同确定的当事人的权利和义务关系不再存在。这种合同状态属于（B）

A. 保险合同中止　　　　　　　　B. 保险合同终止

C. 保险合同变更　　　　　　　　D. 保险合同解除

90. 张某投保了人身意外伤害保险。如果张某在保险期间发生意外事故，保险公司对张某承担赔偿责任的情况是（B）

A. 张某因参加斗殴打伤了头部

B. 张某在银行取款时，被抢劫银行的犯罪分子打伤造成残疾

C. 张某因酒醉，在回家途中过人行天桥时跌落造成残疾

D. 张某因滑雪比赛导致身故

二、选择题

1. 根据我国《保险法》的规定，经国务院保险监督管理机构批准，保险公司在经营财产保险业务或人身保险业务以外，可以经营分入保险，但不能经营分出保险。（错）

2. 根据我国《保险法》的规定，保险业务由依照《保险法》设立的保险公司以及法律、行政法规规定的其他保险组织经营，其他单位和个人不得经营保险业务。（对）

3. 根据我国《保险法》的规定，保险保障基金应当集中管理，并在国务院规定的情况下统筹使用。（错）

4. 根据我国《保险法》的规定，保险公司对每一危险单位，即对一次保险事故可能造成的最大损失范围所承担的责任，不得超过其实有资本金加公积金总和的百分之十；超过的部分，应当拒保。（错）

5. 根据我国《保险法》的规定，责任保险的被保险人因给第三者造成损害的保险事故而被提起仲裁或者诉讼的，由第三者支付的仲裁或者诉讼费用以及其他必要的、合理的费用，除合同另有约定外，由保险人承担。（对）

6. 根据我国《保险法》的规定，保险公司在中华人民共和国境外设立代表机构，须经国家外交部批准。（错）

7. 根据我国《保险法》的规定，投保人、被保险人或者受益人故意造成财产损失的保险事故，骗取保险金，进行保险欺诈活动，构成犯罪的，依法追究合同责任。（错）

8. 根据我国《保险法》的规定，保险公司，除保险法另有规定外，适用民法和其他有关法律、行政法规。（错）

9. 根据我国《保险法》的规定，保险公司应当按照其注册资本总额的百分之十提取保证金，存入国务院保险监督管理机构指定的银行。（错）

10. 根据我国《保险法》的规定，保险监督管理机构无权查阅复制保险公司与被调查事件有关的财产权登记等资料。（错）

Reference
参考文献

[1] 石曦. 保险原理与实务. 北京：化学工业出版社，2013.

[2] 邹茵，安伟娟. 保险学基础. 大连：大连理工大学出版社，2013.

[3] 刘金章. 保险学基础. 北京：高等教育出版社，2003.

[4] 郑祎华，梁涛. 财产保险. 北京：清华大学出版社，2012.

[5] 王绪瑾. 财产保险. 北京：北京大学出版社，2011.

[6] 吴小平. 保险原理与实务. 北京：中国金融出版社，2002.

[7] 许谨良. 保险学. 上海：上海财经大学出版社，2003.